In Erinnerung an einen letzten Basler Spätsommerabend mit Christoph Koellreuter und Tony Rigas †.

Den Frauen, die mich mit ihrer Liebe ins Leben geführt haben: Mama, Großmuetti, Tante Paula, Tante Berty, Tante Heidy und Tante Cläri.

Für Gisa Stöck, Anne-Lise Vernier, Francesca Tenconi, Catherine Chrétien und Noemi Ramos, die mir wichtige Anstöße zur Veränderung gaben.

Meinen Freundinnen.

Den Männern, die mich gelehrt haben und mir helfen, sinnvoll gegen den Strom zu schwimmen: meinem Vater, Onkel Ätti, Albert Camus, Hans-Jürgen Bull, Michel Tabaglio, Ulrich Pleitgen und Ralf Menzel.

Meiner Männergruppe: Christoph, Fiesch, Ruedi und Bernie.

Meinen Freunden.

Inhalt

Vorbemerkung

I Die Krise des Mannes 16

1. Die historische Wende 2. Die Entmännlichung des Mannes 3. Männliche Hegemonie und ihr Zerfall

II Männer als Täter und Opfer 34

1. Der Feminismus und die Männer 2. Die Veränderung des Mannes 3. Die Superstruktur 4. Die duale Unterdrükkung 5. Frauen und Männer in Bewegung

III Der veröffentlichte Mann 62

1. Helden und Trottel 2. Zum Beispiel James Bond 3. Männerbilder, Frauenbilder 4. Butch Cassidy, Kramer und die anderen

IV Was ist ein Mann? 77

1. Natur und Kultur – Das elementare und das soziale Geschlecht, 2. Das männliche und das weibliche Prinzip 3. Im Männlichkeitspanzer 4. Interview mit Helmut Barz

V Männer-Ansichten 100

1. Georg Simmel 2. Joachim Bodamer 3. Volker Elis Pilgrim 4. Männlichkeit – ein theoretischer Entwurf

VI Das schwächere Geschlecht 123

1. Interview mit Herb Goldberg 2. Die Umwertung der Werte 3. Ein Leben in Widersprüchen 4. Der Gesunde ist krank

VII Der Weg der Männer 137

1. Leistung und Härte 2. Abhängigkeit und Trennung 3. Distanz und Gehorsam 4. Kampf und Gewalt 5. Konkurrenz 6. Liebe und Leidenschaft

VIII Männer-Gegenwart 152

1. Der bundesdeutsche Mann im Spiegel der Befragung 2. Der Mann von heute – eine Tendenzanalyse

IX Die gefährliche Frau 168

1. Die männliche Angst vor der Frau 2. Die historische Rache der Frau 3. Die soziale Kastration des Mannes 4. Interview mit Richard M. Keller 5. Der Doppelcharakter der Frau

X Der andere Mann 191

1. Die Beats 2. Die Hippies 3. Der Underground 4. Alternativprojekte 5. Der spirituelle Mann

XI Orte der Brüderlichkeit 206

1. Zur Geschichte der Männer in Bewegung 2. Männer-

gruppen und Männerveränderung 3. Interview mit Wayne A. Ewing 4. Neue Männerwelten 5. Interview mit Daniel Glass

XII Mann ist Mann 239

1. Die Feminisierung des Mannes 2. Männliche Initiation 3. Unter Brüdern – Die Konsolidierung von Männerwelten 4. Die Notwendigkeit gesellschaftlicher Veränderungen

Anmerkungen 264

Literaturverzeichnis 287

Anhang 297

1. Der Fragebogen 2. Literaturempfehlungen

Vorbemerkung

Unlängst hatte ich folgenden Traum: Im 24. Jahrhundert unserer Zeitrechnung war ich zu einem Kongreß von Historikerinnen und Historikern im wiedergefundenen Atlantis eingeladen. Das Motto der Tagung lautete: »Das zwanzigste Jahrhundert als Epoche der Neubestimmung der Geschlechterverhältnisse.« Die atomare Bedrohung war vorbei, die Politiker hatten abgerüstet, Generäle gab es nur noch im Wachsfigurenkabinett, und die Welt lebte ohne todbringende Waffen. Auch die ökologische Gefahr war längst gebannt. Im Jahre 2322 waren Menschheitsbedrohung und Umweltzerstörung nicht einmal mehr ein Thema der Geschichtsschreibung. Die Welt von 1900–1999 wurde vielmehr als Epoche der schwierigen, aber sukzessiven Entstehung einer neuen Geschlechterfreundschaft in den Annalen geführt. Das Vortragsthema, das mir im Traum von diesem Kongreß gestellt war, hieß: »Die Befreiung der Männer während des Übergangs zum neuen Jahrtausend.«

Dieser Traum ist gegenwärtig noch Utopie. Doch die Richtung ist angezeigt. In unserer spätkapitalistischen Gesellschaft gibt es bereits genügend Indizien. Der alte und der neue Feminismus befreien die Frau seit einigen Jahrzehnten aus traditionellen Bildern und vielen Fesseln. Von Frauen*bewegung* wird damit zu Recht gesprochen. Umgekehrt gibt es sicherlich noch keine Männerbewegung, aber viele Männer bewegen sich.

Dies ist ein Buch über Männer – über Männer, wie sie tatsächlich sind, und auch darüber, wie sie sein könnten. Es beschreibt anhand von Daten, empirischem Material und Erfahrungen die Situation der Männer, ihre Privilegien, ihre Probleme, ihre Schwierigkeiten, ihre Geheimnisse, ihren Stolz, ihre Wünsche und vor allem ihren Weg in eine veränderte Zukunft. Das Buch ist bewußt aus männlichem Erleben geschrieben worden – nicht um zu attackieren, sondern um zu verstehen und besser verstanden zu werden.

Der Mann war jahrtausendelang der Herrscher der Welt. Der Mann hat die Wildnis gerodet, Frauen und Kinder beschützt, die Felder urbar gemacht. Der Mann gilt deshalb als Schöpfer der Kultur. Heute hat sich das alles geändert. Der Mann wird als Unterdrücker gebrandmarkt. Ihm wird vorgeworfen, Frauen und Kinder zu mißbrauchen. Der Mann hat die Natur ökologisch zerstört und die Welt an den Abgrund der atomaren Katastrophe gebracht. Was ist geschehen?

Der Mann hat seine Macht auf eine doppelte Art und Weise verloren: Die Welt ist seit langem zivilisiert. Es braucht keine Eroberer und Abenteurer mehr, da alles erobert und entdeckt ist. Offenbar ist die männliche Herrschaft über die Natur sogar schon zu weit gegangen; sie schlägt mittlerweile in ihr Gegenteil um. So wird der Held von einst mehr und mehr zum Anti-Helden. Männer müssen sich ändern, weil am Ende des 20. Jahrhunderts neue ökologische und gesellschaftliche Verhältnisse sie schlicht und einfach dazu zwingen (Kapitel I). Die Pariser Philosophin Elisabeth Badinter konstatiert bereits den Sturz des Patriarchats. In der Tat übernehmen Frauen in der Geschäftswelt, in den Banken, in der Verwaltung, im Showbusiness, in Kunst und Literatur, im Sport und auch in der Politik nach und nach Positionen, die die Männer über Jahrhunderte unangefochten besetzt gehalten hatten. Die Emanzipation der Frauen zwingt die Männer zum Handeln und Reagieren. Dabei lassen sich unterschiedliche Reaktionstypen von Männern feststellen: die Chauvis, die Softies, die Depressiven, die Opportunisten und schließlich jene, die die Herausforderung zur Veränderung angenommen haben (Kapitel II). Doch Neuorientierung fällt nicht leicht. Die Massenmedien, besonders die Werbung, vertreten noch immer das alte, ein veraltetes Männerbild, das hinter den gesellschaftlichen Entwicklungen zurückgeblieben ist (Kapitel III). Was bedeutet es heute, ein Mann zu sein? Was ist männlich? Was heißt Männlichkeit? In wissenschaftlichen Untersuchungen gibt es darauf vorsichtige Antworten. Die Fragen können indessen nicht aus der Gegenwart allein beantwortet werden. Die Geschichte des Mannes und der Männlichkeit muß befragt werden, wenn die Antworten stimmig sein wollen (Kapitel IV und V).

Welches sind die Fehler des Mannes? Welches seine historischen und gegenwärtigen Versäumnisse? Männer waren jahrhundertelang und vielleicht noch länger nur Kopf statt auch Herz, nur erfolgreich statt auch liebevoll, nur Leistung statt auch Muße, nur konkurrenzorientiert statt auch solidarisch, nur hart statt auch weich. Männer ließen sich primär von äußeren Normen und gesellschaftlichen Erwartungen steuern statt (auch) von inneren Eingebungen und eigenen Bedürfnissen (Kapitel II und VII). Männer spalteten in der Geschichte männlicher Vorherrschaft jene Qualitäten ab, die ihrem immer härteren Kampf um die Beherrschung von Natur und Welt nicht förderlich schienen: Verletzlichkeit, Gefühl, Abhängigkeit, Hingabe, Fürsorge und Affektivität. Da sie ohne dies alles indessen auch nicht zu leben vermochten, delegierten sie die »weichen« Eigenschaften an die Frauen und belegten sie hinfort mit dem Attribut des Weiblichen. So gewann an geschlechtsspezifischer Einseitigkeit, was im tiefsten nicht weiblich, sondern einfach menschlich ist (Kapitel IV u. V). Männlichkeit ist erkauft durch den Verzicht auf weibliche Eigenschaften. Männliche Erziehung bedeutet den Erwerb von Leistung, Härte, Kampf und Konkurrenzdenken (Kapitel VII).

Die Abspaltung der weiblichen Eigenschaften und die damit verbundene Vereinseitigung des Mannes hatten Folgen. Natur und Welt verödeten unter der eindimensionalen Herrschaft des Mannes, und der Mann verödete vor allem selbst. Dadurch, daß er seine emotionalen Kräfte an die Frau abtrat und diese sie nun zu monopolisieren begann, weil sie gar nicht anders konnte (Kapitel IX), enteignete sich der Mann innerlich selbst. Er wurde zur Charaktermaske (Kapitel II).

Diese kollektiven Entwicklungen haben aber auch individuelle Folgen. Physisch und psychisch repräsentiert der Mann heute das schwache Geschlecht. Medizinsoziologische Untersuchungen belegen die bessere Gesundheit der Frau, deren höhere Lebenserwartung und größere Widerstandskraft. Die Unfähigkeit des Mannes, sich emotional auszudrücken, bedingt hingegen eine ganze Reihe von Gesundheitsproblemen (Kapitel VI). Männlichkeit, so wie sie gesellschaftlich noch immer begriffen wird, entmutigt die Männer überdies, sich angemessen um ihre Gesundheit zu kümmern und Hilfe in Anspruch zu nehmen. Vorsichtig sein, sich helfen lassen, Ausruhen oder Entspannen gelten als weibliche Eigenschaften und sind deshalb als unmännlich abzulehnen. Es ergibt sich daraus der fundamentale Widerspruch, daß der männliche Prototyp von Karriere, Erfolg und Wohlstand gleichzeitig der kranke Mann ist, das Symbol maskulinen Niedergangs in der modernen Welt (Kapitel VI und XI).

Gibt es Lösungen? Der Ausweg führt durch das Gestrüpp männlicher Diffusität von heute. Mit der Erfindung und vor allem der Raffinierung der Technik hat der Mann seiner eigenen Entmännlichung Vorschub geleistet. Die Arbeitsteilung hat den Mann als Vater enteignet und die Söhne in den totalen Machtkreis der Mütter gestellt (Kapitel IX). Die Optimierung der männlichen Produktionsmittel hat gesellschaftlichen Reichtum, Versorgung und Kontrolle geschaffen und unsere Gesellschaft unmännlich und pseudo-mütterlich gemacht (Kapitel V und IX). Männer müssen sich deshalb auf ihre eigenen Kräfte besinnen und darauf, was sie in der geschichtlichen Entwicklung falsch gemacht haben. Innerhalb dessen, was man heute als Alternativbewegung bezeichnet, ist in den USA bereits in den fünfziger Jahren ein neuer Typus Mann entstanden: gesellschaftskritisch, unmaterialistisch, idealistisch, solidarisch, ökologiebewußt (Kapitel X). Untersuchungsergebnisse zeigen, daß männliche Veränderung nicht mehr auf Außenseiter wie Hippies, Spirituelle und Grüne beschränkt ist. Auch der »Normalbürger« beginnt Neues anzunehmen, sexistische Haltungen abzulegen, im Haushalt mitzuhelfen, ein richtiger Vater zu sein (Kapitel VIII). Bei den Männern verändert sich gegenwärtig vieles.

Männer sind weicher und weiblicher geworden. Mittlerweile sind die Vorteile deutlich, wenn Männer sich gehenlassen können, entspannen dürfen, Gefühle zeigen (Kapitel XI). Umgekehrt sind aber auch die Gefahren klargeworden, wenn Männer ihre weiblichen Seiten zu ausschließlich entdecken und ihre männlichen zu vergessen beginnen. Aus den USA kommt der Vorwurf, daß es dem weiblichen Mann an Kraft und Ausstrahlung fehlt (Kapitel XII). Schon gibt es eigene Therapien, die dem Mann helfen sollen, wieder zum Mann zu werden, seine gesellschaftliche und sexuelle Potenz zurückzugewinnen. Die kritische Reflexion von Männlichkeit enthüllt, daß zum Mann Initiative, Verantwortung, Wagemut, Kreativität, Entschlossenheit und Authentizität unverzichtbar gehören (Kapitel IV und XII), sonst scheitert er als Person und als Partner der Frauen (Kapitel IX und XII).
Seit den siebziger Jahren wird Männern vermehrt die Bedeutung eines eigenen männlichen Raumes bewußt. In Gruppen und Zentren lernen sie, sich wieder als Männer zu begreifen und auf die eigene männliche Kraft zu vertrauen anstatt auf eine falsche Anerkennung von Frauen oder soziale Statussymbole (Kapitel VI). Männer schaffen überall auf der Welt neue Verbindlichkeiten von Solidarität und gegenseitiger Hilfe. Je freier Männer ihre Männlichkeit spüren, desto konstruktiver können sie sich als Menschen äußern und als Partner von neuen Frauen (Kapitel XI).
Dazu bedarf es aber auch der gesellschaftlichen Veränderungen. Zum Beispiel müssen Erwerbs- und Hausarbeit zwischen Frauen und Männern neu aufgeteilt werden, um den Frauen Möglichkeiten neuer Verwirklichung zu geben und die Männer vom Berufsstreß zu entlasten. Die Beteiligung des Mannes an Hausarbeit und Erziehung schafft auch wieder seine Realität als Vater (Kapitel XII).

I

Die Krise des Mannes

Die einflußreichste Tageszeitung dieser nordamerikanischen Stadt gehört einer Frau. Doch nicht nur das: Eine Frau leitet auch die Redaktion. Wer abends auf den populären Kanal 10 des Fernsehens schaltet, um die Spätnachrichten nicht zu verpassen, erlebt eine Informationssendung, die ausschließlich von Frauen gemacht und präsentiert wird. Frauen regieren die Stadt; der Bürgermeister ist selbstverständlich eine Bürgermeisterin. Sogar die letzten Bastionen amerikanischer Männlichkeit sind quasi eingestürzt: Die Baseball-Mannschaft der Stadt gehört einer Frau, der reichsten weit und breit. Deren Tochter gründete mit Müttern des Ortes eine Bewegung gegen atomare Aufrüstung. Tochter und Mutter spendeten sechs Millionen Dollar, damit an einer Universität der Stadt ein Institut für Friedensstudien eingerichtet werden konnte. Der bekannteste Literat der Region – ein Bestseller-Autor – ist ebenfalls weiblich. Ob Regierung, ob Opposition, ob außerparlamentarische Aktivität: In dieser Stadt geht nichts mehr ohne die Frauen.

Ist das die knappe Zusammenfassung eines feministischen Romans aus den USA oder eher die Schreckensvision eines männlichen Schriftstellers? Weder noch. Es ist nicht einmal Fiktion, sondern reales und alltägliches Leben. So sieht es nämlich aus in San Diego, im äußersten Süden der USA, fast schon an der mexikanischen Grenze. San Diego ist eine Millionenstadt, die zweit-

größte im Bundesstaat Kalifornien, kleiner als Los Angeles, aber größer als San Francisco. Spricht man von Frauen in der City oder am Strand, so gibt es die schon geflügelte Antwort: »Well, they make the money, make the rules and make the news!«
Freilich stellt San Diego auch in den USA noch einen Ausnahmefall dar. Die meisten Wirtschaftsbosse, Bankiers, Politiker, Mafiosi, Geschäftsleute, Ärzte, Journalisten und Künstler sind noch immer Männer. Doch San Diego verdeutlicht einen Trend: Die Stützpfeiler eherner Männerherrlichkeit bröckeln. Der Wind der Geschichte hat sich gedreht; nun bläst er den Männern ins Gesicht und den Frauen in den Rücken, sie vorwärts treibend.

1. DIE HISTORISCHE WENDE

In der Geschäftswelt, den Banken, der Verwaltung, im Showbusiness, in Kunst und Literatur, im Sport und mehr und mehr in der Politik übernehmen Frauen derzeit Positionen und Rollen, die die Männer über Jahrhunderte unangefochten besetzt gehalten haben. So konstatiert die Pariser Philosophin Elisabeth Badinter in ihrem Buch »Ich bin Du« nüchtern den Sturz des Patriarchats.[1]
1980 artikulierte John Lennon sein Unbehagen an der Männerrolle: »Ist es nicht Zeit, daß wir das Machoverhalten zerstören? Wohin hat uns das alles in den Tausenden von Jahren gebracht? Müssen wir damit fortfahren, uns zu Tode zu knüppeln? Muß ich erst mit dir einen Ringkampf machen, um mit dir als Mann eine Beziehung aufnehmen zu können? Muß ich sie verführen – nur weil sie eine Frau ist? Können wir nicht Beziehungen auf einer anderen Grundlage aufbauen? ... Ich habe keine Lust, durchs Leben zu gehen, indem ich so tue, als sei ich James Dean oder Marlon Brando.«
Aus der Sicht der Frau betrachtet, gibt die bayrische Liedermacherin Lisa Fitz ihrer LP den bezeichnenden Titel »Ladyboss«. In einem der Songs heißt es programmatisch: »Ich bin die Ernährerin, die Herrscher- und Gebärerin. Ich hab' immer recht. Ich bin das starke Geschlecht« – ein Beispiel für das gestiegene und immer noch wachsende Selbstbewußtsein der Frauen.

Der ökonomische, politische, soziale, kulturelle und nicht zuletzt moralische Aufstieg der Frauen bedingt mit Notwendigkeit den Abstieg der Männer. Die Männer haben sich durch ihre jahrhundertelange Vorherrschaft selbst korrumpiert und geschadet, was im folgenden zu beweisen sein wird. Schon Hegel hat auf diese Dialektik von Sklaven und Herren hingewiesen. Doch das alles geht seinem Ende entgegen. Wenn »Rambo« im Film seine Männlichkeit noch besonders brutal demonstriert und manche Männer das im Alltag gegenüber ihren Frauen glauben umsetzen zu müssen, so ist das zwar, moralisch betrachtet, empörend und verdiente Bestrafung, historisch besehen aber wirkt es inzwischen wie das letzte, verzweifelte Gefecht von Männern, denen die Felle wegschwimmen. Die Militärhistoriker kennen dieses Phänomen ebensogut wie die mir sympathischeren Philosophen der Befreiung vom Kolonialismus, Frantz Fanon zum Beispiel, Jean-Paul Sartre und Gérard Chaliand. Auch wenn Männer noch in den meisten Bereichen von Gesellschaft dominieren, so ist das Ende von Männerherrschaft absehbar. Rückzugsexzesse widerlegen dies nicht, sondern bestätigen es vielmehr, wenn auch leider auf makabre Art.

Derlei Überlegungen deuten schon an, daß Frauenemanzipation zwei Seiten hat. Die Frauen befreien sich aus dem Patriarchat, die Männer verlieren damit sozial und psychisch an Macht. In diesem Sinne hat einer der Pioniere amerikanischer Männerveränderung, Warren Farrell, frühzeitig darauf hingewiesen, daß die Frauenbefreiung gleichbedeutend sei mit der Auseinandersetzung um *beide* Geschlechter.[2]

Ohne Dramatik muß dieser Vorgang noch ergänzt werden: Frauenemanzipation impliziert nicht nur die Veränderung von Geschlechterrollen, sondern weitgehend auch den Konflikt der Geschlechter selbst. Wenn Frauen sich gegen ihre gesellschaftlich aufgezwungenen Funktionen als Versorgerinnen von Männern wehren, als Mütter, als Heimchen am Herd, dann heißt das im Ergebnis, daß sich jahrhundertelang überlieferte und gelebte Beziehungsbilder von Frau und Mann *grundsätzlich* wandeln. Konkret bedeutet das Verhaltensunsicherheit, Orientierungslosigkeit, Auseinandersetzung und Bemühen um neue Handlungsanweisungen, Partnerschafts- und Ehekonflikte, Trennungen, Scheidungen, Kinder ohne Väter oder ohne Mütter, gesellschaftliche Unordnung.

Verbindliche Vorstellungen von Geschlechterbeziehungen, die sich über Jahrhunderte, in gewisser Weise über Jahrtausende gehalten haben, brechen seit zwei Jahrzehnten mit einer rasenden Geschwindigkeit zusammen. Was wohl in der Geschichte der Menschheit so noch nie geschehen ist, passiert jetzt: »Der Wandel der Leitbilder stellt nicht nur unsere Verhaltensweisen und Wertvorstellungen in Frage, sondern er berührt unser innerstes Wesen: unsere Identität, unsere Natur als Mann und Frau.«[3]

Dieser Wandel muß unter zwei Gesichtspunkten betrachtet werden: Zum einen bringt er Orientierungslosigkeit, die bis zu Mord und Selbsttötung führen kann; zum andern verheißt er eine neue Perspektive der Beziehung von Frauen und Männern. Zunächst freilich herrscht noch die Unordnung vor. Nichts zwischen Mann und Frau ist mehr selbstverständlich, alles muß neu definiert werden. Der amerikanische Psychotherapeut und Männerforscher Herb Goldberg schreibt deshalb von der »verrücktmachenden Ambivalenz«[4] der Geschlechterbefreiung. Einerseits verletzen und verwunden wir uns gegenseitig im Geschlechterkampf, andererseits erschließen wir uns in dieser Auseinandersetzung ganz neue Möglichkeiten.

Geschlechterrollen zerfallen nicht aus Jux und Dollerei, sondern aufgrund veränderter gesellschaftlicher Bedingungen, die sie als unzeitgemäß und funktionsunfähig ausweisen. Dazu gehört im einzelnen: Mehr als die Hälfte aller Frauen sind heute berufstätig. Die Familien haben sich im Durchschnitt drastisch verkleinert, die Kinderzahlen verringert. Frauen hatten ihre »sexuelle Revolution« in den siebziger Jahren. Frauen heiraten heute später, machen zunächst ihre Berufsausbildung und vermehrt – Karriere. Bekamen Frauen noch vor wenigen Jahrzehnten ihre Kinder überwiegend zwischen dem 20. und 25. Lebensjahr, so haben sich diese Daten heute wesentlich nach hinten verschoben. Geburt und Kindererziehung hindern Frauen nicht mehr an der Berufsarbeit. Immer mehr Haushaltsvorstände sind Frauen. Auch die Gesetzgebung hat sich mittlerweile diesen neuen Bedingungen angepaßt.

Das bedeutet umgekehrt, daß Männer auf dem Arbeitsmarkt immer mehr Konkurrenz von Frauen bekommen. Frauen, die mehr verdienen als Männer, sind keine Seltenheit mehr. Weibliche Chefs, die auch Männern vorstehen, werden häufiger. Die traditionelle Position des Mannes als Lenker der Außenwelt schwächt sich ebenso ab wie seine Rolle als Haupternährer der Familie. Immer mehr Männer müssen Haushaltspflichten übernehmen; selbst das imaginierte Bild vom Hausmann ist Wirklichkeit geworden. Männer beteiligen sich verstärkt an der Kindererziehung. Eigenschaften, die noch vor kurzer Zeit als typisch männlich und typisch weiblich festgelegt waren, verschieben sich: Männer nehmen – bis hin zu Veränderungen im Körperbau – weibliche Züge an und Frauen männliche.[5] Solche einschneidenden Veränderungen fordern nicht zuletzt auch die Wissenschaften heraus, ihre klassischen Vorstellungen von Geschlechterrollen und -beziehungen zu überdenken.

Exkurs über Geschlechterverhältnisse

Nach dem konventionellen Verständnis der Soziologie, Psychologie und Pädagogik wird der wechselseitige Umgang von Frauen und Männern durch Geschlechterrollen reguliert. Diese Geschlechterrollen umfassen typische Verhaltensmuster, Eigenschaften und Handlungsrichtlinien, die die jeweilige Gesellschaft für Frauen und Männer in den verschiedenen Bereichen von öffentlichem und privatem Leben festgelegt hat. Die einzelnen Institutionen einer Gesellschaft wie auch deren Individuen erwarten, daß sich der jeweils andere entsprechend diesen Geschlechterrollen verhält. Damit das auch tatsächlich geschieht, müssen die Geschlechterrollen in Familie, Kindergarten und Schule sorgsam erlernt werden. Sämtliche Institutionen einer Gesellschaft wie Staatsapparat, Kirche, Massenmedien, Konventionen und Wertsysteme spiegeln und befestigen die Geschlechterrollen.

Wenn der Lernprozeß der Geschlechterrollen im Sinne der gesellschaftlichen Erwartungen gelingt, hat das Individuum seine *Geschlechtsidentität* erworben. Idealtypisch betrachtet, sollen sich die Geschlechterrollen den gesellschaftlichen Veränderungen anpassen. Tatsächlich ist ihre Flexibilität in der Realität aber oft gering. Verlieren die Geschlechterrollen auffällig an Wandlungs-

und Anpassungsfähigkeit, so entstehen *Geschlechterstereotypen;* das sind Bilder, die Eigenschaften von Frauen und Männern starr etikettieren und damit Individualität kaum noch wahrnehmen lassen. Prinzipieller Ausgangspunkt für die Festlegung von Geschlechterrollen ist die biologische Unterschiedlichkeit von Frau und Mann. Auf der Basis dieses *natürlichen* Unterschieds in Anatomie und Physiologie konstituiert sich die *soziale* Differenz der Geschlechter, die den Heranwachsenden in Form der Geschlechterrollen konkret vermittelt wird. Dabei hat sich in den vergangenen Jahrzehnten die Erkenntnis durchgesetzt, daß dieser Lernprozeß (Sozialisation) weniger auf biologischen Unterschieden beruht als vielmehr auf gesellschaftlich erworbenen. Im Englischen gibt es dafür zwei Begriffe: »sex« meint das biologische Geschlecht, während »gender« die soziale Geschlechtszuschreibung beinhaltet. Da die deutsche Sprache eine derartige Differenzierung nicht kennt, werde ich im folgenden die biologischen Aspekte von Geschlechtszugehörigkeit als *elementares Geschlecht* bezeichnen und die gesellschaftlichen als *soziales Geschlecht.*

Worin besteht nun der Zusammenhang? Jahrhundertelang ist wissenschaftlich eine lineare Verbindung von elementarem und sozialem Geschlecht angenommen worden, also zwischen Frau und Weiblichkeit und zwischen Mann und Männlichkeit. Diese unmittelbare Verknüpfung wird nun vermehrt angezweifelt. Insbesondere feministische Autorinnen haben in originellen und wissenschaftlich höchst innovativen Arbeiten einen direkten Zusammenhang von elementarem und sozialem Geschlecht bestritten. So argumentiert zum Beispiel Ann Oakley: »›Sex‹ ist ein biologischer Begriff, ›Geschlecht‹ ein psychologischer und kultureller. Der gesunde Menschenverstand geht davon aus, daß beide bloß zwei Betrachtungsweisen derselben Teilung sind und daß jemand, der – sagen wir – zum weiblichen Sex gehört, automatisch zum korrespondierenden (weiblichen) Geschlecht gehören muß. In Wirklichkeit ist das nicht so. Mann oder Frau zu sein, Junge oder Mädchen, ist ebensosehr eine Auswirkung von Kleidung, Gestik, Beschäftigung, Bezugskreis und Persönlichkeit wie vom Besitz spezifischer Genitalien.«[6]

Führt man diesen Gedankengang weiter, dann erscheint die Geschlechtszugehörigkeit nicht nur als sozial konditioniert, sondern auch als historisch bedingt. Die heutige Auffassung von Weiblichkeit und Männlichkeit entspricht sicherlich nicht der früherer Epochen, sie wäre im 19. Jahrhundert anders bestimmt worden und im 4. Jahrhundert oder im Jahre 600 v. Chr. wieder anders. Daß dieser Aspekt zu wenig berücksichtigt wird, liegt nicht zuletzt an dem ebenso ahistorischen wie unkritischen Konzept der Rollensoziologie, die in einem geschichtlich blassen Horizont von selbstverständlichen Wesenheiten und allgemeinen Funktionen argumentiert. Geschichte, historisch gewachsene Gesellschaftsstrukturen und konkrete Herrschaftsverhältnisse, die Rollen überhaupt erst legitimieren und gleichzeitig inhaltlich füllen, werden von der Rollensoziologie schlicht ignoriert.

Aus diesem Grund wird im folgenden auf den Rollenbegriff verzichtet. Statt dessen wird davon ausgegangen, daß sich elementares Geschlecht je in einer Gesellschaft mit spezifischen Herrschafts- und Eigentumsstrukturen zum sozialen Geschlecht formt. Das beinhaltet im einzelnen eine besondere Prägung von Weiblichkeit und Männlichkeit, eine besondere Form der Geschlechterbeziehungen und der geschlechtsspezifischen Arbeitsteilung, von Geburtenregelung, Sexualität und Liebe sowie der als weiblich oder männlich etikettierten Eigenschaften, Handlungsanweisungen und Aufgaben. Die Gesamtheit dieser Phänomene sei mit dem Begriff der *Geschlechterverhältnisse* bezeichnet, die jeweils Teil einer bestimmten Gesellschaft in ihrer bestimmten Entwicklung sind.

Dieser Ansatz scheint mir, zumindest gegenwärtig, über die konventionelle Geschlechtersoziologie oder gar die Geschlechterpsychologie hinauszuweisen. Der offizielle Wissenschaftsbetrieb hat in den vergangenen Jahrzehnten nur wenig zu einem offeneren und damit auch liberaleren Verständnis der Geschlechter beigetragen. Nahezu alle Impulse für die analytische Durchdringung der Geschlechterverhältnisse sind in letzter Zeit durch den Feminismus erfolgt.[7] Hingegen ist Männerveränderung theoretisch noch lange nicht so weit wie die Frauenbewegung. Auch so bahnbrechende Arbeiten wie die von Warren Farrell oder die wissenschaftlichen Begründungen einer anderen Männlichkeit durch Joseph Pleck – um nur zwei Beispiele zu nennen – orientieren sich nach wie vor an Vorstellungen und Begriffen der konventionellen Rollensoziologie.[8] Deutschsprachige »Männerforschung« besitzt bis heute nicht einmal ein solches Fundament.

2. DIE ENTMÄNNLICHUNG DES MANNES

Das Verhältnis der Geschlechter ist schon immer relational: Frauen und Männer bedingen sich wechselseitig; die Aktion der einen provoziert die Reaktion der anderen; die Veränderung der Frauen fordert eine Antwort der Männer. Dementsprechend bedeutet der historische Aufstieg der Frauen erst einmal den historischen Abstieg der Männer.

Vieles ist gegenwärtig in der Krise; die Männer sind es auch. Ihre Vorherrschaft ist mehr als gefährdet, ihr Selbstbild geschwächt, ihre Tradition ausgehöhlt und ihre Identität brüchig. Angesichts dessen schreibt der amerikanische Männertheoretiker Harry Brod von der »Dekonstruktion und Rekonstruktion der Männlichkeit«.[9] Herb Goldberg vertritt die Ansicht, daß aus der Krise des männlichen Bewußtseins Neues erwachsen wird.[10] Barbara J. Katz sieht »die Männer auf dem Weg. Aber es ist eine ruhige, entschieden unkoordinierte Bewegung«[11]. Betty Friedan bezeichnet das, was sich bei den Männern tut, als »quiet movement«[12]. Bernie Zilbergeld äußert sich ebenfalls mit vorsichtigem Optimismus: »Auch wenn wir von so etwas wie einer Männerbewegung fraglos noch mehrere Jahre entfernt sind, haben doch einige Männer begonnen, die etablierte Ordnung, so, wie sie sie berührt, in Frage zu stellen. Mehr und mehr Männer fragen, ob es nicht einen besseren Weg gibt. Sie fragen sich, ob es unausweichlich ist, daß Männer so viel häufiger an Krankheiten leiden, so viel eher als Frauen sterben, so große Probleme haben, ihre Gefühle zu zeigen und sinnvolle Beziehungen zu führen.«[13] Das alles ist jedoch kein freiwilliger Akt, sondern wurde gefördert, ja erzwungen von einem Wandel gesellschaftlicher Verhältnisse, die das traditionelle Bild vom Mann als Herrscher, Held und Patriarch zerstört haben.

Männer *müssen* sich ändern, weil neue gesellschaftliche Verhältnisse sie schlicht und einfach dazu zwingen. Wie sieht dieser Wandel im einzelnen aus?

Die Welt ist zivilisiert. Die Zeiten, in denen Männer ihre Frauen gegen Tiger und ihre Kinder gegen Löwen verteidigen mußten, sind längst vorbei. Peary hat den Nordpol bereits erreicht; Roald Amundsen hat ihn überquert; Charles A. Lindbergh hat den Atlantik allein überflogen; auch alle Gipfel des Himalaja sind inzwischen bestiegen. Es gibt also nichts mehr frei. Eroberer und Abenteurer können in unseren Tagen nur noch auf Fotosafari gehen und wissen von sich selbst, daß sie zu Pseudohelden geworden sind.

Schlimmer noch: Die einstige Eroberung der Welt und die damit verbundene Unterwerfung der Natur wird den Männern heute zum Vorwurf gemacht. In ihrem Buch »Der Tod der Natur« weist die amerikanische Feministin Carolyn Merchant nach, wie männliches Weltbegreifen die Natur von einem nährenden Organismus zu einer rational gesteuerten Produktionsmaschine entwertet hat. Die Folgen sind hinlänglich bekannt: Umweltzerstörung, drohender ökologischer Kollaps, Aufrüstung und nukleare Gefahr, Ausbeutung der Dritten Welt.

Vorsichtig ließe sich hier freilich einwenden, daß männliche Rationalität ja immerhin Leben verlängert und komfortabler gemacht hat. Doch da kommt denn auch gleich das Gegenargument von der Zukunfts- und der Wachstumskrise, und in der Tat ist die Verknappung von Raum, Wasser, Luft und Rohstoffen absehbar. Industrielles Wachstum steht schon seit längerem nicht mehr in einem sinnvollen Verhältnis zu Lebensqualität und Lebensstandard. Nicht genug damit: Das von Männern entwickelte Industriesystem beginnt sich bereits kontraproduktiv auszuwirken: Industrielles Wachstum und technischer Fortschritt schaffen inzwischen mehr Schaden als Nutzen.

So ist denn Dankbarkeit gegenüber den Vätern der Zivilisation nicht mehr angesagt. Im Gegenteil: Die Töchter und Söhne lehnen dieses von den Vätern aufgebaute Industrie- und Wertsystem ab. Seit Mitte der sechziger Jahre rebelliert die Jugend der westlichen Hemisphäre gegen die Welt ihrer Väter, mit der sie Perspektivelosigkeit, Bedrohung, Frust und Sinnverlust verbindet.[14]

Der gesellschaftliche Vater ist schwach geworden. Offeriert die Mutter als Figur sozialer Psyche Geborgenheit und Kontinuität, so steht der Vater symbolisch für die Fähigkeit, Dinge zu vollenden und Lebenssinn zu finden. Doch Vaterfiguren, mit denen Identifikation und darüber soziales Lernen möglich wäre, sind rar geworden. Thomas Moore klagt: »Den Vätern, die wir in den Zeitungen sehen, den alten Männern, die unsere Gesetze und unser Schicksal entscheiden, fehlt zu oft die Weisheit des psychischen Vaters. Sie spielen ihre Rolle und scheinen sich der Macht zu erfreuen; aber unsere Welt leidet an der Abwesenheit einer großzügigen, väterlichen Richtung, des väterlichen Schutzes und der väterlichen Weisheit.«[15]

Woher soll das auch kommen? Mit der Erfindung der Technik hat sich der Mann sukzessive selbst entmännlicht. Er hat Kraft, Stärke, Persönlichkeit, Autorität, Unverwechselbarkeit und Pioniergeist an immer effizientere Geräte und Instrumente delegiert. Die Entwicklung der Technologien hat die gesellschaftliche Ordnung differenziert, d.h. persönliche Beziehungen in anonyme Herrschaftsstrukturen, überschaubare Lebensbereiche in unpersönliche Organisationen verwandelt. Der unverwechselbare »Persönlichkeitsmann« wurde austauschbarer »Organisationsmann«.

Die Komplexität moderner Gesellschaften entwertet Individualitäten und begrenzt persönliche Autorität. Das läßt sich an einem Bild verdeutlichen: Der moderne Eroberer kämpft sich nicht mit Mut, Kraft und Erfindungsgeist durch Sturm und Eis zum unentdeckten Pol, sondern fliegt als hochspezialisierter Ingenieur in einem ultraraffinierten Raumschiff zu einem neuen Planeten, dirigiert von einer computerisierten Befehlsstation außerhalb seines Einflußbereichs. Er steuert nicht mehr selbst, er wird fern- und fremdgesteuert.

Früher konnte sich der Mann über seine Arbeitsleistung bestimmen und daraus auch wesentlich sein Selbstwertgefühl speisen. Heute verliert Arbeit immer mehr an Bedeutung, sie ist die längste Zeit der Motor der Gesellschaft gewesen. Schlimmer noch: In wachsendem Maße sind Männer ohne Arbeit. Arbeitslose, Kurzarbeiter, Teilzeitarbeiter und ABM-Kräfte können allenfalls beschränkt auf ihre Tätigkeit verweisen, wenn sie ihre Identität definieren wollen.

Doch auch jene, die noch über Lohnarbeit verfügen, müssen von traditionellen Bildern männlichen Schaffens Abschied nehmen. Männliche Arbeit ist in den vergangenen drei Jahrzehnten weniger körperlich, mehr sitzend, weniger aktiv, mehr passiv, immer abhängiger und fremdbestimmter geworden. In »Modern Times« hat Charlie Chaplin all das überdeutlich ins Bild gesetzt.

Arbeit unter solchen Vorzeichen macht kaum noch Spaß, Erfüllung bringt sie sicher nicht. Alexander Mitscherlich schrieb darüber schon Anfang der sechziger Jahre: Der Mann leidet »selbst unter einer Arbeit ..., die es ihm nicht gestattet, seine eigene persönliche Fähigkeit, sein individuelles Talent, Geschick und Ausdrucksbedürfnis in ihr unterzubringen. ... Im Ablauf eingewöhnter Tätigkeiten hält das für den Arbeitenden ein dauerndes Gefühl des Enttäuschtseins wach. Er ist leidend in ein Tun verstrickt, das sich als unzulänglich für seine Gestaltungs- und Ausdrucksbedürfnisse erweist.«[16]

Schließlich ist auch die geschlechtsspezifische Teilung der Arbeit, über die der Mann einst noch Status, Prestige und soziale Geltung erwerben konnte, hinfällig geworden. Die Bildungsrevolution der Frauen auf der einen Seite und die Technisierung der Berufswelt auf der anderen haben das Vorrecht des Mannes auf bestimmte Tätigkeiten hinfällig gemacht. Wo die Maschine Schwerstarbeit leistet, bedarf es nicht mehr der Kraft des Mannes, sondern nur geschickter Bedienung, die beide Geschlechter leisten können. In vielen Bereichen verlangt moderne Technik Eigenschaften wie Einfühlung, Flexibilität, Teamgeist und Präzision, die Frauen sogar besser aufzubringen vermögen als Männer. So müssen Männer auch im Arbeitsbereich von Positionen Abschied nehmen, die sie zumindest seit der industriellen Revolution unangefochten besetzt gehalten hatten. Diese Umverteilung von Arbeit zwischen den Geschlechtern auf dem Arbeitsmarkt bedingt auch die Neuverteilung von Arbeit in den privaten Haushalten. Berufstätige Frauen müssen Aufgabenbereiche wie Kindererziehung, Versorgung des Haushalts usw. abgeben und zumindest teilweise an ihre Männer delegieren. Neben die Hausfrau tritt der Hausmann.

Die zunehmende Berufstätigkeit der Frau fördert ihre materielle Unabhängigkeit vom Mann. Eine liberalere Sozialgesetzgebung und ein neues Scheidungs- und Unterhaltsrecht unterstützen diese Entwicklung. Der Mann hat damit seine Funktion als alleiniger Ernährer von Frau und Kindern eingebüßt und folglich auch seine traditionellen Privilegien.
Die materielle Unabhängigkeit der Frau hat nun wiederum ihre allgemeine Emanzipation gefördert. In diesem Zusammenhang schreiben die Feministinnen Ehrenreich, Hess und Jacobs in ihrem Buch »Re-Making Love« von der »Krise der verheirateten Liebe«. Trennungen und Scheidungen gehen dabei heute überwiegend von den Frauen aus. Die Männer bleiben zurück und leiden.[17]
Auch als Liebhaber hat die Frauenemanzipation den Mann von seinem eh schon brüchigen Sockel geholt. Die Frauen haben inzwischen ihre eigene »sexuelle Revolution« gelebt. Geburtenkontrolle, Schwangerschaftsabbruch und Empfängnisverhütung erleichtern den Frauen die aktive Wahl ihrer Sexualpartner. Endgültig verloren die Männer damit auch ihre Kontrolle über die Sexualität der Frau. Die permissive Gesellschaft mit ihrem öffentlichen Diskurs über weiland Intimes gab der Frau nachprüfbare Kriterien für Erotik, Lust und Orgasmus und entmythologisierte damit viele Männer, die sich bis dahin im ehelichen Gemach mit einer Aura von Don Juan umgeben hatten.
Der Mann hat überdies seine Macht über die Vaterschaft eingebüßt. Heute entscheidet die Frau, mit wem und zu welchem Zeitpunkt sie ein Kind haben will. Überspitzt könnte man sagen, die Zeugungskraft des Mannes ist grundsätzlich sogar überflüssig geworden, weil Samenbanken diese Aufgaben übernehmen können. Für viele Männer ist das denn auch das deutlichste Zeichen für ihre soziale Kastration.
Die Identitätskrise des Mannes ist also ebenso eindeutig wie inzwischen chronisch. Während der Feminismus in den vergangenen zwei Jahrzehnten ein kohärentes und vor allem offensives Frauenbild formuliert hat, zeigt sich das Männerbild brüchig, unklar und defensiv. Maskulinität agiert vorrangig nur noch in Film und Fernsehen, wenn Rambo auszieht oder Schimanski am Sonntagabend hektisch Verbrecher fängt. Aber das ist Fiktion,

und alle wissen es. Ein amerikanischer Bestseller von Perry Garfinkel über die Welt der Männer enthält den symptomatischen Satz: »John Wayne ist tot, und wir haben noch keinen Ersatz für ihn gefunden.«[18]

Natürlich will auch Garfinkel nicht John Wayne zurückhaben. Gemeint ist, daß die traditionellen Verhaltensmuster der Männer ebenso ins Wanken geraten sind wie die ihnen zugrunde liegenden gesellschaftlichen Bedingungen. Der Ausweg kann nur in eine Richtung gehen: Der Mann von heute muß sich aufgrund dramatisch veränderter Gesellschaftsstrukturen neu definieren.

3. MÄNNLICHE HEGEMONIE UND IHR ZERFALL

Bei Elisabeth Badinter heißt es: »Zwei Jahrzehnte haben ausgereicht, um einem System von Vorstellungen ein Ende zu machen, dank dessen die Männer über viele Jahrtausende hinweg Macht über die Frauen ausüben konnten...«[19] Aus männlicher Sicht bemerkt der kalifornische Psychotherapeut und Bestsellerautor Herb Goldberg, daß wir uns innerhalb kürzester Zeit sexistischer Probleme bewußt werden mußten und aufgrund dessen »in eine schmerzvolle, komplexe Arbeit eingetreten sind, tief verwurzelte Verhaltensmuster und Antworten zu durchbrechen«[20].

Dorothy Dinnerstein ist nicht so optimistisch wie Elisabeth Badinter und macht aufmerksam auf die »dunklen, schweigenden Schichten unseres Seelenlebens«, die den Fortschritt behindern, zwischen den Geschlechtern »neue lebensachtende Muster zusammen(zu)flechten«[21]. Eric Skjei und Richard Rabkin weisen dagegen auf die vielen handfesten Interessen von Macht, Herrschaft und Privilegien hin, die die »Männergesellschaft« weiterhin motiviert, historisch ungerechtfertigte Positionen von Vorrangigkeit aufrechtzuerhalten.[22]

Meine bewußt gewählte Sichtweise, aus männlichem Kopf und Herzen den Stand der Dinge zu betrachten, soll in diesem Zusammenhang nicht in Einseitigkeiten abgleiten. Sicher ist: Männer leiden heute unter der Bürde ihres Erbes, unter ihrer fortschreitenden Entmännlichung, unter der Rigidität von maskulinen Ansprüchen und – durchaus egoistisch – auch unter dem Zerfall ihrer Herrschaft. Diese Tatbestände schließen nicht aus, daß sich die Frauen zwar historisch im Aufwind befinden, doch in ihrer Mehrheit sozial, politisch und kulturell noch immer benachteiligt sind. Nach wie vor gelten Frauen in der Arbeitswelt häufig als Eindringlinge. Wenn sie sich beruflich durchsetzen wollen, müssen sie sich in der Regel an männlichen Standards und Bewertungskriterien orientieren.[23] Trotz aller Demokratisierung von Chancen gibt es in Spitzenpositionen unverhältnismäßig wenig Frauen. Im Management der Industrie, in der hohen Politik, in den leitenden Gremien von Medien und Theatern, in den führenden Zentralen des Verwaltungsapparates sind Frauen eindeutig immer noch unterrepräsentiert.[24]

Alle berufstätigen Frauen stehen nach wie vor unter dem Zwang, sich in einer von Männern diktierten Arbeitswelt behaupten zu müssen. Das verlangt häufig höhere Leistungsbereitschaft, größeren Konkurrenzdruck und überdies die Frustrationstoleranz, um mit männlichen Anspielungen und Anfeindungen umzugehen.[25]

Zwar war die wirtschaftliche Hochkonjunktur ein wichtiger Faktor für die Frauenemanzipation, doch die ökonomische Situation hat sich inzwischen verändert: »Die – historisch gesehen – bestausgebildete Generation junger Frauen trifft auf die nahezu schlechtesten Ausbildungs- und Arbeitschancen seit Bestehen der Bundesrepublik. Zwei Drittel der Jugendlichen, die keinen Ausbildungsplatz finden, sind Mädchen, und die Arbeitslosenraten von Frauen sind auf allen Ausbildungsstufen überproportional zu ihrem Anteil in der Berufsgruppe.«[26] Dies gilt auch für Frankreich, England und die USA. Ebenso international gültig ist der Tatbestand, daß Frauen im Durchschnitt schlechter bezahlt werden als Männer. Zudem sind viele Frauenberufe zukunftsunsicher und am ehesten von der Rezession bedroht.

Noch immer ist die Berufswelt nicht nur von Männern dominiert, sondern auch von ihnen strukturiert, d. h., sie ist auf die Ansprüche, Eigenschaften und Fähigkeiten der Männer und nicht der Frauen zugeschnitten. Insofern verwundert es nicht, daß die Männer mit der Verteilung der Geschlechterrollen in Alltag und Beruf zufriedener sind als die Frauen.[27]

Blickt man auf die Zeit vor der beginnenden Frauenemanzipation zurück, so zeigt sich die Benachteiligung der Frauen noch deutlicher. Deshalb wird man Ashley Montagus Feststellung zustimmen müssen, daß die Frauen von den Männern stets als »niedere Rasse« behandelt worden sind.[28]
Dieses Herrschaftsverhältnis zwischen den Geschlechtern, das sich von der Politik bis – zumindest symbolisch – in die Sexualität verlängern läßt, wird theoretisch mit dem Begriff Patriarchat bezeichnet. Aus Gründen, die in Kapitel V erklärt werden, verwende ich im folgenden den Begriff *männliche Hegemonie.* Damit gemeint ist ein umfassendes Herrschaftssystem mit sozioökonomischen Ungleichheiten, einer maskulinen Ideologie, verinnerlichten Werten und Normen, tradierten Geschlechtseigenschaften und männlichen und weiblichen Verhaltensritualen. Die Tradierung dieses Systems über lange Perioden im historischen Prozeß hat männliche Hegemonie indessen von den Männern als konkrete Personen abstrahiert. Die Nachfahren einstiger Patriarchen sind selbst zum Opfer dessen geworden, was ihre Urväter geschaffen haben, indem sie heute in einem Korsett von Naturunterdrükkung, bornierter Rationalität, Eigenkontrolle und Persönlichkeitsverlust gefangen sind.
So stehen wir denn einer gesellschaftlichen *Superstruktur*[29] gegenüber, die auch die Männer bestimmt und letztendlich unterdrückt. Die anoyme Fortschreibung der elementaren Arbeitsteilung der Geschlechter zu einer sozialen in immer stärkerer Differenzierung hat die Männer in einen Handlungsrahmen geführt, der über die Jahrhunderte hinweg enger und enger geworden ist und sich zur quasi objektiven Gesetzlichkeit für alle entwickelt hat. Männer haben sich damit selber eine Falle gebaut, in der nicht nur sie gefangen sind.
Genevieve Lloyd hat in ihrer Philosophiegeschichte nachgewiesen, wie in diesem Prozeß auch die allgemein menschliche Vernunft von den Männern angeeignet und geprägt wurde (»the maleness of reason«). Evelyn Fox Keller zeigte auf, wie die ganze westliche Wissenschaft sich so sehr vermännlichte, daß wissenschaftliches Vorgehen, wissenschaftliche Methoden und Resultate ausschließlich männlich geprägt wurden.[30] Ähnlich wie Ca-

rolyn Merchant kritisiert auch Evelyn Fox Keller die analytische Distanz der Männer, die nicht nur den Zusammenhang von Kultur und Natur zerstörte, sondern auch den von Objekt und Subjekt. Das aus männlicher Sicht dabei jeweils Mindere wurde als weiblich definiert. Dementsprechend eignete sich der Mann an, was für den kulturellen Fortschritt der Welt wichtig war, während er gleichzeitig der enteigneten Frau Aufgaben zuwies, die sein eigenes Leben materiell und emotional zu reproduzieren halfen.
Männer handeln, beweisen, argumentieren und etikettieren; Männer dominieren.[31] Wie Kate Millett gezeigt hat, definieren Männer die Welt. Diese Definition erfolgt aber nicht ausgewiesen als männlich, sondern als objektiv und damit als allgemeingültig.
Männer machen Geschichte. Lange Zeit lebte der Geschichtsunterricht von der linearen Aufzählung bedeutender Männer. Simone de Beauvoir konstatiert: »Alles trägt dazu bei, in den Augen des kleinen Mädchens diese Rangordnung zu bestätigen. Männer haben Griechenland, das römische Weltreich, Frankreich und alle Nationen geschaffen, sie haben die Erde entdeckt und die Werkzeuge erfunden ... Mit den Augen dieser Männer erforscht das kleine Mädchen die Welt und enträtselt in ihr sein Schicksal. Die männliche Überlegenheit ist erdrückend ... Wenn das kleine Mädchen der Unterhaltung Erwachsener zuhört, stellt es fest, daß die Männer heute wie früher die Welt regieren.«[32] Hinzuzufügen wäre, daß der kleine Junge natürlich nichts anderes erfährt und damit genauso eindimensional festgelegt wird. Kein Wunder, daß er dann als Mann den Frauen keine eigene Geschichte zugesteht und sie, wie Klaus Theweleit aufgezeigt hat, nicht einmal in seinen Autobiographien erwähnt.
Andere Disziplinen sind nicht so ausdrücklich chauvinistisch wie die Geschichtswissenschaft. Die Vorherrschaft des Männlichen läßt sich indessen, wie viele feministische Denkerinnen überzeugend nachgewiesen haben, bis hinein in Fächer wie Psychologie, Kunst- oder Literaturwissenschaft zeigen, die noch am ehesten auch weiblich besetzt sind. Methoden, Meßverfahren, Persönlichkeitsskalen, Fragebögen, theoretische Formulierungen, ja sogar Sprache, nicht zu reden von den Forschungs- und Machtinteressen in der »scientific community« sind männlich orientiert.[33]

So reicht die Hegemonie des Mannes von deutlich sichtbarer Herrschaft in Politik und Verwaltung bis zu Einflüssen in Moral, Denken und Sprache. Der Begriff der *Hegemonie* impliziert indessen nicht nur die dargestellte Definitionsmacht des Mannes, sondern auch seine Zuweisungsgewalt. Der Mann als Herrscher der *Außenwelt* delegierte die Frau historisch in die *Innenwelt*. Damit sind männliche Etikettierungen von Weiblichkeit verbunden, die von Abhängigkeit und Passivität über Subjektivität bis zu Liebe und Hingabe reichen. Daraus folgt logisch die emotionale Schutzfunktion der Frauen für die Männer.

Der bösen Deutlichkeit, mit der Susan Brownmiller im folgenden argumentiert, wird in diesem Kontext kaum etwas entgegengesetzt werden können: »Männer schätzen Weiblichkeit, denn durch den Gegensatz wirken sie männlicher; und das besondere Geschenk der Weiblichkeit an sie ist das Einräumen einer Extraportion unverdienten Geschlechtsunterschiedes, der den Männern einen unangefochtenen Raum zubilligt, in dem sie frei atmen, sich stärker, klüger und kompetenter fühlen können. ... Launen, Unberechenbarkeiten und gefühlsbetontes Denken und Verhalten wie etwa Tränen der Freude oder Angst hält man gerade deshalb für feminin, weil sie nicht auf dem sicheren Weg zum Erfolg liegen.«[34]

Die Perfidie der Soziologie, den Status von Familien einzig aus der Berufstätigkeit, dem Bildungsgrad und dem Verdienst des Ehemannes zu bestimmen, paßt in diesen Zusammenhang. Ebenso gehört hierher die Festlegung der Wirtschaftswissenschaften, daß nur bezahlte Berufstätigkeit (Lohnarbeit) ökonomisch von Gewicht ist; Hausarbeit wird dabei schlicht vergessen. Auch progressive Interpretationssysteme wie etwa der Marxismus haben dazu beigetragen, solche Einseitigkeiten festzuschreiben. Erst Feministinnen haben die Hausarbeit der Frauen als wichtige Realität entdeckt und neu bewertet.

Männliche Hegemonie wirkt bis in den privaten, ja intimen Bereich hinein. Barbara Ehrenreich, Elizabeth Hess und Gloria Jacobs haben z. B. in ihrer Auseinandersetzung mit dem Sexualwissenschaftler van de Velde analysiert, daß die männliche Überlegenheit in der *Außenwelt* ihr erotisches Korrelat in der *Innen-*

welt hat: Der Mann soll aktiv, initiativ, besitzergreifend sein, die Frau hingegen passiv, lustspendend, hingebungsvoll. Jegliche Initiative beim sexuellen Akt wird ihr untersagt. Luise Eichenbaum und Susie Orbach weisen darauf hin, *wie männliche Vorstellungen* auch erotische Ausstrahlung, Kleidung, Aufmachung und Körperdarstellung der Frau beeinflussen.

Läßt sich all das noch als indirekte Gewaltausübung darstellen, so fehlt es keineswegs an direkter, ganz brutaler Männergewalt: Sexuelle Belästigung, Vergewaltigung, Inzest, harte Pornographie und Mißhandlungen zeugen alltäglich davon.[35] Männliche Kumpanei und ein oft schon institutionalisiertes Mißtrauen gegenüber Frauen behindern schließlich sogar oft die öffentliche Verfolgung solcher Ausschreitungen.[36] Die Feministin Adrienne Rich kommt in diesem Zusammenhang zu der Schlußfolgerung, daß männliche Hegemonie den Frauen systematisch *eigene* Kreativität, Information, Bewegungsfreiheit, Entfaltung und Sexualität verweigert.

Gesellschaftlich mystifiziert, aber im individuellen Fall freilich auch entschieden gemildert wird diese männliche Hegemonie durch das Phänomen Liebe. Der amerikanische Männertheoretiker Warren Farrell bemerkt dazu, daß die Frauenbewegung die einzige Revolution sei, in der der Unterdrückte nicht nur ein Liebesverhältnis mit dem Unterdrücker hat, sondern mit ihm auch noch gemeinsame Kinder.

Seit zwei Jahrzehnten löst sich dieses System männlicher Hegemonie deutlich auf. Der Erosionsprozeß hat schon zu Beginn unseres Jahrhunderts eingesetzt. Gesellschaftliche Veränderungen haben die Zersetzung provoziert, die Frauenbewegung hat sie beschleunigt.

II

Männer als Täter und Opfer

Männliche Hegemonie bedeutet über einen langen Zeitraum die Unterdrückung der Frau als Geschlecht. Auch Männer haben das selbstkritisch erkannt. So beschreibt Ashley Montagu, wie die Männer über Jahrhunderte kreativ arbeiten konnten, ohne von den Frauen gestört oder herausgefordert worden zu sein. »Die Frauen blieben zu Hause, hatten Kinder, versorgten diese und die Ernährer noch dazu. Gott war im Himmel, und alles mit der Welt war in Ordnung.«[1] Viele Autoren erklären ihren Geschlechtsgenossen, daß die Wut der Frauen nach all der männlichen Repression verständlich ist.[2]

Es waren und sind Frauen, die auf die *andere* Seite ihrer Unterdrückung hingewiesen haben. Jean Baker Miller z. B. fordert, den Blick nicht immer nur darauf zu richten, was Frauen unter männlicher Hegemonie zu erleiden hatten, sondern auch zu untersuchen, was sie als Antwort darauf entwickelten und sich aneigneten. In der Tat läßt sich folgendes feststellen: Wenn das Männliche über Jahrhunderte als das Allgemeine galt, so muß das Weibliche logischerweise das Besondere sein. Feministinnen weisen in diesem Zusammenhang darauf hin, daß man durchaus von der Entwicklung einer spezifisch weiblichen Kultur als historischer Leistung der Frauen sprechen kann.[3] Ein weiterer Gedanke gehört hierhin: Frauen wie Männer in Bewegung haben aufgezeigt, daß die Auswirkungen männlicher Hegemonie auf ihre Frage durchaus dialektisch zu sehen ist: Männer sind Täter und Opfer in einem komplexen System von gesellschaftlicher Fremd- und Eigenunterdrückung.

Exkurs: Die Frauen, die Frauenbewegung und ich

Zwischen meinem dritten und achten Lebensjahr bin ich nahezu ausschließlich von Frauen erzogen worden. Aus politischen Gründen war mein Vater in dieser Zeit meist abwesend. Wir lebten sozusagen großfamiliär. Bei den Mahlzeiten waren immer mindestens sieben Personen um den ovalen Tisch in der Basler Rheinfeldenstraße versammelt. Am Kopfende saß Großvater. Er ging auf die Neunzig zu, während Großmutter fünfundzwanzig Jahre jünger war und sehr vital. Überhaupt dominierte das weibliche Element: Mama, Tanten, Freundinnen, eine Frauengesellschaft, fröhlich, lebenslustig, zärtlich, schön und sinnlich. Morgens erzählte Mama mir und meinem Freund Giulio Märchen, nach dem Mittagessen ging ich mit Oma an den Rhein, und abends spannen Tante Paula und ich auf der Terrasse irgendwelche Phantasien aus. Dies Paradies wurde relativ selten von Männern gestört, wenn aber, dann litt ich.

Das Ganze hatte freilich nicht nur positive Folgen. Es entstanden bei mir vergleichsweise hohe Verwöhnungstendenzen, Besitzansprüche an Frauen und Eifersucht. Natürlich förderte ein solches Ambiente auch nicht gerade meine Motivation, in der Außenwelt meine Muskeln oder andere Techniken männlicher Durchsetzung zu erproben. Aber darum geht es hier eigentlich weniger.

Ich lernte früh, wie Frauen miteinander leben, lachen, füreinander da sind, sich schön machen, Sorgen und Freuden besprechen. Es ist schwer zu benennen, wie sich das auf mich auswirkte. Eines ist sicher, ich lernte den Respekt vor Frauen. Meine Sozialisation hat es nicht erlaubt, Frauen als minder, gar unterworfen oder unterdrückt zu sehen. Ich habe später auch nie erlebt, daß mein Vater meine Mutter in irgendeiner Weise despektierlich behandelt hätte; ganz im Gegenteil. Das prägt und schafft umgekehrt die Schwierigkeit, Mißhandlungen von Frauen durch Männer auch nur kognitiv nachvollziehen zu können.

Auf der anderen Seite hatte ich lange Zeit das Problem, Frauen an meiner Mutter und meinen Tanten zu messen, an ihrer Schönheit und Sinnlichkeit, die Weiblichkeitserinnerungen aus meiner Kindheit auf meine jeweiligen Lebenspartnerinnen zu übertragen. Meine Sozialisation durch Frauen war ausschlaggebend für mein späteres Interesse an weiblichen Lebenswelten. Meine Beschäftigung mit der neuen Frauenbewegung ergab sich daraus folgerichtig. Als ich im Herbst 1971 als Hochschullehrer nach Berlin kam, war die sexuelle Revolution angesagt, die Frauen forderten ein, was ihnen lange Zeit versagt geblieben war. Liebe, Ehe und Treue wurden als reaktionär etikettiert. Dann wurde der Mann als derjenige entdeckt, der den Frauen jahrhundertelang Lust, Orgasmus und erotische Selbstverwirklichung verwehrt hatte. Die Studentinnen trugen Verena Stefans »Häutungen« in ihren Taschen. Die linken Frauen verbanden derweil die Übel des Kapitalismus mit ihrer Unterdrückung als Geschlecht. Jutta Menschiks Buch »Gleichberechtigung oder Emanzipation« ersetzte Verena Stefan & Co. Allmählich wurde es dann brenzliger. Die Frauen wollten nun eigene Lebenswelten aufbauen und sie von den Männern abschotten. Als Soziologe war ich aber Mann und als Mann Soziologe. Zwar fanden es die Studentinnen konstruktiv, mit mir über feministische Themen zu diskutieren, doch Geschlechterfeind war ich trotzdem. Ich mußte auch den Vorwurf hinnehmen, daß keine Frau bei uns Soziologie lehrte, obwohl ich nicht dafür verantwortlich war. Als nächstes waren viele Studentinnen gegen die Penetration. Alternative Möglichkeiten gegen dieses »männliche Gewaltverfahren des Eindringens« wurden auch im Seminar ausführlich besprochen. Mein Hinweis, auf diese Erfahrung von Lust nicht verzichten zu wollen, wurde als undemokratisch verworfen.

Zum erstenmal verweigerte ich mich, als ich Svende Merians »Märchenprinzen« lesen sollte. Ich kam über die ersten Seiten nicht hinaus. Meine Argumente gegen den miserablen Stil wurden als schöngeistige Ausrede abgelehnt. Die Auseinandersetzung eskalierte, als ich mich dagegen zur Wehr setzte, ein »potentieller Vergewaltiger« zu sein, bloß weil mich meine Mutter als Bub zur Welt gebracht hatte.

Die Generationen von feministischen Studentinnen gingen und diverse Ansätze von Feminismus auch. Ich meine es nicht abfällig,

wenn ich von Moden spreche. Apropos Mode. Die violetten Latzhosen von einst sind mittlerweile passé. Weiblichkeit ist wieder angesagt. Im Seminar blitzen auch manchmal Ohrringe auf, und rote Fingernägel leuchten hier und da. Der Ton zwischen den Geschlechtern ist moderater geworden, und die Umgangsweisen untereinander sind nicht mehr bestimmt von Vorverurteilung, sondern von Verstehen und Urteilen. Es stößt auf Zustimmung, wenn ich vorschlage, daß jeweils gemischte Gruppen Referate über Frauenbewegung und Männeremanzipation halten sollen.
Um so bissiger pfeift der Wind aus dem Lager bestimmter Radikalfeministinnen. Die Zeitschrift »Emma« wärmt die Penetrationsdebatte von anno dazumal wieder auf. Diesmal liefert die Immunschwäche AIDS die Argumente. Aber »Emma« geht weiter. Nun soll das ganze Männergeschlecht wenigstens sozial kastriert werden: Frauen sollen Männer als Unternehmer, Friseure, Masseure, Ärzte, Buchhändler und überhaupt boykottieren. Das aber ist umgedrehter Sexismus, der dadurch nicht besser wird, daß ihn nun Frauen an Männern vollziehen.
Ich meine, es ist für die Männer an der Zeit, zu überdenken, daß sie jahrhundertelang die Frauen sozial dominiert haben. Daraus müssen konkret neue männliche Verhaltensweisen entstehen, die auf Respekt, Geschlechterdemokratie und Solidarität mit politischen und sozialen Forderungen der Frauenbewegung zielen. Wenn das geschieht, haben die Männer auch das Recht, sich gegen Beleidigungen ihres eigenen Geschlechts zur Wehr zu setzen.

1. DER FEMINISMUS UND DIE MÄNNER

Elisabeth Badinter stellt fest: »Indem sie von der Außenwelt Besitz ergreifen, ziehen die Frauen einen Schlußstrich unter die jahrtausendealte geschlechtliche Aufgabenverteilung und unter den ebenso alten Gegensatz zwischen dem häuslichen Dasein, das ihnen früher einmal zugewiesen war, und dem Berufsleben, das fraglos die Domäne der Männer war.«[4] Gesellschaftliche Bedingungen wie die ökonomische Notwendigkeit von weiblicher

Lohnarbeit, die zeitliche Verkürzung der Mutterschaft und die soziale Angleichung der Geschlechter u. a. haben diese Entwicklung befördert; die neue Frauenbewegung hat sie artikuliert und in feministische Forderungen umgesetzt.

Die historische Leistung des Feminismus besteht darin, den Frauen ein Konzept von Autonomie vermittelt und sie darüber zu Selbsthilfe, Selbstbestimmung und Selbstverwirklichung animiert zu haben.[5] Es gibt dabei keine einheitliche Auffassung von Feminismus, sondern verschiedene und vielfältige Positionen, die sich zum Teil durchaus widersprechen. Eine Würdigung derselben liegt nicht in meiner (männlichen) Absicht.

Die allgemeine Bedeutung des Feminismus für die Männer besteht in der kritischen Reflexion der Geschlechterverhältnisse und damit auch der Infragestellung der Position des Mannes. In diesem Sinne fordert Gloria Steinem programmatisch: »Die Ziele der feministischen Revolution können nicht ohne die Vermenschlichung beider Geschlechterrollen erreicht werden. Im tiefsten Sinne bedeutet revolutionärer Feminismus der Weg, der *einzige* Weg, zum Humanismus.«[6] Maren L. Carden ergänzt, daß es dem neuen Feminismus nicht um die Abschaffung der Geschlechterunterschiede gehe, sondern um die Herstellung gleicher Ausgangschancen: »Es betrifft das Recht des einzelnen, herauszufinden, welche Art von Person er oder sie ist, und danach zu streben, diese Person auch zu werden.«[7]

Auf diese Weise könnte die männliche Kultur eine positive Ergänzung und Korrektur erfahren. Jean Baker Miller führt aus, daß Frauen keineswegs von ihren Unzulänglichkeiten geheilt werden müßten, die nur unter dem Gesichtspunkt männlicher Hegemonie als Defizite erscheinen. Im Gegenteil, diese Kultur der Männer benötige dringend jene Werte und Verhaltensweisen, die jahrhundertelang an Frauen relegiert wurden. Carolyn G. Heilbrun weist darauf hin, daß Frauen für sich selbst das den Männern eigene Erfolgsstreben zwar nicht ablehnen, aber doch darauf bedacht sein sollten, die Welt spezifisch weiblich auszugestalten.

Eine derartige Perspektive, die letztendlich auf die Freundschaft der Geschlechter zielt, ist innerhalb des Feminismus alles andere als allgemeinverbindlich. Das Münchner Frauenzentrum lehnt

z. B. jede »weibliche Verantwortung (ab), immer für andere, besonders für Männer, mitzudenken«. »Das Höchste, was die sog. ›einsichtigen‹ Männer bringen, ist, Frauenbewegung zu konsumieren, die Muttermilch zu trinken, sich hinter unseren Schürzenzipfeln zu verstecken, unsere Energie aufzusaugen. Wir brauchen unsere Energie für uns.« Insofern ist Kampf nötig und Haß legitim. »Wir hassen die männliche Macht und die männliche Art zu denken und zu handeln, weil sie uns Frauen unterdrückt. Wir *haben* also Männerhaß, *wir* sind es, die definieren, was wir darunter verstehen.«[8] Es fällt auf, daß die Kritik deutscher Feministinnen an den Männern besonders heftig ist, was mit der kurzen Demokratiegeschichte dieses Landes zu tun haben mag.

Klar ist indessen auch die Grenzziehung vieler Feministinnen aus den USA. Ti-Grace Atkinson vergleicht die Frauen mit der Arbeiterbewegung von einst. Andere fordern eine weibliche Separation von der Männergesellschaft und illustrieren das mit der Trennung von schwarzer und weißer Bevölkerung. Adrienne Rich verlangt, auch die Heterosexualität als »Institution« zu kritisieren. Daraus folgt ein zunehmendes Bekenntnis zum Lesbentum, was den Mann a priori ausschließt.

Die Kölner Zeitschrift »Emma« fordert die Frauen auf: »Boykottiert alle Männer!« Das bedeutet für die Sexualität, daß der Plastikdildo den Penis ersetzen soll: »Männer sind kein Schicksal. ... Immer mehr Frauen und Frauen benutzen sie nicht.« Was benutzt wird, ist ein Gebrauchsgegenstand. Dermaßen entfremdet und entmenschlicht erscheint denn auch nur konsequent das männliche Wesen in den Spalten von »Emma«. »Emmas« Mann ist ohne Gesicht, ohne Bedürfnisse, ohne Individualität. Er ist dargestellt als Zerrbild, als Karikatur. Mehr noch: Seine Abschaffung ist gefordert. »Frauen, geht nur zu Ärztinnen, wo immer möglich! Wählt die Ärztin, die Psychotherapeutin, die Masseurin. Bringt euer Geld nur noch Frauen, ob ihr ein Buch kauft oder einen Flug, eine Frisur oder ein Auto.«[9]

Gnadenlos argumentiert auch ein Team von Autorinnen, das sich mit dem »neuen alten Männlichkeitswahn«[10] auseinandersetzt. Schon in der Einleitung macht sich Hilke Schlaeger über die Männerbewegung lustig, der »nichts anderes eingefallen« sei,

»als bei den Frauen abzugucken. Und das hat zur Folge, daß sie den Frauen nun auch alles wegnehmen« will. Vor ein paar Jahren haben solche Autorinnen noch entschieden die Feminisierung der Männer gefordert; jetzt wird den Männern diese als besonders mieser Trick vorgeworfen, um die Frauen völlig zu enteignen. Heide Soltau empört sich, daß »Hippies, Freaks und Alternative« sich »einmal mehr am weiblichen Geschlecht orientieren«. So eine Sauerei, wären sie doch bloß geblieben, wo sie sind!

Maria Neef-Uthoff macht sich über den emanzipierten Mann lustig, der natürlich nur pseudoemanzipiert ist. Nach dem Liebesakt würde dieser Mann »am liebsten gleich davonlaufen. Auf jeden Fall wäscht er sich gründlich, vor allem unten. Aber dann quält ihn irgendwas, er weiß nicht was. Am liebsten würde er seine Mutter anrufen«.

Gesine Strempel ist »heilfroh«, daß sie mit den »neuen Vätern nichts zu tun« hat; sie kennt nur solche, »die ideell und finanziell die Gefährtinnen vergangener Tage abzocken und mühelos von einer Gesellschaft profitieren, die sich ihrer Kultur und dem, was Zeitgeist genannt wird, abgesegnet durch diverse Gestalten und andere Therapien, weiterhin einen kollektiven Mutterhaß leistet«.

Die Männer sind Versager, so stellt auch Luisa Francia gegen Ende des Buches fest: »Kein Schwanz ist so hart wie das Leben, sagt eine Freundin. Und meine Schwester meint, es sei unglaublich, wie sehr ›sie‹ sich abmühen, ›es‹ zu bringen, und wie es dann immer wieder erstaunlich kurz und ereignislos sei. Alles Gute, sagte ein Freund am Geburtstag zu mir. Aber als ich kam, um es mir zu holen, gab's nichts davon.« Dies Ganze ist – trotz des abschließenden Bekenntnisses, daß Frau eigentlich nichts gegen Mann habe – eine sexistische Sammlung von Klischees.

Besonders heftig attackiert wird der Mann im Bereich der Liebe und dort vor allem der Sexualität. Die Engländerin Jill Tweedie denunziert die Liebe als eine männliche Erfindung zur Unterdrükkung der Frauen.[11] Die Amerikanerin Germaine Greer diffamiert den Beitrag des Mannes zum Liebesakt als »Masturbation in der Vagina der Frauen«. Prof. Luise Pusch aus Konstanz mag schon gar nicht mehr vom Penis sprechen, nennt ihn nur noch »das

Ding« und meint: »Der Fortbestand der Menschheit ist gesichert, auch wenn ›das Ding‹ nie mehr in einen anderen Körper gesteckt wird.«[12]

Manchen ist jedes Mittel recht, um den Mann und seine Sexualität zu verunglimpfen. So manipuliert Shere Hite schon im Vorfeld ihrer Untersuchungen Kriterien, Daten und Befragungspersonen. Dementsprechend gelangt sie in ihrem neuesten Buch »Woman and Love« zu Ergebnissen, wie sie aus DDR-Wahlen stammen könnten: 98 % der Gesprächspartnerinnen wollen grundlegende Veränderungen in ihren Liebesbeziehungen; 95 % fühlen sich psychisch von den Männern beeinträchtigt; 92 % beklagen sich über die unzureichende Kommunikationsfähigkeit ihrer Partner, und immerhin 87 % gestehen, daß sie viel tiefere Kontakte zu ihren besten Freundinnen hätten als zum männlichen Geschlecht: »Frauen aller Altersstufen drücken ihre wachsende emotionale Frustration und ihre graduelle Enttäuschung über ihre persönlichen Beziehungen zu Männern aus.«

Die Definitionsmacht, die Männer allzulange über Frauen und, noch stärker, über ihre Vision von Weiblichkeit besessen haben, wird nun ins Gegenteil verkehrt. Wo Männer früher definierten, definieren heute Frauen. Sexismus ist beides. Autorinnen wie Shere Hite bestimmen, wie ein Mann zu sein hat. Wissenschaftlerinnen wie Adrienne Rich entscheiden, was Heterosexualität im einzelnen beinhaltet und was nicht. Journalistinnen wie Hilke Schlaeger maßen sich an festzulegen, wie männliche Emanzipation auszusehen hat. Da ist Gegenwehr geboten!

Diese kommt aus der Frauenbewegung selbst und ist um so überzeugender. Seit längerem wird befürchtet, daß die Radikalität des Kampfes gegen die Männer die Merkmale von Weiblichkeit zerstört. Die Rückbesinnung auf weibliche Identität hat zu einer qualitativ anderen Bewertung von Frausein, Mütterlichkeit und weiblicher Körperlichkeit geführt. Was dergestalt in der Frauenbewegung auf einem hohen theoretischen Niveau neu diskutiert wird,[13] äußert sich auch im alltäglichen Bereich, zum Beispiel in der »Carmen«-Welle von 1983/84, in der breiten Zustimmung zu erotischen Filmen bis hin zur eindeutigen Feminisierung der Mode von 1988/89.

Eine weitere Befürchtung betrifft die unhistorische Generalisierung von Frau und Mann. Hester Eisenstein weist ebenso wie Ulrike Prokop auf den gesellschaftswissenschaftlichen Unfug hin, das Wesen der Frau unabhängig von Schicht- und Klassenzugehörigkeit bestimmen zu können. Noch immer habe eine schwarze Autoarbeiterin mehr mit einem schwarzen Autoarbeiter gemeinsam als mit Happy Rockefeller.[14] Florence King wendet sich in ihrem sehr kritischen Buch über Männer gegen die ebenso triviale wie gefährliche Gleichsetzung von »maskulin und reaktionär«. Hester Eisenstein konzediert, daß Frauen ebenso wie Männer von Macht und Besitz korrumpiert werden können. In diesem Zusammenhang kritisiert sie entschieden die neue Ideologie, Frauen als wundervoll und gut zu bezeichnen, während Männer per se als häßlich und böse verleumdet werden. Betty Friedan sieht gar die Gefahr, daß ein unkritischer Kampf um die Gleichberechtigung die Frauen »in die militaristischen, materialistischen Eingeweide des spätkapitalistischen Imperialismus der USA« führen könnte.
Maren L. Carden stellt fest, daß die »meisten neuen Feministinnen anerkennen, ihre weibliche Rolle nicht in der Isolation verändern zu können: Wandel muß auch wechselseitig die männliche Rolle ergreifen und die ganze Gesellschaft«. Für J. Mitchell ist Feminismus sozialer Wandel für alle, also für beide Geschlechter.[15]

2. DIE VERÄNDERUNG DES MANNES

In der Bundesrepublik singt Ina Deter, daß das Land neue Männer braucht. Die Männer selbst scheinen – zumindest in ihrer großen Mehrheit – nicht unbedingt dieser Meinung zu sein. Elisabeth Badinter fordert deshalb die Männer auf, aus dem »Schatten des Schweigens« zu treten. Amerikanische Feministinnen sind weniger höflich. Sie interpretieren »männliches Schweigen über die Geschlechterfrage ... als ein weiteres Beispiel für einen De-facto-Chauvinismus«. Die Drohung folgt auf dem Fuße: Sollten die Männer sich weiter in »passiver Obstruktion« üben, würden sie ihr Recht verwirken, »den Weg, den die Entwicklung ihrer eigenen Rollen nimmt, zu bestimmen«.[16] Doch dieses Schweigen ist, wenn nicht überhaupt zu oberflächlich interpretiert, so doch zumindest zu einseitig gesehen. In der Männerwirklichkeit heute gibt es *drei männliche Grundhaltungen:* die Schwulen, die Neutralos und ein breites Spektrum von Heterosexuellen, die durchaus allesamt Reaktionsformen auf den Feminismus enthalten.

Die *Schwulen* haben sich den Männlichkeitserwartungen unserer Gesellschaft seit je verweigert und eine eigene homosexuelle Subkultur aufgebaut. Tim Carrigan, Bob Connell und John Lee beschreiben in ihrer Auseinandersetzung mit offizieller Maskulinität die männliche Homosexualität als eine Flucht vor den offiziellen Geschlechterrollen der bestehenden Gesellschaft und gleichzeitig als sichtbaren Ausdruck »der Bürden der Maskulinität«. Heterosexuelle Männer sehen sich denn auch dem Vorwurf der Schwulen ausgesetzt, das »Come out« nicht zu wagen und damit in den Fesseln traditioneller Männlichkeit zu verharren.[17] Die *Neutralos* verweigern sich sexuell Männern wie Frauen. Ihre Zahl wächst. Erstaunlicherweise werden sie weder von den Medien noch von der Wissenschaft zur Kenntnis genommen. Die *Heterosexuellen* lassen sich heute in folgende Kategorien einteilen: Gestreßte, Desorientierte, Depressive, Indifferente, Chauvis, Machos, Opportunisten, Schuldbeflissene, Softies, Imitanten und Veränderer. Die einzelnen Typen sind dabei nicht immer strikt voneinander zu trennen, können auch manchmal bei einer Biographie ineinanderfließen.

Der Begriff der *Gestreßten* geht auf eine empirische Untersuchung der amerikanischen Psychiaterin Ellen Halle zurück, die eine Gruppe von Männern entdeckte, »die den Streß neuer Forderungen und Erwartungen von ihren Ehefrauen zu tragen hatten, Erwartungen, die eindeutig eine Konsequenz der Frauenbewegung aus den 60er und 70er Jahren zu sein schienen«[18]. Diese Männer müssen miterleben, wie ihre Frauen aus den traditionellen Rollenbildern schlüpfen und Lebensentwürfe verweigern, die bis dahin für die jeweiligen Paare verbindlich waren. Die Veränderung der Frauen verlangt von den Männern eine Neudefinition ihrer ganzen Existenz, der Lebensbereiche von Freizeit und Arbeit und der Geschlechterverhältnisse im weitesten Sinne. Ebendies löst alle Symptome von Streß aus.

Die *Desorientierten* versuchen die Streßfaktoren zu mindern, indem sie sich an der neuen Erwartungshaltung ihrer Frauen orientieren. Ist ein Emanzipationsprozeß aber erst einmal in Gang gesetzt, folgen die Schritte weiblicher Veränderung so rasch, daß die meisten Männer nicht mehr in der Lage sind, hinterherzukommen. Verunsicherung ist die nahezu logische Folge.[19]

Die *Depressiven* sind emotional von der Veränderung ihrer Frauen überfordert. Oft geraten diese Männer in Depressionen, wenn sie von ihren sich emanzipierenden Frauen verlassen werden. Der amerikanische Psychotherapeut Stein konstatiert in seiner Untersuchung ebenso wie Ellen Halle bei den verlassenen Ehemännern deutliche Anzeichen »klinischer Depression und Borderline-Symptome«. Sie sind nur noch in der Lage, die veränderte Situation »leidend und verzweifelt« zu ertragen und sie »in einen Diskurs der Klage und der Wehleidigkeit zu übersetzen«, wie Falconnet und Lefaucheur feststellen.[20]

Die *Indifferenten* reagieren mit Verdrängung und Ignoranz und nehmen »eine sehr passive Haltung« ein, »die sich hauptsächlich darauf beschränkt, die Frauen aus der Perspektive des Unbeteiligten zu beobachten«[21]. Diese Männer wollen sich aus einer unbewußten Angst heraus nicht an der Veränderung ihrer Frauen beteiligen, geschweige denn die Frage stellen, was der weibliche Wandel für sie selber bedeutet. Als »Vogel-Strauß-Politik« ist diese Verhaltensweise trefflich zu kennzeichnen.

Die *Machos* insistieren mit Vehemenz auf den traditionellen Geschlechterverhältnissen. Der Mann ist – in ihrem antiquierten Verständnis – der Herrscher der Welt und die Frau ihm untertan. Die Machos kämpfen gegen die Erosion des althergebrachten Verständnisses von Männlichkeit und Geschlechterbeziehungen. In diesem Sinne wendet sich z. B. George Gilder gegen jedwede Veränderung von Geschlechterrollen: Der Mann sei nur Mann, wenn er sich als solcher in seiner Arbeit und in seiner Sexualität mit einer ihn liebenden Frau bestätigen könne. Aggressiv in der Außenwelt und dominant im Privatbereich verteidigt der Macho die jahrhundertelange männliche Vorherrschaft.[22]

Die *Chauvis* reagieren trotzig auf die Forderungen des Feminismus. Während die Machos nicht einmal bereit sind, die Frauenbewegung inhaltlich zur Kenntnis zu nehmen, wirft sich der Chauvi in die Ritterrüstung männlicher Abwehrhaltung. Mit Ärger, Wut und durchaus offensiv geäußerten Rachegelüsten verteidigt er die Stellungen männlicher Hegemonie. Schließlich hat *er* den Wohlstand geschaffen und verdient *er* das Geld; dafür darf *er* seinen Preis fordern und gebührende Anerkennung verlangen. Der Chauvi will seine maskuline Unabhängigkeit nicht aufgeben. Er reitet noch immer wie John Wayne durch den Wilden Westen, und die Frau soll ihm bei seiner Rast einen Trunk auf den Sattel reichen.[23]

Die *Opportunisten* wissen, daß sich der Wind der Geschichte gedreht hat, ohne allerdings die Energie aufbringen zu wollen, gegen den feministischen Sturm anzukämpfen. Sie suchen sich ruhige Nischen, in denen sie sich – durchaus unverändert – aufhalten können. Sie passen sich an und intrigieren im Hintergrund. Wenn es um die offene Auseinandersetzung mit Frauen geht, nehmen die Opportunisten zu Lippenbekenntnissen Zuflucht, denen natürlich keine Taten folgen. Sie stellen unzweifelhaft die unangenehmste Kategorie von Zeitgenossen dar. Sie gehören zu den Männern, die doppelzüngig im alten Gewand verbleiben.[24]

Die *Softies,* die vordergründig Sanften, die verunsicherten Säusler, passen sich den Forderungen der Frauenbewegung defensiv an. Scheinbar nehmen sie ihre eigenen männlichen Bedürfnisse zurück und stellen sich verbal ganz auf die Frauen ein. Papageienhaft plappern sie die Slogans des Feminismus nach, und manch einer entblödet sich nicht, als selbsterklärter Feminist durch die verwandelte Welt zu tänzeln. Abgesehen davon, daß die Frauenbewegung solche Anbiederei zurückwies, mußten die Softies auch bald den hohen Preis für ihre Selbstverleugnung zahlen: psychische Schwierigkeiten, von Störungen im Selbstwertgefühl über schizoides Verhalten bis hin zum Identitätsverlust.[25]

Die *Schuldbeflissenen* glauben, die ganze historische Bürde jahrtausendelanger Unterdrückung der Frau auf ihren schmalen Schultern tragen zu müssen. Daß keine Frau das von ihnen verlangt, tangiert sie nicht weiter. Sie schleichen gesenkten Hauptes und trüben Blickes durch die Welt, die ihnen – folgt man ihren masochistischen Aussagen – noch viel zuwenig weiblich ist. Eines dieser unglückseligen Exemplare klagt im Frankfurter Szeneblatt »Pflasterstrand«: »Ich versuche, mich sympathisch (und ätherisch) zu machen, indem ich rede und auf die Frau, auf die ich scharf bin, intensiv eingehe. Ich möchte gern jemanden verführen, aber ich weiß, daß dahinter eine gehörige Portion Menschenverachtung steckt.«[26] Florence King beschreibt ein ähnliches Wesen namens Jonathan, der mit seinen männlichen Sünden öffentlich hausieren geht: »Er ist in der Lage, eine Cocktail-Party in ein Treffen zu verwandeln, das nach den Anonymen Alkoholikern klingt: ›Mein Name ist Jonathan. Stuart Mill und ich waren früher männliche chauvinistische Schweine.‹ «[27]

Das Ganze wirft sich auf höherem Niveau in ein theoretisches Gewand. So weist Ashley Montagu in seinem Buch über »Die natürliche Überlegenheit der Frauen« nun einfach dem weiblichen Geschlecht alle Positiva zu, die früher die Männer für sich in Anspruch nahmen.

Die *Imitanten* anerkennen die historische Leistung des Feminismus, den sie jedoch sogleich für sich reklamieren und als lebensrettend bewerten. So schildert z. B. John Stoltenberg, wie ihm der Feminismus Energie gab und seine Weltsicht veränderte. Nahezu vampyrhaft saugt Stoltenberg seine ganze neue Existenz aus dem Feminismus: Modelle für sein weiteres Leben, Ausdrucksformen des Ärgers über andere Männer, frischen Atem sogar. Es stellt sich die Frage, was er sich eigentlich noch selbst erkämpft und aufgebaut hat, statt alles imitatorisch und passiv zu übernehmen.

Aber auch von mir sehr geschätzte Autoren fallen partiell in Aussagen gelähmter Adoration gegenüber der Frauenbewegung. Herb Goldberg überschreibt das fünfzehnte Kapitel seines Buches über den neuen Mann mit dem Titel »The Feminist Movement can save your life«. Helmut Barz postuliert in gleicher Richtung: »Was uns vielleicht noch retten kann, sind die Frauen.« Etwas ganz anderes ist es dagegen, die Frage zu stellen, was wir Männer aktiv vom Feminismus lernen können. Harry Brod geht dieser Frage in seinem Text »Feminism for Men« nach, und Volker E. Pilgrim kommt bereits zu dem Ergebnis: »Die Männergruppen sind schon ein Beweis für das neue Verhältnis zwischen Männern und Frauen. Männer haben von Frauen *gesellschaftlich* gelernt.«[28]

Die *Veränderer* haben frühzeitig begriffen, daß sie von der Frauenbewegung lernen können. Aber dazu muß die individuelle und kollektive Energie der Männer zur eigenen Veränderung mobilisiert werden, anstatt sie ausschließlich von der Frauenbewegung abzumelken. Viele Männer sind dabei, das zu begreifen. Sie zerstören Mythen und Schablonen unterdrückender Männlichkeit in sich selbst. Die Veränderer verstehen die Wut von Frauen über die Jahrhunderte andauernde männliche Hegemonie, ohne indessen im masochistischen Kotau vor dem Feminismus zusammenzusinken. Sie wissen, wo sie feministische Zielsetzungen solidarisch zu unterstützen haben, weil es um eine Gesellschaft der Gleichberechtigung geht, und wo sie sich zur Wehr setzen müssen, weil sie als Männer nicht abgeschafft werden wollen. Sie haben begriffen, daß sie Macht abgeben müssen, daß sie dafür aber auch in den Genuß von mehr Freiheit kommen können, denn weniger Macht bedeutet auch weniger Bürde.[29] So verändert sich historisch die Männlichkeit der Männer.[30]
Die sich bewegenden Männer haben rasch begriffen, in welches Korsett der Eigenbeschränkung sie der traditionelle Männlichkeitsmythos gezwängt hatte. Wenn einmal das Korsett geöffnet und schließlich abgelegt worden war, vermochten diese Männer sich sukzessive aus dem maskulinen Verhaltenssyndrom von Aggressivität, Konkurrenzdenken, Statuskampf, Streß und gegenseitiger Feindseligkeit zu befreien und sich gleichzeitig neuen Erfahrungsbereichen von Offenheit, Hilfe, Toleranz und Lust zu öffnen, die bis dahin als primär weiblich galten. Es wäre indessen falsch, diesen Weg als idyllisch zu beschreiben: Die Männer, die sich verändern wollen, müssen sich *gegen* gesellschaftliche Erwartungen, tradierte Schablonen und festgefügte Interessen verändern. All diese Männer müssen sehr bald begreifen, daß ihre Veränderung nicht nur sie als Individuen betrifft, sondern starre soziale Strukturen tangiert.

3. DIE SUPERSTRUKTUR

Ein Bekannter, der in einer Schweizer Bank arbeitet, erzählte mir vor geraumer Zeit von folgender Erfahrung: Vor einigen Jahren hatte er sich einem Südafrika-Geschäft widersetzt, das ihm weder politisch noch ökonomisch koscher erschienen war. Mit dem Umstand, daß er sich nicht durchsetzen konnte, wurde er ohne größere Schwierigkeiten fertig. Was ihn allerdings furchtbar ärgerte, war die Tatsache, daß seine Argumente überhaupt nicht berücksichtigt wurden. Die Borniertheit seiner Vorgesetzten, nur nach der Höhe des Kredits und den zu erwartenden Zinsen zu urteilen und für alle politischen und sozialen Rahmenbedingungen dieses Geschäfts blind und taub zu sein, erregte ihn dermaßen, daß er am Ende der Sitzung das Konferenzzimmer weinend verließ. Seine Tränen – männliches Wasser – bildeten wochenlang einen bevorzugten Gesprächsstoff unter Kolleginnen und Kollegen. Mein Bekannter wurde zum Opfer von Gespött. Vier Jahre später wurde er noch einmal schmerzlich an dies Erlebnis erinnert: Bei einer Beförderung überging man ihn und zog einen weniger kompetenten Konkurrenten vor. Hinterher erfuhr er, daß seine Tränen von damals den Ausschlag gegeben hatten, er war für zu wenig belastbar befunden worden.

Man kann dieses Beispiel verallgemeinern und feststellen: Wer sich nicht an die bestehenden Regeln und Normen der jeweiligen Geschlechterrolle hält, muß damit rechnen, daß sein nichtkonformes Verhalten gesellschaftlich bestraft wird. Empirische Untersuchungen zeigen, daß die Gesellschaft dabei männliches »Fehlverhalten« deutlich negativer sanktioniert als das von Frauen.[31]

Das bedeutet: *Männlichkeit ist kein freiwilliger Definitionsakt von irgendwelchen Männern,* die sich an irgendeinem Ort zusammenfinden, um irgendeine Begriffsbestimmung dessen, was sie gerade zufällig als männlich empfinden, auszuhecken. Männlichkeit ist vielmehr eine *tradierte gesellschaftliche Festlegung* von Werten, Verhaltensweisen und Zielen, die durch eine vielschichtige Dynamik von Institutionen wirkt: Familie, Schule, Arbeit, Militär, Kirche, Massenmedien, Sport usw. Der einzelne Mann ist in diese gesellschaftliche Festlegung eingebunden.

Gehen wir einen weiteren Schritt: Es gibt den Mann als Individuum in seiner konkreten Persönlichkeit, und es gibt die männliche Hegemonie in ihrer gesellschaftlichen Allgemeinheit. *Der Mann als Individuum ist dabei der männlichen Hegemonie als historisch gewachsenes Prinzip unterworfen.*

Daß Menschen von Strukturen abhängig sind und subjektive Verhaltensweisen von objektiven Verhältnissen will indessen in die wenigsten Köpfe von Autorinnen und Autoren. So personalisiert, wie sie es im Geschichtsunterricht gelernt haben, betrachten sie Geschichte und auch die Geschlechterverhältnisse. Es ist natürlich immer schon leichter gewesen, in der Beschreibung eines Problems einen Buhmann oder Sündenbock aufzubauen, als ebendieses Problem differenziert zu analysieren. Wer *alle* Männer als Vergewaltiger, Unterdrücker und Phallokraten bezeichnet, denkt ein paar Schritte zu kurz und verzichtet im übrigen auf die Möglichkeit, gegen den tatsächlichen Vergewaltiger und Unterdrücker angemessen vorgehen zu können. Männer können als einzelne Individuen böse sein, als ganzes Geschlecht sind sie es nicht. Ebenso unsinnig ist das Diktum, daß die Unterdrückung der Frauen auf einem Gesellschaftsvertrag der Männer beruhe. Männer haben niemals beschlossen, die Frauen zu beherrschen. Männliche Hegemonie ist vielmehr das Resultat komplexer und langwieriger Gesellschaftsprozesse. Schließlich nehmen Männer nicht aus angeborener Dummheit selbstzerstörerische Bilder von Männlichkeit an, sondern weil bestehende Gesellschaftsstrukturen sie dazu zwingen und diesen Zwang auch noch honorieren. Der böse Mann, der einer Frau unrecht tut, ist eine Sache; die vielen Männer, die als Teil einer männlichen Geschichte von Naturausbeutung, Krieg und Konkurrenz heute mehr als Opfer denn als Täter agieren, sind eine ganz andere. Auch an die Adresse eines bestimmten Feminismus gerichtet ist Ulrike Prokops Hinweis auf diese Kurzsichtigkeit, persönliches Verhalten und gesellschaftliche Verhältnisse zu vermischen: »Undurchdringlichkeit und Fremdheit der gesellschaftlichen Verhältnisse sollen der persönlichen, unmittelbaren Erfahrung zugänglich gemacht werden. Sie sollen Schuldzurechnungen erlauben.«[32]

Wir müssen davon ausgehen, daß es ein gesellschaftliches Ganzes gibt, das für Männer und für Frauen entsprechend ihren jeweiligen sozialen Positionen spezifische Handlungsanweisungen bereithält. Dieses Ganze hat sich im Laufe der Geschichte gefestigt und einstmals persönliche Abhängigkeiten durch »Sachzwänge« ersetzt, also objektiviert. Dadurch ist eine soziale *Superstruktur* entstanden, die insofern geschlechtsneutral ist, als sie Frauen wie Männer objektiv prägt und bestimmt. Herbert Marcuse schreibt: »Freilich ist die ›objektive Ordnung der Dinge‹ selbst ein Resultat der Herrschaft, aber bei alledem ist wahr, daß die Herrschaft jetzt eine höhere Rationalität hervorbringt – die einer Gesellschaft, die ihre hierarchische Struktur beibehält, während sie die natürlichen und geistigen Ressourcen stets wirksamer ausbeutet und die Erträge dieser Ausbeutung in stets wachsendem Größenverhältnis verteilt. Die Grenzen dieser Rationalität und ihrer unheilvollen Kraft erscheinen in der fortschreitenden Versklavung des Menschen durch einen Produktionsapparat, der den Kampf ums Dasein verewigt.«[33]

Diese geschlechtsneutrale Superstruktur präsentiert sich – thesenhaft – folgendermaßen:

1. Der militärisch-industrielle Komplex erweitert und verstärkt sich; die Wahrscheinlichkeit regional begrenzter Konflikte erhöht sich ebenso wie die einer nuklearen Auseinandersetzung.
2. Auf Kosten des Souveräns wird der Staatsapparat ausgebaut: Die Sozialkontrolle durch Polizei, Justiz, Datenspeicherung usw. wird größer.
3. Bürgerliche Freiheiten und demokratische Aktivitäten werden durch die Notwendigkeit steigender Absicherung von hochempfindlichen Objekten wie z. B. Atomkraftwerken eingeschränkt.
4. Die Ausdehnung des Staatsapparates und seiner Kontrollfunktionen wird begleitet vom Anwachsen radikaler Protestformen und gelegentlichem Verzweiflungsterrorismus.
5. Politische und kriminelle Gewalttaten nehmen zu. Gewalt in den Städten wird zur Alltagserscheinung.
6. Die Reichen werden reicher; die Armen verarmen noch mehr. Die Schere zwischen Wohlhabenden und Bedürftigen wird immer weiter auseinanderklaffen.
7. Die Qualität öffentlicher Dienstleistungen wird schlechter.

Die Finanzknappheit von Städten und Gemeinden nimmt zu und bedingt die Reduzierung von Geldern für die Gesundheitsfürsorge, für Bildung und soziale Sicherheit, um nur ein paar Beispiele zu nennen.

8. In der Wirtschaft steuern wir auf eine Dualökonomie zu, in der zwei verschiedene Gruppen von Arbeitenden deutlich werden: eine qualifizierte Minderheit wird abgesicherte, mit Macht ausgestattete und kreative Tätigkeiten ausüben; die Mehrheit der Beschäftigten hingegen wird temporären, unqualifizierten und streng vorgeschriebenen Arbeiten nachgehen müssen.

9. Die Umweltkrise verschärft sich. Die Naturzerstörung hat bereits unmittelbare Folgen für Gesundheit und Lebensqualität der Menschen.

10. Natürliche Ressourcen wie Wasser und bestimmte Rohstoffe werden teurer werden respektive der staatlichen Rationierung unterliegen.

11. Die Zerstörung der Städte schreitet fort. Probleme der Infrastruktur werden insbesondere für die unteren Schichten der Bevölkerung dramatisch zunehmen und in den Städten kaum noch lösbar sein.

12. Unterprivilegierte Gruppen in der Bevölkerung wie Emigranten, Arbeitslose, Alte, Kinder, Frauen und Farbige werden immer weniger fähig sein, die Kluft zwischen sich und privilegierten Gruppen zu schließen. Die Gettoisierung dieser Menschen wird sich verstärken. Rassismus, Generationenabgrenzung u. a. werden zunehmen und zum Teil gewalttätig ausgetragen werden.

13. Die abnehmende Lebensqualität in den Städten, in der Berufswelt u. a. wird selbstzerstörerische Tendenzen des einzelnen verstärken. Alkohol- und Drogenabhängigkeit und Suizid werden sich rapide ausbreiten.

14. Soziale und zwischenmenschliche Konflikte werden immer seltener in den vorgegebenen Bahnen gesetzlicher Regelung gelöst, sondern immer häufiger mit Gewalt ausgetragen werden.

15. Das organisierte Verbrechen nimmt zu. Mafiaartige Organisationen werden die großen Städte beherrschen.

16. Die ideologische Krise wird sich verstärken. Immer mehr offizielle Werte werden unglaubwürdig und unpraktikabel wer-

den. Traditionelle Moralvorstellungen und Religionsinhalte verlieren zunehmend an Bedeutung.

17. Der Zerfall wegweisender Ideologien läßt technokratische Politikformen und rechtsradikale Ideen an Boden gewinnen.

18. Sicherheit wird sich auch im Privatleben immer weniger finden lassen. Ehe und Kleinfamilie als Institution werden vermehrt in Frage gestellt werden.

19. Die Vereinzelung und Vereinsamung des Individuums wird sich aufgrund der geschilderten Einzelentwicklungen dramatisch verschärfen; Borderline-Krankheiten und Depressionen werden zu allgemeinen Zivilisationskrankheiten.

20. Die rapide Auflösung der Zwischenmenschlichkeit wird staatlicherseits durch die Förderung von Massenkommunikation und eine Politik organisierter Spiele beantwortet.[34]

Diese Ausformungen der gegenwärtigen Gesellschaftsordnung bestimmen sowohl Frauen als auch Männer. Damit soll nicht Schicksalsergebenheit propagiert sein. Aber es muß sorgsam herausgearbeitet werden, wo uns objektive Zwänge beherrschen, wie diese Zwänge sich konstituieren, welche Wirkung sie auf uns ausüben und was unternommen werden kann, um sie zu brechen. Der Weg geht in eine Richtung, wie sie Peter Middleton beschreibt: »Männer haben mit Männlichkeit politisch-strategisch so umzugehen, daß sie sich auf eine neue Weise wahrnehmen – anders als in den gesellschaftlich vorgegebenen Charakterformen, auf die sich einzulassen sie weitgehend gezwungen werden.... Ein solches Verständnis sollte Männern helfen können, zu begreifen, wie ihre Männlichkeit geformt wird, und sich dem Kampf gegen Sexismus anzuschließen, wo immer sie ihm begegnen – ob in ihnen selbst oder in ihrer Umgebung.[35]

4. DIE DUALE UNTERDRÜCKUNG

Männer nehmen in der bestehenden Gesellschaft die wichtigsten Positionen ein. Die meisten Bankiers, Wirtschaftsführer und Spitzenpolitiker sind Männer. Männer verfügen über Macht, Besitz und – über Frauen. Fehlt Männern also nichts? Herbert Grönemeyer singt: »Männer weinen heimlich, Männer brauchen viel Zärtlichkeit, Männer sind so verletzlich...« Geht es den Männern also doch nicht so gut? Der Widerspruch ist offensichtlich, aber er ist auflösbar.

Dabei gilt es, ein differenzierteres Gesellschaftsbild zu entwerfen, als es jene haben, die alle sozialen Übel mit dem bloßen Vorhandensein von Männern erklären. In unserem gesellschaftlichen System hat sich die geschlechtsneutrale *Superstruktur* verselbständigt, die gleichermaßen Männer wie Frauen sozial und ökonomisch vereinnahmt. Unterhalb dieser Superstruktur gibt es die konkreteren *Herrschaftsbereiche* Wirtschaft, Politik, Administration und Kultur, deren Träger in ihrer Mehrheit noch immer Männer sind. Daneben gibt es *Lebenswelten* von Produktion, Distribution, Konsumtion, Sozialisation und Intimität; zu diesen Lebenswelten gehören *Machtverhältnisse,* an denen Männer und Frauen partizipieren.

Eine gesellschaftliche Spaltung in prinzipiell mächtige Männer und prinzipiell ohnmächtige Frauen ist weder theoretisch noch empirisch aufrechtzuerhalten. Vermehrt wehren sich auch Wissenschaftlerinnen gegen solche Zerrbilder von sozialer Wirklichkeit. Michelle Zimbalist Rosaldo konzediert, daß Frauen nicht ohne bestimmte Formen von Macht sind, und Elisabeth Badinter stellt fest: »Statt sich bloß mit der einen und ungeteilten Macht des einen Geschlechts über das andere zu befassen, sollte man sich lieber über die verschiedenen, spezifischen Machtbefugnisse des einen und des anderen Geschlechts Gedanken machen.« Ulrike Prokop weist darauf hin, daß sich Ehe und Familienstrukturen nicht allein aus den Machtansprüchen von Männern erklären lassen, und Ilse Dröge-Modelmog konstatiert: »Frauen sind an der Reproduktion des industriellen Patriarchats nicht unbeteiligt, sie partizipieren an dem sozialen System durchaus machtvoll.«[36] Mit diesen vorerst abstrakten Feststellungen von weiblicher Macht soll der Mann weder von historischer Unterdrückung noch von gegenwärtigen Fehlern freigesprochen werden. Unbestritten ist zunächst einmal das Diktum männlicher Hegemonie. Kein Zweifel besteht auch daran, daß der Mann noch immer gesellschaftlich mächtiger ist. Der damit verbundene Lebenskampf wiederum wird für ihn physisch und psychisch nur erträglich, weil es die Frauen gibt. Tor Nørretranders schreibt: »Die Frauen sind die Oasen, wo wir ausruhen und uns Anregungen für das schöne Leben holen, an dessen Existenz wir uns ja (besonders von der Kindheit her) gut erinnern können.«[37]

Männer wie Frauen sind Opfer sozio-politischer Zwänge, aber die Männer sind dank den Frauen noch immer in der Lage, ihr Leiden an der Gesellschaft besser zu kompensieren – in den Armen der Frauen, auf den Leibern der Frauen, durch die Seelen der Frauen. Nutzen sie diesen Vorteil aus, werden sie zu Tätern und die Frauen, bereits Opfer der Superstruktur, auch noch zu Opfern der Männer.

Doch selbst hier ist die Machtverteilung differenzierter, als es auf den ersten Blick hin scheinen mag. Die physische Macht des Mannes hat durchaus ihr Pendant in der psychischen Macht der Frau: Die Frau besitzt Gefühle, sie darf sie zeigen, einsetzen; der Mann braucht sie. Ohne die »Gefühlsarbeit« der Frau würde er die Härte der Außenwelt nicht ertragen können.[38]

Beutet der Mann nun die Gefühle der Frau aus? Sicher, er tut es, und er tut es insofern nicht, als die Gesellschaft diese Arbeitsteilung von weiblicher »Gefühlsarbeit« und männlicher Erwerbsarbeit faktisch diktiert. Einmal mehr erscheint der Mann als Täter und Opfer zugleich. Als Opfer hat ihm die Gesellschaft keine Chance gelassen, jene emotionalen Fähigkeiten selbst aufzubauen.

Gesellschaftlich erwartete Männlichkeit beinhaltet Leistungsstreben, Karriere, Wettbewerb, Härte, Pokergesicht, Gefühlslosigkeit, Objektivität, Erfolg und Durchsetzungskraft gegen alle potentiellen Konkurrenten. Der Psychoanalytiker Arno Gruen schreibt: »In unserer Kultur haben die meisten Männer keine Chance, der Notwendigkeit zu entweichen, ein Sein aufzubauen, das nicht von der Metaphysik des Erfolgs und der Leistung bestimmt wird.« Und Peter Schneider stellt die Frage: »Wie aber sollen die Männer lernen, ihre Verletzbarkeit auszudrücken, wenn auch noch der Kampf gegen den von den Männern erfundenen Kapitalismus von ihnen ›unnachgiebige Härte‹ verlangt?«

Folgt der Mann diesen Maximen nicht, wird er bestenfalls ausgelacht und schlimmstenfalls entlassen. Barbara Ehrenreich hat aufgezeigt, wie Männer verfolgt, beschimpft und sanktioniert werden, wenn sie aus dem Männlichkeitswahn der bestehenden Gesellschaft auszubrechen versuchen.[39]

Frühzeitig wird der Mann in diesen gesellschaftlichen Käfig von Männlichkeit gesteckt. Im Rahmen seiner Familie lernt der kleine Junge, was männlich ist. Ehrlicherweise gestehen nun auch Wissenschaftlerinnen den Beitrag ein, den Frauen dabei übernehmen.[40] Dem kleinen Jungen wird oktroyiert und vor allem vorgelebt, was er als künftiger Mann zu tun hat und was zu lassen, weil es weiblich ist. So wird der Bub darauf vorbereitet, was ihn als Mann in Beruf, Politik und Geschäft später erwartet.

In Kindheit und Jugend erlernte Männlichkeit muß in der Arbeitswelt bewiesen werden. Seine Definition erwirbt der Mann, arbeitend und sich durchsetzend, erst in der Distanzierung von der Privatsphäre und den dort vorherrschenden Werten der Intimität, Emotionalität und Nähe. Der Mann wird gemessen an jenen Leistungs- und Erfolgsstandards, die die Gesellschaft ihm gesetzt hat. Erfüllt er sie, ist er ein Mann; erfüllt er sie nicht, wird er als Versager tituliert. Sein Wert als Mann hängt vom erworbenen Status, den Statussymbolen und seinem Rang in der Hierarchie ab.

Das maskuline Dilemma in diesem Zusammenhang entsteht dadurch, daß nur wenige Männer die obersten Stufen dieser Erfolgsleiter erreichen. In der Bundesrepublik sind es einige hundert, in den USA einige tausend. Die Millionen anderen sind lohnabhängig, Befehlsempfänger, ausführende Organe ihrer Vorgesetzten. Dementsprechend weisen alle internationalen Untersuchungen aus, daß 75 % und mehr aller befragten Männer sich in Wirklichkeit nicht mit ihrem Beruf identifizieren können, wenig bis keine berufliche Zufriedenheit erfahren und den gesellschaftlichen Vorstellungen von Karriere und Erfolg gar nicht gerecht werden können. So droht der Mann von heute doppelt zu scheitern: Die äußere Anerkennung bleibt ihm zumeist versagt und eine innere ebenfalls, weil er sein Gefühlsleben nur rudimentär zu entwickeln vermochte. »Männer sind unzufrieden mit ihrem Beruf und unglücklich über ihre Unfähigkeit, gemäß den herkömmlichen Definitionen, erfolgreich zu sein. Viele von denen, die Erfolg haben, erkennen, wie wenig Glück damit verbunden ist. Aber die meisten neigen dazu, die Schuld bei sich selbst zu suchen anstatt in den Standards und unrealistischen Erwartungen, die ihnen die Gesellschaft aufgezwungen hat.«[41]

Trotz des geschilderten Dilemmas muß der Mann seine Maske bewahren, er darf keine Schwäche zeigen, nicht klagen oder gar aufgeben. Luise Eichenbaum und Susie Orbach erklären bündig: »Wenn ein Mann Verletzbarkeit zeigt, bricht ein Mythos zusammen.«[42]

Marc Fasteau hat in diesem Zusammenhang das Bild von der Männlichkeitsmaschine (»male machine«) geprägt, die funktional ist, dafür bestimmt, zu arbeiten, objektive Schwierigkeiten zu überwinden, Probleme zu lösen, jede Aufgabe willensstark anzugehen und richtig zu erledigen. Sieg ist ihr alles, Niederlagen will sie nicht kennen.

Die Folge ist andauernder Streß. Cooper Thompson geht so weit, traditionelle Männlichkeit als »lebensbedrohend« zu definieren. Viele medizinische Untersuchungen bestätigen diesen traurigen Befund: Der moderne Mann leidet an Isolationsgefühlen, Sinnverlust, Schuldkomplexen, Versagensängsten, Verzweiflung, Süchten wie Alkoholismus und Nikotin, an Hoffnungslosigkeit, Selbstverachtung, latenter Depression usw.[43]

Veränderung sollte damit für Männer eigentlich lebenswichtig geworden sein.

5. FRAUEN UND MÄNNER IN BEWEGUNG

Die vitale Bedrohung des Mannes, die im gesellschaftlich verordneten Bild von Männlichkeit enthalten ist, wird im deutschsprachigen Raum noch kaum zur Kenntnis genommen. Nur ganz wenige Wissenschaftler wie z. B. Horst-Eberhard Richter haben auf die selbstzerstörerischen Folgen hingewiesen, die moderne Maskulinität notwendigerweise in sich trägt. Überwiegend wird dagegen die Ansicht vertreten, daß der Mann von einer Emanzipation nichts zu gewinnen, dafür aber viel zu verlieren habe. So behauptet der Soziologe Ulrich Beck, daß männliche Befreiung nicht bedeutet »– wie für die Frauen – *mehr* Bildung, *bessere* Berufschancen, *weniger* Hausarbeit, sondern komplementär: *mehr Konkurrenz, Verzicht auf Karriere, mehr Hausarbeit*«[44]. Auch deutsche Männertheoretiker üben sich in hilflosen Begriffsbestimmungen von Männerbefreiung. Mehr als »ein diffuses Unbehagen am eigenen Männerleben« oder »die individuelle Verunsicherung durch feministische Frauen«[45] fällt ihnen nicht ein. Amerikaner, aber auch Holländer, Engländer und Skandinavier sind in Theorie und Praxis dagegen schon weiter. Sie haben auf einer soziologischen Ebene geklärt, welche Funktionen Männlichkeit für die bestehende Gesellschaft erfüllt. In einem klassischen Pamphlet, das am Anfang der Männeremanzipation in den USA stand, schrieb Jack Sawyer, daß die Männer sich selbst jener Geschlechterstereotypen entledigen müssen, die ihre Fähigkeit begrenzen, menschlich zu sein. Kenneth Clatterbaugh definierte später: »Die moderne Männerbewegung in all ihren verschiedenen Formen ist ein Versuch, neue Rollen zu schaffen und die Begrenzungen zu überwinden, die den Männern auferlegt wurden und werden.«[46] *Männer, die sich verändern, greifen also zum einen ihre innere Struktur von Härte, Aggressivität, Macht- und Erfolgsstreben, Einzelkämpfertum und Egoismus an wie auch jene äußere Struktur von Gesellschaft, die sie zu diesen Zielen zwingt. Solche Männer sind in doppelter Bewegung.*

Was sich gegenwärtig tut, nennt Herb Goldberg »einen dramatischen Wandel in der Wahrnehmung und im Funktionieren des Mannes in unserer Kultur«[47]. Die »neue Maskulinität« ist in den USA bereits ein Thema der großen Fernsehanstalten, der nationalen Nachrichtenmagazine wie »Time« und »Newsweek«, der Frauenzeitschriften und der Verlage. Auch die Medien in der Bundesrepublik haben seit 1986 dieses Thema entdeckt. Etwas voreilig wurde dabei schon der »neue Mann« vorgestellt. Den dürfte es indessen noch nicht geben. Ich ziehe deshalb den Begriff des *sich verändernden Mannes* im folgenden vor.

Es gibt also noch keinen Grund, Euphorie zu verbreiten. Gefährlich erscheinen mir Feststellungen, wie sie Volker Elis Pilgrim immer wieder trifft: »Die Männerbewegung ist auch keine Minderheitenbewegung. Männer aller Schichten und Altersgruppen flüsterten mir zu, daß sie in einer Männergruppe sind.«[48] Eine solche Männerbewegung gibt es in der Bundesrepublik nicht; es gibt nur »Männer in Bewegung«, d. h. solche, die sich lokal und unorganisiert in Männergruppen, Männerbüros und an Männertreffpunkten versammeln. Alle Untersuchungen weisen im übrigen aus, daß diese Männer in Bewegung eine Minderheit darstellen. Das gilt sogar für die USA, wo man noch am ehesten von einer Männerbewegung sprechen könnte.[49] Selbst für Tagungen, auf denen Männer ihren Wandel reflektieren sollen, interessieren sich weitaus mehr Frauen als Männer.[50]

Allerdings sollte die bei vielen Männern durchaus vorhandene Bereitschaft zu Diskussion und Verhaltensänderung nicht einfach unterschlagen werden, wie es beispielsweise Sigrid Metz-Göckel und Ursula Müller tun, wenn sie schreiben: »In keiner politischen Debatte, gewerkschaftlichen Kampagne und wissenschaftlichen Untersuchung, an keiner Stelle der formellen Männeröffentlichkeit wird jedoch von den Männern leidenschaftliche Kritik oder eine kühle kritische Analyse der Bedingungen in einer Weise dargelegt, die die für sie unzumutbaren Zwänge und Belastungen offenbart, denen sie als männliche Geschlechtswesen und einseitige Berufsmenschen ausgesetzt sind. Von daher ist ein Veränderungsinteresse, das sich wirksam gegen die Voraussetzungen eines gewaltsam aufrechterhaltenden Über- und Unterordnungsverhältnisses zwischen den Geschlechtern wendet, bei den Männern nicht auszumachen.«[51] Solche Feststellung ist einfach ignorant. Die Kritik, deren Fehlen hier beklagt wird, gibt es seit den fünfziger Jahren und seit den Achtzigern in einem Maße, daß sie nun wirklich nicht mehr zu übersehen ist.

Es mehren sich auch die Beispiele für das gegenseitige Verständnis und eine wachsende Solidarität der Frauen und Männer in Bewegung. Sämtliche Gruppen von sich verändernden Männern, Männerbüros und Männerorganisationen in den USA, in England, in Skandinavien, in der Schweiz und in der Bundesrepublik unterstützen die feministischen Forderungen nach Emanzipation und Gleichberechtigung. Sie anerkennen überdies die große Bedeutung, die die Frauenbewegung für den Wandel der Geschlechter hatte und hat. Umgekehrt setzen sich auch viele Gruppierungen des Feminismus für die Veränderung der Männer ein; das gilt z. B. für die »National Organization for Women« in den USA. Die nordamerikanische Feministin Myrna Silver ärgert sich über jene Leute, die »noch immer verächtlich lächeln, wenn wir über Gleichheit für Männer sprechen«[52]. Dorothy Dinnerstein, Elisabeth Badinter, Betty Friedan, Carolyn G. Heilbrun u. v. a. argumentieren ebenfalls für Solidarität mit sich verändernden Männern.

Mehr und mehr Männer wissen inzwischen nicht nur theoretisch die Leistungen des Feminismus zu schätzen, sondern auch im Zusammenleben mit einer emanzipierten Frau. Warren Farrell z. B. schreibt, daß emanzipierte Frauen in vielem spannender und kreativer sind: Emanzipierte Frauen entlasten den Mann von der alleinigen Verantwortung, für den Lebensunterhalt der Familie aufzukommen. Sie gewähren dem Mann mehr Autonomie in seinem persönlichen Leben, weil sie selbst ein ausgefülltes Leben haben, sie sind interessantere Gesprächspartnerinnen usw. Herb Goldberg nennt die Frauenemanzipation gar »ein Gottesgeschenk für die Männer«. Die neuen Frauen ermöglichten es den Männern, ohne Langeweile, Schuldgefühle und Erniedrigungen mit ihnen zu leben; sie sind nicht mehr Anhängsel, Antreiberinnen, Bürde oder Schmuckstücke, sondern Partnerinnen.[53]

Umgekehrt müssen emanzipierte Frauen natürlich auch akzeptieren, daß wir Männer nicht in Funktionen und Rollen hineinzuschlüpfen bereit sind, die einst die Frauen einnehmen mußten.

Mit Entschiedenheit muß deshalb auch der totalitäre Anspruch eines gewissen Feminismus abgelehnt werden, die Veränderung der Männer, die Inhalte und sogar die Aktionsformen dieser Veränderung bestimmen zu wollen. Wenn Männer sich verändern, so geschieht das auf Grund *ihrer männlichen* Erfahrung mit der Gesellschaft. Die Bewegung der Männer wurzelt in der männlichen Welt und nicht in der weiblichen. Von daher kann es auch nicht unsere Aufgabe sein, feministische Einsichten oder Organisationsformen einfach zu imitieren. Es geht vielmehr um das, was Wayne A. Ewing den »selbst-motivierten Mann«[54] nennt, der die

Notwendigkeit seiner Veränderung aus sich heraus erlebt, den Weg selbst bestimmt und sich seine Ziele selbst setzt. Diese Freiheit müssen uns die Frauen ebenso zugestehen wie wir umgekehrt ihnen.

Die amerikanische Feministin Betty Walker Smith faßt die Haltung der »National Organization for Women« und prominenter feministischer Sprecherinnen wie Betty Friedan, Bella Abzug und Paula Page folgendermaßen zusammen: »Frauen suchen keine Macht über Männer und wollen Macht auch nicht benutzen, wie Männer sie benutzt haben. Ich glaube, daß die Stimme der Frauen bei politischen Entscheidungen dazu beitragen wird, unsere ganze Politik vom Krieg wegzubringen und an den kritischen menschlichen Problemen unserer Gesellschaft zu orientieren – nicht weil Frauen reiner oder besser wären als Männer, sondern weil unser Leben es nicht erlaubt hat, der menschlichen Realität auszuweichen, wie das die Männer getan haben, oder uns in das entmenschlichte Gefängnis des Machismus, des Männlichkeitswahns, einzulassen.«[56] Esther R. Greenglass nimmt dieses Bekenntnis für die feministische Wissenschaft auf: »Eine feministische Sichtweise, wie sie hier Anwendung findet, richtet sich nicht gegen die Männer. Ganz im Gegenteil: Sie beruht auf der Annahme der Gleichheit von Frau und Mann.«[57] Auf Männerseite formulieren Harry Brod, Wayne A. Ewing, Warren Farrell, Perry Garfinkel oder Jack Sawyer gleiche Maximen für eine »neue Männlichkeit«.

Damit ist aber keine Gleichmacherei der Geschlechter intendiert. Weder wird hier ein menschliches Einheitswesen gefordert noch eine Zwitterhaftigkeit oder Zweigeschlechtlichkeit, wie sie etwa die Idee des Androgynen enthält.[58] Im Gegenteil: Der Trend feministischer und männlichkeitszentrierter Analysen der letzten Jahre geht eindeutig in die Richtung, das spezifisch Eigene und jeweils Positive der beiden Geschlechter zu betonen. Ulrike Prokop notiert z. B.: »Frauen artikulieren ein gesellschaftliches Bedürfnis: nach Schicksal, nach Schönheit, nach Stil, nach Ironie, Bedürfnisse, die im alltäglichen Leben nicht befriedigt, die aber auch nicht aufgegeben werden können.«[59] Margit Brückner betont: »Die Hingabe für einen anderen, hier für einen Mann, hat auch etwas Bewunderungswürdiges, etwas, das die Sehnsucht aller Menschen nach vollkommener Geborgenheit weckt und danach, um seiner selbst willen und bedingungslos geliebt zu werden. Dieser Wunsch und die weibliche Fähigkeit zu seiner partiellen Erfüllung sind nicht nur eine Schwäche, sondern auch eine Stärke der Frauen und des Bildes weiblicher Liebesfähigkeit, die Kraft, zu jemandem zu halten und bei ihm zu bleiben. Es ist jedoch eine Stärke, die wie alle Frauen zugestandenen oder zugeschriebenen Stärken in der patriarchalischen Wertvorstellung aufs engste an frauenverachtende und frauenausbeutende Momente geknüpft ist.«[60]

Auf Männerseite bestehen Michael Kaufman und seine Mitarbeiter auf den »vielen Qualitäten, die mit Maskulinität verbunden sind und die im Spektrum der Möglichkeiten von allen menschlichen Wesen liegen: unser sexuelles Verlangen, unsere physische und emotionale Kraft, unsere Fähigkeit, unter Anstrengung tätig zu sein, unser Mut..., unsere Hingabe an eine Aufgabe«[61]. Robert Brannon zeigt, daß Mut, körperliche Kraft und Unabhängigkeit männliche Tugenden sind, die positiv zu bewerten sind, sofern sie sich nicht obsessiv äußern oder benutzt werden, um andere zu unterdrücken.[62]

Frauen wie Männer verweisen verstärkt auf das Vorhandensein eines weiblichen und eines männlichen Prinzips in der Welt, die sich freilich bedingen, ergänzen und gegenseitig vitalisieren. Bereits Wilhelm von Humboldt hat in diesem Sinn argumentiert. Männlich und weiblich meint dabei nicht die konkrete Geschlechtszugehörigkeit. Männer sind nämlich durchaus Träger von weiblichen Elementen und Frauen von männlichen, was noch auszuführen sein wird. Daß sich beides gegenseitig befruchten und ergänzen kann, erklärt vorläufig einzig das Konzept der geschlechtlichen Liebe.

III
Der veröffentlichte Mann

Massenmedien und Werbung haben von der Krise des Mannes noch nichts gemerkt. Sie zeigen den Mann fast ausschließlich als Helden, Supermann, Alleskönner und Star. Die wenigen Ausnahmen entwerfen ein ebenso unwirkliches Bild, die Karikatur vom Mann, den Trottel, der ständig stolpert und von einem Essigglas ins nächste fällt.

Aber das ist weder amüsant noch komisch, denn Massenmedien und Werbung haben in unserer Gesellschaft längst Sozialisations- und Informationsfunktionen übernommen, die Familie, Schule und Kirche an sie abgeben mußten. Medien sind heute als Orientierungstafel zu werten, um die Welt zu verstehen und sich im täglichen Leben zurechtzufinden. Die Zeitgenossen opfern durchschnittlich drei bis vier Stunden am Tag dem Konsum von Medien und Werbung.[1]

Die Untersuchung der Auswirkungen des täglichen Medienkonsums beweist ebenso wie die Inhaltsanalyse, wie sehr Massenkommunikation und Werbung die traditionellen »Vorurteile vom mächtigen, aggressiven Mann und der emotionalen und zerbrechlichen Frau«[2] festigen. Keine anderen gesellschaftlichen Veranstaltungen – von Catcher-Kämpfen und Peep-Shows abgesehen – vermitteln solche reaktionären Bilder von Männlichkeit und Weiblichkeit wie Film, Fernsehen, Massenpresse, Illustrierte, Romanheftchen und Reklame. So mehrt sich denn auch seit den siebziger Jahren der Protest von Frauen und Männern in Bewegung gegen den Sexismus der Medien.[3]

1. HELDEN UND TROTTEL

Sämtliche Untersuchungen über Presse, Film und Fernsehen weisen aus, daß die Anzahl der Helden die der Heldinnen bei weitem übertrifft. Männliche Darsteller in tragenden Rollen dominieren eindeutig. Weiterhin belegen diese Studien, daß Männer vornehmlich in Arbeitsfunktionen gezeigt werden, während Frauen im Privatbereich, in Heim und Haus, agieren. Esther R. Greenglass hat die Verteilung der Funktionen und Fähigkeiten nach Geschlechtern in Fernsehsendungen für Kinder zusammengestellt. Die männlichen Figuren sind Superhelden, Götter, Könige, berufsmäßige Bösewichte, Seeleute, Sänger, Cowboys, Ingenieure, Polizisten, Zauberer, Professoren, Ärzte, Rennfahrer, Piloten, Manager und Politiker. Die Frau tritt als Freundin des Helden, als Sängerin, Assistentin des Bösewichts, als Hausfrau, Mutter, Sekretärin, Dienstmädchen, Kellnerin, Filmstar oder Hexe auf.

In allen Medien erscheint das Berufsspektrum für Männer als unbegrenzt, während es für Frauen im wesentlichen auf die klassisch weiblichen Tätigkeiten der Pflege, Fürsorge und Unterstützung beschränkt ist, was insbesondere die Bilder in der Werbung immer wieder zeigen. Berufstätige Frauen werden nach wie vor häufig mit negativen oder seltsamen Attributen versehen. Darüber hinaus werden Frauen grundsätzlich so präsentiert, daß zunächst einmal ihr Äußeres wahrgenommen werden muß und kaum Aufmerksamkeit für die Ganzheit der weiblichen Person entstehen kann. Helen Franks kritisiert: »Man ist versucht zu glauben, daß Werbung und Unterhaltungsindustrie, wenn sie weibliche Sexsymbole zeigen, eine Art von institutionalisierten Männerphantasien im Niveau von Pubertanten sind und daß das 20. Jahrhundert eine Gesellschaft männlicher Voyeure hervorgebracht hat.«[4] Vielfach erscheint die Frau nur als ein Accessoire des Mannes. Dieser Eindruck wird besonders stark von der Werbung vermittelt. Der Mann als Herrscher der Welt bedient sich der Frau als Schmuckstück, Zeitvertreib und Lebenshilfe. Seine Eigenschaften, die beispielsweise das Klischee des Marlboro-Mannes aufs perfekteste vereint, sind Coolsein, Härte, Unabhängigkeit, Selbstkontrolle, Machtwille und Distanz. Meistens ist er so fotografiert, als wäre der Schauplatz mindestens tausend Kilometer von jedweder Zivilisation entfernt. Aber Einsamkeit stört den Marlboro-Mann nicht, er ist autark und sich selbst sein Universum.

Der Mann der Massenmedien ist dynamisch, energisch, vital, wagemutig, effizient, entschieden, aggressiv und dominant. Mit ihr wird bildlich-assoziativ verbunden: Abenteuer, Krieg, Jagd, Sturm, Gewitter, Kampf, Eroberung, Meer, Wildnis, Wüste, Berge, Urwald, Sieg. Klassische Protagonisten solcher Männlichkeit sind: John Wayne, Errol Flynn, Tyrone Power, Charlton Heston, Raf Vallone, Allan Ladd, Richard Widmark, Kirk Douglas, der junge Burt Lancaster, Robert Mitchum, Clint Eastwood oder Sylvester Stallone. Diese Männer sind personifizierte Superlative. Sie können alles, kriegen alles, besitzen alles. Die Macht, die Herrschaft und die Welt gehört ihnen. Sie sind die Attraktivsten, die Besten, die Stärksten, die Härtesten und die Reichsten. Alle Daten über Gesundheit und durchschnittliche Lebenserwartung, über Besitz und Reichtum, Berufsstruktur und Karriere, Aussehen und Attraktivität stehen in einem solchen Gegensatz zu diesen Medienhelden, daß ihre Unglaubwürdigkeit eigentlich jedem klar sein müßte. Doch das ist offenbar nicht der Fall. Auch das in den Medien gezeichnete Bild männlicher Potenz hat kaum noch etwas mit der Realität zu tun. Die Helden sind exzellente und selbstverständlich nimmermüde Liebhaber, die den Frauen das uneingeschränkte sexuelle Glück bescheren.

In seinem Roman »The Betsy« beschreibt das der Bestsellerautor Harold Robbins, den Bernie Zilbergeld als den »möglicherweise einflußreichsten Sexualerzieher unserer Zeit« bezeichnet, beispielhaft: Die Geliebte öffnet die Hose des Helden. Der Penis »sprang ihr wie ein wütender Löwe aus seinem Käfig entgegen«. Die Eichel ist »rot und zornig«(!). Die Geliebte nimmt dieses Gebilde nun in ihre Hände, »verzückt« wohlgemerkt, und wenn

von Zilbergeld übernommen

man ihren Vergleich mit einem »Baseballschläger« wörtlich nimmt, muß es wohl riesig sein. Bei der Beschreibung der folgenden Details handelt es sich immer noch um unseren Helden, nicht etwa um einen Affen: »Schultern, Brust und Bauch waren mit Haaren bedeckt, aus denen die gewaltige Erektion hervorsprang.« Die Geliebte verliert denn auch »fast die Besinnung, als sie an ihm herunterblickt«. Dominanz und Hingabe sind auch hier völlig einseitig verteilt: er macht, sie genießt. Demzufolge nimmt *er* sie, zieht *er* sie aus, biegt *er* sie zu sich herab, agiert *er*. Der Held dringt in die Geliebte ein: »Es war, als wenn ein Riese aus weißglühendem Stahl sich in ihr Edelstes bohrte. Sie begann zu stöhnen, als er sie öffnete und in ihrem Körper emporstieg, vorbei an der Gebärmutter, vorbei am Magen, unter ihr Herz, hoch bis in den Rachen. Sie keuchte nun wie eine heiße Hündin ... Dann schwebte er über ihr. ... Seine Hände griffen nach ihren schweren Brüsten und packten sie, als wenn er sie von ihrem Körper reißen wollte. Sie stöhnte vor Schmerz und krümmte sich. Ihr Becken wölbte sich und drängte ihm entgegen. Dann drang er wieder in sie ein. ›Mon Dieu!‹ Tränen schossen ihr in die Augen. ›Mon Dieu!‹ ... Ein Orgasmus jagte den anderen, als er sich in sie bohrte, mit der Wucht der riesigen Stahlpresse, die sie in seiner Fabrik gesehen hatte.«
Bernie Zilbergeld kommentiert: »Uns wird glauben gemacht, Frauen sehnten sich nach nichts so sehr wie nach einem Penis, den man irrtümlich für einen Telegraphenmasten halten könnte. Sie empfangen solche Monstrositäten unter Danksagungen und mit vollster Befriedigung.«[5] Dieser Penis, der bezeichnenderweise immer wieder mit Stahl, Eisen, Maschinen, Hämmern, Bajonetten oder Kanonen verglichen wird, ist quasi Symbol für die Gesamtaggressivität des Medienhelden, der immer an der Spitze und stets Sieger sein muß. »Um zu gewinnen, muß der Mann bereit sein, zu gewalttätigem oder anderweitig aggressivem Verhalten Zuflucht zu nehmen.«[6] John Wayne ist dafür der Prototyp; heute verkündet Sylvester Stallone als John Rambo: »I'll show you a war you'll never forget!«
Diesen Krieg führen viele Männer vor, zum Beispiel auch der Held in Hans Gruhls Roman »Das vierte Skalpell«, der auch als Fort-

setzungsroman im »stern« veröffentlicht wurde. Eine Kostprobe: »Ruschkes Augen sprühten Haß. ... Ich umklammerte das Glas, und als Ruschke sich auf mich warf und der Messerstumpf nach meinem Hals zuckte, riß ich die Flasche vom Boden hoch und knallte sie gegen seine Faust. Er brüllte. ... Ruschke schlug die Hände vor sein Gesicht und wankte. Ich hatte einige Sekunden, um hochzukommen. Ich griff den Stuhl, über den ich gestolpert war, und schmetterte ihn von hinten über Ruschkes Kopf und Schultern. Das Holz knirschte und brach. Er rutschte ganz langsam an der Tür herunter und auf die Knie.«

Das Hauptfeld männlicher Aggressivität ist seit einigen Jahren die *Sportarena,* die vor allem auch durch das Fernsehen an Bedeutung gewonnen hat. Fußball, Eishockey, Boxen und Autorennen scheinen zum Ersatz für Kriegsschauplätze geworden zu sein, und die Reporter berichten im allgemeinen in einer Sprache, als schilderten sie Cäsar am Rubicon, Nelsons Entscheidungsschlacht oder die Landung der Alliierten an der Atlantikküste. *Männer behandeln dabei Männer als Feinde und Gegner.* Tatsächlich ist bei näherem Hinsehen auch in der Massenpresse, in Film und Fernsehen Männergewalt in erster Linie so dargestellt, daß Männer Opfer von Männern sind. Der Held kann sich dann nur als solcher profilieren, indem er seine männlichen Konkurrenten ausschaltet, eliminiert, tötet. Der andere Mann ist niemals Bruder, sondern stets Kontrahent.

Das Gegenbild des Helden ist der Trottel in seinen vielfältigen männlichen Erscheinungsformen vom Versager: Tolpatsch, Pantoffelheld, Gehörnter, häßlicher Streber, Muttersöhnchen, Feigling, Homosexueller, weltfremdes Genie oder Idiot. Die amerikanische »slapstick comedy« ist noch die anspruchsvollste Inszenierung dieses männlichen Trottels, verbunden mit Namen wie Stan Laurel und Oliver Hardy, Roscoe Arbuckle, Charlie Chase, Harry Pollard, Ben Therpin und Jerry Lewis. Heutzutage geben in diesem Genre Filme wie »Porky« oder das deutsch-israelische Pendant »Eis am Stiel« dieses Niveau wieder. Beide porträtieren dümmlich die sexuellen Probleme von heranwachsenden Schülern, und das gleich in mehreren Folgen. Die jungen Männer geraten von einem Hindernis zum nächsten und fallen selbstverständlich in jede Falle rein, verlieren ihre Unterhosen und manchmal ihre Unschuld, blamieren sich vor den Mädchen, geraten unter die Nudelhölzer von erbosten Müttern und in andere Abenteuer von ähnlicher »Raffinesse«. Robert Keith Smith hat mit Recht auf die sexistische Tendenz solcher Machwerke hingewiesen, in denen Männer als die geborenen Vollidioten und Sexobjekte obendrein dargestellt werden.[7]

Besonders beliebt ist der männliche Trottel in der einfältigen Masse der sogenannten »Gehörnten-Witze«, in denen betrogene Ehemänner und hinters Licht geführte Liebhaber vorgeführt werden, deren Nebenbuhler jeweils schon im Kleiderschrank sitzt oder unter dem Ehebett auf seinen Auftritt wartet. Auch die Werbung hat in jüngster Zeit den männlichen Deppen geradezu inflationär entdeckt. Da steht dann beispielsweise einer mit höchster Verzückung vor seinem frisch gewaschenen Pullover und fragt seine Ehefrau, als handle es sich um den existentiellen Auftritt vor der Sphinx, nach dem Geheimnis dieses Wunderwerks; dabei liegt dicht neben ihm, deutlich sichtbar, die Packung mit dem Waschmittel, das die Gattin benutzt hat. Ein anderer Vertreter dieser merkwürdigen Gattung, sichtlich erkältet und derangiert, ist zu blöde, um seinen Schnupfen selbst zu behandeln und muß deshalb auf seine Frau warten, die ihm dann, ganz simpel, ein paar Nasentropfen gibt. Bei einer Party sind die Gäste nicht sehr zufrieden mit den angebotenen Sandwiches; einem Mann wird aufgetragen, bessere zu machen. Aha, denkt der Betrachter, ein selbständiger Mann. Doch sobald dieser in der Küche eine Schürze umgebunden hat, benimmt er sich wie das leibhaftige Rumpelstilzchen. Solche Beispiele gibt es massenhaft. Alle zeigen sie den Tolpatsch, dem man bestenfalls Mitleid entgegenbringen kann.

2. ZUM BEISPIEL JAMES BOND

»Das große gelbe Auge der Lokomotive beleuchtete die Gleise, und Bond erkannte in ihrem Schein eine gewaltige Schneefräse, die vor der Lokomotive den Schnee in zwei Fontänen nach rechts und links sprühte. Jetzt! Der Bahndamm tauchte vor ihm auf. Er stieß sich mit den Stöcken ab. Ein Pfiff gellte auf, und wenige Meter vor der Lokomotive schlitterte er über die Gleise, landete auf der anderen Seite der vereisten Landstraße und prallte gegen einen Schneehaufen. Hinter ihm ertönte ein grauenvoller Schrei, das Splittern von Holz und das Kreischen der Zugbremsen. Der Mann hatte ihm zu folgen versucht und war dabei in die Fräse geraten. Hackfleisch!«

Mit derlei Szenen hat sich der »Schöpfer« von 007, der Brite Jan Fleming, viele Millionen Leser gesichert und viele Millionen Kinobesucher. 1987 feierte James Bond ein doppeltes Jubiläum: 35 Jahre literarische Gestalt und 25 Jahre Filmheld.

James Bond ist – in Literatur und Film – der erfolgreichste Serienheld unserer Zeit. Fürwahr scheint 007 gefunden zu haben, was seinen Bewunderern zeit ihres Lebens versagt bleibt: vollkommenes Glück und unbegrenzte Freiheit. In der Welt des Mr. Bond ist nichts verboten und alles erlaubt. Es gibt keine Verdrängung, keine Frustration.

Als Sean Connery 1983 in »Never Say Never Again« in die 007-Rolle zurückschlüpfte, wurde er im Film vom Waffenausstatter des englischen Geheimdienstes mit den folgenden Worten begrüßt: »Good to see you, Mr. Bond. It's nice to get back to a little gratuitions sex and violence again.« James Bond lebt extrem, sein Dasein wickelt sich in exklusivem Rahmen ab. Die französische Mittelmeerküste mit ihren mondänen Kur- und Badeorten ist ihm genauso vertraut wie Nassau mit seiner eleganten Atmosphäre. Nimmt man Liebesaffären, Konsumgewohnheiten, Schauplätze und Abenteuer des James Bond zusammen, so glaubt man, daß sich dieser Zeitgenosse in einer Welt bewegt, von der wir nur träumen können. Das Leben von 007 wirkt gleichsam überhöht. Es zeigt sich, je nach Gelegenheit und Situation, mal romantisch und idyllisch, mal dramatisch und wildbewegt. Bonds ganzes Dasein steht im Superlativ.

Dazu gehören vor allem die Frauen. 007 ist der Liebling des weiblichen Geschlechts, keine Frau, die ihm widerstehen, die sich ihm verweigern könnte. Die Schönsten, die Schärfsten, die Begehrtesten umgeben ihn, und keine sagt nein. Auf dem Filmplakat für den ersten Bond »Dr. No« halten sich Männer und Frauen die Waage. Auf dem Plakat, das 1963 für »Liebesgrüße aus Moskau« wirbt, ist Bond noch ganz bescheiden von einer langbeinigen Blondine und einer orientalischen Beauty eingerahmt. 1965 – auf dem »Feuerball«-Plakat – umringen 007 bereits sechs Schönheiten, und 1967 wirbt ein ganzer Harem von Bikini-Mädchen für »Man lebt nur zweimal«.

Aber es gibt noch einen anderen Grund für Bonds Großerfolg. Beginnen wir mit dem Namen: Weder »James« noch »Bond« klingt irgendwie exzentrisch. Das ist kein Zufall. Ian Fleming, der Erfinder von 007, wollte seiner fiktiven Gestalt einen Allerweltsnamen verleihen. Daß das Äußere Bonds von besonderer Ausgefallenheit zeugt, kann ebenfalls keiner behaupten. So frei ist Bond nun wieder auch nicht. Er wird, wie er in »Casino Royal« selbst eingesteht, »indirekt gesteuert«. Was er ausführt und erledigt, hängt nicht von seinem eigenen Willen ab. Bond ist nur ein Instrument – freilich ein wichtiges – in den Händen von M, seinem Vorgesetzten beim britischen Geheimdienst. Er hat zu gehorchen, wenn M befiehlt. Seine berufliche Abhängigkeit ist so groß, daß er seiner Geliebten Tiffany einmal gesteht: »Genaugenommen bin ich nämlich fast schon verheiratet – mit einem Mann. Der Name fängt mit M an. Von ihm müßte ich mich erst scheiden lassen, bevor ich versuchte, eine Frau zu heiraten.« Bonds Abhängigkeit nimmt nachgerade masochistische Züge an, wenn er in »Diamantenfieber« bekennt, daß »ein großer Teil seiner Zuneigung, seiner Ergebenheit und seines Gehorsams« M gehört. Sein Pflichtbewußtsein ist dermaßen ausgeprägt, daß er sein persönliches Vergnügen unaufgefordert zurückstellt, wenn ein Auftrag von M erledigt werden muß.

»Schnaps ist Schnaps, und Job ist Job«, dieser allgemeine Spruch gehört zu Bonds wichtigsten Lebensweisheiten. Nehmen wir es mit einer Bestandsaufnahme genau, so müssen wir den Schluß ziehen, daß Bond in vielem dem Mann von nebenan, dem durchschnittlichen Zeitgenossen gleicht. Er ist von seinem Vorgesetzten abhängig. Er muß Befehle ausführen und gehorsam sein. Er pflegt mangels kritischer Denkfähigkeit einen anachronistischen Patriotismus. Er hantiert mit politischen Stereotypen und Vorurteilen, liebt schöne Frauen und ist ein rechter Gourmet, wenn sich die Gelegenheit bietet. Doch ist er auch mit bescheidenen Mahlzeiten durchaus zufrieden. Freilich wird manchmal ein anderer Anschein erweckt. Zum Beispiel: »Ziehen Sie sich aus, lieben Sie mich! Sie sind schön und kräftig. Tun Sie alles, was Sie wollen. Und sagen Sie mir, was Ihnen Spaß macht und was Sie von mir erwarten. Seien Sie grob mit mir, behandeln Sie mich wie die letzte Hure. Vergessen Sie alles andere! Nehmen Sie mich!« (in »007 James Bond und sein gefährlichster Auftrag«)

Das scheint kaum jugendfrei. Aber es ist nicht so »hart« gemeint. Ein verzweifeltes Mädchen, zum Selbstmord schon entschlossen, will sich und aller Welt noch einmal zeigen, wie sinnlos doch alles ist. 007 aber demonstriert das Gegenteil. Er beweist dem Mädchen, daß Zuneigung und Wärme mehr bedeuten als alle Ekstasen der Nacht. Das sind Bonds Worte, das ist seine ehrliche Meinung. Was »echte Liebe ausmacht«, läßt sich bei James Bond in vier Begriffen ausdrücken: »Friede, Ruhe, Wärme, Glückseligkeit.« Die Sehnsucht nach dem Heim läßt sich direkt und indirekt in allen Bond-Büchern nachlesen, während sie in den Bond-Filmen nicht so deutlich zum Ausdruck kommt. Ob Tiffany oder Vesper, Tracy oder Jill – Bond denkt an Ehering und Standesamt, an Heim und Herd. In Tracys Gegenwart bekennt er nachgerade gerührt, »daß ihm diese Probleme des Nestbauens eine merkwürdige Freude bereiten, ihm ein Gefühl geben, endlich zur Ruhe zu kommen, ein ausgefülltes Leben zu führen, ein Leben, das mehr Sinn haben würde, weil er es mit einem Menschen teilen könnte. Zusammengehörigkeit«. Ein magisches Wort in der Tat. Es zeigt, daß 007 den herrschenden Moralkodex der bürgerlichen Gesellschaft durchaus respektiert. Kleine Abenteuer, harmlose Flirts widersprechen dieser Interpretation nicht, sondern bestätigen sie. Der Mann, den alle Welt für einen ausgemachten Playboy hält, entpuppt sich bei genauer Prüfung als ein Mann, der alles andere als exzentrisch ist. Genau besehen ist er sogar ein Mann ohne Eigenschaften. Was ihn interessant macht, ist die Welt, die ihn umgibt. Es ist, allgemein gesagt, eine Welt des Konsums.

Bond als Mensch ist wenig interessant, Bond als Verbraucher ist aktuell. Bond verkörpert den Perfektionismus des Konsumzeitalters. Das bedeutet wiederum, so wie Bond könnte jeder sein. Denn Konsum läßt sich lernen und Extravaganz kaufen. Das Lancia-Auto, das Bond fährt, die Caravelle-Maschine der Swissair, mit der Bond nach Zürich fliegt, der Bourbon-Whisky, den er trinkt, der Gillette-Rasierapparat, den er am Morgen benutzt, die Chesterfield-Zigarette, die er raucht, das Pinaud-Elixier, mit dem er sein schwarzes Haar wäscht, der »Daily Express«, den er liest – das alles ist von dieser Welt, ist erwerbbar. So kann jeder James Bond imitieren, wenn er über das Sortiment verfügt, das von der Industrie angeboten und von 007 benutzt wird. James Bond ist damit der moderne Mann par excellence, der Mann der äußeren Eigenschaften, der seine Qualität über seine Ausstattung bezieht. Die Losung ist klar: *Männlichkeit ist käuflich.*

3. MÄNNERBILDER, FRAUENBILDER

Die klischeehafte Darstellung von weicher Frau und hartem Mann in den Medien beginnt sich mittlerweile deutlich auszuwirken. Nach amerikanischen Statistiken hat ein vierjähriges Kind bereits dreitausend Stunden vor dem Fernsehapparat verbracht.[8] Doch die Einseitigkeit der bunten TV-Bilder vom Helden und seinen weiblichen Assistentinnen wird in den übrigen Medien noch verstärkt. Das macht die wirkliche Gefährlichkeit der vermittelten Geschlechtersterotypen aus. Untersuchungen über Kinder- und Jugendzeitschriften, Liedertexte, Comics und Bildergeschichten dokumentieren die immer gleichen Zuweisungen an Männer und Frauen. Die Analyse von Schul- und Kinderbüchern bestätigt dieses Ergebnis. Esther R. Greenglass faßt zusammen:[9]

1. Frauen und Mädchen sind in Kinderbüchern durchweg unterrepräsentiert.
2. Frauen und Mädchen sind passiv, Männer und Jungen aktiv.
3. Männer und Jungen unternehmen sehr viel mehr als Frauen und Mädchen.
4. In den Kinderbüchern sind stereotypisierte männliche und weibliche Eigenschaften zu finden.

Mädchen und Frauen sind nett, hübsch, lieb, hilfreich, dabei schwach, passiv, leicht erregbar, unkreativ und häufig den Tränen nahe. Buben und Männer werden dagegen als stark, aktiv, abenteuerlustig, wagemutig, erobernd, intelligent, aber auch frech, ausfallend und manchmal unsozial porträtiert.

Entsprechend den gesellschaftlichen Wertvorstellungen wird der Mann innerhalb der in den Medien vorherrschenden Stereotypen höher bewertet als die Frau. Es gibt indessen Bereiche, in denen diese »Wert-Dominanz« auch in Diskriminierung umschlagen kann. Ein Beispiel ist die Tatsache, daß der Mann in der Rolle des Vaters in Elternratgebern, in der Literatur über Säuglingspflege und Kindererziehung und in populärpsychologischen Abhandlungen kaum Beachtung findet. Der Allgegenwart und Fürsorge der Mutter steht in diesen Büchern die Abwesenheit oder Teilnahmslosigkeit des Vaters gegenüber.[10] Geneviève Delaisi de Parseval, die diese Literatur analysiert hat, entdeckt in Beschreibungen der Schwangerschaft eine »quasi-standardisierte Geistesverfassung« des Mannes: »Er geht in seiner Arbeit auf, ist indifferent, ironisch, gereizt, sexuell frustriert, kann sich das erwartete Baby nicht vorstellen, erwartet automatisch einen Jungen usw.« Nach der Geburt und im Kleinkindalter sind die Zuschreibungen an den Vater noch negativer. Niemals wird dem Mann zugebilligt, eine unmittelbare Beziehung zu seinem Kind zu haben. Die Verbindung stellt sich indirekt über die Frau her. Wenig schmeichelhaft ist auch das Bild, das erotische Bücher, sexuelle Ratgeber und medizinische Populärliteratur vom Mann entwerfen. Nach der Analyse von Bernie Zilbergeld »werden Männer so dargestellt, als wenn sie immer Sex wollen und immer zum Sex bereit sind, wobei sich ihnen nur das eine Problem stellt, wie sie genug kriegen können. ... Wir haben so den Status von Maschinen angenommen und werden tätig, sobald der richtige Knopf gedrückt wird.« Auf weniger penetrante Art werden diese Stereotypen auch von der Unterhaltungsliteratur aufgenommen: Die Frau ist aktive Mutter und passive Geliebte, der Mann nicht vorhandener Vater, aber stets aktiver Geliebter. Liselotte Brodbeck stellt in ihrer Analyse von *Liebesromanheften* fest, daß sich die Frau dem Mann total unterordnet und dieser auch ihr Geschick aktiv bestimmt. In Ehe und Mutterschaft findet die Frau Geborgenheit, Ruhe und

Ordnung und damit Glück und Erfüllung. Je weniger sie ihre Autonomie lebt, desto mehr bejaht sie ihr von der Natur gesetztes Schicksal. Während Frauen in den Romanheftchen aus schönem Körper und inniger Seele bestehen, werden Männer nach ihren Außenaktivitäten, ihrer sozialen Stellung und ihrem Vermögen beurteilt. Weiblichkeit bedeutet Unterwerfung und Dienen, Männlichkeit Herrschaft und Beschützen.[11] Der *Illustriertenroman* vermittelt exakt die gleichen Botschaften auf wenig höherem Niveau, etwas deftiger, mit mehr »sex and crime«.

Auch in *Reklame und Werbesendungen* werden die üblichen Rollen munter verwendet. Esther R. Greenglass resümiert: »In den Werbesendungen ist die Welt der Frau eindeutig diejenige des Hauses. Die Frau ist die Konsumentin von Produkten. Sie erscheint als putzsüchtiges Wesen, dessen Tag damit ausgefüllt ist, alles zu schrubben, was ihr unter die Finger kommt.... Ungeachtet der Tatsache, daß Frauen die Hauptverbraucher der gezeigten Produkte sind, treten Männer als Experten zu allen angepriesenen Produkten auf.«[12] Immerhin sieht man Frauen in der Werbung noch bei Tätigkeiten. Eine totale Reduktion auf Schönheit und Körperlichkeit nehmen die *Männermagazine* wie Playboy, Penthouse oder Lui vor. Zilbergeld schreibt dazu: »Die Frauen im Phantasialand sind alle hinreißend und perfekt gebaut. Ein flüchtiger Blick auf die Cartoons irgendeiner Ausgabe von Magazinen wie Penthouse oder Playboy reicht aus, um zu erkennen: Frauen, die von Männern begehrt werden, sind schön und haben eine makellose Figur; Frauen, die nicht in dieses Schema passen, werden lächerlich gemacht. ... Es ist eine Welt, in der Frauen nicht altern, keine Falten bekommen und ihre straffen Brüste nicht verlieren.«[13]

Dieses ewige Venus-Image wird auch von einer bestimmten Kategorie makelloser Filmschauspielerinnen befördert, zum Beispiel Gloria Swanson, Esther Williams, Jane Russell, Jayne Mansfield, Marilyn Monroe, Brigitte Bardot, Sophia Loren, Claudia Cardinale oder Gina Lollobrigida. Daß diese Frauen auch für den Durchschnittsmann nicht unerreichbar sind, erzählen die Filme und weiß die Reklame, vorausgesetzt der Werbende verfügt über das richtige Eau de Toilette, die richtige Zigarette oder den richtigen Cognac. Noch wirklicher werden freilich die Träume, wenn auch Partnerschaftsvermittler solche Bilder vorgaukeln. Ein großes Hamburger Institut wirbt mit einem Farbfoto von einer Schönen am Meer, die sich hingebungsvoll an einen Holzpfahl lehnt, nur mit einem durchsichtigen weißen Hemdchen bekleidet. »Und einen Weg, auf dem Sie Ihrer Traumfrau begegnen können, gibt es auch. Wir kennen diesen Weg. Gehen Sie ihn mit uns.« Dann ist die »richtige Frau« garantiert, »die bei Ihnen ist. Auf die Sie sich verlassen können. Die zuhört und versteht. Die Zweisamkeit liebt. Sie verwöhnt. Die Phantasie hat und sinnlich ist.«

4. BUTCH CASSIDY, KRAMER UND DIE ANDEREN

Sicher sind die Stereotypen vom harten (Arbeits-)Mann und der sanften (Haus-)Frau niemals ein geschlossenes System gewesen. In der Literatur gibt es den gefühlvollen Mann spätestens seit der Romantik. Im Film agierten hin und wieder auch untypische Männer wie Charlie Chaplin, z. B. in »The Kid« oder in »A Dog's Life«, ein manchmal »weicher« James Steward, Henry Fonda, Fred McMurray oder Gérard Philippe und Maurice Chevalier. Freilich waren das Ausnahmen neben der Legion von John Waynes. Auch heute noch überwiegt das traditionelle Männerbild. Über die Bildschirme flimmern »Schimanski« George und »Fahnder« Wennemann, die eine Männlichkeit verkörpern, neben der »Magnum«, »Knight Rider« oder »Cannon« nachgerade weiblich wirken.

Trotzdem, kleine Zeichen sind gesetzt. Selbst in Detektivserien und Kriminalfilmen lassen sich inzwischen Frauen in den Hauptrollen entdecken. Im »Tatort« gibt es wenigstens eine Kommissarin. Symptomatisch für veränderte Zeiten sind amerikanische Serien wie »Drei Engel für Charlie«, in der alle Detektive Frauen sind, oder »Cagney und Lacey«, in der zwei Inspektorinnen der New Yorker Polizei die Hauptrollen spielen. Und in der Bundesrepublik gebührt vor allem Wim Wenders das Verdienst, das Männerklischee durchbrochen zu haben, z. B. in einem seiner ersten

Filme »Im Laufe der Zeit« und in seinem jüngsten »Der Himmel über Berlin«, in dem Männer sogar Engel sein dürfen.

In den USA, wo so vieles beginnt, wurde ein anderes Männerbild von den sogenannten »buddy movies«, den Filmen, die männlicher Freundschaft gewidmet sind, langsam vorbereitet. Die einflußreichsten Filme waren wohl »Butch Cassidy and Sundance Kid« und »The Sting«, in denen Paul Newman und Robert Redford die Hauptrollen spielen. Dazu gehören aber auch: »Scarecrow« mit Gene Hackman und dem sonst wenig erfreulichen Al Pacino, »California Split« mit Elliot Gould, »Tough Guys« mit Burt Lancaster und Kirk Douglas, »Midnight Cowboy« mit Ion Voight und Dustin Hoffman, »The Deer Hunter« mit Christopher Walken und Robert de Niro, »Deliverance« mit Ion Voight und einem entchauvinisierten Burt Reynolds, »Carnal Knowledge« mit Art Garfunkel und Jack Nicholson, »MASH« mit Donald Sutherland und Elliot Gould, »Buddy, Buddy« mit Jack Lemmon und Walter Matthau sowie natürlich viele »road movies« vom Klassiker »Easy Rider« mit Peter Fonda und Jack Nicholson bis zu »Candy Mountain« mit Tom Waits. Viele dieser Filme sind wenig frauenfreundlich, weil Frauen nur als Staffage vorkommen; aber sie haben immerhin erreicht, daß Männer sich nicht nur bekriegen müssen, sondern auch Freunde sein können.

In den späten siebziger Jahren traten dann Schauspieler auf, die ganz bewußt eingesetzt wurden, um dem traditionellen Bild von Männlichkeit entgegenzuwirken. Wichtige Beispiele sind Woody Allen, Dustin Hoffman, Ion Voight, Dudley Moore, Tom Conti, Giancarlo Giannini, Patrick Dewaere. 1979 lief »The Champ« an, in dem Ion Voight einen geschiedenen Vater verkörpert, der um das Sorgerecht für seinen Sohn kämpft. Im selben Jahr hatte »Kramer gegen Kramer« Premiere, in dem Dustin Hoffman sich weigert, seinen Sohn an seine geschiedene Frau abzugeben. In beiden Filmen agieren Männer in all ihrer emotionalen Vielschichtigkeit und väterlichen »Mütterlichkeit« oder umgekehrt.

Ein weiteres Zeichen setzte Robert Redford 1980 mit seinem Regiedebüt »Ordinary People«, in dem Timothy Hutton als Sohn und Donald Sutherland als Vater neben Mary Tyler Moore als hartherziger Mutter die Schwierigkeiten, Probleme und Nöte von

Männern mit jenem Gefühlsreichtum veranschaulichen, den Männer durchaus besitzen, wenn sie nicht als Arbeitstiere, Gefangene von gesellschaftlichen Stereotypen oder Vollidioten behandelt und gezeigt werden.

IV

Was ist ein Mann?

In allen Kulturkreisen haben Männer im wesentlichen über Frauen reflektiert, aber nicht über sich selbst.[1] Situation und Probleme der Frau sind gründlicher erforscht als die des Mannes.[2] Joe L. Dubbert, der eine ausgezeichnete Geschichte des Mannnes in den USA verfaßt hat, stieß bei seinen Recherchen auf ein reichhaltiges Material über Frauenaktivitäten und den weiblichen Einfluß auf die nordamerikanische Zivilisation, suchte aber auf Männerseite vergebens nach vergleichbaren Zeugnissen.[3] Es ist allgemein unbestritten, daß die »Geschichte der Männlichkeit ein relativ neuer Forschungsgegenstand ist«[4].

Helen Franks mußte bei den Nachforschungen für ihr Männerbuch »unter dem Stichwort ›Frauenforschung‹ nachschlagen, um etwas über die heutigen Männer zu erfahren«[5]. Tor Nørretranders hat sich »immer darüber gewundert, daß der größte Teil meines Wissens über Männer von Frauen stammt«[6]. Perry Garfinkel, der erforschen wollte, wie Männer sich gegenüber Männern verhalten, mußte feststellen, daß es sich dabei um »einen unentdeckten Kontinent«[7] handelt. Das gilt erstaunlicherweise ebenfalls für die männliche Sexualität. Der französische Männerforscher Emmanuel Reynaud schreibt: »Es ist ganz klar, der Mann kennt sein Geschlechtsorgan nicht« und seine Sexualität im weiteren Sinne auch nicht. Sämtliche Forscher, die sich mit diesem Thema beschäftigen, merken an, daß »das Verständnis ... männlicher Sexualität jämmerlich im argen liegt«.[9]

Einen Abschnitt seines Buches über die Geschichte des Mannes in den USA überschreibt Joe L. Dubbert mit der Frage: »Wo ist der Vater?«[10] In Dokumenten, in der Belletristik und in Zeitschriften suchte Dubbert vergebens nach einer Konzeption von Vaterschaft. Das stellt z. B. auch Geneviève Delaisi de Parseval in ihrem Werk über Väter fest.[11] Johannes Glötzner bemerkt schon richtig ärgerlich, daß es nirgendwo eine Würdigung der Vater-Realität gebe. Bei der fleißigen Durchsicht wissenschaftlicher Literatur zum Thema Kindererziehung konnte Glötzner den Mann als Vater kaum finden. Als Beispiel zitiert er einen pädagogischen Aufsatz, in dem die Mutter 147mal erwähnt wurde, der Vater aber nur ein einziges Mal.[12]

Solche Zitate und Feststellungen über die in Literatur und Forschung kaum behandelte Wirklichkeit des Mannes ließen sich endlos fortsetzen.

1. NATUR UND KULTUR – DAS ELEMENTARE UND DAS SOZIALE GESCHLECHT

Der Mensch ist Naturwesen und Kulturwesen in einem. In seiner Körperlichkeit ist er Natur, in seinem Bewußtsein und seinen Taten Kultur. Von daher stellt sich immer wieder das Problem unserer biologischen und unserer kulturanthropologischen Bestimmung und die Frage, was nun primär oder sekundär ist oder wie die Anteile beider sich in uns auswirken. Diese Fragen lassen sich auch heute nicht gültig lösen. In unserer Naturausstattung von Genen, Zellen, Organen und Hormonen sind wir sicher elementare (biologische) Wesen. »Doch verfügen wir noch über keine Konzeption, wie diese Phänomene unser Verhalten prägen.«[13] Kaufmann

Daß es zwischen den Geschlechtern biologische Unterschiede gibt, ist unbestritten. Männer zeugen Kinder, Frauen gebären sie. Die Menstruation ist weiblich, die Ejakulation männlich. Anatomie ist zweifellos Schicksal.[14] Männer verfügen über größere Körperkräfte, Frauen über die stärkere Lebenskraft.[15]

Aus der Gebärfähigkeit der Frau ist ihre größere Bedeutung für für den Fortbestand der Menschheit abgeleitet worden. Psychoanalytische Theorieansätze, z. B. von Karen Horney oder neuerdings von Christiane Olivier, ziehen daraus den Schluß, daß es eine prinzipielle Überlegenheit der Frau gebe, auf die der Mann ebenso prinzipiell eifersüchtig reagiere. Sein kulturelles Dominanzstreben wird dabei als Ausdruck seiner elementaren Unterlegenheit interpretiert. Ashley Montagu beweist die »natürliche Superiorität« der Frau mit medizinischen Daten.

Umgekehrt weisen viele Forscher auf die männliche Körperstärke hin, um damit die Vorherrschaft des Mannes zu belegen. So versucht z. B. Steven Goldberg die universale Unterlegenheit der Frau aus der größeren Körperkraft des Mannes und der daraus erwachsenden Aufgabe als Jäger und Beschützer abzuleiten.[16] Überzeugend ist weder das eine noch das andere, obwohl es keine empirischen Gegenbeweise gibt.

Der Feminismus hat lange Zeit die Bedeutung der menschlichen Naturausstattung heruntergespielt und biologische Unterschiede zwischen Mann und Frau als unerheblich disqualifiziert. Neuere Forschungen – insbesondere im Bereich der Neuroendokrinologie und der Neurochemie – haben auch feministische Wissenschaftlerinnen umdenken lassen. So werden inzwischen offenbar fundamentale Unterschiede in der weiblichen und männlichen Gehirnstruktur von Forscherinnen wie z. B. Alice Rossi hoch bewertet.[17] Überdies hat die ökologische Krise viele Feministinnen veranlaßt, die Bedeutung von Natur neu einzuschätzen.[18]

Die Bedeutung unserer Naturausstattung, also des elementaren Geschlechts, anzuerkennen heißt nicht, gesellschaftliche Einflüsse auf die Geschlechterbildung mit oder durch biologische Faktoren erklären zu wollen. Der Mensch als elementares *und* soziales Geschlecht hat schon immer biologische Eigenschaften durch soziale Erfahrung und soziales Lernen gestaltet.[19] Der Mensch hat, wie Karl Marx es ausdrückte, eine »zweite Natur«, und das ist die von ihm erschaffene Welt der Kultur, die wiederum bedingt, daß wir auch unsere Naturausstattung immer kulturell sehen und bewerten. Suzanne Kessler und Wendy McKenna haben das in einem vorzüglichen Buch an Einzelbeispielen belegt.

Daraus geht – soviel wir gegenwärtig in diesem Bereich überhaupt wissen – nun folgendes hervor: Unsere biologische Natur setzt bestimmte Bedingungen, die zu sozialen Konsequenzen führen. Am Beispiel der geschlechtsspezifischen Arbeitsteilung, daß also nur die Frau gebärfähig ist, läßt sich zeigen, wie dadurch die Frau – nämlich während der Schwangerschaft und Kinderpflege – ins Haus gezwungen wird und der Mann für »außerhäusliche« Aufgaben freigesetzt wird. Was daraus dann an grundsätzlicher Arbeitsteilung zwischen den Geschlechtern entsteht und an Machtgefälle und Herrschaftsstrukturen mit sich zieht, ist weder eine biologische Tatsache noch unmittelbar aus der Biologie abzuleiten, sondern einzig sozio-kulturell erklärbar. Das elementare Geschlecht schafft also nur bestimmte Voraussetzungen für das soziale Geschlecht, also kein unentrinnbares Schicksal.

Abgesehen von elementaren Geschlechtsunterschieden (Körperausstattung, Genitalien u. a.) hat die empirische Forschung bislang keine eindeutigen Ergebnisse vorgelegt, die wesentliche Differenzen zwischen Mann und Frau belegen könnten.[20] In diesem Sinn betont auch die neuere Männertheorie, daß »Männer nicht mit maskulinen Werten« auf die Welt kommen. »Sie werden ihnen gelehrt von Männern wie Frauen.«[21]

Obwohl es also keine elementare Basis gibt, aus der die sozialen Geschlechtsunterschiede kausal erklärt werden können, orientieren sich Frauen und Männer an ihnen, richten ihr Verhalten, ihre Wünsche und Hoffnungen an ihnen aus; es gibt den Weiblichkeitswahn ebenso wie den Männlichkeitswahn. Die Folgen sind hinlänglich bekannt: Frauen und Männer bewerten sich gegenseitig entsprechend den tradierten Bildern von Weiblichkeit und Männlichkeit.[22]

Wenn solche Bilder und ihre fatale Verfestigung als Geschlechterstereotypen nicht biologisch begriffen werden können, so verbleibt nur die Erklärungsebene des Sozialen. Insbesondere der Feminismus argumentiert in dieser Richtung. Seinen Denkerinnen gemäß verfolgen die männlichen Bilder »über die Frau ... nicht zuletzt das Ziel, männliche Herrschaftsansprüche an Frauen zur unverrückbaren Norm zu machen und Frauen für den patriarchalen Gesellschaftsprozeß gefügig zu halten«[23]. Gleichzeitig gibt es aber auch die entsprechenden Bilder über Männer; auch die Männer unterliegen diesen Bildern unfreiwillig. Geschlechterbilder sind deshalb – unbesehen des jeweiligen Geschlechts – als Attribute der gesellschaftlichen Superstruktur zu werten, die damit ihre Arbeitsteilung und ihre einzelnen Institutionen ebenso legitimiert wie spezifische Familienorganisationen.

Entsprechend der groben Geschlechterdichotomie in der Industriegesellschaft läßt sich erklären, was als offizielles Geschlechterbild von Frau und Mann erscheint. Herb Goldberg stellt dabei, quasi resümierend, zwei Grundhaltungen gegenüber: Frau Passiv-Empfindlich-Zerbrechlich-Emotional-Weiblich und Herrn Richtig-Erfolgreich-Rational-Dominant-Mächtig-Stark-Männlich.[24]

Alle diese Eigenschaften lassen sich problemlos in das männliche Muster der konkurrenzorientierten Erwerbsarbeit und in das weibliche Pendant der gefühlsorientierten Hausarbeit einordnen. Diese starre Ordnung von Geschlechterbildern ist erst vor rund zweihundert Jahren mit der Ära der Industrialisierung entstanden. Im bäuerlichen Leben der vorindustriellen Epoche waren Aufgaben und Funktionen der Geschlechter weit weniger rigide verteilt. Die strenge Aufspaltung von Erwerbsarbeit für den Mann und Hausarbeit für die Frau ist die Erfindung und unabdingbare Voraussetzung des industriellen Zeitalters. In einer vorzüglichen Arbeit hat Karin Hausen nachgezeichnet, wie diese »Polarisierung der ›Geschlechtscharaktere‹« im letzten Drittel des 18. Jahrhunderts deutlich einsetzt. Damals wurde der Mann auf Grund neuer ökonomischer Bedingungen für das öffentliche Leben sozial abgerichtet und die Frau für das häusliche. Innerhalb dieser Entwicklung wurde der Mann sukzessive seiner Innerlichkeit beraubt und die Frau ihrer Außenaktivitäten. Passivität ist nun exklusiv weiblich, Aktivität ebenso ausschließlich maskulin. Die Frau darf *sein,* der Mann muß *tun.* Dementsprechend wird ihr die Emotionalität zugewiesen und ihm die Rationalität.

Erst nachträglich nimmt sich die Wissenschaft dieser Geschlechterpolarisierung an und leistet einmal mehr die Aufgabe, ökonomisch Notwendiges ideologisch zu legitimieren. Was Mann und Frau zu sein haben, wird zunächst aus der Natur abgeleitet und später von Psychologie und Gesellschaftswissenschaften abgesichert. Wissenschaftler und Dichter der Epoche entwickeln auch das ausgetüftelte Gedankengebäude, wie sich die natürliche Unterschiedlichkeit der Geschlechter im liebenden Zusammenfinden von Frau und Mann ergänzt. Damit sind die für das Industriezeitalter unentbehrlichen Institutionen von Ehe und Familie ideologisch begründet. Karin Hausen kommentiert: »Unter dem Regulativ der Ergänzung wirkt die Entgegensetzung der Geschlechter nicht antagonistisch, sondern komplementär. Die Gegensätze ergänzen sich zur harmonischen Einheit. Die Idee der Ergänzung aber hält mit den Geschlechtern zugleich die jeweils für den Mann und die Frau als wesensgemäß erachteten sozialen Betätigungsfelder Öffentlichkeit und Familie in Harmonie zusammen. So wird es mittels der an der ›natürlichen‹ Weltordnung abgelesenen Definition der ›Geschlechtscharaktere‹ möglich, die Dissoziation von Erwerbs- und Familienleben als gleichsam natürlich zu deklarieren und damit deren Gegensätzlichkeit nicht nur für notwendig, sondern für ideal zu erachten und zu harmonisieren.«[25]

2. DAS MÄNNLICHE UND DAS WEIBLICHE PRINZIP

Sind also Geschlechterunterschiede ein Problem der gesellschaftlichen Zuweisung von Eigenschaften an Frauen und Männer? Sind Geschlechtereigenschaften ausschließlich eine Machtfrage, der bloße Ausfluß männlicher Hegemonie? Das alles sind keine rhetorischen Fragen. Im Gegenteil: Mit unserem gegenwärtigen Wissen sind sie schlüssig und vor allem umfassend noch nicht zu beantworten.

Biologische Theorieansätze sind sicher zu einseitig und häufig in ihrer Eindimensionalität auch falsch; soziologische Theorien sind unzweifelhaft stichhaltiger, aber noch nicht endgültig befriedigend. Vor einfachen Antworten ist zu warnen. Das merkt auch jene Fraktion des Feminismus, die über längere Zeit den ganzen Komplex von Geschlechterunterschieden und -verhältnissen als direkte Machtfrage des »Patriarchats« zu definieren suchte. Differenzierter schreibt darüber z. B. Elisabeth Badinter.[26]

Ich habe im vorangehenden Teil festgestellt, daß es Geschlechterunterschiede gibt, die auf Naturtatsachen beruhen. Wenn auch das soziale Geschlecht der Menschen für die jeweiligen Eigenschaften von Frau und Mann ausschlaggebender ist als das elementare, so hat der biologische Unterschied doch jahrhundertelang dazu herhalten müssen, Attribute von Weiblichkeit und Männlichkeit zu legitimieren. Daraus sind *Traditionen* entstanden. Es ist nun zunächst einmal völlig unwichtig, ob die Begründung für diese Tradition als falsch, richtig oder halbrichtig entlarvt werden kann. Entscheidend ist in diesem Zusammenhang, daß es sie gibt und daß sie auch unsere Gegenwart bestimmt. Was unsere Vorfahren uns an Bildern von Männlichkeit und Weiblichkeit tradiert haben, ist für uns vorgegebene Realität, die wir im Erziehungsprozeß verinnerlichen. Diese *Verinnerlichung*, ob auf falschen oder richtigen Voraussetzungen beruhend, bestimmt unsere Sichtweise von Realität. Sie strukturiert überdies unser Erleben und *ist* damit in gewisser Weise unsere Wirklichkeit.

Die genannten Bilder von Weiblichkeit und Männlichkeit sind historisch geronnen. In dieser Form können sie als *Archetypen* bezeichnet werden, die in der geschichtlichen Überlieferung, in Märchen und Sagen, in den Menschheitsmythen, in Liedern und Epen ihren Ausdruck gefunden haben. In diesen Archetypen erscheinen *Urbilder* von Weiblichkeit und Männlichkeit. Auch hier ist zunächst völlig irrelevant, wie diese Urbilder entstanden sind und welchem sozialen Zweck sie unter Umständen einmal gedient haben mögen. Entscheidend ist erneut die Tatsache ihres Vorhandenseins und ihre jahrtausendelange Tradierung. Soziologisch ist dabei uninteressant, ob diese Faktizität nur mehr vordergründig oder eher symbolisch interpretiert werden muß.[27]

Es weist also alles auf die *zwei Prinzipien* Männlichkeit und Weiblichkeit in der Menschheitsgeschichte hin. Das scheint der Grundordnung unseres Universums zu entsprechen, die wohl dialektisch ist und sich in Gegensatzpaaren von Helligkeit und Dunkelheit, Aktivität und Passivität, Stillstand und Entwicklung, Statik und Dynamik, Rationalität und Irrationalität, Fühlen und Denken, Anstrengung und Entspannung äußert; Weiblichkeit und Männlichkeit sind davon ebenso ein Ausdruck wie Mann und Frau. Was so als metaphysische Grundordnung des Universums erscheint, spiegelt sich in unserem innersten Wesen.

Die empirischen Beweise für diese These sind überzeugend wohl nur aus dem Erleben der Menschen zu erbringen. Tiefenpsychologie und Psychoanalyse liefern dafür reichhaltiges Material. Folgt man Sigmund Freud, Karen Horney und Norman Brown oder Carl Gustav Jung, Erich Neumann, Verena Kast, Helmut Barz und Mario Jacoby, so ergibt sich das weibliche und das männliche Prinzip wie auch die negativen, neurotisierenden Folgen, wenn Frauen ihre Weiblichkeit und Männer ihre Männlichkeit verfehlen.[28] Im psychoanalytischen Verständnis sind die zwei Prinzipien spezifische Ausdrucksformen, die an die Naturausstattung der Menschen gebunden sind. Den äußeren Genitalien entsprechen quasi *innere Genitalien* von jeweils weiblichem Sein und Erleben und jeweils männlichem Sein und Erleben.

Erich Neumann hat darauf hingewiesen, daß die Differenzierung von Mann und Frau zu den frühesten und wichtigsten Gegensatzprojektionen der Menschheitsgeschichte gehört und daß männlich und weiblich den Frühmenschen als Prototyp von Gegensätzlichkeit überhaupt erschienen sind. Auch Elisabeth Badinter belegt mit viel Material, daß der Geschlechtsgegensatz schon immer das Paradigma aller Dualismen war. Ebenso sei die Weltgeschichte der Menschen nicht ohne die Idee der Geschlechterkomplementarität zu denken.[29]

Diese beiden Prinzipien beeinflussen nach den Erkenntnissen der Tiefenpsychologie nicht nur unser tägliches Welterleben, sondern strukturieren es auch. Wie sieht nun das *männliche Prinzip* aus? Was ist ihm im einzelnen an Attributen zuzurechnen? Das männliche Prinzip wird von gewollter Kulturarbeit bestimmt, der Mann will die Welt verändern. Er entwirft Pläne und setzt sie zielstrebig um; er möchte Ordnungen setzen und ausgestalten. Dem Männlichen reicht es nicht aus, sich von der Natur tragen zu lassen. Männer sind in sich zwiespältig. Das motiviert sie – bei allen Gefahren dieser »Gespaltenheit« – zur Dynamik. Der Archetypus des Männlichen enthält Stärke, Standhaftigkeit, Mut, Beharrlichkeit, Heldentum und Entschlossenheit. Der Mann geht ins Unbekannte hinaus und schafft Kulturland. In der Auseinandersetzung mit Neuem gewinnt er Freiheit und Unabhängigkeit. Als Vater steht er für die geistige Bewältigung des Universums, für

Lebenssinn, weltanschauliche Autorität und rationales Verstehen. Väter erklären uns, wie Maschinen funktionieren und wie der Gang der Dinge ist.[30]

Dieses männliche Prinzip ist dabei nicht ausschließlich an den Mann als konkrete Person gebunden, auch Frauen können seine Eigenschaften leben. Das Umgekehrte gilt selbstverständlich auch für den Mann. Helmut Barz verdeutlicht das so: »Zum weiblichen Prinzip gehören Ruhe und allmähliche Wandlung. Abwarten-Können und Geschehen-Lassen, Wärme und Anpassungsfähigkeit, Fruchtbarkeit und rhythmisch gegliedertes Leben, aber auch Passivität, Wahnsinn, Abgrund und Tod. Gleichwohl besitzt es auch den Aspekt der besonnenen Tat und des Geistes, allerdings nicht des abstrahierend-trennenden, sondern des liebend-versöhnenden Geistes. Diese Qualitäten des weiblichen Prinzips, die dem Bewußten des Mannes zwar erfahrbar, aber doch fremd sind, machen das eigentliche Wesen seiner Anima aus, das heißt, sie sind in seinem Unbewußtsein lebendig und bilden dort die andere, nämlich weibliche Seite seiner Natur.«[31]

Ein wichtiger Schlüsselbegriff ist damit schon genannt: Im Unbewußten des Mannes, seiner *Anima*, ist das weibliche Prinzip ebenso enthalten wie das männliche Prinzip im Unbewußten der Frau, ihrem *Animus*. Beide sind in der Lage, das gegengeschlechtliche Prinzip zu leben, sofern sie es aus ihrem Unbewußten in ihr Bewußtes integrieren. Der Taoismus drückt ähnliches durch seine Dialektik vom weiblichen Yin und männlichen Yang aus. Eine solche Integration hat zur Folge: »Der Mann, der seine Anima kennt und sie mitleben läßt, wird weniger ›maskulin‹ im herkömmlichen Sinne sein: Er wird seinen Emotionen, seinen Phantasien, seiner Spontaneität (und damit seiner Unberechenbarkeit) und seiner irrationalen Verrücktheit Raum geben; er wird seine Kindlichkeit spielen und seine Unsicherheit sich manifestieren lassen; er wird sich zwar von Verstand und Vernunft nicht einfach lossagen«,[32] aber doch das weibliche Prinzip ebenso leben können.

Die bewußte Hinwendung des Mannes zu seiner Anima erlaubt ihm seine menschliche Ganzheit. Spaltet er hingegen seine weiblichen Seiten von sich ab, gerät er in einseitige Entwicklung von Maskulinität, die ihn lähmt und vor allem einengt. Indem er das weibliche Prinzip aus sich verbannt und nur noch das maskuline lebt, schließt er sich selber in einen *Männlichkeitspanzer* ein.
Diese maskuline Vereinseitigung des Mannes ist in ihrer sukzessiven historischen Entstehung nie zureichend nachgezeichnet worden. Eine Ausnahme bildet die erwähnte Untersuchung von Joe L. Dubbert über die Geschichte des amerikanischen Mannes: Die »Zivilisierung« des nordamerikanischen Kontinents erforderte zunächst Pioniergeist, Stärke, Abenteuerlust, Wagnis und Ausdauer. Laut Dubbert wurde in der Frühzeit der amerikanischen »Zivilisationsarbeit« ein darwinistisches Ideal von Männlichkeit verfochten; der stärkste war auch der beste Mann. Leben wurde als Krieg verstanden – gegen die Natur, die Wildnis, die Indianer. Die physische Manneskraft war der höchste Wert; intellektuelle oder gar emotionale Qualitäten wurden abgewertet.
Ende des 19. Jahrhunderts veränderten sich die äußeren Lebensbedingungen in den USA. Die Westküste war längst erreicht, die Natur zwischen den Küsten besiegt. Das Land wurde mehr und mehr urbanisiert. Das darwinistische Ideal vom Kampf gegen die Natur mußte transformiert und auf den Dschungel der frühkapitalistischen Städte angewendet werden. Der Stärkste war nun der Erfolgreichste im Geschäftsleben. Profit und Charakterstärke wurden zu identischen Werten von Männlichkeit. Der »Selfmademan« als US-Ideal hatte alle äußeren Prüfungen von Kampf, Wettbewerb und Konkurrenz glorreich hinter sich gebracht, Bewunderung und öffentliche Verehrung standen ihm zu. Doch auch diese Glorifizierung einer materialistischen Männlichkeit hielt nicht lange vor. Schon 1890, so berichtet Dubbert, schlossen in den USA mehr als 6000 Industriebetriebe und Banken. In der Folgezeit jagten sich Aufschwung und Depression.
Die schweren Wirtschaftskrisen der zwanziger und dreißiger Jahre erschütterten das traditionelle Bild von Männlichkeit.

Bankrotte Unternehmer und Bankiers, entlassene Arbeiter und arbeitslose Angestellte erschienen plötzlich als Symptome der männlichen Identitätskrise. Die Öffentlichkeit entdeckte mit Entsetzen, wie schwach die Männer geworden waren und wie wenig sie sich auf ihre Muskeln verlassen konnten, wenn der äußere Erfolg ausblieb. Die zwei Weltkriege verhinderten, daß die alten Bilder von Männlichkeit gänzlich zusammenbrachen. Die Schlachtfelder in Übersee benötigten noch einmal die Helden von einst. Roosevelt verkündete pathetisch, daß die einzig wahren Helden die Kriegshelden seien. Die ökonomisch Geschlagenen konnten ihr Männlichkeitsimage noch einmal in den Uniformen aufpolieren und sich selber darin künstlich stützen.

Nach 1945 war auch das vorbei. Der Mann als Held verschwand aus der Öffentlichkeit; schlimmer noch: Auch der Mann als individuelle Persönlichkeit war nicht mehr gefragt. Die Großindustrie und Großkorporationen schufen laut Joe L. Dubbert »eine konformisierende und standardisierende Atmosphäre«.

Es entwickelte sich, so William Whyte, der »Organisationsmann«, der funktionierte, sich einfügte und maschinell seine Arbeit tat. Als Kompensation dieser Nivellierung von Männlichkeit wurde in den USA geradezu hektisch der Sport als Mode gefördert; hier konnte sich der Mann mit seinen traditionellen Eigenschaften von Stärke, physischem Durchsetzungsvermögen und Kampf bewähren und in der Baseball-, Football- oder Basketballarena als Feierabendheld in Erscheinung treten. Doch das war nur noch ein Ablenkungsmanöver vom tatsächlichen Niedergang des Mannes. Heute sind gerade jene Männer, die noch immer das traditionelle Bild von Stärke, Wettbewerbsfähigkeit und Unverletzbarkeit zu leben versuchen, die kränksten. Der nicht eingestandene Zusammenbruch ihrer Männlichkeit provoziert bei ihnen nervöse Störungen, Nervenzusammenbrüche, Schlaflosigkeit, führt zu Alkoholismus, Entfremdung von Frau und Kindern und Selbstmordtendenzen.

Die soziopolitischen Entwicklungen des 20. Jahrhunderts haben, wie es Robert Musil bereits vorausschauend erkannte, den »Mann ohne Eigenschaften« als gesellschaftlich verbindlichen Typus geschaffen. Es ist der Mann, an dem Erich Neumann, ebenfalls vorausblickend, »seelische Unlebendigkeit« und »unfruchtbare Einseitigkeit« feststellte. Dieser Typus verwaltet nur noch die Angelegenheiten von Wirtschaft und Politik, unkreativ und konfliktscheu. Da er sich des weiblichen Prinzips völlig entledigt hat und von daher keine Innerlichkeit und auch keine Eigentlichkeit mehr besitzt, ist dieser Mann, sofern er nicht bewußt gegensteuert, zum seelenlosen Funktionär verkommen.

Doch aus einer derartigen psychischen Deformierung machen viele noch eine »Tugend«, indem sie sich selbst als Einzelkämpfer feiern. »Ich habe immer allein gehandelt«, bekennt Henry Kissinger stellvertretend für diesen Typ Mann und vergleicht sich dabei mit »dem Cowboy, der die Herde rittlings von seinem Pferd her lenkt«[33]. Dieses Bild spricht Bände: Der Herrscher auf seinem Roß führt die willenlose Herde ans Ziel, d.h. zu seinem Erfolg. Die Realität verarmt dergestalt doppelt: Die Objekte sind keine Beziehungspartner mehr, sondern bloße Mittel für egoistische Triebbefriedigung. Zum anderen ersetzen äußere Ziele das eigene innere Leben, das nur noch auf Externes reagiert. Eine Größenphantasie reduziert damit das ganze reichhaltige Spektrum von Welt auf eine eindimensionale Mittel-Zweck-Relation, die im Begriff der *Macht* kumuliert. Nur konsequent formuliert Henry Kissinger: »Die Macht ist das stärkste Aphrodisiakum.«[34]

Macht wird dergestalt aus ihrem gesellschaftlichen Kontext von Politik und Wirtschaft, von Beziehungen zu Menschen, herausgelöst und absolut gesetzt. So kann sich der Mann denn an Macht berauschen. Statistiken der Verwaltungsratsmandate von Politikern überall illustrierten z.B. diesen Zusammenhang nur zu deutlich. Erhellend ist dabei das Ergebnis empirischer Sozialforschung, demzufolge gerade äußerlich erfolgreiche Männer sich ihrer Maskulinität am wenigsten sicher sind (Pseudo-Männlichkeit).[35]

Dazu paßt stringent, daß sich diese Männer am meisten vor weiblichen Zügen fürchten, also davor, als unmännlich zu gelten. Unter diesem Gesichtspunkt haben Marc F. Fasteau und andere die amerikanische Außenpolitik analysiert und dabei die ganze schreckliche Eskalation im Vietnam-Krieg als eine Ausgeburt des Männlichkeitswahns entlarvt.[36] Schon frühzeitig war den Regierungen von Kennedy und Johnson klar, daß die Auseinandersetzung in Südostasien von den USA nicht gewonnen werden konnte. Johnson äußerte sich privat immer wieder pessimistisch über den Ausgang des Krieges, doch öffentlich gab er sich optimistisch und kämpferisch. Im Frühjahr 1965 gestand er dem Journalisten James Wechsler: »Ich will diesen Krieg nicht eskalieren lassen; ich möchte unsere Jungens so schnell wie möglich wieder nach Hause bringen. Aber ich darf nicht wie Chamberlain in München handeln.«[37] Fasteau zeigt minutiös auf, wie Johnson geradezu besessen von der Angst war, in der Öffentlichkeit als weniger männlich und stark als die Kennedy-Brüder angesehen zu werden.

Die Männlichkeits-Obsession und die damit verbundenen Ängste vor Schwäche und Niederlage durchziehen die Biographien der US-Präsidenten Kennedy, Johnson, Nixon und Reagan. Eine Analyse des Buches von Nixon »Six Crises« ergibt, daß er die Welt als bloßes Schlachtfeld von Sieg und Niederlage erlebt. Nichts fürchtet er so sehr, wie die Kontrolle über den Weg zum Sieg zu verlieren. Seine Angst vor Passivität wird als psychopathologisch bezeichnet. Friede, Waffenstillstand, Verhandeln, ja Nachgeben assoziiert Nixon mit Impotenz. Es verwundert denn auch nicht, daß Politiker, die den Ausgleich mit dem außenpolitischen Gegner suchen, nicht nur als Feinde, sondern auch als Schwule diffamiert werden. Eine Auswertung der Watergate-Dokumente ergibt, wie Nixon, Kissinger, Ehrlichman und Haig sich gegenseitig und auch andere als weibisch, homosexuell, psychopathisch und als Schwächlinge beschimpften.

Der Begriff von Männlichkeit verengt sich also immer mehr auf die Gleichsetzung mit Sieg und Erfolg. Es wird von daher verständlich, daß die Bedrohung der Macht, die im höchsten Grade Männlichkeit garantiert, dann auch kriminelle Energien freisetzt. Der Watergate-Skandal, von den Journalisten Woodward und Bernstein aufgedeckt, enthüllt das bis ins letzte Detail wie auch z.B. die Barschel-Affäre. Die Angst, die Macht und damit die Männlichkeit zu verlieren, das heißt also impotent zu werden, öffnet alle Schleusen für Diffamierung, Lüge, Korruption und Unmoral.

Der Mann ohne innere Eigenschaften orientiert sich an äußeren

Erfolgszielen und Machtstrukturen. Dabei verarmt sein Gefühlsleben. Das Ergebnis ist Distanz – zu seinem eigenen Selbst, zu Beziehungs- und Kommunikationspartnern und seinen einstigen Moralvorstellungen. Dieser Typus Mann degradiert sich zur Empfangsstation äußerer Signale, die er aufnimmt und denen er nachlebt. Dafür gewinnt er neue Macht und Erfolg; aber auch diese bleiben äußerlich. Was hier entsteht und um sich greift, ist ein *technokratischer Narzißmus*, der über die Aufrechterhaltung äußerer Machtstrukturen den Bestand der eigenen Charaktermaske stabilisiert. Das Funktionieren dieses öffentlich-privaten Austausches von Macht ist oberstes und einziges Gesetz, dem alle anderen Gesetze der Legalität, der Moral, des Respekts und der Schuld untergeordnet werden. Macht schafft auch Schamlosigkeit.

4. INTERVIEW MIT HELMUT BARZ

Dr. Barz ist Facharzt für Psychiatrie und Neurologie; er arbeitet als Analytiker in seiner eigenen Praxis und ist Präsident des C.-G.-Jung-Instituts in Küsnacht am Zürcher See. Neben grundlegenden tiefenpsychologischen Arbeiten hat er 1984 ein Buch über Männer veröffentlicht. Barz beschäftigt sich praktisch und theoretisch mit Männerfragen.

WH: Wie ist die Eigenschaft des Männlichen in der Tradition Jungscher Psychologie zu bestimmen?

Barz: Ich finde erst mal wichtig zu sagen, daß der Begriff des Männlichen heute von Jungschen Analytikern anders gesehen wird als von Jung selbst. Es ist mir gut verständlich, daß etwa feministische Autorinnen, aber auch Jungsche Analytikerinnen, die sich dem Feminismus verbunden fühlen, gegen das Bild von Mann und Frau bei C. G. Jung polemisieren. Wir würden wohl alle sagen, daß wir sowohl aus dem Umgang mit uns selbst als auch aus dem Umgang mit unseren Patienten männlichen und weiblichen Geschlechts nicht mehr richtig wissen, was ein Mann ist und was eine Frau. Wir könnten uns nicht mehr zu einer klar fixierenden Definition aufraffen. Jedenfalls ich könnte es nicht mehr. Ich könnte es heute weniger, als ich es vor zwei, drei Jahren getan habe, zum Beispiel in meinem Buch »Männersache«.

Umgekehrt denke ich aber auch, daß von diesem traditionellen Männerbild, das die Generation der Väter damals hatte, nicht etwa alles über Bord geworfen werden sollte, nur weil uns an einigen wichtigen Punkten Zweifel kommen. Zum Beispiel meine ich, daß eine stärkere Neigung zum zielgerichteten Denken und Handeln im Vergleich mit der Frau den Mann tatsächlich nicht etwa »auszeichnet«, wohl aber prägt. Die Zielgerichtetheit im Denken und das aus dem Denken Planen und diesen Plan durchsetzen mit aller Energie, gehört für mein Verständnis auch zum Wesen des Männlichen. Daß Männer etwa besser denken könnten als Frauen, daß sie durchschnittlich einen höheren Intelligenzquotienten hätten, ist natürlich unsinnig; alle entsprechenden Forschungen zeigen das heute.

Daß sich Männer mehr dem zielgerichteten Denken zugeneigt fühlen, das würde ich der Erziehung zuschreiben. Buben wurden mehr darauf hin erzogen, die Intelligenz anzuwenden; dies ist ein gesellschaftliches Faktum mit starken Auswirkungen auf das Selbstverständnis von Männern.

Das männliche Prinzip habe ich bereits an anderer Stelle charakterisiert als unterscheidend, planend und aggressiv. Es setzt Ordnungen und ist nicht durch natürlichen Rhythmus und Wandlung bestimmt, sondern erstrebt aktiv herbeigeführte und notfalls erzwungene Veränderung.

Ein weiterer, sehr ins Biologische weisender Unterschied ist folgender: In deutlicherer Weise dürfte das heranwachsende Mädchen den Beziehungscharakter seiner Sexualität durch seine Brüste erfahren. Wenn der Junge im erigierten Penis ein Symbol autonomer männlicher Macht erfährt, dann das Mädchen in der sich entwickelnden Brust ein solches der Beziehungsfähigkeit. Wir sind natürlich hier auf einem ganz problematischen Feld. Die Frage, was gehört zum Manne auf Grund seines Wesens, auf Grund seiner biologischen Grundstruktur, und was ist männlich geworden auf Grund gesellschaftlich-erzieherischer Einflüsse, ist einfach sehr schwierig zu beantworten, je mehr wir jetzt über die immense Bedeutung der Erziehungsfaktoren erfahren.

Ich meine allerdings, daß die biologische Verankerung solcher Qualitäten, die man als exquisit männlich bezeichnen könnte, in der Anatomie wie in jeder einzelnen Zelle eine viel größere Rolle spielt, als man es noch vor wenigen Jahren beachtet hat. Gewußt hat man es schon, aber beachtet hat man es zu wenig. Ich würde dann weiter versuchen, mir Gedanken darüber zu machen, daß der Umstand, daß man Knaben so anders erzieht als Mädchen mit dem großen Erfolg der enormen Differenzierung der beiden Geschlechter, natürlich etwas mit dem biologisch Vorgegebenen zu tun hat. Ich glaube nicht, daß es Zufall ist oder nur soziologisch erklärbar sein soll, sondern daß das mit körperlichen Grundbefindlichkeiten zu tun hat, die dann sekundär verstärkt werden durch den sozialen Kontext.

WH: Läßt sich heute noch ein Wesensbild vom Mann formulieren? Ich denke dabei auch an eine ganz besondere Qualität von Mann, wie sie auf eine bestimmte Art bei Hemingway erscheint oder auf eine andere etwa in der Gestalt des Dr. Rieux bei Albert Camus, also des Helden, der die Welt gegen das Böse verteidigt, der energisch und tatkräftig ist, von ethischen Grundsätzen bestimmt wird, klar, entschlossen, prinzipiell und unbeirrt.

Barz: Nein, ich glaube gar nicht, daß diese männlichen Figuren ihre Bedeutung verloren haben. In Ihrer Fragestellung ist ja auch schon mit drin, daß diese Männerwelt Hemingways, Camus und anderer noch genauso wichtig und gültig ist wie vor vierzig Jahren, daß sie nur einer sehr wesentlichen Ergänzung bedarf. Es wäre ganz falsch zu sagen, daß dieser Aspekt von Mann eine Karikatur sei, keine Gültigkeit mehr habe. Man kann nicht behaupten, daß wir ihn nicht mehr brauchen. Ich glaube schon, wir brauchen das sehr wohl noch; nur brauchen wir nicht den einseitigen Helden, Macho, Chauvi oder wie auch immer. Wir brauchen etwas von dieser männlichen Grundsubstanz, aber erweitert und bereichert um andere, weibliche Züge, die zum heutigen Männerbild wohl viel mehr als früher dazugehören. Falsch wäre es jetzt, das Pendel ganz zur anderen Seite ausschlagen zu lassen und zu sagen: Nur das ist männlich, und der Held oder der Starke, Strenge, Disziplinierte ist Zerrbild; nein er ist nicht ein Zerrbild, er ist nur zu einseitig gewesen. Wenn die andere Seite oder andere

Aspekte mit hinzukommen, dann bleibt dies doch bestehen als etwas sehr Wichtiges, was zum Mann gehört. Es gehört natürlich nicht exquisit zum Mann, sondern auch Frauen haben solche Züge.

Das Ganze hat natürlich auch einen entwicklungsdynamischen Aspekt, nämlich den Wechsel des Kindes von der mütterlichen in die väterliche Welt. Es ist klar, daß solcher Übergang von der mütterlichen in die väterliche Welt nicht ohne Angst vollzogen werden kann. Deswegen war für uns alle der Vater-Archetypus zunächst das furchterregende, bedrohliche, einengende, ganz andere. Aber die zum Vater-Archetypus gehörenden Symbolgestalten sind nicht nur der Gesetzgeber, Richter und König, sondern ebenso auch der Hirte, der Arzt und der Weise. Nicht nur Beschränkung und Ordnung führt er herbei, sondern auch Klarheit, Überblick und Gewißheit. Er ist Wanderer, Seefahrer, Entdecker, Eroberer. Sein Ziel ist nicht die ewige Erneuerung des Gleichen, sondern der Gewinn von Neuem, nicht Kreislauf, sondern Entwicklung.

Das alles, was mit dem Männlichen verbunden ist, bleibt richtig und könnte nur unter unsäglichen Verlusten des Individuums wie der Gesellschaft als Ganzes aufgegeben werden.

WH: Wie ist denn heute die Bedeutung des biologischen Unterschiedes zwischen Frau und Mann einzuschätzen? Ist es wirklich nur der berühmt-berüchtigte »kleine Unterschied«, und alles andere, was Frauen und Männer trennt, sind soziale Zuschreibungen, oder sind die Differenzen doch größer, wie dies in letzter Zeit auch Ergebnisse der Biochemie annehmen lassen?

Barz: Wichtig ist, daß man die biologischen Faktoren weder über- noch unterschätzen darf. Ich glaube, daß den biologischen Faktoren eine beträchtliche Bedeutung zukommt. Aber wenn man den Mann oder die Frau nur definiert nach ihrer Anatomie oder Physiologie, kommt man sicherlich zu ebenso falschen Ergebnissen, wie wenn man sie nur definiert entsprechend wesentlichen soziologischen Kriterien.

Die Bedeutung der primären und sekundären Geschlechtsmerkmale ist außerordentlich groß für das »Wesen«; nur ist das nicht omnipotent, sondern es muß die gesellschaftliche Beeinflussung, das soziale Verformen und Umformen sehr stark mit berücksichtigt werden. Dabei hat die Tendenz der Gesellschaft, die Geschlechter in bestimmte Rollen hineinzudrängen, ganz sicher etwas mit der Biologie zu tun, kommt nicht einfach irgendwoher, sondern ist zumindest unter anderem auch auf die biologischen Unterschiede zurückzuführen.

Es besteht kein Zweifel daran, daß Männer und Frauen unvergleichlich viel mehr gemeinsame als verschiedene Eigenschaften haben, und ich stimme der Ansicht voll zu, daß es höchste Zeit wird, die nur dem Mann nützliche künstliche Aufblähung der Geschlechtsunterschiede, die im wesentlichen durch eine schablonenhaft »geschlechtsspezifische« Erziehung erzeugt wird, endlich zu überwinden. Aber ich befürchte, daß man dieses wichtige Ziel verfehlen wird, wenn man jegliche Unterschiedlichkeit der Geschlechter leugnet. Natürlich können und sollen Jungen auch mit Puppen und Mädchen Fußball spielen, aber wir kämen zu einer neuen Art der Vergewaltigung des Menschen, wenn wir dem Mädchen nicht zubilligen würden, daß es eben doch etwas lieber im kleinen Kreis sanftere Spiele spielt, und wenn wir dem Knaben seine Vorliebe für ein rauheres Kräftemessen vergällen würden, damit er kein »Macho« wird.

Für die Vertiefung unseres Verständnisses scheint es mir wichtig, daß wir das, wofür die Begriffe »weiblich« und »männlich« auf der Symbolebene stehen, von dem trennen, was wir bei vordergründiger Betrachtung als die Summe der Eigenschaften von Frauen und Männern ansehen. Wenn wir die Begriffe weiblich und männlich für eine Weile weder biologisch noch soziologisch oder psychologisch verstehen wollen, dann müssen wir symbolisch gelten lassen, daß dieses Begriffspaar für die Polarität schlechthin steht, in der sich der bewußte Mensch, welcher der Einheitswirklichkeit frühester Kindheit entwachsen ist, vorfindet. Es wäre naiv, einen Zufall darin zu sehen, daß diese Begriffe zugleich die beiden Geschlechter bezeichnen; aber ebenso naiv scheint es mir, aus dieser Tatsache eine »sexistische« Tendenz aller Kultur abzuleiten.

Während dem weiblichen Prinzip Erde und Nacht entsprechen, ist das männliche mit Himmel und Tag verbunden. Statt des weiblichen Wassers gehört in den männlichen Bereich der Berg, statt des nächtlichen Mondes die Sonne. Den weichen und dunklen Moll-Qualitäten steht das Harte und Helle des Dur gegenüber. Nicht Naturrhythmus, Wandlung und ewiger Kreislauf, sondern lineare, gewollte und durchgesetzte Veränderung bestimmen die Dynamik des männlichen Prinzips. Nicht die Bilder liebt es, sondern die Begriffe, nicht den Rausch, sondern die Nüchternheit. Die Ekstase ist ihm verdächtig, weil es dahinter den Wahnsinn fürchtet. Es ist bestrebt, von sich aus Ordnungen zu setzen, und verhält sich deswegen unterscheidend, planend, aktiv und aggressiv. Dabei gerät es immer wieder in Gefahr, den Boden unter den Füßen zu verlieren, indem es ihn entweder zerstört oder sich über ihn zu erheben versucht. Nur in der ätherischen Höhe vermeint das Männliche Geist zu gewahren. Es sehnt sich mehr nach dem Übersichtlichen, als sich vom Natürlichen tragen zu lassen. Aber nicht nur in sich selbst scheint mir der Mann im allgemeinen zwiespältiger als die Frau, sondern auch in seinem Umgang mit der Welt. Sein Bedürfnis, das Erlebte durch Aufgliederung und Einteilung zu ordnen und es damit von sich selbst abzurücken, ist größer als seine Fähigkeit, unmittelbar darin aufzugehen. Ich teile also, mit einem anderen Wort ausgedrückt, die weit verbreitete Ansicht, daß der Mann »analytischer« sei als die Frau. Dabei muß ich die Frage, ob das angeboren oder anerzogen ist, natürlich offenlassen. Während aber das Prädikat »größere analytische Fähigkeit« ein Lob enthalten würde, nämlich letztlich das einer schärferen Intelligenz, meine ich mit der Zwiespältigkeit, die nicht nur sich selbst, sondern auch das Erlebte zergliedert, eher etwas Beklagenswertes. Gewiß: Zergliederung schafft Ordnung, und erst genügend Abstand ermöglicht klare Übersicht; aber selbst die pädagogische Maxime bezeichnet Ordnung nur als das halbe Leben, und auch die klare Übersicht erfaßt wohl immer nur die eine Hälfte.

WH: Ich würde mich an dieser Stelle gern auf die Jungsche Animus-Anima-Theorie beziehen, die ja, grob beschrieben, beinhaltet, daß jeder von uns wichtige Anteile des anderen Geschlechts in sich hat. Was kann und muß heute geschehen, damit der Mann seine weiblichen Eigenschaften besser leben kann, statt sie auf Frauen zu projizieren?

Barz: Also jetzt mal wieder in technische Terminologie gefaßt, ist die Frage ganz leicht zu beantworten. Es muß zu einer größeren Bewußtheit kommen, es ist also ein Bewußtwerdungsprozeß; denn der gegengeschlechtliche Anteil ist ja im Individuum im Unbewußten enthalten. Wenn der Mann diesen Anteil besser leben soll, muß er ihn erst einmal ins Bewußtsein heben. Der Mann, der in die Lage versetzt werden soll, etwas mehr von seiner Anima zu leben, als er es bisher konnte und durfte, muß erst einmal sich dessen bewußt werden, daß in ihm solche weiblichen Qualitäten vorhanden sind. Bisher kannte er sie ja nur in der Projektion auf Frauen, weil er sich auf Grund seiner Erziehung verpflichtet fühlte, klar und eindeutig ein Mann oder ein Knabe oder ein Jüngling zu sein. Das aber hieß, männliche Eigenschaften haben und andere deshalb nicht zu haben, weil sie weiblich sind. Als unmittelbare Konsequenz davon konnte er das sogenannte Weibliche, Gefühlshafte, Intuitive, Phantasievolle, Weiche, Kommunikationsbereite, Nachgiebige und Strömende nur wahrnehmen als etwas, das ausschließlich Frauen haben, worum er Frauen sogar beneidete, was ihm aber verwehrt war, sonst wäre er eben kein richtiger Mann. Oder er wäre schwul oder geschlechtsneutral.

Wenn dem also so ist, dann wäre der erste Schritt zu einer besseren Integration dieser weiblichen Qualitäten im Mann darin zu sehen, daß er sich dessen erst einmal bewußt sein muß, daß das in ihm vorhanden ist. Technisch gesagt: Daß er die Projektionen, die er auf Frauen gemacht hat, zurücknimmt und sich folgendes sagt: Natürlich müssen die Frauen so sein, sonst hätte ich das nicht projizieren können. Aber diese Qualitäten, die mich an der Frau so faszinieren, gefallen mir auch gerade deshalb, weil sie in mir ebenfalls vorhanden sind. Das nennen wir dann das Zurücknehmen der Projektion, d. h. nicht, daß der Projektionsträger dieser Qualitäten entkleidet wäre; sie bleiben, aber sie sind eben auch in mir, und die Faszination, die diese Qualitäten auf mich ausgeübt haben, erklärt sich aus beidem, aus dem, was tatsächlich da draußen zu sehen ist, aber noch mehr vielleicht sogar daraus, daß unbewußt diese Qualitäten auch in mir vorhanden sind.

Dieser Bewußtwerdungsprozeß von Männern findet ja auch statt:

Männer besinnen sich mehr und mehr auf ihre Softy-Qualitäten und versuchen mit mehr oder weniger Erfolg dazu zu stehen, mit weniger Erfolg besonders bei den Frauen. Den Männern selbst, so ist mein Eindruck als Therapeut, tut das immer gut, wenn sie merken, daß sie ja auch sehr viel weicher sind, als sie sich nach außen zu sein erlauben. Wie sie dann damit fertig werden und sich damit Frauen gegenüber behaupten, ist eine schwierige andere Frage.

WH: Was mir hier als Zwischenfrage einfällt, ist folgender Gedanke: Wenn es dem Mann gelingt, auch weibliche Elemente in sich zu integrieren und auch zu leben, also sie nicht mehr zu projizieren oder gar zu delegieren wie früher, und wenn umgekehrt die Frau gleiches schafft – dafür gibt es ja auch schon ein paar Anzeichen mehr –, kann das dann nicht auch zu Einbußen führen? Die Assoziation liegt hier nahe, was wird jetzt aus der klassischen erotischen Spannung zwischen den Geschlechtern?

Barz: Sicher kommt es zu Einbußen. Bei dem erwähnten Hemingwayschen Helden ist es natürlich so, daß er, wenn er das, was er vorher schon in sich hatte, nun ins Bewußtsein hebt, dann kann er so eindeutig der große Jäger und Held und Kämpfer nicht mehr sein. Allgemeiner formuliert: Wenn sich das Selbsverständnis der Männer – ich sage mal – mehr feminisiert, dann ist das eine Einbuße für den Mann, aber auch für die Frau, die ja sehr häufig gerne diesen einseitigen Mann als erotischen und sexuellen Partner hat. Damit etwas von dieser kreativen Spannung zwischen den Gegensätzen erhalten bleiben soll, müssen die Frauen etwas dazugewinnen, wenn die Männer etwas davon verlieren.

Es würden also bis ins erotisch-sexuelle körperliche Verhalten hinein neue Spielformen und Spielregeln sich entwickeln müssen, was ja auch allenthalben geschieht. Selbst bei Leuten, die überhaupt nicht psychologisch oder soziologisch darüber nachdenken, verändert sich heute das Rollenselbstverständnis bei beiden Geschlechtern. Dementsprechend kommt bei Paaren, die diese neue Entwicklung miteinander leben, nach dem, was ich so in der Praxis höre, der Versuch, einen neuen Stil des Zusammenlebens zu finden, auf, äußerlich erkennbar im Hausmann und Vater, der die Kinder versorgt, wenn die Frau arbeiten und auf Reisen oder sonstwohin geht, erkennbar aber auch hier bis hinein ins ganz konkrete körperliche Miteinander. Da sagen z. B. Frauen, daß sie jetzt endlich einen Partner gefunden haben, der nicht mehr so peniszentriert ist, der mehr die Gesamtoberfläche der Haut als erogene Zone erkennt, der nicht mehr in der sexuellen Begegnung sofort auf Koitus ausgerichtet ist, sondern der – wie mir kürzlich eine Patientin sagte – »wie eine Frau mich und meinen Leib als Ganzes nimmt«, der aus einer anderen Einstellung zu seinem Leib und zum Leib der Frau und zu dem Miteinander qualitativ ganz anders handelt. Natürlich läßt dieses Erkennen da auch mehr Weiblichkeit in sich selbst zu.

WH: An dieser Stelle unseres Gesprächs liegt es natürlich nahe, die sehr aktuelle Frage des Androgynen anzusprechen. Viele feministische Theoretikerinnen, aber auch profeministische Männer beschreiben seit einiger Zeit ja ein Ideal von Androgynität, in dem sowohl das männliche als auch das weibliche Prinzip aufgelöst wird. Kann man das theoretisch und praktisch als Fortschritt bezeichnen, gar als perspektivische Lösung der Geschlechterauseinandersetzungen?

Barz: Also ich muß persönlich sagen, daß mir die Problemlösung durch das Stichwort des Androgynen ganz unsympathisch ist. Mir gefällt das überhaupt nicht. Ich glaube und hoffe, daß es weiterhin deutlich voneinander unterschiedene männliche und weibliche Menschen geben wird, die sich weniger eingeengt, weniger stur als nur männlich oder nur weiblich fühlen, die sich mehr dessen bewußt werden, daß in ihnen auch die sogenannten gegengeschlechtlichen Qualitäten enthalten sind, die deswegen aber nicht aufhören, Männer und Frauen zu sein. Mir wäre also auch schon die biologische Vorstellung der Androgynen als Zwitter ganz entsetzlich. Es wäre langweilig und fürchterlich, wenn jeder mit jedem alles machen könnte und es auch noch immer funktionieren würde, sexuell oder psychisch oder wie auch immer; das würde die Grundpolarität, auf der in meinem Verständnis die menschliche Sicht der Welt beruht, zerstören, zugunsten eines leichter zu behandelnden Einheitstypus. Aber ich fände das schrecklich. Ich glaube, daß die Spannung zwischen Frauen und Männern und zwischen männlichem und weiblichem Prinzip in Frauen wie in

Männern nicht aufhören, sondern bestehen bleiben sollte. Aber die Polaritäten, die einander gegenüberstehen, werden in sich differenzierter sein. Es wird in Zukunft nicht nur männlich versus weiblich geben, sondern männlich mit seiner männlichen Beziehung zum Weiblichen gegenübergestellt dem Weiblichen mit seiner weiblichen Beziehung zum Männlichen. Beide haben an beiden Prinzipien teil, in jeweils verschiedener Weise, und sind auf die Ergänzung durch einander nach wie vor angewiesen. Ich persönlich wünschte, daß das nie aufhören würde. Ich kann es mir auch nicht vorstellen.

V

Männer-Ansichten

Daß über Männer kaum Literatur vorhanden ist, wurde bereits festgestellt. Die Arbeit an dieser Untersuchung war schwierig, da es zum Thema Männer, Männlichkeit und maskuline Veränderung vor allem im deutschsprachigen Raum kaum Material gibt. Also galt es zu suchen.

In den Staats- und Universitätsbibliotheken existiert in den Katalogen zumeist nicht einmal das Stichwort ›Mann‹. Wenn es aber doch ausnahmsweise auftaucht, so bezieht es sich auf geisteswissenschaftliche Studien, wie beispielsweise Untersuchungen darüber, was Plato über den Mann gedacht und wie Goethe den Mann in seinen Dramen gesehen hat. Soziologische und sozialpsychologische Untersuchungen über den Mann werden in den großen Bibliotheken offenbar noch nicht zur Kenntnis genommen, die bahnbrechenden Arbeiten zu diesem Thema aus den USA, aber auch solche aus England und Skandinavien sind nicht vorhanden. Auch die deutschsprachigen Verlage haben die Männer als sozialwissenschaftliches Phänomen noch kaum beachtet. Lediglich der Rowohlt-Verlag führt in seinem Taschenbuch-Programm eine Reihe ›Der Mann‹, in der u. a. die Titel von Volker Elis Pilgrim und Herb Goldberg erschienen sind. Ansonsten scheint im deutschsprachigen Verlagswesen das Zufälligkeitsprinzip zu herrschen, wenn es um das Thema »Mann« geht. Das gilt auch für Übersetzungen aus dem Amerikanischen. Mit Aus-

nahme von Herb Goldberg sind alle wichtigen Titel von Abbott, Brod, Pleck, Dubbert, Farrell, Fasteau oder Skjei und Rabkin – um nur einige Namen zu nennen – bisher »übersehen« worden. Dafür gibt es in den letzten Jahren eine ganze Anzahl psychologisierender Bücher über den Mann. Wichtige Arbeiten, etwa die von Barz oder Nitzschke, sind dabei eher selten; es überwiegen geschwätzige Abhandlungen, wie »Die sieben Fehler des Mannes« von Peter Lauster und larmoyante Selbstbespiegelungen. Eindeutig ist die wissenschaftliche und populäre Auseinandersetzung mit dem Thema »Mann« im deutschsprachigen Raum noch so unterentwickelt, daß es vorläufig auch keine Kriterien zu geben scheint, nach denen die Spreu vom Weizen zu trennen wäre. Dementsprechend treibt das Suchen nach Männerliteratur seltsame Blüten. In der Basler Buchhandlung »Tanner« antwortet eine ältere Buchhändlerin auf meine Frage, wo denn die Männerbücher stünden, mit der Gegenfrage, ob es so etwas denn überhaupt gäbe. Im »United States Cultural Center« zu Berlin sind die zwei einzigen Werke über Männer in den Feminismus-Regalen zu finden. In Basels größter Buchhandlung »Jäggi« steht das Buch mit dem eindeutigen Titel »Männersache« von Barz unter dem Stichwort »Frauenliteratur«. In der Basler Universitätsbibliothek werde ich von einer Angestellten nahezu empört darüber informiert, daß ich nun wirklich der erste sei, der nach »so etwas wie Männerliteratur fragt«. Der »Buchladen« am Berliner Savignyplatz verfügt über einen Riesenschrank feministischer Literatur; im untersten Regal finden sich einige wenige Bücher über Männer. In den »Frauenbuchladen« gleich um die Ecke darf ich erst gar nicht rein: »Männer verboten« – im Gegensatz zu den feministischen Buchhandlungen in den USA oder in Holland. In der Berliner Schwulenbuchhandlung »Prinz Eisenherz« wird meine Frage nach Büchern über Männergruppen mit der Antwort beschieden: »Wir sind ein Schwulenbuchladen. Heteros sind für uns nicht relevant.«
Bei Stacey's in der Market Street, downtown in San Francisco, wühle ich in der feministischen Literatur, als ein netter Mann – Robert Redford-Typ in jünger, mir, dem »Bruder«, erklärt, daß es auf der anderen Seite des riesigen Ladens auch eine große Männerabteilung gäbe. Really charming! Bei einem Besuch in Zürich

fällt mir ein, daß ich nur die alte Trikont-Ausgabe von Pilgrims »Untergang des Mannes« besitze und eigentlich auch gern die neue hätte. Die reizende Buchhändlerin kommentiert meinen Kauf an der Kasse mit den Worten: »Schade, daß ausgerechnet immer die netten Männer schwul sein müssen.« Solche Erlebnisse scheinen mir schon ein vielsagender Beitrag zu dem Thema zu sein, über das Cheryl Benard und Edit Schlaffer schreiben: »Über den Mann weiß die Sozialwissenschaft nichts.«[1]

Es gibt natürlich auch Ausnahmen. Drei seien hier stellvertretend beschrieben. Der Berliner Soziologe Georg Simmel reflektierte schon um die Jahrhundertwende über den Zustand des Mannes. Allerdings finden sich die meisten seiner Gedanken in Aufsätzen über die Frau. In den fünfziger Jahren verfaßte der baden-württembergische Arzt und Psychiater Joachim Bodamer mehrere Bücher und Aufsätze über Krisensymptome des männlichen Zeitgenossen. Mit dem sozialreformerischen Impetus der Studentenbewegung näherte sich Volker Elis Pilgrim in den siebziger Jahren der Notwendigkeit einer männlichen Veränderung.

1. GEORG SIMMEL

Georg Simmel (1858–1918) hat als erster Sozialwissenschaftler auf den fundamentalen Sachverhalt aufmerksam gemacht, wie sehr im Denken und in den Normen männliche Äußerungen mit einer Aura neutraler Sachlichkeit umgeben werden. Das hatte im Laufe geschichtlicher Entwicklung die Gleichsetzung von männlich und objektiv zur Folge. »Die künstlerischen Forderungen und der Patriotismus, die allgemeine Sittlichkeit und die besonderen sozialen Ideen, die Gerechtigkeit des praktischen Urteils und die Objektivität des theoretischen Erkennens, die Kraft und die Vertiefung des Lebens – all diese Kategorien sind zwar gleichsam ihrer Form und ihrem Anspruch nach allgemein menschlich, aber in ihrer tatsächlichen historischen Gestaltung durchaus männlich.«[2]

Simmel bezeichnet die Frau vornehmlich als Repräsentantin der Natur, den Mann als Schöpfer der Kultur. Diese essentielle Unterscheidung beruht auf der *ursprünglichen* Arbeitsteilung der Geschlechter: »Welche Rolle in der Arbeitsteilung zwischen Männern und Frauen jedem zukam, war eigentlich von der Natur her nur für die Frauen bestimmt, denn das Tragen und die Pflege der nächsten Generation nebst allem, was sich zweckmäßigerweise damit verband, war eine Erfüllung des Lebens, zu der der Mann gar kein ebenso einheitlich vorgezeichnetes Gegenstück besaß. Dieser Mangel eines naturgegebenen Tätigkeitsinhalts wies ihn auf schöpferische Freiheit, machte ihn zum Träger der Arbeitsteilung.«[3]

Die Differenzierung der Welt ist das Werk der Männer: »... die *Spezialisierung*, die unsere Berufe und unsere Kultur überhaupt charakterisiert, ist ganz und gar männlichen Wesens. Denn sie ist keineswegs etwas bloß Äußerliches, sondern ist nur möglich durch die tiefste psychologische Eigenart des männlichen Geistes: sich zu einer ganz einseitigen Leistung zuzuspitzen, die von der Gesamtpersönlichkeit differenziert ist, so daß das sachlich-spezialistische Tun und die subjektive Persönlichkeit jedes gleichsam ein Leben für sich leben.«[4]

Die Differenzierung der Welt schafft Fortschritt und mehrt den Wohlstand, fördert gleichzeitig aber auch eine Nivellierung des Lebens, wie sie Simmel insbesondere in seinem Werk »Philosophie des Geldes« aufzeigt. So entsteht z.B. »in den modernen Großstädten ... eine große Anzahl von Berufen, die keine objektive Form und Entschiedenheit der Betätigung aufweisen: gewisse Kategorien von Agenten, Kommissionäre, all die unbestimmten Existenzen ..., die von den verschiedenartigsten, zufällig sich bietenden Gelegenheiten, etwas zu verdienen, leben«[5]. Der Preis der Differenzierung ist, daß der Mann im Fortgang der Geschichte immer mehr seine Einheitlichkeit verliert.[6] Als Folge davon sucht der Mann verstärkt »in der Frau die Ergänzung seiner einseitigen Qualitäten«[7]. Die Frau, sowieso schon das natürliche Korrelat des Mannes, wird nun auch zu seiner sozialen und charakterlichen Ergänzung. Die Frau hat »die wunderbare Beziehung ... zu der ungebrochenen Einheit der Natur«[8] im Gegensatz zum Mann nicht verloren, was Simmel nahezu hymnisch beschreibt.[9]

Simmel notiert in diesem Kontext vieles, was nur aus seiner Zeit verstehbar ist und für uns heute reaktionär klingen mag. Im Vergleich zu anderen Denkern seiner Epoche ist Simmel aber wesentlich frauenfreundlicher und männerkritischer. So gebührt ihm das Verdienst, herausgearbeitet zu haben, wie die »Machtstellung der Männer« deren Ansprüche, Denkweisen und Werte »zum Allgemein-Menschlichen« erhoben hat.[10] Simmel erweist sich sogar als vorausblickend, indem er, ausgehend vom historischen Prozeß, zu dem Schluß kommt, daß die Vorrangstellung der Männer gebrochen werden wird. In diesem Zusammenhang weist er der Frauenbewegung eine große »Bedeutsamkeit« zu, »die die Zukunft unserer Gattung vielleicht tiefer beeinflussen wird als selbst die Arbeiterfrage«[11].

2. JOACHIM BODAMER

Der 1910 in Stuttgart geborene Arzt und Psychiater Joachim Bodamer nähert sich einer Bestimmung des zeitgenössischen Mannes in einem kulturkritischen und konservativen Denken, das er selbst als »der Antike wie dem Christentum verpflichtet« einordnet. So sieht er das Grundübel der Nachkriegsepoche in ihrer »materialistischen und diesseitsgebundenen« Ausrichtung, »regiert von dem jederzeit einschnappenden Reflex auf den greifbaren, vordergründigen Nutzen in fast allen Lebensbereichen«[12]. Auch Bodamer begreift die Welt als männliche, als eine, die die Weiblichkeit über die Herrschaftsausübung des Mannes verloren hat. »Halten wir also fest, daß unsere heutige Welt, die immer schärfer und unerbittlicher auf vollendete Mechanität und Rationalisierung hintendiert, eine ausgeprägte *männliche* Welt ist. Sie drückt das Aktive und Willensmäßige, die Neigung zur Grenzüberschreitung, zum Geplanten und Abstrakten, zum Okkupieren, Nutzbarmachen und Unterdrücken in ihrer aktuellen Physiognomie zu eindeutig aus, sie ist einseitig und einheitlich geworden im Sinne des männlichen Denkens und Wollens, das keine Geheimnisse anerkennt, keine Lebensrätsel duldet, jede Wildnis rodet und alles übersichtlich und erklärbar haben will.«[13]

Als Schöpfer und Träger solchen Handelns »ist der Mann verantwortlich für eine Entwicklung, deren düstere Seiten heute kaum geleugnet werden können«. Der Mann hat diese Entwicklung indessen nicht nur initiiert, sondern sich mit ihr auch identifiziert. Als Folge davon ist der Mann nicht einmal mehr in der Lage, zu sich und seinem Tun Stellung zu nehmen. Er ist vielmehr nur noch »Reflex« seiner technischen Welt.[14] In diesem Sinne ist er Experte mit einem bemerkenswerten Fachwissen, aber ohne Charakter. Bodamer beschreibt den zeitgenössischen Mann als ausweichend, feige und entscheidungsunfähig; er ist Opportunist und Funktionär.[15] Dabei erlebt er den jeweils anderen Mann als seinen »Gegner, den zu übervorteilen, kaltzustellen und zu überlisten ihm selbstverständlich wird«[16]. Er ist aggressiv und rücksichtslos.[17] Sittliche Werte hat der moderne Mann durch ein »äußerliches Härteideal« ersetzt. »Er ist im Erfinden und Planen von eiserner Härte oder dort, wo er der Natur ihre letzten Geheimnisse entreißen will; er zwingt im Sport seinen Körper zu Rekordleistungen, die an die Grenzen des Menschenmöglichen gehen. Er findet sich heroisch und hält es für ein Zeichen von Männlichkeit im technischen Zeitalter, wenn er fliegend oder fahrend Geschwindigkeiten erträgt, die über die Schwelle tödlicher Erschöpfung gehen.«[18] Damit verdeckt der moderne Mann seine durchdringende Angst vor dem »seelischen Wagnis« und »seine Trägheit, wenn er sich menschlich einsetzen und ein Opfer bringen müßte«. Der zeitgenössische Mann läßt sich »gehen«; Bodamer bezichtigt ihn der mangelnden »Selbsthärte« und der fehlenden »Strenge gegen sich selbst«[19].

Ein letztlich »infantiler« Mann kann auch der Frau kein wirklicher Partner mehr sein.[20] Er behandelt Ehe, Liebe und Sexualität als Räume der Sicherheit, Pflege und körperlichen Lust, ist aber »blind dafür ..., daß auch an ihn die Ehe seelische und geistige Ansprüche stellt.[21] Er ist ohne »menschliche Verantwortung«[22] für seine Partnerin.

Im Gegensatz zum Mann hat sich die Frau »das ursprünglich Geschlossene und die Integrität ihrer Person, ihre Naturhaftigkeit und Seinsvertrautheit fast unversehrt bewahrt«[23]. Sofern die Frau allerdings in der Erwerbsarbeit steht, ist sie »der gleichen Versachlichung, Rationalisierung und Gefühlsabkühlung, der gleichen Nivellierung und Entpersönlichung ausgesetzt wie der Mann«[24]. Entsprechend der konservativen Einstellung Bodamers heißt demnach »die Frauenfrage: Wie kann die Frau der Familie wieder zurückgegeben werden?«[25]

Den zeitgenössischen Mann fordert Bodamer auf, in »Distanz zu seinem Tun« zu treten und »in der Besinnung auf menschliche Folgen, in der Sorge um das Lebendige« endlich »aus der Selbstvergessenheit wieder zu sich selbst«[26] zu kommen. Männlichkeit sei per se eine Haltung, um die gerungen werden müsse.[27] Bodamer appelliert an den Mann, zum »Maßstab der Glaubenserfülltheit«[28] zurückzukehren. Andernfalls sei sein Schicksal ernstlich bedroht. »In der Anfälligkeit des Mannes von heute gegen Herzneurose, Herzbiose und Herzinfarkt meldet sich ein Protest des Herzens selbst zu Wort, des Herzens, das falsch, weil nur funktional beansprucht wird.«[29]

3. VOLKER ELIS PILGRIM

Der Jurist und Schriftsteller Pilgrim, 1924 in Wiesbaden geboren, veröffentlichte 1973 »Der Untergang des Mannes« und 1977 das »Manifest für den freien Mann«, die beide die Emanzipationsbemühungen von Männern in der Bundesrepublik wesentlich beförderten. Mit dem »Manifest« will Pilgrim »eine öffentliche Erklärung abgeben über die wichtige Angelegenheit der Befreiung des Mannes. ... Ich möchte Gedanken zu praktischen Problemen des Mannes veröffentlichen, meinen Willen offenbaren, mich und andere Männer zu verändern«[30]. Pilgrims Ausführungen sind subjektiv, manchmal egoman. Sein Ausgangspunkt ist erotisch-sexuell: »Ich habe durch meine Triebdoppelheit oder Triebveränderung eine historisch einmalige Chance. Ich will Männer und ihre Gesellschaft erkennen. Nur im sexuellen Umgang können wir ein Geschlecht erfahren und durchschauen.«[31]

Ausgehend von seinen schwulen Erfahrungen konstatiert Pilgrim, daß die männliche Gesellschaft »sich vornehmlich für die homosexuelle Komponente des männlichen Triebes« interessiere; erst

deren »Zubereitung garantiert den Bestand der Männergesellschaft, macht den Mann für sein Arbeits- und Kriegsverhalten gefügig«[32]. Wäre der Mann gesellschaftlich in der Lage, auch seine homoerotischen Wünsche auszuleben, gäbe es kaum Aggression, Unfrieden und Frust. »Das hat das Patriarchat so beabsichtigt. Homosexuelle Praxis soll schauerlich und, mit menschlichen Desastern umgeben, abschreckend sein, damit sich kein Mann verführen läßt, die Gremien zu verlassen. Die, die nicht gremien-sublimieren können, müssen eben leiden.«[33]
Mit dem Patriarchat hat der Mann nicht nur die Frau unterdrückt, sondern auch sich selbst. »Das Patriarchat hat auch den Mann kaputtgemacht, indem es seine Sexualität in die Technologie einverlangte. Das Glied des Mannes erigiert zu Mondraketen und anderen hochtrabenden Leistungen der Technik.«[34] Der Mann konstruiert dergestalt seinen eigenen Untergang und den der gesamten Welt.[35]
Urübel des Patriarchats ist die Eingrenzung männlicher Sexualität. Die Gesellschaft bedient sich dabei der Eltern, die ihren Söhnen die Lust austreiben. Die Potenzangst des Vaters wird rituell auf den Sohn übertragen. »Die Mutter ist auch hier willen- und bewußtloses Werkzeug der lustfeindlichen Erziehungsbedingungen des Patriarchats. Im Auftrag des Mannes verstellt sie dem Kind sogar die letzte Zuflucht zur Lust, sie verbietet ihm die Onanie.« Als »unmittelbare Lustabschneiderin«[36] bezeichnet Pilgrim die Mutter in diesem Kontext. Nach dieser sexuellen Domestizierung des Mannes folgt in Ausbildung und Arbeitswelt die Kastration seiner kreativen Selbständigkeit. »Jeder Mann erleidet das gleiche. Er wird in einem personzerstörenden Streß verschlissen. Jeder hat eine Kontrollbehörde oder -figur über sich, eine Apparatur um sich. Besonders verrückt empfindet der Mann seinen Aufstiegszwang. Das Arbeitsleben des Mannes ist der Hierarchie unterworfen, das heißt, der Arbeitsbereich ist einem Weihnachtsbaum entsprechend aufgebaut. Der Mann muß immer nach oben zu einer Spitze streben. Selbstverständlich bleibt er dabei auf einem der unteren Zweige sitzen, sich grämend, daß er die über ihm existenten Positionen nicht erklommen hat. Der Zwang zur Spitze verletzt den Mann. Er kommt nie richtig oben

an. Er hat ein miserables Selbstgefühl oder Magengeschwüre.«[37] Ein solch gesellschaftlich deformierter Mann kann auch nur deformiert und neurotisch mit Frauen umgehen.[38]

»Der Mann ist unfrei, abhängig, unselbständig. Das zu erkennen, verlangt eine neue Denkweise.«[39] Der Mann muß seine traditionellen Rollen kritisch reflektieren und Zwang, Herrschaft und Angst in ihnen entdecken. Dann muß er sich mit anderen Männern zusammenschließen und an seiner Veränderung arbeiten. »Die Männerbewegung ist eine Veränderungsbewegung. Männer tun etwas bisher nie Dagewesenes, weil sie etwas verändern wollen. Sie wollen selbstverständlich das System Patriarchat abschaffen. Aber ihre Energie geht nicht auf einen sogenannten Feind, eine Sache oder einen gesellschaftlichen Zustand, auf die sich bisher das Veränderungsstreben von Männern konzentriert hat. Die Energie geht auf die eigene Person. Dort wird das Patriarchat gesucht und gefunden, wird das Ziel der Veränderung angesetzt. Was sich in der Person des Mannes abspielt, was sich aus ihr heraus zeigt, das bewegt die Männer jetzt.«[40]

4. MÄNNLICHKEIT – EIN THEORETISCHER ENTWURF

Eine systematisch entwickelte Theorie über Männlichkeit gibt es bisher nicht. Simmel, Bodamer und Pilgrim haben lediglich Ansätze zum Verständnis von Wirken und Wirkung der Maskulinität in der Geschichte der Menschheit formuliert, mehr nicht. Die Sozialisations- und Geschlechterwissenschaft begreift Männlichkeit nach wie vor im restringierten Kategoriensystem der Rollensoziologie als soziales Lernen; die sozio-historische Konstituierung von Maskulinität kann mit diesem Ansatz nicht ausreichend erfaßt werden. Die anglo-amerikanische Männerforschung (»Men's Studies«) ist in ihrer Kritik von Männlichkeit zwar zum Teil durchaus radikal, in ihren wissenschaftstheoretischen Grundlagen aber konventionell bis reaktionär. Es dominieren Psychologen, Psychiater und Sozialpsychologen wie Pleck, O'Neil, Solomon und Levy, Goldberg usw., die sich an theorieloser Empirie oder bestenfalls engen Rollenmodellen orientieren. Die Soziologie hat sich der Fragestellung noch kaum angenommen; Ausnahmen sind Tolson, Middleton, Connell und Carrigan. Aber auch Soziologen sind nicht immer in der Lage, einen sozialgeschichtlichen Begriff von Männlichkeit zu erarbeiten. Ulrich Beck z. B. behandelt Maskulinität wie eine ahistorische Essenz; »Impulse« männlicher Entwicklung, die er am Rande konzediert, begreift er »nicht immanent, sondern von *außen* (durch Veränderungen bei den Frauen) *induziert*«[41].

Am weitesten entwickelt ist bis heute die Konzeption vom *Patriarchat*, die der Feminismus formuliert hat und die auch von einigen männlichen Sozialwissenschaftlern übernommen wurde. Dabei wird auf einen Begriff zurückgegangen, der in der Belletristik und den Kulturwissenschaften des 18. und 19. Jahrhunderts von einiger Bedeutung war, dann aber als einseitig und überhaupt fragwürdig aufgegeben wurde. Eine Renaissance war dem Begriff Patriarchat in unseren frühen siebziger Jahren beschieden, als ihn die neue Frauenbewegung wiederentdeckte. Christine Delphy beschreibt diese »Wiedergeburt« und notiert, daß der Terminus nun dezidiert politisch verwendet wird und daß er »bezeichnet, was für unsere Unterdrückung verantwortlich ist«[42]. Das wesentliche Kennzeichen dieses männlichen Herrschaftssystems ist – wie Sherry Ortner es nennt – die »Subordination« der Frau. Diese mindere Stellung der Frau sei universell; »die Suche nach einer wirklich egalitären, geschweige denn matriarchalen Kultur hat sich als fruchtlos erwiesen«[43]. Richard Lee und Richard Daly definieren das Patriarchat »als systematische Beherrschung der Frauen durch die Männer«[44]. Andrew Tolson verweist auf die Bedeutung von Ritualen, Gewohnheiten und Sprachcodes als »innerlichen« Herrschaftsmitteln des Patriarchats.[45]

Adrienne Rich definiert das Patriarchat als »die Macht der Väter«[46]. Damit begreift sie den Begriff in seinem eigentlichen Gehalt als verwandtschaftlich organisiertes Sozialsystem, in dem die Väter juristisch und ökonomisch die Macht über alle anderen ausüben. Hier fügt sich Freuds Auffassung ein, daß die menschliche Geschichte mit *väterlicher* Zwangsherrschaft begonnen habe, die auch das Monopol über die Frauen einschloß. Ein Urvater begründet die patriarchalische Weltgeschichte.[47] Kate Millett konzipiert das Patriarchat als universelle historische Erscheinung,[48] und auch Mary Daly entwirft neuerdings das Schreckensbild eines weltweiten Patriarchats, das sich mit Terror, Angst und Geschlechterkumpanei von Männergeneration zu Männergeneration tradiert.[49] Allerdings ist der Begriff auch innerhalb des Feminismus durchaus nicht unumstritten. Elizabeth Janeway lehnt ihn ausdrücklich ab.[50] Christine Delphy hält ihn für wenig präzis[51] und Elisabeth Badinter für »anfechtbar«[52].

Als politischer Kampfbegriff hat das Wort vom Patriarchat feministisch sicherlich seinen Sinn. Als *theoretisches Konzept* ist es hingegen in der Zusammenschau der einzelnen Feministinnen weder einheitlich noch stringent. Auch ein synthetisches oder kumulatives Resümee seiner Bedeutungen ergibt nur ein sehr widersprüchliches Bild.[53] So bietet sich der Terminus von der Vielfalt seiner Interpretationsmöglichkeiten nicht zwingend an. Im streng etymologischen Sinne der Väterherrschaft (»archos« = Herrscher) überzeugt der Begriff in keiner Weise; weder kann eine Väterherrschaft als weltgeschichtlich konstituierend noch als universell und ebenfalls nicht als kontinuierlich angenommen werden. Heute ist Väterherrschaft faktisch wie symbolisch obsolet. Der Niedergang väterlicher Herrschaft und Autorität ist empirisch bewiesen.[55] Der Nimbus des Vaters als Welterklärer und Deuter der Welt ist dahin;[56] es gibt ihn nicht mehr als Leitbild.[57] Alexander Mitscherlich schreibt vom »Erlöschen des *Vaterbilds*«[58].

Historisch gesehen steht es um das Theorem vom Patriarchat nicht viel besser. Die Auskünfte der Archäologen, Frühhistoriker und Ethnologen »über die primitiven Formen der menschlichen Gesellschaft sind widerspruchsvoll«[59]. Elisabeth Badinter nimmt an, daß »vom 4. Jahrtausend an bis zum Ende des 2. Jahrtausends ... das Verhältnis zwischen Mann und Frau von einem Gleichgewicht, ja sogar von einer Harmonie bestimmt« gewesen ist.[60] Jedenfalls gibt es keine überzeugenden Beweise für Universalität oder Kontinuität des Patriarchats. Vieles, was »männerherrschaftlich« von heute in die Vergangenheit projiziert wird, ist wohl erst mit dem Frühkapitalismus und dessen rigider Arbeitsteilung entstanden.[61] Geschichte läßt sich um der Wahrheit willen auch nicht so rekonstruieren, als zöge sich eine »harte« Linie vom Urvater über Nero bis zu Stalin, Hitler und Pinochet, dagegen eine »weiche« von der Urmutter über Maria bis zu Florence Nightingale und Mutter Teresa, inklusive einiger notorischer Verführerinnen à la Madame Pompadour. Es gibt Beispiele genug für Amazonen, mächtige Aristokratinnen, Kriegerinnen, Piratinnen, Königinnen, Kaiserinnen, Priesterinnen, Evita Perons, Golda Meirs und Margaret Thatchers. Geschichte ist keineswegs eine unporöse Herrschaftstradition von Männern, auch wenn diese dominiert haben.[62]

Ebenso bedenklich wie gefährlich ist das *personifizierte Verständnis* vom Patriarchat, das sich um so stärker durchzusetzen scheint, je mehr sich Feminismus von gesellschaftskritischen, marxistischen Grundlagen der frühen siebziger Jahre wegbewegt. Radikalfeministische, lesbische und metaphysische Ansätze [63] definieren den Patriarchatsbegriff als ganz *persönliches Herrschaftsverhältnis* zwischen Frau und Mann, hier Unterdrückte, dort Unterdrücker. Dazu stellt Ulrike Prokop fest: »Die männliche Herrschaft als unmittelbare Gewaltherrschaft ist eine Fiktion; die Zurechnung von Schuld trifft mit der Kategorie des unmittelbar gewalttätigen Mannes nicht den Kern gesellschaftlicher Widersprüche, sondern ein ›Fassadenproblem‹.«[64]

Gesellschaftliche Verhältnisse sind im Vollzug von Geschichte einer Abstraktion von Macht und Herrschaft unterlegen, die sich seit langem nicht mehr in der Person des Tyrannen oder anders personalisieren läßt. Seit Epochen transformiert sich Vorherrschaft immer mehr in objektivierte, depersonalisierte und damit anonyme Institutionen, was feministische Autorinnen, sofern sie sich noch einer sozialkritischen Tradition verpflichtet fühlen, exakt beschrieben haben.[65] Georg Simmel nennt in solchem Zusammenhang den Mann »nicht mehr willkürlicher Ausnutzer der Macht, sondern ... Träger einer objektiven Gesetzlichkeit«[66], die sich von ihm als konkreter Person durchaus abgespalten hat. An anderer Stelle habe ich von einer »geschlechtsneutralen Superstruktur« gesprochen, die verselbständigt, »überpersönlich« ist. Joachim Bodamer notiert in diesem Zusammenhang sicher zu kulturkritisch deskriptiv, daß heute »der größte Teil (der) männlichen Mitglieder ... als blindes Element in der Apparatur«[67] lebt. Damit sind männliche Herrschaftspositionen nicht geleugnet, aber in ihrer Bedeutung historisch relativiert.

Die *rigide Dichotomie* von weiblicher Subordination und männlicher Dominanz, die dem Patriarchatsbegriff prinzipiell zugrunde liegt, verstellt überdies den Blick für mögliche und tatsächliche Machtpositionen von Frauen. Diese gibt es, wenn auch bis jetzt *noch* selten, in allen Bereichen der Gesellschaft. Auch strukturell läßt sich *weibliche Verfügungsgewalt* in der (privaten) Reproduktionssphäre, in Sozialisation und Konsumtion aufzeigen.[68] Elizabeth Janeway spricht von einem Handel, bei dem die Frauen um den Preis der Unterwerfung im öffentlichen Bereich Macht im privaten Bereich erwarben.[69] Der Gedanke, daß das Patriarchat ein einfaches Machtgefälle von Mann zu Frau sei, läßt zudem außer acht, daß »Frauen bis in die Gegenwart die ersten Sozialisationsagentinnen ihrer Söhne und Töchter sind und in dieser Funktion entscheidenden Einfluß auf deren patriarchale Verbiegung nehmen«[70].

Die Verabsolutierung des Patriarchats, wie sie in den nichtsozialistischen Entwürfen des Feminismus erscheint, verhindert schließlich auch das Begreifen historischer Veränderungen innerhalb der Männerherrschaft. Nun ist aber – geschichtlich gesehen – der Zerfallsprozeß des Patriarchats eindeutig,[71] wenn auch bei weitem nicht abgeschlossen. Die Ironie der Geschichte will es, daß die Männer dabei mit der Erfindung und Weiterentwicklung der Technik ihre eigene Entmächtigung vorangetrieben haben. Auch wenn Männer heute noch Täter sind, so sind sie meist doch zugleich auch Opfer ihrer eigenen »Kultur« von Krieg, Naturzerstörung, Bürokratie, Arbeitsteilung und Entfremdung.[72] Sie sind es zudem klassen- und schichtenspezifisch, entsprechend affirmativer oder oppositioneller Einstellung und unterschiedlicher politischer Haltungen auf heterogene Weise, wie die Realität belegt, es aber feministische Homogenitätsbilder vom Mann gar nicht zu fassen vermögen.[73] Wird Patriarchat als historische Konstante konzipiert, so ist auch seine Abschaffung schwer vorstellbar.

Diese Kritik, positiv gewendet, führt mich zum Begriff der *männ-*

lichen Hegemonie. Damit gemeint ist ein veränderliches soziales System, das Männer konstituiert und in der Folgezeit ökonomisch, kulturell und ideologisch befestigt haben. Im Vollzug der Geschichte hat sich dieses System von seinen Trägern verselbständigt und damit auch ganz entscheidend die *Erscheinungsformen von Männlichkeit* transformiert.

Allerdings ist auch heute noch nicht die historisch-politische und die biologische Grundlage für die Entstehung der männlichen Hegemonie erklärt. Steven Goldberg belegt die männliche Vorherrschaft ganz allgemein mit der größeren Körperkraft der Männer. Nur sie konnten Jäger und Krieger sein, Frauen und Kinder beschützen. Shulamith Firestone erklärt die Unterwerfung der Frauen mit deren Gebärfunktion und den Folgen.[74] So einseitig biologisch ist das Problem aber sicher nicht. Fest steht, daß generell nur wenige Männer nötig sind, um Frauen zu befruchten. Deren Bedeutung für die Nachkommen ist aber ungleich größer als die der Männer. Colette Chiland geht so weit, die Frauen deshalb als das starke *Geschlecht* zu bezeichnen.[75] Männliche Linien sterben auch rascher aus: »Das Männliche ist das wesentlich Sterbliche, das Weibliche grundsätzlich unzerstörbar.«[76] Die Frau ist die Schöpferin und Bewahrerin des Lebens.[77] Das erklärt ihre zentrale Stellung in Mythologie und Frühreligion,[78] wie auch der »regelrechte Fruchtbarkeitskult« um die Frauen in der Kunst der ersten Menschheitsepochen.[79] Sir Galahad schreibt in ihrem Werk über »Mütter und Amazonen«: »Am Anfang war die Frau. Der Mann erscheint erstmalig in Sohnesgestalt als das biologisch Jüngere und Spätere.« Das Weibliche sei das Urtümliche. Das Urweib im Tierweibchen habe das Männliche ganz allein hervorgebracht. Das Männchen schaffe niemals etwas ohne das Weib.[80] Demzufolge wird Männern ein *Uterusneid* attestiert. Der Mann verehrt die Frau wegen ihrer Fruchtbarkeit, aber er neidet sie ihr auch.[81] Parthenogenetische Motive – etwa in der griechischen Mythologie – sind dafür ebenso Beweis wie der Wunsch vom »schwangeren Mann« in der Überlieferung alter Völker.[82] Zweifellos ist also die Frau von der Natur reicher ausgestattet als der Mann. Das betrifft nicht nur ihre Gebärfähigkeit, sondern auch ihre generell stärkere Naturverbundenheit, ihre größere sexuelle

Potenz und höhere Lustfähigkeit, Qualitäten, die in Naturreligion, Kunst und Mythen noch symbolisch überhöht werden.[83] Daraus läßt sich eine *vitale Bedrohung* des Mannes ableiten[84], zumal dieser in keiner Weise in der Lage ist, seine eigene Männlichkeit qua naturam zu definieren oder sich selbst einen auch nur annähernd so wichtigen Stellenwert für den Bestand der Welt zuzugestehen, wie ihn das weibliche Prinzip unbestreitbar hat. Der größte Reichtum der Urgeschichte war die Sicherung des ständig bedrohten Lebens durch neues Leben, und den besaß die Frau. Damit ist der Frau Weiblichkeit grundsätzlich vorgegeben, während der Mann sich Männlichkeit erst erwerben muß. Bodamer spricht in diesem Zusammenhang von der »humanen Fragilität«[85] des Mannes. Janet Hunt sieht darin den Ursprung für das spätere Dominanzstreben der Männer. Sie müssen quasi ihre natürlichen Defizite ausgleichen und kulturell überkompensieren.[86] Ähnlich beschreibt Chodorow, daß Männer ihre *schwach ausgebildete Männlichkeit* sozial dadurch sichern müssen, daß in der Außenwelt die Macht in ihren Händen bleibt.[87] Doris F. Jonas ist noch radikaler und schreibt, daß der Mann aus psycholgischen Gründen gezwungen ist, seine männliche Unterlegenheit als »›Überlegenheit‹« zu behaupten und »die Frau an ›Schöpferkraft‹ zu übertreffen. All dies zusammen führt zu einem unermüdlichen Kampf der Männer, um die Frauen zu beherrschen und die weibliche Rolle zu entwerten«[88]. Einfacher ausgedrückt heißt das, *der Mann muß Kultur schaffen, weil die Frau Leben schafft.* »Die Frau kreiert natürlich aus der Kraft ihres eigenen Seins, während der Mann frei oder gezwungen ist, künstlich zu kreieren, d. h. mit kulturellen Mitteln und um die Kulturwelt aufrechtzuerhalten.«[89] Elisabeth Badinter weist darauf hin, daß die meisten archaischen Gesellschaften »bestimmte, den Frauen untersagte Aktivitäten geschaffen (haben), die den Männern erlauben, auf ihre Männlichkeit stolz zu sein«[90].

Jonas erklärt, daß Männer »ihre geringere Rolle bei der Zustandebringung neuen Lebens« dadurch kompensieren, daß sie ihre kulturellen Leistungen in eine biologische Sprache von Empfangen und Gebären bringen.[91] Männlichkeit muß also erworben, »erkämpft werden, sie wird im Manne entwickelt durch den

Zusammenstoß mit der Außenwelt, in Situation, Gefahr, Verantwortung und Aufgabe, im Durchstehen und Überstehen von Niederlagen und Siegen«[92]. Deshalb kämpft in der Mythologie der Knabe mit den Kräften des Bösen, mit dem Drachen, um zum Mann zu werden; deshalb wird der Heranwachsende im Stamm von den Älteren zur Männlichkeit initiiert. Es zeugt von großem Unverstand, solche Initiationsriten als »sexistisch« zu denunzieren.[93]

In diesem Zusammenhang gibt es auf einer anderen Ebene auch das, was Elisabeth Badinter die »Wahrheit des Körpers« nennt und damit sowohl die physische Überlegenheit des Mannes meint als auch die »Schwächung der Frauen« während Schwangerschaft, Geburt und Stillen.[94] Noch vor hundert Jahren hatten die meisten Frauen ein Dutzend Kinder und sind, bei wesentlich geringerer Lebenserwartung als heute, kaum aus Schwangersein und Stillen herausgekommen.[95] »Ohne Empfängnisverhütung muß die Frau die meiste Zeit ihres Erwachsenenlebens als Schwangere oder Stillende verbringen. Angesichts dieser Behinderungen einer weiterreichenden Mobilität wurde sie logischerweise zur Hüterin des Herdes und widmete sich häuslichen Aufgaben«,[96] allerdings in diesem Abschnitt von Geschichte durchaus nicht mit Ausschließlichkeit.

Es gibt in diesem Zusammenhang das Theorem, daß die geschlechtsspezifische Arbeitsteilung die Frau im Fortgang der Geschichte selektive Anpassungen habe entwickeln lassen, die sie nicht nur für die physische, sondern auch für die emotionale »Reproduktion der Kinder« immer mehr »festlege«[97]. Verbürgt ist jedenfalls, daß die enge physische Bindung an die Kinder die Frau »in ihrer Suche nach Nahrung auf vergleichsweise sichere Räume beschränkt, ... während die Jagd auf größere und auch gefährlichere Beute Sache der Männer wurde«[98]. Bald wurden aber »zu viele Kinder geboren; die ungelenkte Fruchtbarkeit der Frau hinderte sie daran, aktiv bei der Vermehrung der Hilfsquellen tätig zu sein, während sie unaufhörlich neue Bedürfnisse schuf. Der Mann hingegen mußte das Gleichgewicht zwischen Produktion und Arterhaltung schaffen«[99]. Entwicklungsgeschichtlich gedacht, ließe sich daraus schließen, daß der elementare Reichtum, den die Frau mit ihrer Gebärfähigkeit für die Sicherung des Menschengeschlechts schafft, spätestens in jener Zeit zur merkbaren Belastung wird, da die sozialen Kosten für die Arterhaltung höher werden, als es deren biologische Notwendigkeit noch gebietet. Daraus folgt, daß die kulturelle Leistung des Mannes von Nahrungsbeschaffung immer mehr an Bedeutung für die Gemeinschaft gewinnt, ja nachgerade vital wird. Diese Konstellation ist sicherlich der soziale Ausgangspunkt männlicher Hegemonie, aber noch keine patriarchale Unterdrückung. Simone de Beauvoir weist darauf hin, »daß die Frau auch ihrerseits Werte anstrebt und erkennt, die in konkreter Form nur der Mann erreicht«. Die sich anbahnende »ungleiche Stellung der Geschlechter« ist aber in noch keiner Weise institutionalisiert.[100] Auch Susan Brownmiller konzediert, daß es nicht an den Frauen oder Männern lag, wenn mit fortschreitender Zivilisation die biologischen Aufgaben der Frau hinter den kulturellen der Männer zurücktraten.[101] Der Mann sichert nun den Fortbestand der Menschheit mit *planvoller Kulturarbeit.*

Dementsprechend werden fortan männliche Eigenschaften höher bewertet als weibliche. Männliche Verhaltensmuster und Vernunft haben die materiellen Grundlagen der Kultur geschaffen. Der Mann hat sich dabei, wie Carolyn Merchant überzeugend nachgewiesen hat, technisch, sozial und psychisch die Natur und innerhalb derer die als Naturwesen apostrophierte Frau sukzessive unterworfen.[102] Er hat in diesem Prozeß seine Arbeit, seine Werkzeuge und die Ergebnisse seiner Tätigkeit nicht einmal mehr als männlich deklariert, sondern das eigentlich Männliche seiner Tat ist ihm im Laufe der Geschichte zum Selbstverständlichen geworden. Die in diesem Selbstverständlichen enthaltene Männlichkeit wurde zum Alltäglichen und mit Objektivität gleichgesetzt. Dahinter stecken freilich nicht Bösartigkeit und nicht einmal Machtgelüste der Männer, sondern die historische Notwendigkeit der Entwicklung von ertragreichen Arbeitsverhältnissen. Damit ist auch ein Wiederholungszwang verbunden, auf den Georg Simmel bereits aufmerksam gemacht hat: »Unsere Kultur ist, mit Ausnahme ganz weniger Provinzen, durchaus männlich. Männer haben die Industrie und die Kunst, die Wissenschaft und den Handel, die Staatsverwaltung und die Religion geschaffen und so tragen diese nicht nur objektiv männlichen Charakter, sondern verlangen auch zu ihrer immer wiederholten Ausführung spezifisch männliche Kräfte.«[103]

Trotz der sich zunehmend verfestigenden Arbeitsteilung zwischen den Geschlechtern institutionalisiert sich vorerst kein Herrschaftsverhältnis zwischen Männern und Frauen. Dementsprechend kann z. B. Elisabeth Badinter in den ersten 30 000 Jahren der Menschheitsgeschichte keine Anzeichen dafür entdecken, »daß das eine Geschlecht erdrückt worden wäre, weil das andere alle Machtbefugnisse an sich gerissen hätte«[104]. Die genannten Grundlagen für männliche Hegemonie bestehen zwar bereits, implizieren aber noch keine soziale Verfügungsgewalt des Mannes. Das ändert sich mit der *neolithischen Revolution,* der Erfindung und Durchsetzung des Ackerbaus. Damit erfolgt der erste Schritt zur systematischen Naturbeherrschung und -ausnutzung, die sukzessive Etablierung von Privateigentum, die rasche Vergrößerung des gesellschaftlichen Reichtums und damit die Möglichkeit, mehr Menschen zu ernähren, aber auch die Notwendigkeit, diese differenzierteren Gruppen zu führen und zu kontrollieren. Häuptlinge werden gewählt, Hierarchien aufgebaut. Mit dem Privatbesitz entsteht der männliche Wunsch nach dessen sicherer Vererbung, der wiederum die Klärung der bis dahin unklaren Vaterschaft verlangt, die nun zur Basis für die Konstituierung festgeschriebener Familienverhältnisse wird. Simone de Beauvoir konstatiert: »In den Urzeiten gibt es keine ideologische Revolution von größerer Tragweite als diejenige, die an die Stelle der Kognaten als Erbnachfolger die Agnaten setzt; von diesem Augenblick an wird die Mutter zur Amme, und die Souveränität des Vaters steigt übermäßig an; er allein hat die Rechte inne und kann sie weitergeben. Indem der Mann sich selbst allein die Nachkommenschaft zuschreibt, macht er sich endgültig von der Weiblichkeit frei und erobert die Herrschaft über die Welt.«[105] In dieser Zeit des sich institutionalisierenden Ackerbaus erscheinen nun zum erstenmal in der Geschichte männliche Götter. Diese neolithische Entwicklungsfolge ist in der Literatur ausführlich nachgezeichnet worden, so daß sie hier nicht noch einmal wiederholt werden muß.[106]

Sherry Ortner agrumentiert, daß die historische Entwertung der Frau aus deren enger Verbindung mit der Natur hervorging.[107] Je mehr männliche Kulturarbeit nicht nur den Fortbestand des Lebens sichert, sondern zur wichtigsten Quelle des gesellschaftlichen Reichtums wird, desto weniger wird geschätzt, was natürlich reich ist. Dementsprechend identifizieren sich die Männer nun immer mehr »mit dem Bewußtsein und mit allen positiven Qualitäten des männlichen Prinzips, andererseits verleugnen sie ihren Anteil am weiblichen Prinzip«[108]. Die Geschlechterbeziehungen differenzieren sich mehr und mehr; erste geschlechtsspezifische Zuschreibungen von Aufgabenbereichen, Sphären und Fähigkeiten erfolgen und beginnen, Arbeitsteilungen und -hierarchien so zu ideologisieren, daß Machtverhältnisse aus ihnen werden.[109] Von diesem Zeitpunkt im mittleren Neolithikum an muß von der *Institutionalisierung männlicher Hegemonie* ausgegangen werden. Soziale Bedeutung und personelle Wertschätzung der Frau nehmen deutlich ab, ihre »Domestizierung« hingegen nimmt zu. Der planvolle Ackerbau, dessen Weiterentwicklung und die damit verbundene Ausbeutung der Natur verändern indessen auch den Mann. Er, der einst den Urwald eroberte, gefährliches Wild jagte, Gewässer und Berge bezwang, wird nun seßhaft und berechnend. Die Figuren des Jägers, des Helden, des Kräftigsten und Schnellsten im Stamme werden historisch obsolet. Der moderne »homo faber« beginnt sich zu entwickeln.

Der Preis für den gesellschaftlichen Fortschritt wachsenden Mehrprodukts und höherer Lebenserwartung ist die prinzipielle Entfremdung des Menschen, aber vor allem des Mannes, von der Natur. Obwohl Philosophien der Ganzheitlichkeit von Natur und Individuum bis zur Entwicklung der modernen Naturwissenschaft im 16. Jahrhundert sich halten, nimmt deren Bedeutung im Lauf der Zeit immer mehr ab. Faktisch grenzt sich der tätige Mann aus der Natur aus; nicht mehr sie, sondern die Resultate der Arbeit setzen Wertmaßstäbe und instrumentelle Ziele.

Das ist es, was Horkheimer und Adorno »die Inthronisierung des Mittels als Zweck« nennen, die »schon in der Urgeschichte der

Subjektivität wahrnehmbar« ist, um dann »im späten Kapitalismus den Charakter des offenen Wahnsinns« anzunehmen.[110] Die Natur verliert mit der effektiveren Arbeit ihre Aura als lebendiger Organismus und wird nach und nach zum selbstverständlichen *Objekt männlicher Ausbeutung.*[111]

Hier fügt sich die Auffassung ein, daß die Frau als Repräsentantin von Lust, Sexualität, Befriedigung und Natur die neue Arbeitsethik des Mannes stört und von daher in kontrollierbare Schranken gewiesen werden muß. Otto Rank hat in solchem Kontext aufgezeigt, wie die Frau »durch ihre sexuelle Macht... für die Gemeinschaft gefährlich« wird. »Die Ausgestaltung der vaterrechtlichen Herrschaft zu den immer stärker vermännlichten Staatssystemen ist also eine Fortentwicklung der Urverdrängung.«[112] Susan Brownmiller ergänzt diesen Gedanken um die notwendige ökonomische Dimension: »Die Abwertung der Frau im allgemeinen ist in Wirtschaftssystemen stets zu beobachten, wenn Produktionsmittel und Machtpositonen eindeutig von Männern beansprucht werden. Wenn Mutterschaft, Kindererziehung und Haushaltspflichten zu einem sozioökonomischen und kulturellen Ideal erhoben werden, das gleichzeitig die Frau von gewinnbringenden Arbeiten ausschließt, dann wird die weibliche Sexualität zu einer männlichen Angelegenheit, die sich an männlichen Interessen orientiert.«[113]

Trotzdem zeigt sich männliche Hegemonie in der griechischen Antike oder im Römischen Reich und sogar im beginnenden Mittelalter nicht als geschlossenes, totalitäres System. Im Hellenismus verwalten zumindest die Frauen der Oberschicht eigene Vermögen, verfügen über großen Landbesitz, sind als Philosophinnen angesehen; auch im Römischen Reich können »Frauen anstelle der Männer die Rolle einer Lehensherrin übernehmen; die Bäuerin kann ihre Güter mit annähernd gleichem Anspruch verteidigen wie der Mann«[114]. In der Subsistenzwirtschaft und im Handwerk der aufblühenden Städte des Mittelalters ist die Frau ebenfalls in die Arbeitszusammenhänge nahezu gleichberechtigt einbezogen und noch lange nicht mit den stigmatisierenden Zuschreibungen des 19. Jahrhunderts versehen. Negativ vorbereitend wirkt hier im besonderen Maße das Christentum, das die zunehmende Unterordnung der Frau unter den Mann ideologisch postuliert und befestigt.[115]

Während in der Agrargesellschaft Frauen und Männer noch zusammenarbeiten, trennt die *industrielle Revolution* zum erstenmal in der Geschichte ganz entschieden Produktion und Reproduktion, Öffentlichkeit und Privatheit, gesellschaftlichen und häuslichen Lebenshorizont.[116] Familie und Arbeit werden sowohl topographisch als auch geschlechtsspezifisch rigide auseinandergeschoben. Auch wenn diese Entwicklung zunächst nur die Ober- und Mittelschichten betrifft, während Arbeiterfrauen und -kinder für die industrielle Schmutzarbeit unverzichtbar sind, wird die Leistung der Frau gesellschaftlich nicht mehr anerkannt.[117] Die Frau ist in der bürgerlichen Gesellschaft Hausfrau und ihre Arbeit im wesentlichen Hausarbeit. »Die Trennung in häusliche und öffentliche Sphäre – hier häusliche Reproduktion und privates Leben, dort soziale Reproduktion und Staat – hat sich im Verlauf der industriell-kapitalistischen Entwicklung in der westlichen Kultur verschärft. Die Familie wurde auf ihre Fundamente reduziert, auf die Mütterlichkeit der Frauen und die heterosexuelle Ehe, wodurch die männliche Dominanz reproduziert wird.«[118]

Dementsprechend erfolgen jetzt mit aller Deutlichkeit die Zuschreibungen an die Frau als gefühlvolle Hüterin des Heimes und an den *Mann als willensstarker Herrscher der Außenwelt.*[119] Für die Entwicklung von Männlichkeit ist damit verbunden, daß der Mann seine Gefühlsqualitäten abspaltet und sich auf Vernunft, Leistung und Herrschaft konzentriert. Kellers »Grüner Heinrich« dokumentiert, wie Männer ihre Gefühle zu bändigen haben. Nach der Domestizierung der Frau folgt die *Selbst-Domestizierung des Mannes im industrie-kapitalistischen System:* »Je weiter ... der Prozeß der Selbsterhaltung durch bürgerliche Arbeitsteilung geleistet wird, um so mehr erzwingt er die Selbstentäußerung der Individuen, die sich an Leib und Seele nach der technischen Apparatur zu formen haben.«[120]

Der tätige Mann – als Jäger, Bauer und Handwerker arbeitendes »Ganzheitswesen« – wird in der industriellen Produktion zum lohnarbeitenden Teilwesen, nicht mehr als Mensch betrachtet und behandelt, sondern als objektiver Faktor innerhalb anfallen-

der Produktionskosten.[121] Sicher hat uns die kapitalistische Industriegesellschaft materiellen Fortschritt, Wohlstand, Hygiene, Sicherheit und höhere Lebenserwartung gebracht. Die andere Seite ist aber: »All der technische Fortschritt, die Rationalisierung von Mensch und Arbeit haben den Zwang zur entfremdeten Arbeit nicht behoben und können ihn nicht beheben – den Zwang, mechanisch zu arbeiten, lustlos, in einer Art, die keine individuelle Selbstverwirklichung darstellt.«[122] Der Mann hat selbst die Technik erfunden und zur Technologie raffiniert; damit hat er jedoch seine eigene »Entmännlichung« (»emasculation«)[123] befördert. »Es war die Maschine, die die Männer eines der wenigen natürlichen Vorteile über die Frau beraubte, ihrer größeren körperlichen Kraft. Es braucht einen starken Mann, um Land zu roden und eine gerade Furche zu pflügen; dagegen ist ein weiblicher Teenager in der Lage, einen Traktor zu fahren.«[124] Nun ist der Mann zum Anhängsel seiner eigenen Erfindungen geworden und hat sich dergestalt seiner Kraft, Autonomie und Kreativität weithin enteignet.[125]
Spätkapitalistische Produktionsverhältnisse beschleunigen solche Entwicklungen. »Die Organisation des menschlichen Lebens nimmt die Präzision an, mit der wir den mechanistisch-technischen Bereich organisiert haben.«[126] Deutlichstes Beispiel dafür ist die Bürokratie, die alle Lebensäußerungen und -bedingungen rational zu beherrschen versucht, alle menschlichen Empfindungen eliminiert oder im Funktionär objektiviert.[127] William H. Whyte zeigt in »The Organization Man«, wie das Männlichkeitsbild von Freiheit, Initiative und Schöpfertum systematisch nivelliert wird und im selbstlosen Rollenträger der Organisation endet, bloßes Exekutivorgan von anonymen Anweisungen – Sterilität statt Abenteuer, Gehorsam statt Verantwortung, Fließband statt Kreativität.[128] Der archaische Eroberer der Welt ist im Verlauf der letzten hundert Jahre zum »Roboter-Mann«[129] degeneriert. Auswege führen in die fatale Nostalgie von »Männerbünden« oder in die Karikatur von Bodybuildern. »Der Mann zwingt sich ins Männliche, ohne daß er Männlichkeit noch füllt.«[130] »Rocky«, »Rambo« und andere Gewalttätige sind ebenso bebilderter Ausdruck dieser entleerten Maskulinität wie der Profisport mit seinen Anabolika-Körpern.[131]

Der Mann ist unter den Bedingungen männlicher Hegemonie zum »eindimensionalen Menschen«[132] geworden und hat dazu selbst tüchtig beigetragen. Es mag zur Ironie der Geschichte gehören, daß gerade die »Verbannung« der unterworfenen Frau ins Haus sie vor der industrie-kapitalistischen Rationalisierung ihrer Person und dem Verlust der Weiblichkeit bewahrt hat.
Das ändert sich jetzt rapide. Mit der zunehmenden Integration der Frauen in eine in Zielsetzung und Inhalten *unverändert* männlich strukturierte Arbeitswelt droht die Gefahr, daß eine gleichberechtigte Frau eine an »objektivierte maskuline Werte« angepaßte Frau werden könnte.[133] »Das kulturelle Idealbild der Frau gleicht sich dem des Mannes an, allerdings nicht als Bild des Gewährens und der Fülle, sondern des Leistungsbewußtseins und der kühlen Rechenhaftigkeit. Das Bedrohliche und zugleich Phantastische, das sie einmal im allgemeinen Bewußtsein repräsentierte, soll in der Partnerschaft auf allen Gebieten als gleichwertige Leistungsfähigkeit aller Beteiligten assimiliert werden.«[134] Nach der historischen Pervertierung der Männlichkeit steht nun gesamtgesellschaftlich »der Prozeß der Eliminierung des Weiblichen«[135] an, um unter die Verfügungsgewalt der Herrschenden zu bringen, was ihnen bisher noch unkontrolliert widerstanden hat.[136]
Diese durchaus reale Schreckensvision verlangt eine kritische Theorie von Weiblichkeit und Männlichkeit und von Geschlechterverhältnissen, die nicht in androgyner Gleichmacherei sich verirrt und damit den Herrschenden noch Motive für ihre Ziele liefert. In der gesellschaftlichen Praxis ist hingegen eine *Kulturrevolution* gefordert, die die Transformierung der gesellschaftlichen Arbeitsteilung zwischen den Geschlechtern von der autoritären Einseitigkeit in solidarische Gleichberechtigung vorbereitet.[137]

VI
Das schwächere Geschlecht

Bereits Pythagoras hat es auf den Begriff gebracht: »Es gibt ein gutes Prinzip, das die Ordnung, das Licht und den Mann geschaffen hat, und ein schlechtes Prinzip, das das Chaos, die Finsternis und die Frau geschaffen hat.« Religion und Philosophie haben jahrhundertelang keine anderen Bilder vertreten. Dem Christentum gelang es dabei zusätzlich, ein ausgesprochen ambivalentes Frauenbild zu entwerfen: Der verführerischen und emotionalen Eva, Ursymbol erotischer Verlockung des Mannes, steht die ergebene und keusche Maria gegenüber, ihrerseits Ursymbol demütiger Unterwerfung unter den Willen des Mannes.

Immanuel Kant wußte, das weibliche Geschlecht sieht »es für Torheit an, sich um was mehr als seine eigene Angelegenheit zu kümmern. Das ist sehr gut. Die Männer erholen sich bei ihnen von den öffentlichen Angelegenheiten«[1].

Arthur Schopenhauer verkündete: »Schon der Anblick der weiblichen Gestalt lehrt, daß das Weib weder zu großen geistigen noch körperlichen Arbeiten bestimmt ist. Es trägt die Schuld des Lebens nicht durch Tun, sondern durch Leiden ab, durch die Wehen der Geburt, die Sorgfalt für das Kind, die Unterwürfigkeit unter den Mann, dem es eine geduldige und aufheiternde Gefährtin sein soll. Die heftigsten Leiden, Freuden und Kraftäußerungen sind ihm nicht beschieden; sondern sein Leben soll stiller, unbedeutsamer und gelinder dahinfließen als das des Mannes, ohne wesentlich glücklicher oder unglücklicher zu sein.« In »Zarathustra« hat Friedrich Nietzsche das noch prägnanter ausgedrückt: »Das Glück des Mannes heißt: ich will. Das Glück des Weibes heißt: er will.« In seinem Buch »Geschlecht und Charakter« konstatiert der Wiener Philosoph Otto Weininger noch zu Beginn des 20. Jahrhunderts, daß Persönlichkeit und Individualität, Wille und intelligenter Charakter nur dem Mann zukommen. »Das Weib hat keinen Eifer für die Wahrheit – darum ist es nicht ernst–, darum nimmt es auch keinen Anteil am Gedanken.... Der Mann fühlt sich zur Logik verpflichtet, die Frau nicht.«

Inzwischen ist alles anders. Denkende, schreibende oder filmende Männer verehren und bewundern das »Wesen« der Frau. In seinem Roman »Die Liebe in den Zeiten der Cholera« bezeichnet Gabriel García Márquez die Frau als stärker und das Mannsein als eine arge »Benachteiligung«. Lars Gustafsson formuliert in »Trauermusik« das Lob der Frau, ihrer Kraft und ihrer orgastischen Potenz. Sogar der alte Henry Miller gesteht in Gesprächen mit Georges Belmont: »Es gibt keinen stichhaltigen Beweis für das, was ich sagen will, aber für mich ist eine Frau immer viel erdverbundener... Sie ist in viel stärkerem Maß als der Mann eins mit der Erde. Der Mann gehört der Luft an. Er steht nicht sehr fest auf der Erde... Und ich zögere nicht, zu behaupten, daß, was uns, den Männern, fehlt, das weibliche Element ist. Wir sollten es in uns kultivieren. ... Bei der männlichen Herrschaft sehe ich überall nur Katastrophen. Der Mann verbringt seine Zeit, sich selbst und alles um sich herum umzubringen. Er ist der Zerstörer. Die Frau ist die Bewahrerin.«

Federico Fellini ist überzeugt: »Sex und Lust gehören den Frauen, nicht uns. Wir Männer spüren oft nicht einmal, was damit gemeint ist. Die Erfüllung, die Befriedigung, der Orgasmus – das alles ist im tiefsten Eigentum der Frauen.« Der spanische Regisseur Manuel Gutierrez Aragon meint: »Ich glaube, daß Frauen stärker sind als Männer... Die Frauen stehen für das Bleibende, das Beständige, und der Mann ist der, der kommt und geht. Für die Kontinuität in der Geschichte sorgt die Frau.«[2]

Sind also die Männer das schwächere Geschlecht?

1. INTERVIEW MIT HERB GOLDBERG

Dr. Goldberg ist Psychologe und Psychotherapeut in Los Angeles. Er führt eine eigene Praxis, in der er vornehmlich mit Männern arbeitet. Überdies leitet er im ganzen Land therapeutische Männergruppen und engagiert sich bei der Veränderung der Männer. Seine vier Bücher über Männer haben ihn zum erfolgreichsten Autor des Themas »Männer« in den USA gemacht. Seine Positionen werden manchmal auch als anti-feministisch angegriffen. Dazu meint Goldberg: »Ich habe meine Attackanten oft gebeten, ihre Vorwürfe zu präzisieren, was denn nun ›sexistisch‹ oder ›chauvinistisch‹ in meinen Schriften sein soll. Sie waren nie dazu in der Lage. Ich schreibe meine Bücher als Psychologe und Therapeut. Ich ziehe nicht aus, um die Welt zu verändern, sondern um Bewußtwerdung anzuregen.«

WH: In Ihren Büchern, die ja primär auf Ihren psychotherapeutischen Erfahrungen beruhen, definieren Sie die Männer als Opfer ihres eigenen maskulinen Imperativs. Das klingt zunächst einmal widerspruchsvoll.

Goldberg: Genau jene Dinge, die ihn zum »erfolgreichen Mann« machen, zerstören ihn. Maskuline wie feminine Motivationen können aus ihren unterbewußten, abwehrenden Elementen verstanden werden. Dies Unbewußte von Männlichkeit drängt den Mann zur totalen Abspaltung von seinem inneren Selbst. Seine tiefere Antwort auf das Leben ist chronisch selbstschützend, mißtrauisch und hyperaggressiv. Er zerstört, um sich selbst zu erfüllen und sich sicher zu fühlen. Innerhalb dieser Entwicklung endet der Mann als das einsamste Wesen auf der Erde und seine »Erfolge« erweisen sich als zunehmend bedeutungslos. So ist er letztlich zur Depression und/oder Flucht durch Selbstzerstörung (Alkohol, zwanghaftes Arbeiten, Verlangen nach stärkeren Reizen etc.) verurteilt. Je männlicher ein Mann ist, desto zutreffender ist das alles für ihn.

WH: Können wir diesen Selbstzerstörungsprozeß noch etwas näher betrachten?

Goldberg: Das maskuline Unbewußte trennt den Mann von seiner körperlichen Befindlichkeit. Er ist nicht mehr in Kontakt, nicht mehr in Berührung mit den Botschaften, die ihm sein Körper vermittelt. Daher versucht er, seinen Körper mit Messungen und äußerlichen Manipulationen zu verstehen – und scheitert jämmerlich. Die moderne Medizin als Ausgeburt der hypermännlichen Verteidigungshaltung hat versagt. Betrachten wir nun den durchschnittlichen »Macho« in der Mitte des Lebens: Er bietet ein Bild zunehmenden Verfalls. Seine zwanghaft männlichen Eß-, Trink-, Schlaf- und Arbeitsgewohnheiten sowie seine emotionalen Reaktionen bewirken diese Zerstörung.

WH: Was verstehen Sie unter »zwanghafter Männlichkeit«?

Goldberg: Zwanghafte Männlichkeit setzt sich aus den rigiden Reaktionen zusammen, die allesamt defensiv sind und von der unbewußten Notwendigkeit angetrieben werden, Angst, Abhängigkeit, Unterwerfung, Verlust der Kontrolle und Passivität zu verleugnen. Diese Verleugnung drängt den Mann in eine Position von Männlichkeit im schlimmsten Sinne des Wortes und bewirkt, daß diese maskuline Zwanghaftigkeit sogar den menschlichen Überlebenstrieb zu beherrschen beginnt. Auf jede Herausforderung seiner Männlichkeit reagiert der Mann automatisch, extrem und rigid – zu seinem Schaden und Nachteil. Ein extremes Beispiel dafür sind die jungen »Machos«, die ihr Leben im Kampf um einen Parkplatz riskieren oder wegen einer beleidigenden Bemerkung. Nichts anderes steht dann mehr auf dem Spiel als das maskuline Ego.

WH: Schließt das auch ein, daß Männer mehr an sozial vorgeschriebene Verhaltensweisen gebunden sind als Frauen?

Goldberg: Ja. Männlichkeit produziert rigidere und selbstzerstörerische Verhaltensmuster, weil die »Macho«-Zwänge des Mannes zumindest teilweise eine Reaktion gegen ihn selbst sind. »Macho« oder männliche Abwehrhaltung sind in großem Maße durch das Bedürfnis entstanden, die starke weibliche Identifikation mit der Mutter zu bekämpfen. »Machos« blockieren unbewußt das »kleine Mädchen«, das in ihnen steckt. Der Vater war in der Kindheit meistens abwesend und ist vom Sohn häufig negativ erlebt worden. Das schafft eine furchtbare, explosive Tendenz, die es in der Weiblichkeit nicht gibt, weil die Konditionierung der Frauen in der Kontinuität ihrer Kindheit steht. Sie werden weiblich geprägt und können das ohne Sanktionen offenbaren. Sie müssen niemals gegen sich selbst, gegen ihr verinnerlichtes Feminine handeln. Sie müssen sich nicht beweisen, jemand zu sein, der sie nicht sind. Männer müssen das.

WH: Sie haben in Ihrer therapeutischen Arbeit den Niedergang des Mannes von seinem zwanzigsten bis zu seinem vierzigsten Lebensjahr und darüber hinaus beobachtet. Erklären Sie doch bitte diesen Abstieg.

Goldberg: Zwischen dem zwanzigsten und vierzigsten Lebensjahr isoliert sich der Mann immer stärker in der Außenwelt, und gleichzeitig wird er immer abhängiger von seiner Frau. Indem er seine Gefühle verdrängt oder an seine Frau delegiert, wird er zunehmend mechanischer und lebloser. Was immer es in seiner Jugend alles an Spontaneität in bezug auf seine Freundschaften und seine Ausdrucksfähigkeiten gegeben hat, ist jetzt verschwunden. Um Vierzig ist er »ausgebrannt« und reif für eine »Midlifecrisis« oder für einen Herzanfall.

WH: Welches sind die wichtigsten Ambivalenzen und schwierigsten Bindungen, mit denen Männer in der gegenwärtigen Gesellschaft leben müssen?

Goldberg: Die qualvollsten Bindungen entstehen aus den Widersprüchen zwischen seiner frühen Erziehung und seinen sozialen Erwartungen im Erwachsenenalter. Zum Beispiel ist es für das Image eines Jungen verhängnisvoll, mädchenhaft (»girlish«) zu sein oder mit Mädchen zu spielen. Sobald jedoch der Heranwachsende das Erwachsenenalter erreicht, wird von ihm erwartet, eine Frau zu finden, die den Mittelpunkt seines Lebens darstellt und auf die er sich befriedigend und sinnvoll beziehen kann. Nur ist er darauf nicht vorbereitet worden. Die schrecklichste Ambivalenz entsteht, wenn der Mann versucht, sein humanes, personales Selbst aufrechtzuerhalten und ihn genau das hindert, als Mann »erfolgreich« zu werden. Umgekehrt bedeutet Erfolg, daß ein unbewußter Streich auf seine Kosten gespielt wird. Der Erfolg des Mannes ist heute korreliert u. a. mit Vereinsamung, mit einem narzißtischen Ego, das die Ablehnung oder sogar den Haß durch seine Kinder bedingt, mit einer zwanghaften Sexualität, die ihn zu einem bemitleidenswerten Opfer seiner selbst macht und mit einem zunehmenden Verlust an Vertrauen, der teilweise in der Realität all jener verankert ist, die er entfremdet und die ihn deshalb »insgeheim« hassen.

WH: Der Feminismus und ein großer Teil der öffentlichen Meinung stigmatisieren den Mann als Ausbeuter und Unterdrücker. Ein wichtiges Ergebnis Ihrer therapeutischen Arbeit wie auch Ihrer wissenschaftlichen Untersuchungen ist die starke Abhängigkeit des Mannes von der Frau. Zumindest auf den ersten Blick wirkt das ja auch widersprüchlich.

Goldberg: Weiblichkeit und Männlichkeit verstärken sich in unserer Gesellschaft gegenseitig. Weiblichkeit, so wie sie gegenwärtig verstanden wird, schafft ein Vakuum, das der »Macho-Mann« ausfüllen muß, wenn es ihm überhaupt gelingen will, sich auf seine Frau erfolgreich zu beziehen. Die Männer sind so »gezwungen«, bestimmend und tonangebend (»assertive«) zu sein und werden genau deshalb aber auch beschuldigt zu kontrollieren. Wer ist nun letztendlich aggressiver, der »American football«-Spieler oder die Einpeitscherin, die ihm ihre Aufmerksamkeit nur deshalb gibt, weil er so aggressiv ist?

Die Ironie der Geschichte besteht darin, daß der Mann, während er der Überlegene (»top dog«) zu sein scheint, schon gänzlich abhängig von der Frau in seinem Leben ist. Sie kann indessen recht gut ohne ihn existieren. Die meisten Männer, sofern sie nicht homosexuell sind, können ohne ihre Bindung an eine Frau gar nicht mehr überleben. Überdies brauchen sie sogar in einer verzweifelten Art genau die Frau, auf die sie auch wütend sind.

Umgekehrt wird das, von dem Frauen sagen, daß sie es an Männern hassen, unbewußt von ebendiesen Frauen gefördert und verlangt, weil es zunächst einmal auch das ist, was Männer in den Augen von Frauen »attraktiv« macht, wie z. B. Stärke, »aggressives« Auftreten, Erfolg etc.

WH: Sie haben einmal Selbstzerstörung männlich genannt und Wohlbefinden weiblich. Würden Sie einmal näher erklären und umreißen, wie der Mann dieser selbstzerstörerischen Tendenz entgehen kann?

Goldberg: Um Hilfe nachsuchen, verletzlich sein, zugeben, daß man es nicht allein kann, mit sich selbst in Kontakt sein oder kommen, sich zugestehen, abhängig zu sein, Gefühle zugestehen und ausdrücken können, das alles ist für den Mann unabdingbar, wenn er sich verändern und »erholen« will. Doch für die meisten Männer in der gegenwärtigen Gesellschaft löst das Ängste aus; ihre unbewußte Abwehrhaltung der Maskulinität widersetzt sich. So tritt Veränderung nicht nur dann ein, wenn dem eine tiefe Krise vorangegangen ist, aber selbst dann sucht der Mann noch den schnellsten Fluchtweg aus dem Debakel. Das Bewußtsein der Männer muß sich wandeln, und die Abwehrhaltung muß sich lockern. Damit der durchschnittliche Mann aufhört, um jeden Preis die Suche nach Hilfe und die Angst, die damit verbunden ist, zu vermeiden, läßt sich nur hoffen, daß die Krise, in die er unvermeidlich stürzt, lange genug anhält, um ihn zu öffnen, aber nicht zu zerstören, und ihm so sein Wachstumsprozeß ermöglicht wird.

2. DIE UMWERTUNG DER WERTE

Jahrhundertelang hat kein Zweifel an der Stärke und Überlegenheit der Männer bestanden. Sicher hat es dafür in früheren Zeiten auch objektive Anhaltspunkte gegeben. Frauen haben unter den schlechten hygienischen Bedingungen vergangener Epochen deutlich mehr gelitten als Männer und waren vor allem Opfer nicht vorhandener Geburtenkontrolle und starben häufig im Kindbett. Seit der Verbesserung von Lebensqualität, Gesundheitswesen und Vorsorge haben sich die Verhältnisse umgekehrt. Heute konstatieren auch Männer, daß Frauen gesünder und stärker sind. John Rowan stellt sogar fest: »Das ›gesunde männliche Ego‹ ist oppressiv und krank.«[3] Solche Feststellungen dokumentieren die Umwertung der Werte: War früher das männliche Wesen der Maßstab aller Dinge, so werden mittlerweile die traditionellen Werte von Männlichkeit nicht nur entschieden in Frage gestellt, sondern sogar als pathologisierend angesehen.
Heute wird den Frauen attestiert, das eigentlich wichtigere Geschlecht zu sein, weil sie Leben gebären, aufrechterhalten und beschützen. »Frauen sind den fundamentalen Problemen des Lebens so viel näher als Männer.«[4]

Entgegen landläufiger Vorurteile ist die Frau auch *konstitutionell* stärker als der Mann, sie ist ihm lediglich an Muskelkraft unterlegen. Sie verfügt über die größere Vitalität und Ausdauer, die besseren Widerstandskräfte und hat eine höhere Lebenserwartung. Frauen sind besser in der Lage, Härten und Unbilden des Lebens zu ertragen und zu meistern. Untersuchungen, die im Zweiten Weltkrieg vorgenommen wurden, belegen, daß Männer erheblich öfter als Frauen unter Bedingungen von Beschuß, Belagerung und starken Bombardierungen zusammenbrachen. In Gefahrensituationen zeigen sich Frauen signifikant widerstands- und anpassungsfähiger als Männer.[5]
Das Diktum von der größeren Intelligenz der Männer – jahrhundertelang gepflegt – hat sich im Spiegel wissenschaftlicher Forschung als Mär erwiesen. Von Kindheit an sind Frauen den Männern sprachlich überlegen. Mädchen im Vorschulalter verfügen über ein weitaus größeres Vokabular als Buben. Mädchen beginnen früher zu sprechen, formen früher Sätze als Jungen und sprechen in weitaus elaborierter Form (mehr Wörter, komplizierter Satzbau etc.). Mädchen beginnen früher zu lesen und machen schnellere Fortschritte beim Lesen. Mädchen schneiden bei Lern- und Intelligenztests besser ab. Im Vorschulalter sind Mädchen stolz, Mädchen zu sein, ihr Selbstbild ist positiver als das der gleichaltrigen Buben.[6]
Frauen sind gesünder als Männer, sie verfügen über größere Widerstandskräfte und bessere Abwehrmechanismen, wie neueste biochemische Untersuchungen belegen. Frauen erholen sich auch rascher von Krankheiten als Männer. Schon ein männlicher Säugling unterliegt viel höheren Risiken als ein weiblicher, ist wesentlich anfälliger für Infektionen und viel abhängiger von mütterlicher Pflege. Im Kindes- und Jugendalter ist die Sterblichkeitsrate von Jungen erheblich größer als die von Mädchen. Mit Ausnahme von Krankheiten, die die funktionalen Systeme der Fortpflanzung betreffen, sind Männer für alle Krankheiten anfälliger. Besonders deutlich gilt dies für Infektionskrankheiten, Geschwüre und Herz-Kreislaufprobleme.[7]
Männer präsentieren sich in allen Altersstufen unsicherer und unausgeglichener in ihrer Geschlechtsidentität als Frauen. Das

physische und psychische Wachstum der Frauen verläuft kontinuierlicher und harmonischer, während sich Männer mehr in Sprüngen und Schüben entwickeln. Die französische Ärztin und Psychoanalytikerin Colette Chiland kommt nach einer Langzeituntersuchung von 15 Jahren an 8000 Jugendlichen zu dem Ergebnis, daß Jungen zwischen zwei- und sechzehnmal mehr psychische Schwierigkeiten haben als Mädchen, ob es nun um gravierende Krankheitsbilder geht oder um Schulprobleme, Nägelkauen, Bettnässen u. a. Auch Chiland bestätigt, daß Knaben häufiger erkranken und sterben als Mädchen. *»Das schwache Geschlecht, das ist der Mann.«* »Der männliche Organismus ist empfindlicher gegenüber Traumata, Krankheiten, Streß und Pressionen der Umwelt.« Frauen sind auch sexuell stärker. Mary Jane Sherfey z. B. weist auf Grund ihrer klinischen Beobachtungen nach, daß die weibliche Sexualität von ihrer Anlage her ein unersättlicher Trieb ist.[8]

3. EIN LEBEN IN WIDERSPRÜCHEN

Die ungünstigen elementaren Bedingungen des Mannes werden sozial verstärkt. Die gesellschaftlichen Erwartungen an männliches Verhalten machen aus dem Mann ein gehetztes und gestreßtes Wesen. Demzufolge gibt es, wie Herb Goldberg formuliert, sieben *maskuline Imperative:* 1. Je weniger Schlaf ich benötige, 2. je mehr Schmerzen ich ertragen kann, 3. je mehr Alkohol ich vertrage, 4. je weniger ich mich darum kümmere, was ich esse, 5. je weniger ich jemanden um Hilfe bitte und von jemandem abhängig bin, 6. je mehr ich meine Gefühle kontrolliere und unterdrücke, 7. je weniger ich auf meinen Körper achte–, *desto männlicher bin ich.*[9] Schuld an diesem Verhalten sind gesellschaftliche Zwänge. Entsprechend einer Vielzahl medizinsoziologischer Untersuchungen aus den USA faßt Joseph H. Pleck die *Gefährlichkeit der »männlichen Rolle«* in neun Punkte zusammen:

1. Aggressivität und Wettbewerbsstreben verursachen, daß sich der Mann in gefährliche Situationen begibt.
2. Die Unfähigkeit, sich emotional auszudrücken, bedingt psychosomatische und andere Gesundheitsprobleme.

3. Männer sind gezwungen, größere Risiken einzugehen.
4. Ihre Berufe setzen sie größeren körperlichen Gefahren aus.
5. Ihre Berufe setzen sie größerem psychischem Streß aus.
6. Männlichkeit sozialisiert Männer zu Persönlichkeitsmerkmalen, die mit höherer Sterblichkeit korreliert sind.
7. Verantwortung für die Familie und vor allem ihren Unterhalt setzen Männer größerem psychischem Streß aus.
8. Männlichkeit erzwingt bestimmte Verhaltensweisen, wie z. B. Rauchen und Alkoholkonsum, die die Gesundheit des Mannes beeinträchtigen.
9. Männlichkeit entmutigt die Männer, sich rechtzeitig und angemessen um ihre Gesundheit zu kümmern und ärztliche Hilfe in Anspruch zu nehmen.[10]

Es ergibt sich demnach der *fundamentale Widerspruch,* daß der männliche Prototyp der kapitalistischen Wohlstandsgesellschaft gleichzeitig das Symbol männlichen Niedergangs ist. Diese Männlichkeit korreliert auch mit der Risikopersönlichkeit von Herzerkrankungen. Männer, die zum Herzinfarkt neigen, »zeigen ein besonders intensives und andauerndes Erfolgsstreben. Sie halten hartnäckig an selbstgewählten Zielen fest, sind besonders ehrgeizig, hungrig nach Erfolg und sozialer Bestätigung. Sie stehen unter fortgesetztem Aktivitätsdruck, sind daher ungeduldig und immer bemüht, in der Zeiteinheit ein großes Pensum zu schaffen«. Hinzu kommen Persönlichkeitsmerkmale wie: Vorliebe für Risiken, Reizhunger, Impulsivität, Anspannung und Zwanghaftigkeit. Horst-Eberhard Richter, der sich dieser Problematik sehr einfühlsam angenommen hat, notiert: »Studiert man das Merkmalsbild der ›Herzinfarkt-Persönlichkeit‹ genauer, so fällt auf, daß es eigentlich ziemlich exakt mit dem Idealbild des supermännlichen Mannes der Leistungsgesellschaft übereinstimmt. Es ist nahezu identisch mit dem Inbegriff derjenigen Eigenschaften, die Aufstieg und maximales männliches Prestige verheißen und fortwährend in der Erziehung des Jungen verherrlicht werden. So sieht der energiegeladene, ehrgeizbesessene Tatmensch aus, der sich durchsetzt und sich nirgends kleinkriegen läßt.« Dieser Mann ist sowohl in seinem subjektiven Erleben als auch in seiner Selbstinszenierung nach außen durchaus gesund; er leidet in keiner Weise unter der Erfüllung des gesellschaftlichen Männlichkeitsanspruchs. »In den Jahrzehnten vor seinem Infarkt, in denen er den Arzt meidet und auf Fragebögen seine fabelhafte Fitneß und Beschwerdefreiheit bezeugt, zermürbt er sich in einem unsichtbaren, chronischen Prozeß. Er hat sich oft längst schon irreparabel gesundheitlich ruiniert, wenn er immer noch, auf Grund seines Benehmens, als Inbegriff körperlicher Stabilität bewundert wird, bis er dann eines Tages scheinbar aus ›heiterem Himmel‹ mit seinem Infarkt zusammenbricht.«

Im tiefsten hat dieser männlichkeitsorientierte Mann seine passiven Anteile des Entspannens, Ruhens, Genießens, der Hingabe und Abhängigkeit abgespalten und mit den »Idealen« der Konkurrenzgesellschaft überkompensiert. Als Folge davon befindet er sich nicht mehr im inneren Gleichgewicht. Von »außen« wird er in dieser fatalen Entwicklung durchaus bestärkt. »Der äußerliche Scheinerfolg, das Männlichkeitsprestige und die Prämien der Überanpassung in der Arbeitswelt entlarven sich als die blendende Fassade eines faktischen Scheiterns, das freilich lange verborgen bleibt.«[11] Es sei angemerkt, daß Karrierefrauen zunehmend einer ähnlichen Entwicklung unterliegen.[12]

Eingesperrt in ihren Männlichkeitspanzer, sind diese Männer nicht mehr in der Lage, jene entstressenden Verhaltensweisen zu leben, die sie wieder ins Gleichgewicht bringen könnten. Gesellschaftliche Entwicklungen befördern nicht nur das ungesunde Verhalten von Männern, sondern bedingen es entscheidend mit. Herb Goldberg sieht den Mann »im Kreuzfeuer extremer Widersprüche«, das ihn aufzehrt und verbrennt. Dazu gehören weibliche Verhaltensmuster, die der Junge in seiner Kindheit gelernt hat, und rigide Männlichkeitserwartungen, die er in seinem Erwachsenenalter erfüllen muß. Ein anderer Widerspruch zeigt sich in der Berufswelt, die den Mann geradezu zwingt, »cool« zu sein, ein Pokerface aufzusetzen, sich seiner Gefühle zu entledigen oder sie zumindest perfekt zu verstecken. »Das Streben nach beruflichem Aufstieg stellt eine weitere Fessel des Mannes dar. Um der Definition von Erfolg gerecht zu werden, muß er ständig nach oben streben und immer größere Verantwortung auf sich nehmen. Dabei muß er oft aufgeben, was ihm einst am meisten lag.«[13]

4. DER GESUNDE IST KRANK

Die Eroberer und Herrscher der Welt sind also wohl so robust nicht, wie sie sich selbst sehen oder wie es von ihnen verlangt wird. Die beiden amerikanischen Organisationen von Männern in Bewegung, die »Free Men« und die »National Organization for Changing Men« (NOCM), beklagen denn auch bereits auf ihren Faltblättern zur Mitgliederwerbung das schlimme Los des männlichen Geschlechts. Die »Free Men« fragen: »Warum ist es so, daß

– Frauen im Durchschnitt die Männer um acht Jahre überleben?
– Männer sich dreimal so häufig umbringen wie Frauen?
– 75 % aller Mordopfer Männer sind?
– nur 10 % der Männer in Sorgerechtsfällen obsiegen?
– die überprüfte Mehrzahl von gravierenden Schulproblemen Jungen betrifft?
– das Verhältnis von Männern und Frauen im Gefängnis 25 zu 1 lautet?
– zwei Drittel der Notfallpatienten Männer sind?
– zwei Drittel aller Schulwiederholer Jungen sind?
– Männer zu 25 % weniger zum Arzt gehen als Frauen, aber bei Krankenhausaufenthalten 15 % länger hospitalisiert sind?
– 80 % aller Todesfälle von Jungen im Alter zwischen 15 und 24 durch Unfälle, Suizid oder Totschlag verursacht sind?«

Die »NOCM« konstatiert, daß viele Männer gezwungen sind zu erkennen, daß die offizielle Männlichkeit negative Folgen hat: »exzessives Arbeitsengagement, Angst, verletzlich zu sein oder unkontrolliert, begrenzte Selbstwahrnehmung der emotionalen Bedürfnisse und des eigenen Potentials, hohe Raten im Alkoholismus, Drogenmißbrauch und Selbstmord, Isolation von anderen Männern und den gefühlsmäßig Nächsten, Gewalthandlungen, Angst, als nicht heterosexuell zu gelten, hohe Unfall- und Todeszahlen auf Grund unnötiger Risikobereitschaft.«

Die Gesamtbilanz physischer und psychischer Gesundheit präsentiert sich für Männer eher ungünstiger, als es die schlimmsten Phantasien erwarten lassen.[14] Vom fötalen Zustand bis ins hohe Alter geht es den Frauen durchschnittlich um etliches besser als den Männern. Internationale Bevölkerungsstudien weisen aus, daß auf 100 weibliche Totgeburten 115 männliche fallen. Im ersten Lebensjahr ist die Sterberate von Jungen um 33 Prozent höher als die von Mädchen. In der Pubertät sterben 150 Prozent mehr Jungen, zwischen 20 und 24 Jahren sogar mehr als 200 Prozent – immer im Vergleich zum weiblichen Geschlecht. In nahezu fast allen späteren Lebensaltern ist die Sterberate der Männer doppelt so hoch wie jene der Frauen. Entsprechend dieser Zahlen ist die durchschnittliche Lebenserwartung der Frauen erheblich höher als die der Männer.

Vier- bis fünfmal häufiger sterben Männer an Bronchitis und an Asthma. Kardiovaskuläre Krankheiten und Leberzirrhose lassen doppelt so viele Männer frühzeitig sterben wie Frauen. Ähnliches gilt für Bluthochdruck. Zwei Drittel mehr Männer als Frauen sterben an Lungenentzündung und an den Folgeerscheinungen von Erkältungskrankheiten. Tuberkulosekliniken haben 150 Prozent mehr männliche Patienten als weibliche. Entgegen hartnäckigen Vorurteilen sind auch die Spitäler und Heime für chronisch Kranke von doppelt so vielen Männern wie Frauen belegt.

Frauen sind im Durchschnitt gesünder. Frauen verfügen über ein aktiveres und widerstandsfähigeres Immunsystem und damit über die bessere Abwehr. Frauen haben das bessere und »instinktsichere« Verhältnis zu ihrem Körper und ihrer Psyche. Frauen werden besser mit Lebenskrisen fertig und, wie eine neue amerikanische Untersuchung gerade bestätigt, mit dem Alleinleben, mit dem Leben als Single und im Regelfall auch mit der Zeit nach Trennung, Scheidung und Tod des Ehepartners. Obwohl Frauen mehr Emotionalität zugeschrieben und daraus häufig Schwäche abgeleitet wird, sind sie emotional viel stärker als Männer. Im Gegensatz zu herrschenden Vorurteilen befinden sich denn auch erheblich mehr Männer als Frauen in psychiatrischen Kliniken.

Schon Jungen im Kindergartenalter neigen deutlich mehr zu Verhaltensstörungen als Mädchen. Eine breit angelegte Studie aus den USA kommt zu der Schlußfolgerung, daß Jungen in unserer Gesellschaft eher in (psychische) Schwierigkeiten geraten und ein größeres psychologisches Risiko tragen als Mädchen. Autismus kommt bei Jungen viermal so häufig vor wie bei Mädchen. In den USA ist der Anteil der Jungen an der Patientenschaft in psychiatrischen Kliniken um 150 Prozent höher als der der Mädchen. In der Altersstufe bis 15 Jahre werden Jungen um mehr als 40 Prozent häufiger als schizophren diagnostiziert als Mädchen.

Frauen gehen schließlich solidarischer und vor allem auch offener mit ihren Geschlechtsgenossinnen um. Männer stehen hingegen immer im Leistungswettbewerb, werden von Konkurrenzdenken bestimmt und können als Folge davon ihren Kollegen, Freunden und Arbeitskameraden Probleme, Schwächen und (gesundheitliche) Defizite nicht eingestehen. Bei Partnerschaftskrisen und noch häufiger nach Trennungen und Scheidungen schlagen solche Sachverhalte besonders negativ zu Buch. In einem Männerreport der »New York Times« klagte unlängst ein von seiner Frau verlassener Amerikaner: »Seit ich geschieden bin, habe ich keinen Menschen mehr, dem ich mal mein Herz ausschütten könnte. Bekannten oder Freunden kann ich nicht mit Problemen kommen. Am Stammtisch bekennt man lieber keine Schwächen. Da gilt noch immer das Macho-Image.« Esther R. Greenglass kommentiert: »Eines der Hauptprobleme, die ein geschiedener Mann zu meistern hat, ist die soziale Isolation.«[15]

Dementsprechend weist die Selbstmordstatistik auf allen Altersstufen für die Männer wesentlich höhere Zahlen aus als für die Frauen. Herb Goldberg fragt: »Psychisch und physisch von sich selbst entfremdet, von anderen isoliert, immer die Schrecken des Versagens vor Augen, unfähig, um Hilfe zu bitten, immer vor der Möglichkeit, von heute auf morgen ›gefeuert‹ und zum alten Eisen gelegt zu werden, und das angesichts der Tatsache, daß Arbeiten alles ist, was er je gelernt hat – muß man sich da nicht wundern, daß die Selbstmordstatistik nicht noch ganz anders aussieht?«

Allerdings zeigen die Suizidstatistiken auch gleich den positiven Ausweg: Männer, die Gefühle zeigen können und deren Gefühle erwidert werden, die zu lieben vermögen und die geliebt werden, bringen sich kaum um, leben länger und erkranken seltener als die »einsamen Wölfe«[16].

VII
Der Weg der Männer

Es wurde bereits in den vorhergehenden Kapiteln festgestellt, daß Männlichkeit durch den Verzicht auf weibliche Eigenschaften erkauft ist. Während die Frau kontinuierlich in ihre Weiblichkeit hineinwächst, ist die Sozialisation zur Männlichkeit mit Zwang und Repression verbunden. Empirische Untersuchungen zeigen, daß »Jungen... unter erheblichen Druck gesetzt (werden), Verhaltensweisen zu übernehmen, die als ›mädchenuntypisch‹ gelten«[1]. Diese *anerzogene Furcht vor der Feminität* schafft sechs Konfliktfelder, in denen sich der unbefreite Mann leidend bewegt: 1. eine eingeschränkte Emotionalität 2. Homophobie 3. Kontroll-, Macht- und Wettbewerbszwänge 4. ein eingeschränktes sexuelles und affektives Verhalten 5. Sucht nach Leistung und Erfolg 6. Gesundheitsprobleme.[2]

Männliche Verhaltensmuster zu übernehmen fällt dem Jungen um so schwerer, als er von einer Frau geboren wird, die auch in den folgenden Jahren seine primäre Bezugsperson bleibt. Darüber hinaus verbringt der Knabe wesentlich mehr Zeit mit Omas, Tanten und Freundinnen seiner Mutter als mit dem tagsüber abwesenden Vater. In Kindergarten, Vorschule und Schule ist der Junge in der Regel auch fast ausschließlich mit weiblichen Erziehungspersonen konfrontiert.[3] Der soziale Druck, sich männliches Verhalten anzueignen, verlangt nun in dieser vorwiegend von Frauen geprägten Umgebung von dem Jungen, seine Identifikation mit der Mutter aufzugeben, seine vitale Abhängigkeit von Frauen zu verleugnen und Weibliches in sich selbst zu unterdrükken. Machismus, Hypermaskulinität und Männergewalt können in solchem Zusammenhang als Ausdruck jener großen Unsicherheit interpretiert werden, die viele Männer in ihrer männlichen Identität empfinden.[4] Männlichkeit entsteht also in der negativen Abgrenzung von Weiblichkeit und nicht in positiver Identifikation mit männlichen Vorbildern: In der Industriegesellschaft ist der Vater keine positive Identitätsfigur, und auch im Erziehungsprozeß spielt er kaum eine Rolle.

1. LEISTUNG UND HÄRTE

Simmel schrieb vor einiger Zeit: »Für den Mann ist die Geschlechtlichkeit ein Tun, für die Frau ein Sein.«[5] In der Tat ist Männlichkeit als solche mit Leistung identisch. O'Neil, der in den USA Untersuchungen über den männlichen Erziehungsprozeß zusammengefaßt hat, kommt zu dem Resultat: »Männer werden sozialisiert, um wettbewerbsbetont, leistungsorientiert kompetent zu sein ... Männer glauben, daß persönliches Glück und Sicherheit von harter Arbeit, Erfolg und Leistung abhängig sind.«[6] Schon achtjährige Jungen haben dieses gesellschaftliche Credo von Männlichkeit verinnerlicht. Sie wissen, daß sie kämpfen, arbeiten, sich anstrengen müssen und nicht schwach und mädchenhaft sein dürfen, wenn sie Männer werden wollen.[7]

Das Erziehungsdrama zur Männlichkeit beginnt mit der Geburt. »Von dem Augenblick an, da (die Eltern) wissen, daß sie einen Jungen haben, beginnt bei ihnen ein Prozeß, der sie veranlaßt, bestimmte Verhaltensweisen, die sie als männlich betrachten, zu ermutigen und das Kind von anderen Verhaltensweisen, die unmännlich sind, abzubringen.«[8] Maccoby und Jacklin haben in ihrer Auswertung empirischer Sozialisationsstudien festgestellt, daß geschlechtsspezifische Aktivitäten von Jungen mehr gefördert werden als jene von Mädchen; gleichermaßen werden Jungen wesentlich härter für geschlechtsunspezifisches Verhalten bestraft.[9] Entgegen dem Tatbestand, daß die weiblichen Neugeborenen physiologisch stärker und viel weniger anfällig sind, spielen Eltern »mit ihren Söhnen kräftiger und gröber als mit ihren Töchterchen«[10]. Obwohl es der Realität widerspricht, betrachten Väter ihre männlichen Kleinkinder als stärker, lebhafter und zäher als Mädchen.[11] Von Anbeginn an konfrontieren Väter ihre Söhne mit einer harten Lebenswirklichkeit von Leistung, Kampf und Ausdauer.[12] Dementsprechend gelten Söhne »als entschlossen, großgliedrig, besser koordiniert, aufmerksamer, kräftiger und mutiger« als Töchter. »Wichtig ist dabei, daß objektiv keine Unterschiede hinsichtlich körperlicher Ausmaße und Aktivität bestanden, so daß diese Unterschiede in den Beschreibungen keinesfalls durch tatsächliche Erfahrungen im Umgang mit den Säuglingen entstanden sein konnten.«[13] Damit wird deutlich, wie vorgefaßte Geschlechterstereotypen die Wahrnehmung der Wirklichkeit verzerren.

Die Erziehung zur Männlichkeit verlangt die *Härtedressur* der Buben, denen körperliche Kontakte, Schmusen und Küssen frühzeitig abtrainiert werden. »Die Norm, Jungen möglichst früh die Suche nach Nähe und Körperkontakt abzugewöhnen, führt vermutlich bei einem Teil der Jungen und bei rigider Anwendung zu der Häufung männlicher Aggressionshaltungen.«[14] »Mütter stellen Zärtlichkeiten bei ihren Söhnen gewöhnlich viel früher ein als bei ihren Töchtern ... Sie haben Angst, ihre Söhne könnten durch zuviel ›Bemuttern‹ verweichlichen. Ein richtiger Mann braucht nicht umarmt oder in die Arme genommen zu werden.«[15] Ebensosehr wird von den Buben verlangt, daß sie ihre Emotionen kontrollieren und insbesondere Gefühle von Schwäche, Schmerz, Traurigkeit und Nachgiebigkeit unterdrücken.[16] Ratgeber empfehlen: »Ein guter Vater sollte seinem Sohn helfen, ein Gefühl des Ekels und der Verachtung für alles Unmännliche zu entwickeln, und ein Beispiel dafür setzen, was es heißt, ein überlegener Mann zu sein.«[17] Jungen, die solchen Maximen physisch und psychisch nicht folgen können, stoßen sozial auf Schwierigkeiten und Vorurteile.[18] Körperlich kleine oder schwächere Jungen und Männer sind gesellschaftlich benachteiligt; Führungspositionen werden bevorzugt an physisch große und starke Männer vergeben.[19]

Spätestens in der Adoleszenz versteht der Junge die normativen

Aspekte seiner Rolle. Männlichkeitsrituale wie Athletik und Schulsport befördern das noch. Peter Schneider erinnert sich: »Die Anerkannten in unserer Klasse waren diejenigen, die die besten Sportler waren, und zwar in den Mannschaftssportarten, die, die als erste vortraten, um sich ihre Mannschaft auszuwählen. Ihnen trauten wir auch die größten Erfolge bei den Mädchen zu...«[20] Wettsaufen, Wettpissen, Penismessen und »eroberte« Mädchen zählen – möglichst mit Fotos als ›Beweis‹ für die Kameraden – sind weitere Beispiele für das Leistungs- und Härtebild veräußerlichter Männlichkeit. Auch Sexualität wird gemessen, wie oft, wie lange.[21]

Am wichtigsten ist für Männer aber ihre Arbeit, um ihre Geschlechtsidentität zu bestätigen. Männlichkeit und *Arbeit* sind in der Industriegesellschaft komplementäre Begriffe. Der Mann »muß Geld verdienen, um sich nicht wie ein Parasit zu fühlen und nicht als solcher angesehen zu werden, während die Frau sich sehr wohl dafür entscheiden kann, kein Geld zu verdienen, ohne daß sie dabei auch nur ein Jota ihrer Weiblichkeit einbüßt«[22]. Mirra Komarovsky hat den verzweifelten Kampf arbeitsloser Männer um die Aufrechterhaltung ihrer Autorität in der Familie beschrieben.[23] Arbeitslosigkeit ist gleichbedeutend mit dem Verlust von Männlichkeit.[24] Der Mann weiß, daß nur »Erfolg und Gewinnen ihn liebenswert und akzeptabel machen«[25].

Während Mädchen in der Einheit von Fühlen und Lernen aufwachsen, »entwickeln Knaben eine positionale Identifizierung mit Aspekten der männlichen Rolle. Bei ihnen ist die Verbindung zwischen affektiven Prozessen und dem Rollenlernen zerrissen«[26]. Die gesellschaftliche Erziehung verlangt vom Knaben, daß er sich auf Leistung und Erfolg fixiert, sich damit auf äußerliche Ziele konzentriert und sein – dabei nur störendes – Gefühlsleben abspaltet.[27] Männer müssen unverletzbar sein, jederzeit dominieren und kontrollieren. Das aber heißt: ständig Druck und – Versagensangst.

2. ABHÄNGIGKEIT UND TRENNUNG

Die Mutter steht im Zentrum des kindlichen Daseins; sie schafft nicht nur Leben, sondern gewährt und garantiert es. »Das Bezogensein des Kindes auf die Mutter, das embryonale ebenso wie das infantile, ist das Urbild des primären Bezogenseins überhaupt.«[28] Alle Wissenschaftler sind sich einig, daß die Bindung zwischen Mutter und Kind die psychologische Entwicklung des Menschen entscheidend beeinflußt.[29]

Die optimistische oder pessimistische Grundhaltung zum Leben, das Urvertrauen, die Basismuster von Liebe und Beziehung entstehen in der Interaktion von Mutter und Kind.[30] »Diese Bindung ist der Prototyp der Bindung an das Leben. Der darin liegende Schmerz und die Furcht, daß sie gelöst werden könnte, sind Prototypen von Lebensqual und Todesfurcht.«[31] Aufgrund seiner Andersgeschlechtlichkeit spürt der Knabe dieses Drama der Trennungsangst früh. »Viel länger als dem Jungen ist es dem Mädchen gestattet, durch körperliche Nähe Schutz, Trost und Bestätigung zu holen.«[32] Der Knabe hingegen wird von der eigenen, so geliebten Mutter in Distanz gerückt, weil er ja Mann werden muß. Die Entwicklung zur Männlichkeit verlangt vom Knaben, daß er sich von seinem ersten fundamentalen Liebesobjekt löst.[33]

In dieser traumatischen Ambivalenz und Trennung wird für den Knaben die Mutter selbst zur *ambivalenten Figur.* Um Mann zu werden, soll der Junge plötzlich verleugnen, was er an Liebe, Grenzenlosigkeit, Vergnügen und Abhängigkeit lustvoll mit der Mama verbindet. Die um der Männlichkeit willen gesellschaftlich erzwungene Loslösung von der Mutter schafft die latente Angst vor dem Rückfall in die Symbiose.[34] »Diese Furcht vor Wiederverschlingung, vor einem Rückfall in die diffuse Einheit mit der Mutter, bedroht beim Jungen seine Geschlechtsidentität, ist daher mehr als eine Angst vor dem Scheitern der Selbständigkeit.«[35] Das erste Liebesobjekt des Jungen wird damit entwicklungsgeschichtlich mit Gefühlen der Ablehnung, der Angst, manchmal sogar des Hasses besetzt, was ödipale Konflikte noch fördern.[36]

In diesem Prozeß muß der Knabe seine bis dahin erworbene Weiblichkeit *exorzieren.* Viele Forschungsarbeiten weisen darauf

Jungen (→ Männer) geht es schlechter

hin, daß die »Ablehnung der Feminität« durch den Jungen weithin eine Folge jener negativen Erziehungsmethoden ist, die Frauen in Absenz ihrer Männer anwenden, um die Söhne Männlichkeit zu lehren.[37] Eichenbaum und Orbach zeigen auf, wie die Mutter mit all ihren unbewußten Annahmen, Vorurteilen und Ressentiments gegenüber offizieller Männlichkeit ihren Sohn zum Mann erzieht.[38] »Man hat Größeres mit ihm vor. Falconnet und Lefaucheur zeigen auf, welchen Leistungsansprüchen Knaben vorzeitig ausgesetzt sind. »Superman«-Erwartungen werden an sie gestellt; man macht sie künstlich stolz auf eine für sie abstrakte Männlichkeit. Der Sohn dankt solche Männlichkeitsarbeit seiner Mutter nicht; er spürt, was darin an Artifiziellem, Zwanghaftem und Unerfülltem enthalten ist. »Daß sich die Urbeziehung, die Identifizierung mit einem Du als ›falsch‹ herausstellt, ist eine Urerfahrung des Männlichen. Sie bleibt in der Tendenz zur Objektivierung mit ihrem notwendigen Gegenüberstehen, zur Bezogenheit aus der Distanz in der Beuwßtseinswelt des Logos wie in der Tendenz, sich nicht unbewußt mit einem Du identifizieren zu wollen, wirksam. Sie führt zu einer stärkeren Isolierung des Männlichen, aber ebenso zu einer gesteigerten Ich- und Bewußtseins-Bildung und -Festigkeit, alles dies in einem gewissen Gegensatz zur Psychologie des Weiblichen. Als Beziehungsangst steht sie im Hintergrund vieler männlicher Neurosen.«[39] Im Gegensatz zum Mädchen *muß* sich der Knabe »als etwas Getrenntes definieren«[40]. Das ist ungleich schwieriger als die Sozialisation des Mädchens.[41] Dementsprechend zeigt sich »das Ich des Jungen ... labiler, von mehr Angst und Unsicherheit vor Überwältigung oder Geringschätzung und von mehr ausbruchsartiger Aggressivität« geprägt.[42] Die spätere Angst des Mannes vor der Weiblichkeit und dem Weib als solchem ist hier fatal begründet.[43] »Abhängigkeit von der Mutter, Zuneigung zu ihr und Identifikation mit ihr repräsentieren das Nicht-Männliche; er muß die Abhängigkeit abwehren und Zuneigung und Identifikation leugnen. Die Einübung in die soziale Geschlechtsrolle ist daher beim Knaben viel rigider als beim Mädchen. Ein Knabe verdrängt die Eigenschaften, die er für weiblich hält, wehrt sie ab und wertet Frauen ebenso ab wie alles, was er in der Außenwelt für weiblich hält.«[44]

Von daher ist die Geschlechtsidentität des Mannes unsicherer, inkonsistenter als die der Frau. »Sexuelle Dysfunktion« des Mannes wird in diesem Kontext interpretierbar, ebenso wie »extreme Homosexualität, Impotenz, Transvestismus, Perversion, Fetischismus, Sado-Machochismus«[45]. Walter Miller erklärt den spezifischen Männlichkeitswahn der Unterschichten damit, daß dort männliche Vorbilder noch schwächer sind als in der Mittelschicht und eindeutig das weibliche Element dominiert.[46] Pleck geht so weit, männliche Unterdrückungsimpulse über Frauen aus solchen Zusammenhängen zu erklären.[47]

3. DISTANZ UND GEHORSAM

Die Omnipotenz der Mutter in der Industriegesellschaft erstreckt sich auch auf das Bild, das der Sohn vom Vater hat; sie erklärt Wirklichkeit, Charakter und Tätigkeit des arbeitsabsenten Vaters. Doch dies geschieht unauthentisch sowieso, aber auch ambivalent: »Die Mütter führen die Väter bei den Kindern als wichtige Figuren ein, als von ihr geliebte Personen; sie bauen die Väter oft für die Kinder erst auf, um einen Ausgleich dafür zu schaffen, daß Kinder ihre Väter nicht im gleichen Maß wie ihre Mütter kennenlernen können. Gleichzeitig aber unterhöhlen sie seine Position sozialer Überlegenheit oder angemaßter Familienautorität durch ihre Reaktion.«[48]

Der Sohn erlebt die Abwesenheit des Vaters, sieht, wie dieser die wichtigsten häuslichen Entscheidungsbereiche an die Mutter delegiert, wie Erziehung, Ernährung und private Problemlösungen ebenso weibliche Domänen sind wie Kindergarten, Schule, Freizeitgestaltung und, im Falle von Schwierigkeiten, Schulberatungsdienste, Psychologie und Sozialarbeit.[49] Alles, was im Leben *konkret* zählt, kommt von Frauen.

Der Vater vermittelt nur *abstrakte Botschaften*. Dabei sollte er als Mann das erste und wichtigste Identifikationsobjekt für seinen Sohn sein. In der Tat »blicken Jungen auf ihre Väter, um Zeichen zu finden, wie sie ihre männlichen Rollen ausfüllen sollen«[50]. Die Forschung ist sich einig: Jeder Junge braucht »einen starken Vater

für seine Entwicklung und dafür, sich stolz zu wissen und zu fühlen, daß er ein Mann ist«[51]. Robert Bly schreibt: »Frauen können aus dem Embryo einen Jungen machen, aber nur Männer sind in der Lage, aus dem Jungen einen Mann werden zu lassen.«[52] »Positive Aneignung von Männlichkeit würde erfordern, daß der Junge sich an einen Mann anlehnt, der ihm deutlich Männliches ... vorlebt. Das wäre dann möglich, wenn Väter in gleichem Maße für das Kind wirklich da wären.«[53]
Doch der Vater ist meistens nicht da, er arbeitet außerhalb der Familie. Dieses Kindheitsdrama für den Sohn wiederholt sich in der Pubertät. Der adoleszente Junge »kann seine Identität nicht in Rollen finden, die schon der Vater oder die Vorväter innehatten, sondern muß sich in einer Berufsvielfalt, die er kaum überschaut und keinesfalls aus eigener Kindheitserfahrung kennt, orientieren und entscheiden. Alles das muß ihm das Gefühl der Vereinsamung geben und legt ihm den Schluß nahe, daß der Vater schwach, unfähig ist, daß man mit ihm nicht rechnen kann. Umgekehrt fühlen die Väter eine verständnislose Verschlossenheit an den Söhnen, die es schwer oder unmöglich macht, das rechte Wort im rechten Augenblick zu finden«[54]. So entsteht ein *Leidensverhältnis zwischen Sohn und Vater*. Perry Garfinkel hat beschrieben, wie »Männer ihr ganzes Leben damit zubringen, jene Leere zu füllen, die der Rückzug ihrer Väter geschaffen hat«[55].
Die gesellschaftsbedingte Absenz des Vaters bewirkt, daß im Leben der Söhne nur ein schemenhaftes Bild vom Vater entsteht – nicht konkrete Person, sondern *abstrakte Autorität*. Empirische Sozialisationsforschung weist aus, daß Söhne ihre Väter primär als Bestrafungs- und Kontrollinstanzen erleben.[56] Väter überwachen formell die Erziehungsarbeit der Frauen an ihren Söhnen, fordern die Resultate ein und sanktionieren, wenn diese sich nicht im Sinne sozialer Anforderungen zeigen.[57] Auf diese Weise präsentieren sie sich als die Agenten gesellschaftlichen »Gehorsams und der Konformität«.[58] Für den Sohn entsteht so die gefährliche Kluft von weiblicher Lebensgestaltung in ihrer alltäglichen Konkretion und von abstrakten männlichen Forderungen, die eingelöst sein wollen. Eine Folge ist, daß Jungen »ihre eigene Männlichkeit aus einem weiblichen Gesichtswinkel betrachten«[59].

4. KAMPF UND GEWALT

Es gibt die Theorie, daß die auf Distanz und Gehorsam gründenden Beziehungsmuster zwischen Vater und Sohn geradezu die Voraussetzung kapitalistischer Produktionsverhältnisse sind.[60] Dieser Gedanke läßt sich weiterführen: Die strukturelle »Beziehungslosigkeit« von Männern[61] läßt ein emotionales Vakuum entstehen, dessen Substitut Kampf und Gewalt sind. Beide sind nur möglich, weil Männer lernen, sich gegenseitig als *versachlichte Größen* zu werten; positive Emotionen, Liebesbeziehungen können auf diese Weise nicht entstehen. Die gegebenen Verhältnisse befördern solches Verhalten, weil Gewalt und Kampf in ihnen als Aneignung von Eigentum, Auseinandersetzung im Geschäftsleben, Zerstörung von Natur und Kulturlandschaft, Wettbewerb in Sport und Freizeit inhärent sind.[62]

Dieses Verhalten von Männern greift als Gewalt gegen Frauen, Kinder und Tiere auch auf private Bereiche über. Das Gewaltpotential von Männern scheint dabei um so mehr anzuwachsen, als »männliches Leben austrocknet«[63], d. h. Erfahrungen von Frust, Stagnation und sozialer Enttäuschung zunehmen. Untersuchungen zeigen, daß sich Jungen viel häufiger als Mädchen an kampf- und wettbewerbsorientierten Spielen beteiligen und dabei die physische Auseinandersetzung einen bedeutenden Platz einnimmt.[64] Peer groups, Spielgemeinschaften, Sportclubs, Pfadfinder u. a. verlangen häufig gewalttätige Initiations- und Aufnahmeriten.[65] Schon der Knabe muß sich als Kämpfer bewähren, was einmal mehr in den Unterschichten eindeutiger und ungebrochener geschieht. Aber auch für die Mittelschichten gilt: »Jungen werden gegenwärtig von ihren Eltern ermutigt, aggressiv zu sein, während das bei Mädchen nicht der Fall ist«,[66] Knaben *müssen* lernen zu kämpfen.

Ein wichtiges Übungsfeld ist heute der *Sport,* der für Knaben in Schule und Freizeit zu »einer Lektion der Notwendigkeit von Härte, Unverletzbarkeit und Dominanz wird. Sportler lernen eigene Verletzungen und Schmerz zu ignorieren und statt dessen andere zu verletzen und ihnen Schmerz zuzufügen, um zu gewinnen ... Die Lektionen, die im Sport gelernt werden, werden als vital angesehen für die richtige und vollständige Entwicklung des Mannes und als Modell für Konfliktlösungen in anderen Bereichen des Lebens«.[67] Ja, Härte, Sieg und Niederlage, Blessuren und Anstrengungen im Sport werden auf das Leben als solches übertragen. Das alles gilt als »Kern männlicher Identität«[68].

Eine besondere Härtedressur ist der *Militärdienst*, der deutlicher als jede andere gesellschaftliche Institution Männlichkeit und Kampf gleichsetzt[69] – so wie »das Gewehr und den Penis«[70]. Der Soldat wird aufs Kämpfen gedrillt, indem er so zu parieren lernt, daß ihn keine innere Stimme mehr am absoluten Gehorsam auch nur zweifeln läßt.[71] Kritik und Gefühle, »der innere Schweinehund«, sind abgetötet. »Wenn du eine Gruppe von Killern aufbauen willst« – so heißt es in der US-Army – »mußt du zuerst die Frau in ihnen killen.«[72] Dementsprechend gelten Armee und Krieg als »höchste« Form der Inszenierung von Männlichkeit.[73]

Überlebenstraining ist in den vergangenen Jahren als »survival game« aus den USA importiert worden. Findige Veranstalter bieten Wochenenden und »Überlebenscamps« an. Ebenso findige Händler verkaufen Kampfmesser, Taschenlampen, Kampfanzüge, Stiefel und Schlafsäcke aus alten Beständen der US-Army. In den herrlichen Kastanienwäldern des Malcantone, im Schweizer Kanton Tessin nahe der italienischen Grenze finden zum Beispiel solche »survival games« an den Wochenenden in Kursform statt: es wird gekämpft, geschossen, Krieg »geübt«. Ein Teilnehmer bezeichnet dieses »Überlebensspiel« als »Inbegriff von Freiheit, Kampf und Abenteuer«. Auf die Frage, welche Empfindungen es bei ihm auslöst, auf seine Gegner zu schießen, gesteht er: »Erstens erfaßt mich ein ungewöhnliches Gefühl der Macht. Und ferner bin ich mir in diesen Momenten bewußt, daß unser Leben an einem Faden hängt. Ich brauche das. Nach einer Woche Büroarbeit warte ich mit Sehnsucht darauf, endlich frei zu sein. Wenn ich dann nach Hause komme, bin ich glücklich und wieder bereit, eine andere miese Woche in Angriff zu nehmen.«[74]

5. KONKURRENZ

»Von Beginn, vom ersten Händedruck an«, notiert Männerforscher Perry Garfinkel, »ist die Begegnung von zwei Männern eine Konfrontation, ein Kräftemessen.«[75] James M. O'Neil reduziert männliche Sozialisation auf die Vermittlung von Werten wie Leistung und Erfolg. Die effiziente Aufgabenbewältigung ist wichtiger als die menschliche Beziehung, die jeweils mit der Aufgabe verbunden ist. »Unsere Bindungen entstehen, indem wir etwas zusammen leisten; wir haben nicht gelernt, einfach zusammen zu *sein*.«[76]

Männer sind Konkurrenten. Ich erinnere mich an meine Schulzeit: Es begann mit dem Deutschunterricht; wer konnte am besten ein Gedicht aufsagen, ein möglichst langes Gedicht und ohne Stocken. Anschließend Sport: Wer lief am schnellsten, sprang am höchsten? Rechnen: Der Lehrer ließ jeweils sechs Schüler aufstehen und stellte eine Kopfrechenaufgabe. Wer am schnellsten und richtig geantwortet hatte, »durfte« nach vorn. Die Gruppensieger traten zur Zwischenausscheidung an, bis zwei zum Endkampf übrigblieben. Manche Pauker führten Notenspiegel, die sie wöchentlich verlasen: Abstiege, Aufstiege, Rekorde, auf jeden Fall: ständige Konkurrenz.

Das ist kein Boden, auf dem Männerfreundschaft wachsen kann. Auf die Frage nach dem besten Freund erhielt Garfinkel Antworten wie: »meine Frau«, »meine Freundin«, »John Wayne und Robert De Niro«[77]. Die ganze Männerforschung weist aus, daß Männer keine oder kaum Freunde haben.[78] Kegelabende, Männerausflüge, Skatrunden sind Rituale ohne menschliche Nähe. »Den wirklich privaten Mann – gibt es ihn überhaupt? Wohl kaum in der Gesellschaft anderer Männer. Da Männlichkeit ein Titel ist, der auf Grund von zu erbringenden Leistungen verliehen wird, jederzeit wieder aberkannt werden kann und die Existenz eines phantasierten Männerrats den Mann sogar unter Druck setzt, wenn er ganz für sich ist, muß er ständig auf der Hut sein. Besonders in der Männerrunde. Die Losung lautet also, nicht von sich zu sprechen, sondern über andere.«[79] Männlichkeit ist Konkurrenz, und diese verlangt Distanz, Pokerface und Kalkül.

Nähe zwischen Männern ist verboten. Lieber noch »Doktorspiele« mit einem Mädchen als mit einem Jungen. Die Witze der Lehrer waren schon blöde genug, wenn sie einen abends mit einem Mädchen gesehen hatten: »Nun, Walter, wir wollen doch mal sehen, ob du vor lauter Küssen mit dieser Blondine noch weißt, wie Baudelaire seinen Albatros verstanden wissen will.« Wenn sie einen jedoch abends mit einem Kameraden sahen, waren die Witze perfid. Männerleben sind voll von solchen Erlebnissen. »Viele Männer erkennen, daß sie etwas von anderen Männern wollen: Wärme, Verständnis, Kameradschaft, Unterstützung usw. Aber sobald sie einige dieser Dinge bekommen, machen sie sehr oft aus Angst einen Rückzieher und kommen zur Therapie, um ihre ›latenten homosexuellen Gefühle‹ zu diskutieren.«[80] *Homophobie* »ist in unsere Kultur eingebaut, um die traditionellen Attribute von Maskulinität zu verstärken und Männer, die nicht konkurrenzbezogen sind, sondern sich Nähe und emotionale Unterstützung von anderen Männern wünschen, zu lehren, daß sie bestenfalls schwach und schlimmstenfalls krank sind«[81]. Angst vor Homosexualität ist also *soziale Kontrolle* für Männer, sich entsprechend der herrschenden Geschlechtsstereotypen zu verhalten, d. h. *sozial* wettbewerbsorientiert und leistungsstark zu sein und *sexuell* sich auf Frauen und nicht auf Männer (Homosexualität) oder auf beide (Bisexualität) zu beziehen.[82]
Gesellschaftlich legitimierte Fluchtwege aus diesem engen Korsett von Normen sind Militär, Sport, Autos und vor allem der Alkohol. »Da sitzen sie dann an ihren besten Kumpel gedrückt und lassen sich trösten. Wenigstens der Rausch bietet einen begrenzten Freiraum, sich für eine Weile des Drucks zu entledigen. Gegenüber der Männerideologie, die sich bis in die letzten Fasern der Persönlichkeit festgesetzt hat, muß jeder Mann ein Versager bleiben; den komplexen Anforderungen kann keiner ohne Einbrüche standhalten. Und so ist der Rausch, das Baden im Gefühl, eine Art Selbstreinigung, ein Absondern der Emotion. Damit man sie los ist.«[83] Die Kosten dieser eingeengten Männlichkeit sind hoch: innere Zwänge und Verkrampftheit, psychosomatische Beschwerden, ständige Kontrolle, Verschlossenheit und Unaufrichtigkeit, der mühsame Schein der Unverletzbarkeit im Pokerface.

6. LIEBE UND LEIDENSCHAFT

Die leistungs- und wettbewerbsorientierte Sozialisation des Mannes kann auch in den Erlebniswelten von Liebe, Erotik und Sexualität nur schwer durchbrochen werden. Auch hier gilt die Maxime: »aktiver Zugriff, Verführung, Eroberung, Besitzergreifen«[84]. Das kollidiert mit dem Wunsch nach Hingabe, Zärtlichkeit und Taumel, die zu Liebe und Leidenschaft gehören. Hinzu kommt das infantile Trauma des Mannes aus der Ambivalenz seiner Mutter-Erfahrung, dem er sich nicht noch einmal schmerzhaft aussetzen will.[85] So verwandelt er auch Liebe und Sexualität in Domänen von Macht und Kontrolle.[86] Dabei kontrolliert er nicht nur die Frau, sondern auch sich selbst. Deutlichster Ausdruck davon ist die *Pornographie,* in der der Mann die Frau zum Objekt einer leistungsorientierten Genitalität macht.[87] Die so kontrollierte Frau schützt den Mann vor Spontaneität, Leidenschaft und besinnungslosem Verfließen; sie ist der instrumentalisierte Gegensatz zur *erotischen* Frau.[88]

So behält der Mann zwar die Oberhand, aber auch den Frust unvollständiger Befriedigung. Empirische Untersuchungen wie Berichte aus Arzt- und Therapiepraxen enthüllen ein graues Panorama von *männlicher Unzufriedenheit,* sexuellem Desinteresse, Erektionsproblemen, vorzeitiger Ejakulation u. a. und widerlegen die Sexual-Mythologie von Männerrunden und Casanova-Geschwätz auf fast schon bemitleidenswerte Weise.[89] »Viele Männer scheinen einen Samenabgang zu haben, ohne einen Orgasmus zu bekommen«; die meisten wissen offenbar gar nicht, was den ersten vom zweiten unterscheidet.[90]

»So unglaublich es sich für Sie jetzt vielleicht auch anhört, wir sind der Meinung, daß Männer beim Sex an der Nase herumgeführt worden sind. Sie haben unrealistische, ja übermenschliche Standards akzeptiert, an denen sie ihren Körper, ihre Leistung und ihre Befriedigung messen. So sorgen sie selbst dafür, ewige Verlierer zu sein. Was immer Männer auch tun, irgendwie ist es nie genug, wenn sie die erlernten Maßstäbe zugrunde legen.«[91]

Die Forschung ist sich einig, daß der Mann sexuell zum Opfer seiner eigenen »Obsession von Leistung und Erfolg« wird; in seinem Frust spiegelt sich die Unterdrückung seiner Gefühle, sein Kontrollzwang und sein Dominanzstreben.[92] Ingrid Bengis konstatiert bündig, daß der »Kampf in der erogenen Zone« zwischen den Geschlechtern so lange anhalten wird, bis der Mann endlich erkannt hat, wie sehr seine »maskuline Sozialisation« seine affektiven und sexuellen Fähigkeiten hemmt.[93] Nicht Herrschaft, sondern *Hingabe* ist das Essential von Liebe und Leidenschaft.

Psychoanalytische Interpretationen verweisen auf eine andere, tiefergehende Bremse des Mannes: sein Mutterbild.[94] Darin erscheint die Mutter ambivalent »mit ihren nährenden, sensorischen Gaben, ihrer Wärme und ihrer Liebe«, aber als Folge von infantilen Verzichts- und Trennungserlebnissen eben auch als »böse ..., zerstückelnde und vernichtende Mutter«[95].

Die Konsequenzen für die Liebeswelt des Mannes sind widersprüchlich; Verehrung und Respektabilität auf der einen Seite, Aggression und Kontrollzwang auf der anderen. Was bedeutet das für männliche Sexualität? Freud hat darauf hingewiesen, daß in der Sexualität viel Animalisches enthalten sei. Aus moderner Sicht ergänzt Bataille: »Wir sind auf jeden Fall Tiere. Zweifellos sind wir Menschen und haben Geist: Doch können wir nicht verhindern, daß das Animalische in uns weiterlebt und uns oft überwältigt. Als Gegensatz zum geistigen Pol bedeutet die Fülle der Sexualität in uns die Fortdauer des tierischen Lebens.«[96] Sexualität impliziert Zärtlichkeit, Einfühlungsvermögen und Erotik, aber auch Rausch, Lust und Schmerz, Hemmungslosigkeit, Vergessen, Explosion.[97] Beide Seiten des Mutterbildes sind für solch orgiastisches Erleben hinderlich.[98] So singt denn Serge Reggiani, daß der Mann die »Prinzessin *und* die Konkubine« brauche, und früher wurde das männliche Bedürfnis nach einer Frau für die Seele und einer für die Lenden beschworen – Madonna und Hure – die bremsende Ambivalenz des Mannes mit unbewältigtem Mutterbild und Animaprojektion.

Außerhalb der Ehe mag dieser Traum noch lebbar sein. Innerhalb von Ehe oder fester Beziehung aber ist das nicht möglich, weil der Mann gesellschaftlich verpflichtet ist, sich an Ordnung, Kontinuität, Anständigkeit und Stabilität zu halten. So wird denn auch der Liebesakt zur *Ehepflicht*.[99] Um so mehr lockt im tiefen Inneren das ganz andere. Ingmar Bergman hat in seinem Film »Szenen einer Ehe« diese männliche Kluft meisterhaft dargestellt. Johan schert aus der ehelichen Bravheit aus und gesteht seiner Marianne das Wilde einer Affäre: »Abends betranken wir uns und lebten wie die Schweine. Wir prügelten uns und stritten uns und wurden aus dem Hotel rausgeworfen. Dann kamen wir in irgendeine schmierige Absteige in einer Nebenstraße, und da fanden wir uns plötzlich, und dann schliefen wir Tag und Nacht miteinander.«[100] Anschließend wächst aber wieder die Sehnsucht nach der vertrauten Ruhe von Alltag und Ehe – und beides zusammenzukriegen ist so schwierig.

O'Neil findet in den vorliegenden empirischen Studien fünf Gründe für das »restriktive sexuelle und affektive Verhalten« der Männer: 1. Das Verständnis von Sex und Orgasmus als Ziel und Eroberung statt als intime Kommunikation zwischen zwei menschlichen Wesen. 2. Der Gebrauch von Sex als Mittel, Leistung, Erfolg und Männlichkeit zu messen. 3. Sex als objektiver, unpersönlicher Ablauf statt als subjektiver, intimer Prozeß. 4. Die Trennung der Sexualität von persönlichen, affektiven, intimen und liebenden Anteilen einer menschlichen Beziehung. 5. Das Begreifen von Sex als einer Situation, in der männliche Kontrolle, Dominanz und Macht wesentlich sind, um gegenseitige Befriedigung zu erreichen. Verantwortlich dafür ist die *Sozialisation* des Mannes.[101]

Es ist verständlich, wenn immer mehr Frauen die Geduld mit solch restriktiver Männlichkeit verlieren. Vielfach ist aber genau das – bei allem Traumatischen, das dieser Vorgang an sich hat – die Chance für die Betroffenen, das Männlichkeitskorsett zu lockern, sich der maskulinen Zwänge und femininen Defizite bewußt zu werden und menschlich zu reifen. Geradezu kontraproduktiv ist es, in solchem Zusammenhang nach der Frau als »konsequenter Therapeutin des Mannes«[102] zu verlangen; es ist überdies historisch unverschämt, der Frau nach ihrer Unterdrückung nun auch noch die »Rettung« des Mannes aufzubürden. Der Mann muß seinen Männlichkeitspanzer selbst knacken. Nur als selbstmotivierter Mann hat er überhaupt eine Chance zur Veränderung.[103]

VIII
Männer-Gegenwart

Daß es kaum verläßliche Untersuchungen über Männer gibt und wenn, dann widersprüchliche, wurde bereits gesagt. Eindeutig ist nur die allgemeine *Verunsicherung* des Mannes, die alle Studien international bestätigen. Nach einer großangelegten Befragung konstatierte die amerikanische Fachzeitschrift »Psychology today« 1977: »The macho frontiersman is well on his way out as the model of the perfect American man.« Doch dieser hoffnungsträchtigen Feststellung folgt unmittelbar die doppelte Einschränkung: Den traditionellen Mann gibt es noch immer. Zudem ist es für Männer schwierig, sich neu zu definieren.[1]

Trotzdem haben sich zahlreiche Veränderungen in den vergangenen zwölf Jahren gezeigt. Pleck entdeckt in den empirischen Untersuchungen ab Mitte der siebziger Jahre, daß Männer mit lohnabhängigen Partnerinnen deutlich mehr Zeit für Tätigkeiten im Haushalt aufbringen als früher.[2] Skjei und Rabkin protokollieren Äußerungen vieler Männer und Paare, die auf einen veränderten Umgang zwischen den Geschlechtern hindeuten, z. B. »dual-career households«, Familien, in denen beide Ehepartner berufstätig sind und sich Hausarbeit und Kindererziehung teilen.[3] Garfinkel schließt aus dem Vergleich mehrerer Untersuchungen von den sechziger Jahren bis heute, daß der geringere Zeitaufwand für Hausarbeit und Kindererziehung, den Amerikanerinnen unter 45 Jahren angeben, von den Männern »kompensiert« wird.[4]

Bemerkenswert erscheint *allen* Beobachtern der Wandel in der Beteiligung des Vaters bei der Kinderpflege und -erziehung. Yablonsky sieht Mütter und Väter bereits auf einem »androgynen« Weg, der bald »den Punkt erreicht haben wird, wo Mutter und Vater eines Tages in der Kindererziehung total auswechselbar«[5] sind. Enthusiastisch schildert Franks die nähere Zukunft des Vaterseins. »Wenn es den Vater humanisiert, dann muß es auch einen Einfluß auf die Babys haben, weil er ihnen, falls er Söhne hat, ein sanfteres Vorbild bietet und ein emphatischeres, wenn er Töchter hat, was für die nächste Generation zu den schönsten Hoffnungen berechtigt. Und wenn Väter lernen, wie man ›bemuttert‹, wie man Zärtlichkeit zeigt, dann können sie in ihren eigenen Beziehungen zu ihren Zeitgenossen noch einiges mehr bieten. Sie können, was am wichtigsten ist, ihre eigenen Frauen ›bemuttern‹ lernen.«[6] Ist damit traditionelle Männlichkeit auf chauvinistische Inseln abgedrängt, die jedoch auch bereits von den Fluten veränderter Männlichkeit unterspült werden? Skjei und Rabkin entdecken Chauvinismus in den USA vor allem in ländlichen Gebieten, in der unteren Mittelschicht und in Arbeiterfamilien.

Verändertes Mann-Sein ist aber nicht einheitlich, sondern zuweilen recht ambivalent.[7] Das resümiert auch Goode in einer kritischen Zusammenfassung empirischer Untersuchungen aus den USA. Er entdeckt eher Faktoren von allgemeiner Verunsicherung und von Bewußtseinswandel als von objektiven, sachbezogenen Veränderungen.[8] Gould wie Komarovsky benennen ebenfalls häufige Diskrepanzen zwischen der progressiven Bewußtseinsänderung von Männern und ihrem objektiv unprogressiven, angstbesetzten Verhalten gegenüber Frauen.[9]

Derlei Widersprüche sind nicht auf die USA beschränkt, Mangue konstatiert z. B. für Frankreich, daß die meisten Männer zwar der Gleichberechtigung positiv gegenüberstehen, aber faktisch wenig dafür tun.[10] Elisabeth Badinter sieht hingegen, daß sich die »neuen Leitbilder« demokratischer Geschlechtsverhältnisse bei den Männern auch praktisch durchzusetzen beginnen.[11] Solche widersprüchlichen Untersuchungsergebnisse, die auch für die Bundesrepublik gelten, spiegeln die Widersprüche in der gesellschaftlichen Realität der Industrienationen.

1. DER BUNDESDEUTSCHE MANN IM SPIEGEL DER BEFRAGUNG

1978 erschien die erste repräsentative Untersuchung über bundesdeutsche Männer, gesponsert von der Frauenzeitschrift (!) »Brigitte« und durchgeführt von der Soziologin *Helge Pross und ihrem Team.*[12] Die wichtigsten Ergebnisse dieser Arbeit seien kurz resümiert.

Zur männlichen Identität gehört vor allem der eigene Beruf. »Von der großen Mehrheit der Männer wird die weibliche Berufstätigkeit positiv beurteilt, solange man sie isoliert betrachtet und nicht in einen Zusammenhang mit den der Frau zugeschriebenen Familienaufgaben bringt.« Entgegen der Situation in früheren Jahrzehnten haben sich viele Geschlechterstereotypen in bezug auf »männliche« und »weibliche« Berufe heute aufgelöst. Für die Männer ist die Frau »die erste und wichtigste Vertrauensperson. Neben ihr werden Eltern, Freunde, Kollegen, Gesinnungsgenossen zu Statisten«. »Die Ehe wird von den meisten Männern als Gefährtenschaft konzipiert«, was indessen nicht Partnerschaft bedeuten muß. »Die Gefährtenehe ist zwar nicht wie die Ehe des älteren patriarchalischen Konzepts eine Herrschaftsbeziehung, sie ist aber auch kein Bündnis, in dem jeder jedem nach Art und Geltung der Fähigkeiten gleichgestellt ist.« Der Haushalt ist das Ressort der Frau; die meisten Männer übernehmen nur Reparaturen und Gartenarbeiten. »Die Zufriedenheit der meisten Männer mit ihrer Ehe ist zum Teil Zufriedenheit mit der bestehenden Arbeitsteilung. Die Ehe bietet nicht nur Gemeinsamkeit und Schutz, sie bietet auch häusliche Versorgung.«

»Die autoritäre Handhabung väterlicher Macht« versteht sich nur noch in den Unterschichten als selbstverständlich. »Gegenwärtig sind ... die Frauen der Mittelschichten so etwas wie eine Erziehungsavantgarde.« Die Väter stellen sich insgesamt »nicht als besonders aktive Erzieher dar«.

»Kernstücke der vorherrschenden Definition des Mannes ist die These seiner Überlegenheit.« Der Mann sieht sich selbst als physisch, moralisch und geistig »höher qualifiziert« als die Frau. »Die Mutteraufgaben als Einheit von biologischer Mutterschaft, Erziehung der Kinder und Versorgung des Haushalts haben aus männlicher Sicht den Vorrang vor allen anderen Aufgaben der Frau. Wenn eine Frau Mutter wird, soll der Beruf zurückstehen.« Muttersein ist dabei als »Dienstrolle« konzipiert. Viele Männer bezeichnen »die selbstlos-mütterliche Frau« ausdrücklich als ihr Ideal.

1981 hat *Andreas Giger* Befragungsdaten über den bundesdeutschen Mann zusammengestellt. Seine Arbeit läßt sich in der Feststellung zusammenfassen: »Konservative Normen dominieren.«[13] Für die Mehrheit der Männer ist die ideale Frau »nach wie vor fleißig, sparsam, häuslich, treu und kinderlieb«. Ein zweites männliches Grundmuster betrifft die romantische Frau. »Daß immerhin 63 % aller Ehemänner die Zärtlichkeit ihrer Frau als sehr wichtig einstufen, zeigt doch, daß eine Mehrheit der Männer ihr eigenes Bedürfnis nach Streicheleinheiten, nach Zärtlichkeit erkannt und akzeptiert hat.« Patriarchalische Vorstellungen verschwinden. »Das Idealbild der bescheidenen, brav und selbstlos im Hintergrund wirkenden Frau hat nur noch wenig Bedeutung.« »Die meisten einzelnen Eigenschaften vereinigt das Grundmuster der ›emanzipierten Frau‹ auf sich. Es ist den deutschen Männern also durchaus klar, wie eine emanzipierte Frau sein könnte – aber Wunschbild ist diese Frau nur für eine Minderheit.« Das zeigt sich z. B. daran, daß nur jeder fünfte Mann eine »eheliche Machtverteilung« akzeptiert, bei der sich im Konfliktfall auch die Frau durchsetzen dürfte. Nur 20 % sind dafür, daß es Familien gibt, in denen die Frau berufstätig ist und der Mann Haushalt und Kinder versorgt.

1986 erschien die »Brigitte-Studie« über den deutschen Mann, durchgeführt von *Metz-Göckel und Müller*[14], die ausdrücklich nach jenen Veränderungen fragt, die sich seit der ersten Untersuchung von Helge Pross bei den Männern ergeben haben. Die Antwort lautet: »Das alte Bild verwischt sich. Aber der neue Mann ist noch eine geringe Minderheit. Weil Männer die Veränderungen bei den Frauen wahrzunehmen beginnen oder gezwungen sind, sich den neuen Ansprüchen zu stellen, geben sie nach: stückchenweise. Verunsichert sind sie.« Im Verhältnis zur Frau bestimmt »Partnerschaftlichkeit ... weithin das Bild«. Dementsprechend hat Hierarchie abgenommen, aber Gleichheit trotzdem nicht zugenommen. Männliche Veränderung habe sich nur im Bewußtsein zugetragen. Hausarbeit ist demnach noch immer Frauensache. Alle (!) Männer »sind sich offenbar einig – zwar nicht in ihrer Einstellung, wohl aber in ihrem tatsächlichen Verhalten –, daß Hausarbeit nicht von ihnen zu verrichten ist«. »Der Patriarch bekommt jedoch Probleme. Im Unterschied zur Untersuchung von 1976 haben wir einige Anzeichen dafür gefunden, daß die Männer nicht mehr insgesamt und in jeder Situation mit der Seite der geschlechtsspezifischen Arbeitsteilung zufrieden sind, die sie besetzt halten. Die Bereitschaft zu teilen, notfalls auch mit der Frau zu tauschen, ist bei einer kleinen Anzahl von Männern vorhanden und insgesamt mehr verbreitet als in der Pross-Studie.«

Der Mann ist heute nicht mehr als Alleinverdiener, »aber als Kinderbetreuer mit häuslichen Fähigkeiten, Fertigkeiten und Kenntnissen gefragt, als ›Partner‹ im emphatischen Sinn – diese Anforderungen scheinen sich für eine wachsende Anzahl von Männern zu stellen. Wie sie darauf reagieren, hat heute öfter spürbare Konsequenzen für ihr privates Glück als früher. Ein Leidensdruck durch die traditionelle Männerrolle scheint aber bisher nur für eine Minderheit der Männer der Anlaß zur Veränderung zu sein. Und wenn, dann meist erst durch Anstöße von der Frau.«

Die Autorinnen beschließen ihre Arbeit mit dem Hinweis an die Frauen, daß erst »eine gewisse Distanz von den Männern« diese zu Verhaltensänderungen animieren wird.

1987 nehmen *Metz-Göckel und Müller* ihre Untersuchungsergebnisse in pointierterer Form noch einmal auf.[15] Im Vergleich zur Pross-Untersuchung stellen sie eine »freundliche Tendenz« fest: Die Männer hätten dazugelernt: »Der Patriarch ist auf dem Rückzug. Nur noch eine Minderheit – (zwischen 10 und 30 %) aller Männer von 20 bis 50 Jahren

– findet, daß eine Frau nicht berufstätig sein sollte, um mehr Zeit für ihren Partner zu haben;

– unterstellt berufstätigen Frauen, der Beruf sei für diese nur ein notwendiges Übel;

– hält Frauen für viele Berufe nicht für geeignet;
– findet, ein Mann sollte seine sexuellen Bedürfnisse in jedem Fall bei einer Frau durchsetzen;
– ist für eine Verschärfung der geltenden gesetzlichen Regelungen zum Schwangerschaftsabbruch;
– findet es peinlich, wenn ein Mann weint.«

Diese »Frauenfreundlichkeit« beschränkt sich allerdings nach wie vor auf Einstellungen und wurde nicht in konkretes Verhalten übersetzt. »Obwohl immer mehr Frauen berufstätig sind, ist die häusliche Arbeit und insbesondere die Betreuung von Kindern fast unverändert allein den Frauen überlassen. In einer insgesamt angespannten ökonomischen und gesellschaftlichen Lage wächst auch wieder die Bereitschaft, den Frauen von ihnen bereits durchgesetzte Rechte wieder wegzunehmen und sie aus den Bereichen zu verbannen, die sich in den letzten Jahren etwas mehr für sie geöffnet haben.«

Faktisch gibt es demnach noch immer die Vorherrschaft des Mannes in allen Bereichen, ja, der Mann ist sich dessen nicht einmal bewußt. »Die Kritik der Frauen an männlichen Dominanzhaltungen und Gewaltäußerungen und einer Arbeitsteilung, die Männern Vorteile bringt, stößt daher solange ins Leere, wie Männer kein spezifisches Bewußtsein als Gewalttäter, Ausbeuter oder zu Unrecht Überlegene haben. Soweit ihnen ein ›Unrechtsbewußtsein‹ fehlt, haben sie auch keinen Anlaß, reflexiv oder politisch eine Veränderung ihrer Rolle zu bewirken.«

2. DER MANN VON HEUTE – EINE TENDENZANALYSE

Wie ist die Situation? Wie sieht sich der Mann gegenwärtig? Wie begreift er die Lage der Frau, das Verhältnis der Geschlechter, seine Aufgaben als Partner und als Vater? Ich habe dazu einen detaillierten Fragebogen entworfen,* der an 600 Männer aller

* Der Fragebogen ist in seiner Vollständigkeit im Anhang dieses Buches abgedruckt.

sozialen Schichten im Alter zwischen 20 und 60 Jahren ausgegeben worden ist. Auf einer Basis von 144 Antworten wird im folgenden ein *tendenzielles* Bild des bundesdeutschen Mannes im Jahre 1988 entworfen.* Der eigentlichen Auswertung liegt ein differenziertes Klassen- und Schichtenmodell zugrunde, das ich für den vorliegenden »Pretest« auf ein Fünf-Schichten-Modell reduziere:

– Oberschicht, z. B. Unternehmer, Direktoren, Manager; im allgemeinen Männer in gesellschaftlichen Führungspositionen
– Obere Mittelschicht, z. B. Ärzte, Rechtsanwälte, Wissenschaftler, Verwaltungsfachleute; im allgemeinen Männer in selbständigen Berufen
– Untere Mittelschicht, z. B. höhere und mittlere Angestellte, Lehrer, Sozialpädagogen, Psychologen, Soziologen, sofern sie angestellt sind; im allgemeinen Männer in abhängigen Berufen mit partieller Autonomie
– Obere Unterschicht, z. B. Facharbeiter, kleinere Angestellte, untere Beamte; im allgemeinen Männer in abhängigen Positionen, aber mit qualifizierter Ausbildung
– Untere Unterschicht: angelernte und ungelernte Arbeiter, Gelegenheitsjobber, Aushilfskräfte im Servicebereich; im allgemeinen Männer in abhängigen Positionen ohne Berufsausbildung.

Die politische Einschätzungsskala des Fragebogens (siehe Frage 10) wurde hier auf die drei Kategorien: konservativ, liberal und progressiv verkürzt.

Als *herausragende* Ergebnisse lassen sich zunächst festhalten:

– Die Männerwelt ist in Bewegung. Das Frauenbild der Männer, die Einschätzung und Anerkennung der Frauen durch die Männer, hat sich in den letzten Jahren offenbar entscheidend verändert. Deutlich haben sich die Mithilfe des Mannes im Haushalt und die Mitwirkung bei der Kindererziehung qualitativ wie quantitativ verbessert. Schließlich hat sich das Bild, das sich die Männer von sich selbst machen, gewandelt und unterscheidet sich in Teilbereichen erheblich von traditioneller Maskulinität.

* Die Auswertung der Gesamtuntersuchung wird als Einzelveröffentlichung erscheinen.

– Die bisher vorliegenden Daten dieser Untersuchung bezeichnen einen wesentlich markanteren Wandel in der Welt der Männer als andere, vergleichbare Studien der vergangenen Jahre, z. B. Metz-Göckel und Müller. Das mag, neben einer größeren Offenheit gegenüber anderen Männern als Geschlechtsgenossen, daran liegen, daß in dieser Arbeit bewußt auch eine Gruppe von Männern in Bewegung einbezogen wurde.

– Die meisten Veränderungen haben sich bei Männern aus der unteren Mittelschicht, sekundär aus der oberen Mittelschicht ereignet. Der Prototyp des veränderten Mannes ist zwischen 27 und 40 Jahren alt, hat ein geistes- oder sozialwissenschaftliches Studium abgeschlossen, ist am Zeitgeschehen nicht nur interessiert, sondern auch engagiert, arbeitet als Lehrer, Psychologe, Sozialpädagoge oder Journalist und ist politisch progressiv.

– Die wenigsten Veränderungen sind bei Männern aus der Oberschicht, aus der oberen Unterschicht und – besonders extrem – aus der unteren Unterschicht zu verzeichnen. Der Prototyp des kaum veränderten Mannes ist zwischen 35 und 55 Jahren alt, hat entweder erhebliche Macht oder ist in einer Position völlig ohne Machtbefugnis, ist über sozio-politische und emanzipatorische Entwicklungen schlecht informiert, arbeitet entweder im Unternehmensbereich oder als Arbeiter und kleinerer Angestellter und ist politisch konservativ. Der Prototyp des gänzlich unveränderten Mannes ist zwischen 20 und 55 Jahren alt, verfügt über keine abgeschlossene Ausbildung, ist weder allgemein politisch noch in Spezialgebieten informiert, arbeitet entweder als Hilfsarbeiter und Aushilfskraft oder in stigmatisierten Bereichen als Schlepper, Zuhälter, Rausschmeißer und Kellner in Animierbetrieben, ist politisch reaktionär und hat Sylvester Stallone zum Vorbild.

Im einzelnen lassen sich folgende tendenziell gültige Aussagen machen, wobei sich diese »Pretest«-Auswertung auf fünf Bereiche beschränkt: Kindheit und Elternbild, Frauenbild, eigenes Männerbild, Männerbeziehungen, individuelle Situation als Mann.

Die eigene *Kindheit* (Frage 16) wird überwiegend als angenehm empfunden. Den ab 1965 Geborenen, sofern sie aus der Oberschicht oder den Mittelschichten stammen, ist eine demokratische Erziehung zuteil geworden, die auch viel Hilfe und Anteilnahme bei Problemen, Schulschwierigkeiten u. a. einschließt (Frage 17). Die vor 1965 und vor allem in und vor den fünfziger Jahren Geborenen geben an, primär auf sich selbst angewiesen gewesen zu sein; sie waren zu mehr als 80 % mit der elterlichen Erwartung konfrontiert, anstehende Fragen allein zu bewältigen.

Das *Elternbild* der Männer ist facettenreicher als auf Grund anderer Untersuchungen erwartet werden konnte. Eindeutig ist, daß die Söhne wesentlich mehr Zeit mit ihrer Mutter verbrachten als mit dem Vater (Fragen 20 und 43). Eine ausgesprochen schemenhafte Figur ist der Vater für die Söhne beider Unterschichten; wenn hier überhaupt noch Erinnerungen an den Vater vorhanden sind, so werden sie mit *gelegentlichen* Auftritten von Befehls- und Herrschaftsgebaren, mit Wut, Zorn, Brutalität oder mit Gleichgültigkeit assoziiert. Noch am konkretesten ist das Vaterbild in den beiden Mittelschichten. Zwar dominiert auch hier die Mutter als Bezugs- und primäre Erziehungsperson; trotzdem üben die Väter keinen unerheblichen Einfluß auf ihre Söhne aus. In gewisser Weise erscheint das *Vaterbild* der Männer sogar positiver als das Mutterbild (Frage 45). Mehr angenehme Eigenschaften werden mit dem Vater als mit der Mutter verbunden, z. B. Interessantheit, Zuverlässigkeit, Phantasie, Klarheit, Vielseitigkeit, Freigebigkeit. Obwohl (oder weil) auch in den Mittelschichten eine zeitliche und körperliche Distanz zum Vater (Fragen 20 und 22) angegeben wird, wirkt das Vaterbild etwas heller und ungebrochener. Die bemerkte Distanz verbindet sich in der Erinnerung an den Vater (Frage 18) manchmal mit Gefühlen des Zorns, häufiger aber mit Trauer: Beides wird dahingehend präzisiert, daß man den Vater gern »mehr gespürt« hätte, mehr »Auseinandersetzung« mit ihm sich gewünscht hätte, mehr mit ihm hätte »unternehmen« wollen, um ihn »besser kennenzulernen«.

Das *Mutterbild* wird im wesentlichen von Zärtlichkeit, Häuslichkeit, Sicherheit und Liebe geprägt (Frage 45) sowie von Wärme, Zuneigung und Herzlichkeit (Frage 18). Erstaunlicherweise werden aber diese positiven Nennungen sehr häufig – in den bisher vorliegenden Antworten zu 84 % – sofort mit negativen Eigenschaften wie Enge, Beschränktheit, Ängstlichkeit oder Eingrenzung verbunden. Auffällig erscheint mir ebenfalls, daß der Mutter

wesentlich mehr Fähigkeit zu realitätsgerechter Alltagsbewältigung zugeschrieben wird als dem Vater, z.B. Ordnungsliebe, Fleiß, Sparsamkeit, Sauberkeit, Sicherheit, Vorsicht, Optimismus, Aktivität, Nüchternheit und Willensstärke (Frage 45).
Milieu- und Altersunterschiede zeigen sich hier von keiner Relevanz. In den Mittelschichten wird Introvertiertheit, aber erstaunlicherweise auch Poesie zu mehr als zwei Dritteln den Vätern attestiert. Die Frage nach der Sinngebung fürs Leben wird ebenfalls und nahezu ausschließlich mit der Person des Vaters verbunden. Allerdings sind diese Botschaften in den seltensten Fällen expliziert, also den Söhnen ausdrücklich und klar mitgeteilt, sondern zumeist *indirekt* »mitgegeben« worden (Frage 29).
Die endsechziger Jahre stellen sich als Einschnitt für sexuelle Aufklärung dar (Frage 25). Die heute 30- bis 40jährigen und noch Ältere wurden nur selten sexuell aufgeklärt, wenn aber doch, so vom Vater. Die sexuelle Information der 20- bis 25jährigen wird vermehrt durch beide Elternteile geleistet, ist allerdings wesentlich seltener und inhaltlich begrenzter, als es die »sexuelle Befreiung« der Jahre nach 1965 hätte vermuten lassen. Nur circa 30 % der 20- bis 25jährigen bezeichnen sich als von den Eltern sexuell aufgeklärt.
Die deutlichsten Veränderungen markieren sich im neuen *Frauenbild* der Männer. Hier wurde zweifellos endgültig von traditionellen Vorstellungen Abschied genommen, wenn man von Extrembeispielen der unteren Unterschicht absieht. Überwiegend werden Frauen heute von den Männern als stärker angesehen (Frage 58); ihnen wird die bessere körperliche und seelische Gesundheit ebenso attestiert wie z.B. höhere sexuelle Erlebnisfähigkeit oder praktischerer Lebenssinn.
Konventionelle Geschlechterstereotypen (Fragen 49 und 50) werden nur noch eindeutig von den Männern der unteren Unterschicht und gebrochen bis partiell von jenen der oberen Unterschicht und der Oberschicht zugewiesen. Auffällig ist, daß viele Männer der Mittelschichten sich überhaupt weigerten, diese Fragen zu beantworten und die Fragestellungen mit Kommentaren wie: »Unsinn«, »überholt«, »was soll das?« etc. versahen. Bei den Filmschauspielerinnen (Frage 48) sind die Sex-Stars »out«. Or-

nella Muti, Sonia Braga, Brigitte Bardot, Gina Lollobrigida, Marilyn Monroe und Jayne Mansfield werden eindeutig nur noch von der unteren Unterschicht bevorzugt und von der oberen Unterschicht und der Oberschicht einigermaßen häufig genannt. Die einzige dieser Filmidole, die von den Mittelschichten hin und wieder genannt wurde, ist Marilyn Monroe. Die meisten Nennungen fallen auf Meryl Streep, Catherine Deneuve, Mia Farrow und Liv Ullmann. In den Mittelschichten ist eindeutig Liv Ullmann favorisiert vor Meryl Streep.

Die *Erwartungen an die Frau* differieren schichtenspezifisch sehr stark (Frage 51). Die Männer der Oberschicht vertreten unumwunden und ausschließlich Wünsche nach Schönheit, Attraktivität, Häuslichkeit und erotischer Ausstrahlung. Dieses Bild wird auch in keiner Weise durch Generationsunterschiede differenziert. Ähnlich präsentiert sich das Frauenbild der unteren Unterschicht. In der oberen Unterschicht dominieren neben Schönheit und erotischer Ausstrahlung Erwartungen wie Erwerbstätigkeit, Häuslichkeit und Solidarität. Die meisten Nennungen der Männer aus den beiden Mittelschichten fallen einerseits auf Intelligenz, Selbständigkeit, Verständnis und andererseits auf erotische Ausstrahlung (94 %). Hier zeichnen sich Generationsunterschiede ab, die allerdings weniger deutlich sind, als ich angenommen habe. Männer, die vor 1950 geboren wurden, bezeichnen seelische Unterstützung und Häuslichkeit unter den drei erfragten wichtigsten Eigenschaften, aber eingebettet in Qualitäten wie Intelligenz, Selbständigkeit oder Klarheit. Ein Verlangen nach Eigenschaften wie Abhängigkeit, Opferbereitschaft, aber auch Reichtum, die in früheren Untersuchungen eine wichtige Rolle gespielt haben, kommt heute nur noch am Rande vor (2 % bis 3 % der Nennungen).

Die weiteren Fragen und Antworten zum Frauenbild der Männer offenbaren fast eine *gesellschaftliche Dichotomie,* bei der sich auf der einen Seite die Mittelschichten und auf der anderen die Unterschichten und die Oberschicht gegenüberstehen. Bei den Gesprächsthemen (Frage 53) ist bei den Unterschichten und in der Oberschicht eine – allerdings unterschiedliche – »materialistische« Ausrichtung festzustellen, während in den Mittelschichten

»beziehungsbezogene« Themen vorherrschen. Das heißt konkret: Die am häufigsten genannten Gesprächsthemen der Oberschicht entfallen auf Kleidung, Einrichtung und Karriere, in der oberen Unterschicht auf Haushalt, Haushaltsgeld, Mahlzeiten und Fernsehen, in der unteren Unterschicht zusätzlich auf eine konsumorientierte Freizeitgestaltung. Die Mittelschichten kommunizieren über Gefühle, Kinder, Politik, Freunde, Freizeit in einem nichtmaterialistischen Sinne der Bedürfnisverwirklichung und über Sexualität.

Die Freiheit, die der Freundin oder Ehefrau von Männern zugebilligt wird, zeigt sich ebenfalls stark unterschiedlich verteilt (Frage 54). Die Männer der Mittelschicht bejahen sämtliche Unterfragen klar (zwischen 100 % und 83 %); auch Bereiche, die ja zumindest Eifersucht auslösen könnten, wie z. B. das Ausgehen mit einem Freund oder die Ferienreise allein, werden noch mit über 80 % positiv beschieden. Das ist bei der Oberschicht nicht der Fall und bei den Unterschichten noch viel weniger. Hier erreichen die »Toleranzwerte« nur 16 % bis 1 %.

Die *Frauenemanzipation* (Frage 74) wird von den Männern der Mittelschichten nicht nur als gut (94 %) und gerecht (97 %) bezeichnet, sondern auch für unterstützenswert befunden (84 %). Davon weichen die Ansichten der anderen Schichten erheblich ab. Die Männer der Oberschicht finden zwar die Frauenemanzipation überwiegend gut und auch gerecht; doch zu einer Unterstützung kann sich nicht einmal ein Viertel der Befragten aufraffen. In den Unterschichten verschiebt sich dieses Bild noch krasser. Hier kann nur noch ein knappes Drittel der Männer die Frauenemanzipation als gut oder gerecht begrüßen. Eine gleich große Anzahl stuft sie als gefährlich ein und immerhin 18 % wollen sie sogar bekämpfen. Dieses für die Unterschicht typische Bild präsentiert sich noch negativer in der unteren Unterschicht, wo nur 11 % der Männer die Frauenemanzipation gut finden, aber 43 % sie stoppen und 29 % sie bekämpfen wollen. Dementsprechend verwerfen über 85 % der Männer in der Unterschicht eine Quotenregelung (Frage 75), während 29 % der Männer in der Oberschicht und 81 % der Männer in den Mittelschichten grundsätzlich dafür sind, »grundsätzlich« heißt dabei, daß die Antworten

häufig mit Zusatz versehen wurden wie: »bei gleichen Fähigkeiten«, »ausreichende Ausbildung nötig«, »gleiche Kompetenz«. Überraschend fielen die Antworten auf die Fragen nach den männlichen Haushalts-»Pflichten« aus (Frage 56), wobei dieses Thema in der Oberschicht auf Grund des vorhandenen Servicepersonals irrelevant war. In den Mittelschichten ergab sich, daß die Männer durchschnittlich 1,3 Stunden pro Tag reparieren, putzen, aufräumen, einkaufen, waschen, Geschirr spülen und kochen. In diesem Stundenmittel ist die Zeit für Kinderpflege nicht eingeschlossen. Die Mithilfe des Mannes aus der oberen Unterschicht erreicht 1,1 Stunden pro Tag. Diese Zahlen kontrastieren deutlich mit den Ergebnissen bisheriger Untersuchungen. Auch die *Männerwirklichkeit* hat sich deutlich verändert, was ebenfalls primär für die Mittelschichten gilt. Laut Frage 76 sind die Männer in den vergangenen Jahren vor allem gefühlvoller geworden, können besser zuhören, gehen mehr auf die Bedürfnisse der Frauen ein, können auch mal passiv sein, sind weniger autoritär. Als eigene Veränderungen (Frage 77) werden vornehmlich angegeben: »nehme meine Gefühle ernster als früher«, »grenze mich besser ab«, »habe mehr Körperbewußtsein«, »Männerfreundschaften«, »bin sexuell gelöster«, »kann Nichtrationales zulassen«, »offener gegenüber Kritik«, »toleranter«, »solidarischer«. Hier gilt indessen die Einschränkung, daß männliche Veränderungen offenbar primär ein Thema der Mittelschichten und allenfalls tertiär eines der Oberschicht sind, während in den Unterschichten weitgehend überhaupt nicht begriffen wird, worum es dabei geht. Bei den Gründen, die zur Veränderung des Mannes geführt haben (Frage 78), fällt die hohe Nennziffer für »das eigene Leiden an der Männlichkeit« auf.
Die Veränderung des *Männerbildes* dokumentiert die Auswahl von beliebten Filmschauspielern (Frage 46). An der Spitze männlicher Popularität stehen: Cary Grant, Gary Cooper, Humphrey Bogart, Jack Nicholson, Dustin Hoffman, Yves Montand, Woody Allen, Lino Ventura, Bruno Ganz und Robert Redford. Die Männer aus den Mittelschichten präferieren eindeutig Dustin Hoffman und Woody Allen; es folgen Cary Grant, Lino Ventura, Robert Redford und Bruno Ganz. Die Unterschichten nennen

Alain Delon, Sylvester Stallone, Götz George, Jean-Paul Belmondo, Warren Beatty und Paul Hogan.
Die Kluft zwischen Mittel- und Unterschichten setzt sich auch im Männerbild fort, vielleicht sogar noch krasser als im Frauenbild. Was ein Mann unbedingt können soll (Frage 72), wird von den Männern der Unterschicht wie folgt bezeichnet: alle Lebenslagen meistern können, immer auf Draht sein, den Frauen in technischen Fähigkeiten überlegen sein. In der unteren Unterschicht fallen auch die vielen Nennungen von Autorasen und großem Alkoholkonsum als männliche »Qualitäten« auf. Den Männern aus den Mittelschichten ist hingegen wichtig: über eigene Probleme reden und Schwächen zeigen zu können.
Bemerkenswert sind die Ergebnisse, die die Frage nach der *Fähigkeit der Männer* betrifft, sich allein versorgen zu können. Hier fällt in allen Schichten die Generationskluft zwischen den 20- bis 40jährigen und den über 40jährigen auf. Die jüngere Generation ist in der Oberschicht zu 48 %, in den Mittelschichten zu 92 % und in den Unterschichten zu 94 % in der Lage, sich allein zu versorgen. Dabei verfügen die jüngeren Männer aus den Mittelschichten offenbar über die besten Fähigkeiten. Sie können in ihrer überwiegenden Mehrzahl nicht nur putzen, kochen und Wäsche waschen, sondern auch braten, Kuchen backen, nähen und bügeln. Dazu paßt, daß diese Männer aus den Mittelschichten ihren Kindern keine besonders geschlechtsspezifischen Eigenschaften mehr vermitteln (Frage 62) z. B. Durchsetzungsvermögen wird für Töchter als ebenso wichtig angesehen wie Schönheitssinn für Söhne. Die Oberschicht weicht hiervon wenig, die Unterschicht aber deutlich ab. Die Mittelschichten zeichnen sich ebenfalls signifikant häufiger als die anderen Schichten durch ihren von Toleranz und Unterstützung geprägten Erziehungsstil aus (Fragen 60, 61 und 63).
Gemessen an den anderen Bereichen haben sich offensichtlich die wenigsten Veränderungen bisher im *Verhalten von Männern gegenüber Männern* vollzogen. Männerfreundschaften werden noch immer primär wettbewerbsorientiert gesehen (Frage 80); das gilt vor allem für die untere Unterschicht, aber auch für die obere Unterschicht, die Oberschicht und die obere Mittelschicht.

Die meisten Äußerungen, daß Männerfreundschaften offenbar auch solidarisch oder sogar liebevoll gestaltet und erlebt werden können, erfolgten in der unteren Mittelschicht; aber selbst hier sind noch mehr Männerfreundschaften wettbewerbsorientiert. Dementsprechend werden »intime« Gespräche zwischen Männern selten geführt. In Kindheit und Jugend (Frage 32) wurde über »Intimes« eher mit den Schwestern als mit den Brüdern gesprochen. Im Zusammensein mit Freunden (Fragen 84 und 92) werden sexuelle Probleme, psychische Schwierigkeiten u. a. als Themen ebenso vermieden wie Gespräche über Beziehungsprobleme, eigene Schwächen etc. Gesprächsthemen werden bewußt »versachlicht« und betreffen Arbeit, Sport, Politik und Ferien. Das gilt meistens sogar auch für den »besten Freund« (Frage 87).

Unsicherheit, Unklarheit, Angst und Verdrängung charakterisieren mehrheitlich den Umgang von Männern mit den eigenen Geschlechtsgenossen. Obwohl erstaunlich viele Männer angeben, keine oder nur sehr unregelmäßige »freundschaftliche« Beziehungen zu anderen Männern zu haben, scheint doch nicht der Wunsch zu bestehen, »engere Kontakte« (Frage 90) herzustellen. Allerdings dokumentiert sich auch hier ein positiver Wandel bei den 20- bis 40jährigen. Insgesamt äußert nur etwa ein Drittel der Männer das Bedürfnis nach engeren Männerfreundschaften.

Bemerkenswert ist auch die Reaktion auf die »Männerbefreiung« (Frage 99). Nur 16 % sind der Ansicht, daß sie davon etwas lernen könnten. Die anderen finden, daß sie das nichts angeht. Zusätze weisen das Ganze als »Quatsch«, »Idiotie«, »Nachahmerei der Frauenbewegung« etc. aus. Nur eine Minderheit möchte in einer Männergruppe mitarbeiten (Frage 91).

Auffällig und in diesem Ausmaß erschreckend ist eine wohl *generelle Unzufriedenheit der Männer* mit sich und ihrer Situation. Ein großer Prozentsatz der Befragten möchte seine gegenwärtige Arbeitssituation offenbar verändern (Frage 67). Die meisten Männer scheinen viele Lebensziele nicht erreicht zu haben (Frage 68). Am ehesten scheint die materielle Situation der Männer befriedigend zu sein; Sicherheit, Heim und Karriere, aber auch Wohlstand und Besitz wurden häufig als »erreicht« bezeichnet. Hingegen vermissen die meisten Männer augenscheinlich die »ideellen«

Werte in ihrem Leben, ihre Selbstverwirklichung, ihr Glück und ihre »innere« Zufriedenheit. Dementsprechend wünschen sich viele der Männer Freiheit und Abenteuer, aber auch Freundschaft und Ruhe. Erstaunlich ist, daß 40 % der Männer, die verheiratet sind oder in festen Partnerschaften leben, die Liebe als noch wünschenswertes Lebensziel angeben. Bemerkenswert scheint mir, daß mit bisher 74 % die meisten Nennungen bei den erwünschten Lebenszielen auf Gerechtigkeit gefallen sind. Auffällig ist, daß die Frage 68 mit etlichen bitteren Bemerkungen versehen wurde wie z. B. »außer Sicherheit nichts erreicht«, »Scheißwohlstandsgesellschaft«, »alles so langweilig«, »möchte Robinson sein«, »spannend ist's nur im Kino«, »wenn es so weitergeht, verfehle ich mein Leben« u. a. Die Männer der Mittelschicht scheinen dabei die bei weitem unzufriedensten zu sein, was sich indessen nur vor dem Hintergrund richtig einordnen läßt, daß sie zugleich auch die informiertesten und reflektiertesten sind.
Männer aus den Mittelschichten zeigen sich auch am wenigsten stolz, Männer zu sein (Frage 98), während die Männer der Oberschicht, vor allem aber der Unterschichten ihr Mannsein offenbar noch vergleichsweise ungebrochen erleben. Erwartungsgemäß konnten die Unterschichten mit der Vorstellung des Androgynen nichts verbinden. In den Mittelschichten würde es hingegen jeder zweite Mann vorziehen, androgyn zu sein.
Noch wäre es verfrüht, die Ergebnisse meiner Befragung als allgemeingültig zu interpretieren und zu bewerten. Aber immerhin – sie kündigen Tendenzen an.

IX
Die gefährliche Frau

In schwierigen Zeiten ist es manchmal wichtig, sich an Binsenwahrheiten zu erinnern. Dazu gehört, daß der Fortbestand der Menschheit sinn- und lustvoll nur dann gesichert ist, wenn der Mann zeugungsbereit und die Frau gebärwillig bleiben. Dazu gehört ebenso, daß der gesellschaftliche Alltag nur dann funktioniert, wenn sich Frau und Mann nicht gegenseitig im Geschlechterkampf aufreiben und zerstören. Weniger pragmatisch formuliert es die amerikanische Feministin Carolyn Heilbrun: »Wir alle, Männer und Frauen, sind komplex und überlegen in einem Moment, aber schwach und hilflos im nächsten. Wir bedürfen der Unterstützung, des Beistands, der Ich-Befriedigung, der Liebe.... Wir streben nach Zugehörigkeit.«[1] Das sind wohl zu Recht grundsätzliche Bedürfnisse des Menschen.

Doch ebenso grundsätzlich sind die *Ängste der Geschlechter voreinander*. Die Andersartigkeit des Mannes ängstigt die Frau und umgekehrt.[2] Carolyn Heilbrun beschreibt die Ängste der Frauen in einer männlichkeitskontrollierten Gesellschaft, Joe L. Dubbert dagegen die Ängste der Männer in einer Welt, in der ihre Aufgaben und Identitäten durch die Frauenbewegung in Frage gestellt worden sind. »Die sozialen Veränderungen der letzten drei Jahrzehnte haben die Männer derart in Verwirrung gestürzt, daß viele von ihnen froh wären, wenn die Frauen überhaupt nicht existierten.«[3] Auch das ist Realität, mit der wir umgehen müssen.

Diese Realität läßt indessen auch zu, in all den Ängsten, der Verwirrung und der Unsicherheit Zeichen von Zukunft zu entdecken. Elisabeth Badinter sieht nach vieltausendjähriger Herrschaft das Ende des Patriarchats gekommen. Damit sei die Trennung der Geschlechter in zwei feindliche Lager aufgehoben, Frauen und Männer hätten nun gleichberechtigt Zugang zu allen sozio-politischen Bereichen. Des weiteren sei die Frau von ihrem biologischen Schicksal entlastet: Mutterschaft ist seltener geworden, und wenn sie eintritt, so hat sich die Mutterrolle wesentlich verkürzt. Schließlich habe der Mann seine weiblichen Eigenschaften entdeckt. Zum erstenmal in der Geschichte der Menschheit könnten nun beide Geschlechter die ihnen zugewiesenen Räume verlassen und in größerer Freiheit Neues ausprobieren.
Schon früh hat Herb Goldberg darauf hingewiesen, daß mit der Emanzipationsbewegung die Frau nun ihren Anteil an Leben und Welt übernommen und damit den Mann zu dessen Glück entlastet habe. Nun seien Frauen und Männer in der Lage, sich zu erwählen, weil sie sich gern haben und zusammensein möchten und nicht weil sie einander aus materiellen oder psychologischen Gründen brauchen. In der Tat legt unsere Epoche damit neue Grundlagen für die Geschlechterbeziehungen. Es wäre freilich übertrieben, darin vorläufig mehr zu sehen als eine Chance.

1. DIE MÄNNLICHE ANGST VOR DER FRAU

Delilah stahl einst Samson die Kraft. Undine lockte die hart arbeitenden Fischer ins Wasser und in den Tod. Wer saß blond und verlockend oben auf der Loreley und ließ die Schiffe am Felsen zerschellen? Wenn Siegfried nicht um Brunhild geworben hätte, wäre er nicht getötet worden. Circe verwandelte ihre Liebhaber nach dem Akt kurzerhand in eine Art Zoo. Hexen machten überall Knaben und Männern den Garaus. In moderneren Zeiten haben Spioninnen und Agentinnen diese Aufgabe übernommen. In Wedekinds »Lulu« verfallen die Männer der Frau wie Mücken und Motten dem Licht. Den Reizen der schönen Agata in Hauptmanns Geschichte »Der Ketzer von Soana« erliegt sogar ein Priester. Christmas in William Faulkners Roman »Licht im August« ist vor dem »Gottesgreuel des Weiberfleisches« schließlich so entsetzt, daß er seine unersättliche Geliebte töten muß. Max Frisch hat in seinem Drama »Don Juan oder Die Liebe zur Geometrie« alte Bilder umgedreht, nicht Sex interessiert diesmal Don Juan, sondern Geist; nicht Don Juan stellt den Frauen nach, sondern diese ihm. Doch Don Juan ekelt sich vor ihrem triebhaften Wesen und weiß: »Jeder Mann hat etwas Höheres als das Weib.«

Überall, in der Kulturgeschichte und im Leben, trifft man auf die Angst des Mannes vor der Frau. Es ist die Angst vor ihrer stärkeren Verbundenheit mit der Natur, vor ihrer Unberechenbarkeit und Irrationalität, vor ihren tiefen Geheimnissen, vor ihrer Gebärfähigkeit und Macht über das neue Leben, vor ihrer sexuellen Kraft und Ausdauer, vor ihrem Körper und vor ihrem offenen Blut. Schon für unsere Altvorderen galt: »Das weibliche Geschlecht ist schlechthin gefährlich. Der Mann nähert sich ihm nicht ohne Reinigungsrituale.«[4] Trotzdem blieb und bleibt er in der Bedrohung, verführt, verschlungen, geschwächt und in jedem Fall von seiner Kulturarbeit abgebracht oder abgelenkt zu werden. Tatsächliche oder magische Waschungen helfen da nichts. Dies sind archaische Ängste.

Sigmund Freud schrieb in diesem Kontext: »Der Mann fürchtet, vom Weibe geschwächt, mit dessen Weiblichkeit angesteckt zu werden und sich dann untüchtig zu zeigen.«[5] Das ist es. Was geschieht dann mit der mühsam von uns aufgerichteten Kultur? Ohne unsere Aktivität und Kraft wird sie zusammenbrechen, sich auflösen, und wir fallen in den Schlund der Natur zurück. Die große Vagina, Mutter-Erde, nimmt uns wieder auf. Das kann schön sein – Ruhe und Lust; aber es ist auch eminent gefährlich: Ohne Kultur sind wir Männer nichts, der Natur und ihrer stärksten Agentin, der Frau, ausgeliefert. Das sind Männerängste, Anima-Projektionen.

Der Sachverhalt ist verzwickt. Das, was wir mit der Frau verbinden, lockt und entsetzt zugleich. Regression – um diesen Begriff zu verwenden – zieht uns an; wir assoziieren damit Harmonie, Wohlergehen, Anstrengungslosigkeit, also endlich Entspannung, Mut-

terschoß, Mutterbauch, Embryo, schlafen und dabei doch ernährt werden, bewußtlos – vergänglich leben. Wunderschön ist das. Aber es wäre unser Untergang, und das ist die andere Seite von Frau und Regression. Aus dem Mutterbauch müssen wir heraus, sonst erstickt er uns irgendwann. In der Vagina finden wir Befriedigung, aber auch nur dann, wenn wir uns wieder lösen, uns selbst betätigen, Bewährung und Leistung suchen, die sich Lust und Passivität erst verdient. Friede auf Dauer im Mutterbauch und in der Geliebtenvagina wäre für uns Verderben, das Ende unserer mühsam erworbenen Individualität als Männer. Das wußten schon die Ahnen, als sie die Vagina mit Bildern von auswegloser Höhle, Schlund, Unersättlichkeit, Dunkelheit ohne Licht verknüpften, als gezahnt sogar, die berüchtigte »vagina dentata«. Froh also muß der sein, der ihr auch wieder entrinnt und weiß, daß er nicht verschlungen worden ist. Er hat seine Identität behalten – keine Auflösung, nicht Wasser, Blut und Schleim geworden, und auch der Penis wird sich wieder aufrichten, zum erneuten Abenteuer des Eindringens und Abstiegs bereit.
Aber eben: kein Abenteuer ohne Angst. Und für diese Angst gibt es genug Gründe im Realen. Frauen sind – so weisen unzählige Untersuchungen und Berichte nach – »zu ständigen und nicht nachlassenden Orgasmen fähig . . ., die einen Mann verschleißen können«[6]. Mary Jane Sherfey spricht ausgehend von ihrer klinischen Praxis von der »sexuellen Unersättlichkeit« der Frau. Was sie da beschreibt und erzählt, liest sich für den Mann wie das Guinness-Buch der Rekorde. Fünfzig Orgasmen, keine Seltenheit. Das alles läßt sich natürlich auch wissenschaftlich erklären: »Die Blutzufuhr und Ödematisierung des Beckens sind unerschöpflich.« Und: »Je mehr Orgasmen die Frau erlebt, desto stärker werden sie; je mehr Orgasmen sie erlebt, desto mehr kann sie erleben. Also ist die Frau in jeder Hinsicht angesichts eines Höchstmaßes an sexueller Sättigung sexuell ungesättigt.« Und weiter: »Bis zum heutigen Tage hat man noch nicht realisiert, daß regelmäßige Multiorgasmen als Folge klitoridaler oder vaginaler Stimulierung bis zur völligen körperlichen Erschöpfung möglicherweise die biologische Norm für weibliche sexuelle Potenz sein können. . . . Es könnte also durchaus ein, daß die sogenannte

›mannstolle‹ Frau in Wirklichkeit nichts weiter als eine normal entwickelte Sexualität besitzt.«[7]

Das kann schon beunruhigen, aber auch Neid erwecken. Da gibt es also ein Wesen, von Natur her offen und ohne Anstrengung zu unbegrenzter Lust fähig. Wir hingegen müssen uns sammeln, Muskeln anspannen und Glieder aufrichten – und dies alles noch ohne die Gewähr, daß es auch klappt. Männer haben also durchaus berechtigte Ängste vor der Wankelmütigkeit der eigenen Potenz und vor der Orgasmusfähigkeit der Frau. Diese Ängste werden denn auch noch eifrig geschürt. Man muß dabei nicht an die blöde Perfidie der Porno-Industrie denken, wo Männer mit stets erigiertem Glied rastlos die Landschaft durchkämmen. Es wäre wohl wert, das einmal aus dem Blickwinkel von Männerverachtung zu betrachten.

Ernstzunehmender sind schon die Dokumente von Frauen selbst, ob sie nun Erica Jong, Germaine Greer, Carmen Moravia, Marina Lante della Rovere, Maryse Holder oder Peggy Parnass heißen mögen. In seinem Buch über »Männerängste, Männerwünsche« zitiert Bernd Nitzschke Peggy Parnass folgendermaßen: »Liebhaber waren für mich immer Drogen, und ich brauche immer größere Drogen. Es genügt nicht, das Anfangsstadium zu halten, es muß sich verdoppeln, vervierfachen, vervielfachen. Das klingt, als ob ich totgefickt werden möchte. Möchte ich auch. Aber nicht aus körperlichen, sondern aus psychischen Gründen... Es ist das Ausgelöschtwerdenwollen und der Wunsch, den anderen auszulöschen. Diese Intensität zieht wahrscheinlich Männer erstmals mit rein, überwältigt sie und macht ihnen dann Todesangst.«[8]

Paradoxerweise hat die Beherrschung der Natur und damit auch der Frau im Fortgang der Geschichte die Ängste des Mannes vor dem weiblichen Geschlecht nicht eingedämmt, sondern gefördert. Je mehr Natur um uns verschwunden oder unter die Herrschaft des Mannes geraten ist, desto stärker vereinigte die Frau alle furchterregenden Bilder von Irrationalität, Verlockung, Ohnmacht und Unwiderstehlichkeit auf sich.

Ein weiteres kommt hinzu: Männliche Hegemonie hat die Frauen lange Zeit von der Verantwortung für die meisten gesellschaftlichen Bereiche ausgeschlossen und so alle ihre Energien auf die weibliche Ausgestaltung der Innen- und Gefühlswelt, der Kindererziehung und der Sorge für die Familie gelenkt. Die Frau hat sich auf diese Weise über die Jahrtausende hinweg ein Machtmonopol im Haus geschaffen, weil ihr Macht anderswo verwehrt worden ist.

Innerhalb der beschriebenen Arbeitsteilung in der bürgerlichen Gesellschaft wurden Mann und Kinder von der »Gefühlsarbeit« der Frau abhängig, so wie die Frau von der Erwerbsarbeit des Mannes abhängig blieb. Viele psychologische Untersuchungen legen dar, wie Frauen in der Familie im einzelnen Fürsorge, Gefühle und auch die Sexualität einsetzen, um ihre gesellschaftlich unbefriedigten Bedürfnisse nach Außenwirkung, Kontrolle, Selbstbehauptung und Dominanz im Haus zu kompensieren.

In ihrem Buch »Was wollen die Frauen?« weisen Luise Eichenbaum und Susie Orbach darauf hin, daß im traditionellen Haushalt für den Mann eingekauft und gesorgt wird; der Mann wird bekocht, seine Kleider werden gewaschen, gebügelt und gepflegt; das Heim wird für ihn sauber und hübsch gehalten. Und nicht nur das: Der Mann kann sich psychisch auf seine Frau stützen, sich an ihrer Schulter ausweinen über die Schlechtigkeit der Welt und von ihr beglückwünscht werden für seine Erfolge im harten Konkurrenzkampf mit den männlichen Gegnern. Das schafft Abhängigkeiten. Die amerikanische Feministin Robin Morgan begreift denn auch solche psycho-materiellen Zusammenhänge als konstitutiv für weibliche Macht in der Sphäre von Privatheit, Intimität und Erziehung.[9]

Die Frau manipuliert Gefühle und Erwartungen, um den Mann wenigstens in dem ihr zugewiesenen Bereich gefügig zu machen. Sie verschenkt Emotionen wie eine Gunst oder hält sie zurück wie eine Bestrafung, genau wissend, daß der Mann in der arbeitsteiligen Gesellschaft ihre affektive Sorge und Pflege dringend braucht. So rächt sie sich gewissermaßen für all das, was ihr durch die männliche Hegemonie genommen wurde. Beim Mann verstärkt dieses Verhalten die Angst vor der elementaren Macht der Frau um eine soziale Dimension, sein Privatleben bewegt sich unter weiblichem Reglement.[10] Loriot karikiert das meisterhaft in seinem Sketch »Feierabend-Szenen einer Ehe«, in dem ein Ehemann einfach dasitzen und nichts machen will und seine Frau das imperativ zu verhindern sucht.

2. DIE HISTORISCHE RACHE DER FRAU

Luise Eichenbaum und Susie Orbach beschreiben vorzüglich, wie der kleine Junge in die machtvolle Abhängigkeit seiner Mutter hineinwächst: Die Mutter ist immer da, und dies in einer Intensität, daß der kleine Junge die Präsenz als lebensnotwendig verinnerlicht: Die Mutter ist nicht nur für ihn da, sondern auch in ihm drin; die Mutter ist Teil des kleinen Jungen, den er fortan in sich behält. Jungen können mit der lebenslangen Erwartung mütterlicher Fürsorge leben. Wenn die leibliche Mutter diesen Schutz nicht mehr gewährleistet, tut es die Freundin und schließlich die Ehefrau.

Einst hat »der« Mann »die« Frau ins Haus verbannt, jetzt rächt sie sich dafür, indem sie seine Erben *entmannt*. Weder ist das ein bewußtes noch ein beabsichtigtes Ergebnis, sondern es ist der gesellschaftliche Preis dafür, daß die Frau solange von allen Bereichen sozio-politischer Verwirklichung ferngehalten wurde und z. T. noch immer ferngehalten wird. Die Entmännlichung des Knaben ist die historische Strafe für die männliche Hegemonie.

Die Mutter ist festhaltend, überwältigend und verschlingend, weil ihr die Selbstverwirklichung in der Außenwelt verwehrt ist. Für den Knaben ist das freilich kein Trost; er begreift diesen Zusammenhang nicht. Schutzlos – denn wann ist der arbeitende Vater schon einmal da? – ist er der allumfassenden Fürsorge der Mutter ausgeliefert und ihrer totalitären Liebe, denn auch für sie ist der Knabe präsenter als der Ehemann, dem ihre eigentliche, erwachsene Liebe gehört. Sie überträgt auf den Sohn das, was sie beim Ehemann nicht loszuwerden vermag. Ihre Hingabe an Sohn-Baby, Sohn-Knaben und Sohn-Adoleszenten ist so schön und gefährlich intensiv, daß dieser unfähig ist, nach eigenen, von der Mutter unabhängigen und vor allem männlichen Vorbildern zu suchen, mit deren Hilfe er seine Individualität aufbauen und sie an ihnen messen könnte.[11] So bleibt die Mutter lange, oft zu lange, seine primäre Identifikationsfigur. Wenn aber der heranwachsende Sohn über keine gleichgeschlechtlichen Identifikationsobjekte verfügt, ist er nicht imstande, seine männliche Identität zureichend auszugestalten. Er verharrt in der Diffusität, in der unbewußten, kindlichen Bindung an die Mutter, in der negativen Besetzung seiner Sexualität, charakterlich in der Infantilität. Das ist heute die Tragik der meisten Männer, nur ist sie den wenigsten bewußt. Sie ist auch, wie Herb Goldberg meint, eine der Ursachen für die sehr viel höhere Krankheits- und Sterblichkeitsrate von Buben im Vergleich zu Mädchen.[12]

Sämtliche empirischen Untersuchungen über das elterliche Erziehungsverhalten belegen, daß der Vater in der arbeitsteilig organisierten bürgerlichen Gesellschaft kein Gegengewicht zur Dominanz der Mutter entwickeln kann. In den meisten Studien wird er nicht als »wichtiger Beteiligter«, sondern nur als »freundlicher Beobachter« der Erziehung seines Sohnes durch die Ehefrau charakterisiert.[13]

Dies führt zu einem weiteren Paradoxon. Die Tatsache der häufigen Abwesenheit des Vaters ist zugleich auch die Voraussetzung für seine Idealisierung. Abgesehen davon, daß in unserer Gesellschaft Männlichkeit ideologisch noch immer höher bewertet wird als Weiblichkeit, bauen Sohn und Mutter einen Vatermythos auf, stilisieren den abwesenden Mann zum Abenteurer, Welteroberer und Helden. Natürlich bricht dieser Mythos irgendwann kläglich zusammen – mit erneut fatalen Folgen für den Sohn, der nun erkennen muß, was für ein allenfalls kleiner Held sein Vater in dieser Welt nur sein kann, häufiger jedoch, welch Versager oder Komödiant er in Wirklichkeit ist. Solche bittere Enttäuschungen sind häufig Thema der modernen Belletristik. Willy Loman in Arthur Millers »Der Tod des Handlungsreisenden« zum Beispiel ist der Prototyp eines entmythologisierten Vaters.

Die berufliche Abwesenheit des Vaters und die Allgegenwart der Mutter führen darüber hinaus dazu, daß sich der Mann seinem Sohn gegenüber nicht einmal selbst adäquat darstellen kann. Sein Leben, seine Arbeit, seine Aufgabe in der Welt werden dem Kind durch die Mutter vermittelt. C. G. Jung hat in diesem Zusammenhang bereits darauf hingewiesen, daß die Söhne ihre Väter durch

die Augen der Mutter sehen, daß sie darüber eine feminine Haltung gegenüber ihren Vätern einnehmen und zu einer verqueren Einschätzung von Männlichkeit gelangen.
Die schmerzhafteste Erfahrung liegt nun aber zweifellos darin, daß die allumfassende Liebe der Mutter zum Sohn sich an jenem Punkt radikal brechen muß, wo die männlichkeitsdominierte Gesellschaft auch von ihr verlangt, den Buben zum kleinen Mann zuzurichten. Der Junge versteht nun auf doppelte Weise gar nichts mehr. Die allseits Umsorgende, Liebend-Verschlingende wird plötzlich zur Fordernd-Imperativen und verlangt zudem noch Eigenschaften wie Härte, Durchsetzungsvermögen und Beherrschung, die sie ihm gegenüber doch selbst niemals dokumentiert hat.
Nahezu alle meine Freunde haben mir von Erlebnissen erzählt, die für sie traumatisch waren. Urs erinnert sich, wie er als Achtjähriger eines Tages zur Schule mußte und seine Mutter ihm den liebevollen Abschiedskuß mit der Begründung verweigerte, daß seine Kameraden über ihn lachen könnten. Max badete jede Woche einmal mit seiner Mutter. Vor dem ersten Schulgang wurde dieses wöchentliche Erlebnis mit dem harschen, für ihn unverständlichen Satz abgebrochen, daß er jetzt ein Mann sei.
Die Wirkung unverständlicher, weil abstrakter Lektionen verstärkt sich noch dadurch, daß sie von den Müttern kommen. *Frauen können Jungen nicht authentisch zur Männlichkeit initiieren,* weil es dafür die Männer mit ihrem Fühlen, Wissen und Erleben braucht. Nicht umsonst belegt die Ethnologie alle Männlichkeitsinitiationen mit der ausschließlichen Präsenz von Männern. Wie will eine Frau ihrem Sohn erklären, was ein Mann ist? Sie hat es nie gefühlt und nie erfahren. Wie will sie ihm Penis, Erektion, Ejakulation oder männlichen Orgasmus verdeutlichen? Sie kann das im Aufklärungsbuch nachlesen und dann ihrem Sohn vermitteln. Das ist dann so abstrakt und erlebnisfern wie Sexualkunde in der Schule. Mit der inneren Erlebniswelt der Männer verbindet die Frau keine Erfahrungen. Ist sie trotzdem aufgerufen, den Sohn sexuell aufzuklären, so entwickelt der Junge eine unechte, künstliche Männlichkeit, keine innere Haltung, sondern eine Pose, »hohl und defensiv«, wie Herb Goldberg schreibt.[14]

Der Junge verübelt seiner Mutter die »double bind«-Situation, in die sie ihn gestürzt hat, als Repräsentantin der Gesellschaft auch stürzen mußte: Liebe einerseits, ganz konkret erfahrbar, und die Aufforderung, ein Mann zu sein andererseits, völlig abstrakt.
Es ist anzunehmen, daß der Junge erst in diesem Augenblick ambivalente Gefühle für die Mutter entwickelt. Aus der Süße der Liebe wird er herausgerissen und in die kalte, überdies unverstandene Männlichkeit geworfen, und beides geschieht durch dieselbe Person, die wichtigste im Leben des Buben, das ist in der Tat *das Trauma der Männer*. Daraus entwickelt sich das Bedürfnis, jeder Beherrschung und Kontrolle durch Frauen vorzubeugen. Nur nie wieder dieses Trauma, nie wieder solchen Schmerz!
Die Buben, einmal Männer geworden, schlagen dann übel zurück. Volker Elis Pilgrim hat beschrieben, wie die ambivalente Mutterbindung in einem Mann »die Machtanfälligkeit« entwickeln und »seine Neigungen für Gewalttaten festlegen kann«[15]. Hitler, Mussolini, Franco, Stalin, Himmler, Goebbels, Mengele und Co. wuchsen auf in enger Beziehung zu ihren Müttern und hatten nichtssagende, manchmal brutale oder seelisch verkrüppelte, oftmals verschwindende Väter, waren Muttersöhnchen durch und durch und kompensierten dieses Schicksal, indem sie ganze Völker beherrschten, unterdrückten und vernichteten.
Nach meinem Verständnis liegt hier auch das männliche Geheimnis der Pornographie. Unschwer lassen sich pornographische Darstellungen auf das Schlüsselmoment der Kontrolle reduzieren. Die Gefährlichkeit der Frau in ihrer orgastischen Potenz, ihrer sinnlichen Körperlichkeit, ihrem Gefühlsüberschwang und in ihrer Drohung des Verschlingens wird gezähmt, wenn nötig durch Gewalt, Fesseln und Peitsche. Nie wieder der Frau unterworfen sein, das ist auch hier die klare Botschaft. Sicher kommt anderes hinzu: Die Eigenschaften der Frau in der Pornographie sind abgespaltene Anteile des Pornographen selbst, der sich nach Passivität, Hingabe, Aufgabe und Ekstase sehnt und das als Mann in der männlichkeitsdominierten Gesellschaft nicht ausleben darf.[16] Doch auch hier schwingt letztlich die Angst vor dem Trauma von einst deutlich mit: Einmal hingegeben und enttäuscht, nie wieder sich hingeben!

3. DIE SOZIALE KASTRATION DES MANNES

In einem Aufsatz, der für bundesdeutsche Männer in Bewegung zu einem wichtigen Dokument wurde, notierte Peter Schneider schon 1974: »Von Feministinnen höre ich, daß immer mehr Frauen dahinkommen, die Verwirklichung ihrer emotionalen und sexuellen Bedürfnisse von den Männern gar nicht mehr zu erwarten.«[17] In der Tat, sie erledigen selbst, wozu früher der Mann, zumindest teilweise, noch nötig war. Sie verdienen ihr eigenes Geld, sie haben sich selbst und mit verläßlichen Freundinnen ihr eigenes psycho-soziales Netzwerk geschaffen. An Stelle des Penis propagiert »Emma« schon lange den Dildo, und für möglicherweise gewünschte Kinder steht ja die Samenbank zur Verfügung. Wozu also noch Männer? Sie gehören abgeschafft, verkündet die amerikanische Feministin Valerie Solanas und nennt ihr Buch »Manifest zur Vernichtung der Männer«. Am deutlichsten äußert sich die lesbische Fraktion des Feminismus. Anfang der achtziger Jahre sprachen Lesben in New York sich dafür aus, die Auseinandersetzung der Geschlechter entscheidend zu verschärfen bis hin zum »bewaffneten Kampf«. Die traditionelle Ausrichtung der Gesellschaft auf Heterosexualität könne nur dadurch zerstört werden, daß Haß und Mißtrauen zwischen Frauen und Männern verstärkt würden. Shere Hites Buch »Woman and love« fördert diesen Trend, weniger aggressiv, aber dafür wirksamer.

Andere Feministinnen vergleichen die Männer mit den weißen Rassisten und die Frauen mit den schwarzen Unterdrückten. Wie auch immer die Bilder gezeichnet sind: Der Mann ist der Feind.[19] Die feministische Erfolgsautorin Marilyn French verkündet: »Meine Gefühle gegenüber Männern sind das Ergebnis meiner Erfahrungen. Ich habe wenig Sympathie für sie. Wie ein Jude, der gerade aus Dachau freigekommen ist, sehe ich den hübschen jungen Nazi-Soldaten mit einer Kugel im Bauch, sich vor Schmerzen krümmend, niedersinken, und ich schaue nur kurz und gehe weiter. Ich muß nicht mal mit der Achsel zucken. Es geht mich einfach nichts an.«[20] Männer sind Nazis durch und durch; ihr Tod ist also historisch gerechtfertigt.

In ihrem »Manifest zur Vernichtung der Männer« schreibt Valerie Solanas: »Der Mann ist ein scheintoter Klotz, der Freude und Glück weder geben noch empfangen kann, er befindet sich erst auf halbem Weg vom Affen zum Menschen.« In ihrem Roman »The Women's Room« unterstellt Marilyn French den Männern schlicht drei Bedürfnisse: Vögeln, Töten und Geld machen. Da aber nun die Männer, die Marilyn French kennengelernt hat, »dem Töten wenig frönen konnten, beim Vögeln nichts Besonderes leisteten und Geld nur in bescheidenen Beträgen verdienten«, kommt die Autorin zu dem einfachen Schluß: Männer »sind einfach stumpfsinnig« (»dull«).

Auch feministische Bücher, die weniger haßerfüllt und mit einigem Humor von Autorinnen mit einer gründlichen wissenschaftlichen Ausbildung geschrieben sind, bleiben im sexistischen Dikkicht von Stereotypen, Stigmata und im Dunkel von Borniertheit. Ein Beispiel dafür ist das Wiener Team Benard und Schlaffer. Was die beiden Autorinnen in ihren Büchern an Männern vorführen, ist ein Gruselkabinett von Despoten, Exhibitionisten, Mördern und Arbeitswütigen, die im Schatten der Nacht zu den Huren eilen. Es soll nicht bezweifelt werden, daß es solche Figuren unter den Männern gibt, und es sind wahrscheinlich nicht einmal Ausnahmen. Nein, es geht um die Methode und um das, was an sexistischem Ungeist dahintersteht. Es geht um die Reduktion eines ganzen Geschlechts auf abartige Spießgesellen, die »immer gleiche Witze« erzählen, »ständig beleidigt, gekränkt oder zornig« und »unter sich hilflos« sind, »in hysterische Zustände« verfallen, »glotzäugig und heiser Kellnerinnen nachstarren«, »ständig über Busen und Beine« reden und, weil sie offenbar darüber noch nicht genug reden konnten, sich auch noch Bücher mit nackten Frauen kaufen.[21]

Insofern solches nicht schon zuvor unterschwellig geschehen ist, wird spätestens bei der Analyse männlicher Sexualität der feministische Reduktionsismus auch noch physiologisch bewiesen; er kriegt gewissermaßen seine Naturbasis, und die ist ja bekanntlich unveränderbar. Für derlei Argumentation bietet sich der Penis als vorzügliches Demonstrationsobjekt an. Wenn nicht gerade über seine Schlaffheit gewitzelt wird, dient er in seiner gefährlichen

Aufgestelltheit nicht etwa nur als Symbol, sondern auch als Realität von Vergewaltigung, monströser Zerstörungssucht, Atomraketen und Menschheitsvernichtung. Penis und sexuelle Gewalt werden gleichgesetzt. Das erigierte Glied *ist* Gewalt, *ist* Unterdrückung, *ist* Herrschaft. »Da Frauen keinen Penis haben«, folgert Gerhardt Amendt, »können sie auch keine sexuelle Gewalt ausüben. ... Die Frau kann dann nur als Opfer aller denkbaren Formen von Gewalt in Erscheinung treten.«[22]

Daraus kann nur der logische Schluß gezogen werden, daß der Mann von Natur aus böse ist und die Frau dementsprechend gut. »Woman is wonderful«, bekennt eine Fraktion des Feminismus in Anlehnung an die Protestbewegung der Schwarzen in den USA. Sollten Frauen ausnahmsweise doch nicht so gut sein, liegt das natürlich an den Männern, denn: »Men Drive Women Crazy«, behauptet Phyllis Chesler in ihrem gleichnamigen Theaterstück. Gewiß ist die Klage der Frauenbewegung über den männlichen Chauvinismus berechtigt; doch das hier ist feministischer Chauvinismus, und auch dafür gibt es keine Entschuldigung.

An anderer Stelle tritt dieser *weibliche Sexismus* noch offener zutage. Bereits Ende der siebziger Jahre entdeckte die nordamerikanische Werbeindustrie den Mann als Sexobjekt. Frauenzeitschriften wie »Cosmopolitan« oder »Playgirl« nahmen diesen Trend bereitwillig auf und pflegen ihn ebenso genüßlich wie erfolgreich. Auf Grund der liberalisierten Vorstellungen vieler Frauen, was Männer, Erotik, Sexualität und vor allem ihre eigene Freizügigkeit anging, entstand im Jahrzehnt vor Aids ein beträchtlicher Markt für die neuen Wünsche. Rockstars polierten ihre Ausstrahlung geil auf und schwangen die Gitarren erektiver denn je. Die Hollywood-Bosse produzierten den »American Gigolo« und männliche Sexsymbole wie Richard Gere und John Travolta. Die Stripperin bekam Gesellschaft vom Stripper, und viele Nightclubs organisierten Spektakel männlicher Entkleidungskünste extra für Frauen. Die Pornographie für Frauen ließ nicht auf sich warten. Softer als die männliche, aber nicht weniger eindeutig, fand sie rasch Anklang. Der Star in den Frauen-Pornos, Richard Pachenco ist in den USA durchaus eine nationale Größe.[23]

Schlimmer in den Folgen ist, daß die Definitionsmacht der Männer über Frauen nun umgekehrt als *Definitionsmacht der Frauen* über die Männer exerziert werden soll. In Frauenzeitschriften finden sich immer mehr Hinweise, wie Männer angezogen sein sollen, wie sie sich zu pflegen haben und welche Rasierwasser, Bodylotions und Cremes sie dabei verwenden müssen. Frau bestimmt auch, wie Mann auszusehen hat. Erwünscht sind etwa der »sinnliche Mund«, ein »kantiger Kieferbogen«, der »dezent muskulöse Oberkörper«, »lange Beine unter winzigem, stahlhartem Hintern«, das »schmale, aber ausgeprägte Becken«, »der entschlossene, klare Blick«.

Noch schlimmer wird das Ganze, wenn die Frau über die inneren Entwicklungen des Mannes zu verfügen beginnt. Lange Zeit hat der Feminismus die »Verweiblichung des Mannes« gefordert. Mit einigem Verzug sind die Frauenzeitschriften gefolgt und verlangten den »Softie«, der streicheln kann und zärtlich ist. Nun hat sich der Softie in der Frauenpresse »schlaff gekuschelt«. Der zärtliche Mann wird jetzt flugs mit dem »unmännlichen Mann« gleichgesetzt, ein Versager, »zumindest als Lebenspartner ein Reinfall«. »Nicht nur als Verdiener und Ernährer, leider auch bei der Liebe erwies er sich als rechter Schlaffke, den Potenzprobleme plagten.« So weiß es »Madame«; »Cosmopolitan« ist, wie es sich für ihre Leserinnen gehört, einen Zack schärfer: Gitte, so zitiert eine Autorin ihre Freundin, hat von ihrem Softie mehr als genug: »Ich kann mich gar nicht mehr erinnern, wann ich zum letztenmal im Bett so richtig gerammelt habe. Es muß etwa tausend Jahre her sein.« Die einst zu Recht von den Frauen geforderte Zärtlichkeit wird nun als langweilig empfunden. In besagtem Artikel nörgelt eine Katja: »Ich will ja nicht undankbar sein. ... Aber es macht mich wütend ..., wenn Alex vor lauter Zärtlichkeit nicht zur Sache kommt. Wie soll ich ihm bloß beibringen, daß ich manchmal kein Aufwärmtraining brauche.« Selbst dort, wo der Mann seinen Befriedigungsegoismus endlich abgelegt hat und Einfühlsamkeit übt, ist es nicht recht: Gittes Freund Pit »tut niemals etwas, was nur ihm gefällt. Vor allem aber prüft er ständig nach, ob ich auch entsprechend reagiere. Das killt doch jede Geilheit«[24]. Soll also wieder der traditionelle Macho her, der nimmt, zustößt und gar nicht erst fragt?

Geschlechterverhältnisse haben sich leider auch in ihrer Negativität quasi negativ verkehrt; neben dem männlichen Macho gibt es dessen weibliche, animus-besessene Form. Carolyn Heilbrun weist in diesem Zusammenhang auf die »Erfolgsfrauen« im Geschäftsleben hin: »Biologisch Frauen, sind sie beruflich Männer.«[25]

In der Erotik ist die Dona Juana neben den Don Juan getreten, falls sie ihn nicht überhaupt schon abgelöst hat. Marlyse Holder schläft sich durch Mexiko (»Ich atme mit dem Herzen«) und Carmen Moravia durch internationale Betten (»Georgette«). Selbst Feministinnen erkennen mittlerweile an, daß Pornographie in Gedanken und Tat keineswegs ein Männermonopol ist. Frauen sind – wie etwa Nancy Friday belegt – nicht weniger als Männer an außerehelichen Affären, Inzest, Prostitution, Voyeurismus, Sadomasochismus und Vergewaltigung interessiert. Die Feministinnen Ehrenreich, Hess und Jacobs beschreiben ausführlich die S/M-Rituale von Frauen in gutbürgerlichen Quartieren der USA und unter dem Titel »Die Töchter von de Sade« die Affinität von Frauen zur Gewalt in der Sexualität.

Die Frau als Madonna ist ebenso eine männliche Entlastungsfigur wie die Frau als Friedensengel. Manche Dokumente von Tacitus' »Germania« über Schilderungen der Französischen Revolution bis zu Berichten aus den Konzentrationslagern des deutschen Faschismus weisen Kriegsbereitschaft, Brutalität und Sadismus auch bei Frauen aus. Mit solchen Feststellungen sollen nun weder die Männer von ihrer historischen Schuld freigesprochen noch die Frauen in irgendeiner Form belastet werden. Vielmehr geht es darum, die Idealisierung des einen Geschlechts und die Schuldbelastung des anderen zu verhindern, um Klischees zu vermeiden, die die Realität verfälschen. Dazu gehört, daß Männer ihre Anima- und Frauen ihre Animusprojektionen zurücknehmen, dann wird es auch in der sozialen Wirklichkeit weniger Hexen und Teufel geben.

In solcher Perspektive gilt es auch, geschlechtsspezifische Benachteiligungen zu benennen und zu attackieren. Es ist unbestritten, daß die Frau sozial, politisch und ökonomisch noch zumeist unterprivilegiert ist, wenn wir ihre gesellschaftliche Stellung, ihre

x makaber: sie ist dann ermordet worden.

Repräsentation in Parlamenten, politischen Gremien und Chefetagen der Wirtschaft und ihren Anteil am Lohnaufkommen und am Bruttosozialprodukt mit den jeweiligen Positionen des Mannes vergleichen. Es gibt aber auch Bereiche, in denen der Mann Diskriminierungen ausgesetzt ist. Das eindeutigste Beispiel dafür ist der Zwang zum Kriegsdienst. Beim Arbeitsschutz und den zugrundeliegenden Gesetzen werden signifikant stärker die gesundheitlichen Belange der Frau berücksichtigt als die des Mannes. Die Zeugungsfähigkeit des Mannes wird praktisch überhaupt nicht geschützt. Obwohl zum Beispiel in den USA Fertilitätsprobleme der Männer unter den zehn wichtigsten Berufskrankheiten rangieren, gibt es keine Vorsorge. Alle Diskussionen über Diskriminierungen am Arbeitsplatz haben nur den Frauen genützt. »Die Männer werden weiterhin als das starke Geschlecht angesehen, das keine Mühe hat, Schmerzen und Gefahren am Arbeitsplatz ohne Furcht zu ertragen.«[27]

Weitere wichtige Bereiche, in denen sich Männer benachteiligt fühlen, sind das Scheidungsrecht und das Sorgerecht für Kinder. Viele geschiedene Männer empfinden es als ungerecht, lebenslang für ihre Ex-Frau bezahlen zu müssen, obwohl sie weder die Scheidung wollten noch sie verschuldet haben. In nicht wenigen Fällen bedeuten Unterhaltszahlungen für den Mann gravierende soziale Schwierigkeiten und häufig, aus wirtschaftlichen Gründen, die Unmöglichkeit, eine neue Ehe einzugehen. Beim Sorgerecht für die Kinder sind Männer noch eindeutiger benachteiligt. »Mutter sorgt, Vater zahlt«, resümiert eine deutsche Untersuchung, und die Amerikaner Silver & Silver schreiben: »Geschiedene Väter stellen die am meisten unterdrückte Minderheit in unserem Lande dar, ökonomisch, sozial und emotional.« Familiengerichte sprechen fast ausschließlich den Müttern das Sorgerecht zu. Väter von nichtehelichen Kindern haben überhaupt keine Chance, alleinerziehender Elternteil zu werden. In den USA gibt es inzwischen auch vermehrt Äußerungen von Männern, die das bestehende Abtreibungsrecht als diskriminierend erleben, weil sie gerne Väter werden würden. Ebenfalls in den USA haben sich Gruppen von Männern gebildet, die sich dagegen wehren, Gewalt und Mißhandlungen nur als Frauenproblem zu werten.

Auch einige Feministinnen ziehen aus solchem Befund den Schluß, daß die »nächste größere Revolution die Rechte der Männer betreffen muß«[28]. Aber das ist noch die Ausnahme. So beklagen denn auch viele profeministische Männer die Indifferenz der Frauenbewegung gegenüber spezifischen Männerproblemen. In den USA zum Beispiel empören sich insbesondere progressive Männer darüber, daß die »Nationl Organization for Women« sich geweigert hat, für eine Demokratisierung des Sorgerechts einzutreten und männliche Initiativen zur Abschaffung der Militärpflicht zu unterstützen. Sie werfen dem Feminismus vor, daß ihm nur die Befreiung der Frau, nicht aber auch die des Mannes am Herzen läge.[29]

4. INTERVIEW MIT RICHARD M. KELLER

Dr. Richard Keller wuchs in Philadelphia auf und studierte in Salzburg, Berlin und Zürich. Am Sigmund-Freud- und am C. G.-Jung-Institut ließ er sich zum Psychoanalytiker ausbilden. Er führt heute eine psychoanalytische Praxis in Zürich und ist gleichzeitig als Management Coach und Karriereplaner tätig. In beiden Eigenschaften hat er mit einer Klientel von Wirtschaftsbossen und Topmanagern zu tun.

WH: Entsprechend Ihrer Erfahrungen sind Männer aus den Führungsbereichen der Wirtschaft stark verunsichert über den Zustand ihrer Geschlechterbeziehungen. Wie stellt sich dieses Verunsicherungssyndrom im einzelnen dar?

Keller: Diese Männer sind es gewohnt, in allen Lebenswelten Kontrolle auszuüben und Gehorsam zu verlangen. Von den Frauen erwarten sie überdies, gute Repräsentantinnen und Vorzeigedamen, aber auch gute Mütter und Pflegerinnen zu sein. Auch Frauen in der Oberschicht lassen sich heute nicht mehr auf solche Funktion reduzieren, was die Männer verwirrt. Diese Verwirrung löst Potenzprobleme aus, männliche sexuelle Dysfunktion. Die Manager und Topfunktionäre ziehen sich zurück, sexuell, aber auch sonst. Sie teilen ihre intimen Gedanken nicht mehr mit, aus Angst, sich noch mehr bloßzustellen. Um so mehr stürzen sie sich in die Arbeit und in Bereiche, wo sie Potenz anders ausleben können: Sport, Vereinsämter und Militär. Die Unsicherheit des Mannes führt dazu, daß er sich immer stärker von den sittlichen und ethischen Werten, auf denen unsere Gesellschaft aufgebaut ist, zurückzieht, nämlich: vom Bekenntnis zur Ehe und zur Familie, von zwischenmenschlicher Anteilnahme und Beziehungsfähigkeit und Verantwortung für den Mitmenschen. All dies scheint ihm heute weniger wichtig als das Streben nach Macht und nach Ausweitung der Macht. Diese Werteverwirrung hat leider zu einer allgemeinen Aushöhlung der Sozialethik und der sittlichen Moral geführt.

WH: Zum Verunsicherungssyndrom gehört auch die Angst vor der Frau...

Keller: Ja. Die Angst vor Kontrollverlust, vor Verwundbarkeit und Bloßstellung ist größer als die Hoffnung auf größere Intimität und Zärtlichkeit. Der Mann hat es zunehmend schwerer, in der alten »beherrschenden« und »leistungsbezogenen« Art mit der Partnerin intim umzugehen, weil sie heute Erwartungen ganz anderer Art an den Mann hat. Auch in beruflicher Hinsicht nehmen konkrete Konkurrenzängste von Frauen zu, die jetzt in höhere Positionen drängen. Abwehrstrategien von Entwertung der Frau werden in diesem Zusammenhang aufgebaut. Diese doppelte Angst vor der emanzipierten Frau fördert perverses Verhalten, das viele Manager, aber auch höchste Beamte aus dem Justizapparat, in sadomasochistischen Szenarien, in Bordells usw. kompensieren.

WH: Insbesondere Männer aus Führungsbereichen fühlen sich von Frauen überfordert. Das klingt eigentlich paradox. Wie läßt sich das erklären?

Keller: Daß jemand überhaupt Manager wird, hat viel mit der Kompensation von Minderwertigkeitsgefühlen zu tun. Dementsprechend ist jedes Infragestellen seiner Position für den Manager eine große Gefährdung seines Selbstbildes. Diese Männer verkörpern ferner ein besonders starkes patriarchalisches Weltbild von Gehorsam, Konkurrenz, Hierarchie, Kalkül und überzogener Leistung. Nun kommen die Frauen mit dem Gegenbild von Vertrauen, Liebe, Verzeihen, Gefühlezeigen. Das ist eine furchtbare

Herausforderung für die brüchige Männlichkeit der Führungskräfte. Unbewußte Mängel lösen immer am meisten Angst aus. Solche Männer schätzen im übrigen auch Beziehungen falsch ein, weil sie intime Situationen vom ichbezogenen, narzißtischen Standpunkt aus wahrnehmen. Sie mißtrauen der andern Seite und wehren intime Gefühle aus Selbstschutz ab. Alles Zeichen dafür, wie sehr sie Isolation, Einsamkeit und Depression plagen.

WH: Die meisten Männer aus Führungspositionen trennen scharf zwischen Verantwortung im Beruf und in persönlichen Beziehungen. Warum?

Keller: Im Beruf ist die Ergebnisverantwortung eine meßbare Größe und wird relativ schnell honoriert. Privat dagegen sind die Verhältnisse komplizierter. Man hört Männer klagen: »Meine Frau verläßt sich auf mich und erwartet, daß sie das Wichtigste in meinem Leben ist.« – »Ich habe hart gekämpft, um diese Stelle zu erringen. Ich setze sie nicht wegen einer Partnerbeziehung aufs Spiel.« – »Wer einer Frau nachgibt, gibt sich selbst auf.« Aussagen dieser Art sind typisch. Die Bindung an eine Partnerin, vielleicht sogar an einen anderen Menschen überhaupt, scheint für viele Männer gleichbedeutend mit Selbstaufgabe, eine unzulässige Verengung ihres Lebens.

WH: Sie sind bei gesellschaftlich mächtigen Männern auf besonders starke Verlassenheitsängste gestoßen. Das ist doch eigentlich erstaunlich bei Leuten, die sich alles – auch Gehorsam und Liebe – kaufen können und bei denen alles buckelt und kuscht.

Keller: Verlassenheitsängste aus der Kindheit sind ein entscheidender Antrieb, Manager zu werden. Durch Befehlen und Gehorsam-Erzwingen wird ein Teil dieser Ängste unterdrückt respektive kompensiert. Was diese mächtigen Männer aber nicht aufbauen können, sind intime und vertrauensvolle Beziehungen, weil sie eben ständig befehlen und Gehorsam verlangen. Nur diese vertrauensvollen Beziehungen wären aber in der Lage, die Kindheitsängste wirklich zu beendigen. So gehen die Manager mit Magen-, Herz- und Potenzstörungen und mit latenten Depressionen durch die Welt. Sobald sich Mißerfolgserlebnisse oder gar ein Scheitern einstellen, brechen die Verlassenheitsängste voll durch.

5. DER DOPPELCHARAKTER DER FRAU

Dem Ende des zweiten Jahrtausends nähert sich ein »völlig verunsicherter Mann«[30], wie Richard M. Keller zusammenfaßt. Entsprechend einer Untersuchung der Universität Rom, bei der 1986/1987 rund 60000 Männer im Alter zwischen 26 und 66 Jahren befragt worden sind, verwirrt den einstmals berühmten »latin lover«, daß seine Funktionen als galanter Liebhaber, unentbehrlicher Versorger, unbestrittenes Oberhaupt der Familie und Beschützer von Frauen und Kindern nahezu überflüssig geworden sind. Die italienischen Frauen kommen ohne ihn aus. Bissig kommentieren die Medien: »Italiens latin lover sind Frauen, nachdem es die männlichen nicht mehr gibt.« Liebesmüde sei der italienische Mann geworden; vermehrt leide er an sexueller Unlust und Potenzschwäche.

»Erektive Dysfunktion«, wie es die Wissenschaft versachlichend nennt, ist ein bevorzugtes Thema der Männerliteratur. Sam Julty z.B. beschreibt, wie es auf einmal mit seiner sexuellen Manneskraft zu Ende gegangen war. »Den Frauen, mit denen ich ins Bett ging, erzählte ich Geschichten von Ermüdung, Nervosität, Berufskrisen oder zu viel Gin.« Doch irgendwann war es auch mit diesen Stories vorbei, dann kamen die peinigenden Schuldgefühle: »Meine Geschlechtsrolle war schließlich die des Initiators, Verführers, Anmachers und des Versprechenden, aber ich war nicht in der Lage, das einzulösen. Die Strafe war Schuld.« Es folgen die Arztbesuche und die Therapiegruppe, die Geständnisse bei Profis und bei Freunden. »Dysfunktion war schon schlimm genug, aber Zurückweisung durch jene, von denen ich Hilfe erwartete, war katastrophal. Schließlich war ich überzeugter denn je, daß die Tür zu meiner Potenz auf ewig verschlossen blieb, verriegelt und versiegelt.«

Insbesondere die veränderte Frau, erwartungsvoll, fordernd und selbständig, läßt den Mann häufig auf allen Gebieten verunsichert reagieren. In historischen Dimensionen betrachtet ist das so verwunderlich nicht. Die männliche Hegemonie hat die Frau zu einem weithin dominierten Wesen zugerichtet. Christiane Oliver weist dabei auf den grundsätzlichen Sachverhalt hin, daß der Mann nach seiner Muttererfahrung eine Besitzangst gegenüber der Frau entwickelt.[31]

Innerhalb weniger Jahre hat sich die Situation des Mannes dramatisch verschoben, dramatisch für den Mann. Er, der bislang unangefochten auf dem Podest der Geschichte stand, steht nun auf deren Prüfstand. Er wird gefordert, getestet, befragt, kritisiert, bemängelt, benörgelt und abgelehnt. Es wäre geradezu unnatürlich, wenn er dabei nicht im weitesten Sinne impotent würde. Seine alten Potenzquellen Macht, Herrschaft und Unterwerfung sind versiegt oder werden in nächster Zukunft versiegen. So bleibt denn nur eines: Der Mann von heute muß sich *andere, neue Kraftquellen* erschließen.

Die andere Seite dieser Entwicklung betrifft die *Empathie für den verunsicherten Mann.*[32]

Worum es hier aber im eigentlichen geht, ist eine *soziale Ambivalenzhaltung der Frau,* die ich als Doppelcharakter eines weiblichen Geschlechts bezeichnen möchte, das seinen Emanzipationsprozeß noch nicht abgeschlossen hat. Genauer: Die moderne Frau ist – wie sollte es in der Kürze der Veränderungszeit auch anders sein – häufig in eine zwiespältige Auswirkung ihrer Befreiung verstrickt, und das Opfer ist dann der Mann.[33]

Am eindeutigsten ist die paradoxe Situation, wenn zum Beispiel die freizeitgenießende, tennisspielende Gattin ihrem Mann, der abends nach einem anstrengenden Arbeitstag nach Hause kommt, zum Empfang den Staubsauger präsentiert. Schwieriger zu beantworten ist die grundsätzliche Frage, ob Hausfrauenarbeit, wenn sie ausschließlich ausgeübt wird, belastend ist oder aber auch entlastend sein kann, weil sie von gesellschaftlichen Leistungs- und Kontrollzwängen frei ist. Noch komplizierter wird der Sachverhalt, wenn geprüft werden soll, wie motiviert viele Frauen überhaupt sind, »harte« Führungspositionen der Männer einzunehmen. Viele empirische Untersuchungen weisen jedenfalls aus, daß Frauen wenig Karriereehrgeiz zeigen.[34] Natürlich muß hier diskutiert werden, warum das so ist. Umgekehrt gibt es genügend empirische Belege dafür, daß Frauen Respekt und Achtung vor ihren Männern verlieren, wenn diese sich teilzeitig oder ganz als Hausmänner engagieren.[35]

Damit stellt sich auch für Frauen das Problem der verinnerlichten Bilder vom anderen Geschlecht, von denen sie sich noch nicht zu befreien vermochten. Der veränderte Mann wird dementsprechend oft als der unmännliche Mann gesehen, weil er aus den gängigen Klischees der Frauen herausfällt. In ihrem Buch über Männer schreibt Florence King über ihren Helden-Antihelden Jonathan: Er »ist so befreit, daß er jedwede Fähigkeit verloren hat, ein Mann zu sein«[36]. Margit Brückner gesteht, daß die »Al Capones, Mick Jaggers oder Humphrey Bogarts die Illusion männlicher Omnipotenz« repräsentieren, »an der die Frau an ihrer Seite teilhaben kann. Die Faszination des Macho-Mannes beruht auf seiner Männlichkeit, die unserer Weiblichkeit als Antipode gegenübertritt, auch wenn ihr Geheimnis nur darauf beruht, uns als das Lebendiggewordene unserer eigenen Wünsche gegenüberzutreten. Je mehr er zum Mann wird, desto mehr werden wir zur Frau.« Der »nicht-macho, nicht-abenteuerhafte, zuverlässige Mann« verletzt zwar die Gefühle der Frauen weniger, aber er spricht sie eben auch weniger an. »Er ruft nicht die Qual, aber auch nicht die Aufregung hervor. Er erfüllt unsere alltäglichen Bedürfnisse, aber nicht unsere Träume.«[37]
Untersuchungen belegen solche Aussagen. Am erfolgreichsten bei den Frauen ist generell noch immer jener Mann, der im Leben selber erfolgreich ist, der sich durchsetzt, der den klassischen Bildern von Maskulinität entspricht.[38] Die vorhandene Literatur zu diesem Thema belegt denn auch die Klage vieler Männer, wie sie von den Frauen zurückgestoßen wurden, als sie endlich gelernt hatten, ihre Emotionen zu zeigen, wie ihre demokratisierten Verhaltensweisen als »memmenhaft« diffamiert wurden, wie ihre Zurückhaltung mit Impotenz verwechselt worden ist. Ein Mann, der am Expander seine Muskeln demonstriert, ist wohl im gängigen Sinne noch immer attraktiver als einer, der die Hälfte der Hausarbeit übernimmt, sein Kind wickelt, gut zuhören kann und auch mal rote Augen hat. Herb Goldberg, der dieses Thema mit unzähligen Männergruppen diskutiert hat, gelangt zu dem einigermaßen bitteren Schluß, daß »Mr. Macho« für die Frau begehrenswerter ist als der befreite Mann.[39] Die amerikanischen Therapeuten Cowan und Kinder bringen das Männerbild erfolgreicher,

emanzipierter Frauen folgendermaßen auf den Punkt: »Er muß Richard Geres Körper, Dustin Hofmans Lächeln, Lee Iacoccas Erfolg, Robert Redfords Charme und Pat Boones Familiensinn haben. ... Manche Frauen geben offen zu, daß ihre Suche erst dann ein Ende finden wird, wenn sie das Herz dieses vollkommenen Mannes errungen haben.«[40]

Das sind Realitäten, die zu berücksichtigen sind, wenn es um männliche Veränderung geht. Förderlich sind sie auf diesem Wege sicherlich nicht.

X
Der andere Mann

Die neue Frauenbewegung reklamiert die männliche Veränderung der vergangenen Jahre für sich. Das ist sicher nicht falsch, aber doch wohl eher falsch als richtig.

In den USA beginnt die Geschichte des »anderen Mannes« bereits in den fünfziger Jahren. Angesichts atemberaubender Bilanzen und Hochkonjunktur, unaufhörlich steigendem Wohlstand und einer an materiellen Werten orientierten Lebensweise formulierten zu Beginn der fünfziger Jahre amerikanische Schriftsteller ihre heftige Kritik an der Ideologie vom Wirtschaftswachstum, am männlichen Leistungsdenken und der damit verbundenen Zerstörung der Natur, an der Verherrlichung materieller Werte und der Vernachlässigung menschlichen Glücks, an der Bürokratisierung des Alltags und der daraus folgenden Entfremdung, Anonymisierung und Kontaktlosigkeit der Menschen untereinander.[1]

Die Auseinandersetzung um Korea beschwor wenige Jahre nach dem Zweiten Weltkrieg bereits die Gefahr eines dritten, atomar geführt und damit noch entsetzlicher. Der liberale Präsidentschaftskandidat Stevenson war gescheitert; Senator McCarthy jagte Nonkonformisten und verhängte Berufsverbote über kommunistische und linksliberale Künstler, Filmschauspieler, Schriftsteller und Wissenschaftler, während das unbeschwerte Lächeln Eisenhowers nachgerade zum Sinnbild für den Tanz der Gesellschaft auf dem Vulkan wurde.

In seinem Erfolgsroman »On the Road« geißelte Jack Kerouac die amerikanische Konformitätsgesellschaft, »wo Millionen einander auf der Jagd nach Dollars drängen und stoßen: raffend, grabschend, gebend, seufzend, sterbend, in einem verrückten Traum, nur damit sie in jenen furchtbaren Friedhofsstätten hinter Long Island City begraben werden«.

Kerouac, Ginsberg, Lawrence Lipton, Watts und all die anderen beschäftigten sich in ihrer Kritik am amerikanischen Konformitätssyndrom vor allem auch mit der traditonellen Männerrolle. Gegen den angepaßten Langweiler im »grauen Flanell«[2] entwarfen sie neue Männerbilder von Freiheit und Unbegrenztheit, Kreativität, Wanderlust und furchtbarer Asozialität. In seinem Buch »My Life as a Man« erinnert sich Philip Roth der fünfziger Jahre als einer Epoche, in der für einen Mann einzig die Ziele der Berufskarriere, der Ehe und der Familie gültig waren. Was außerhalb dieser engen Dreiheit lag, wurde mit Begriffen abweichenden Verhaltens belegt. Roth erinnert sich, daß in den fünfziger Jahren ein Mann, der sich gegen die Ehe sträubte, entweder als unreif oder aber als homosexuell diffamiert wurde.

Gegen solche Entmündigung des einzelnen richtete sich die Kritik der genannten Schriftsteller, die in den USA alsbald von den Beatniks, den Hippies oder dem Underground aufgenommen und nachgelebt wurde.

1. DIE BEATS

Die erste Alternativbewegung, die sich merkbar aus dem umfassenden System bestehender Herrschaft ausgliederte, war die Beat-Generation in USA. Der herrschaftsfreie Raum, in dem das »Man, Know Thyself« und damit die wichtigste Voraussetzung für die angestrebte Emanzipation verwirklicht werden konnte, wurde unterhalb der »normalen« Gesellschaft gefunden. Souterrainwohnungen und Keller symbolisierten den freiwilligen Abstieg in den »Underground« und bewirkten, daß die Beats zu »Unterirdischen« (»Subterraneans«) erklärt wurden. Sammelpunkte der Bewegung waren San Francisco, Venice bei Los Angeles und Greenwich Village/New York.

Die Beat-Generation repräsentierte freilich weder ein gemeinsames Programm noch eine umfassende Organisation. Dezentralisierung, Disengagement, Machtlosigkeit und individuelle Freiheit als Ziele der Bewegung verhinderten das eine wie das andere. Nach dem Auszug aus der festgefahrenen Gesellschaft sehnte man sich nach einem Leben ohne Fixpunkte. Eher noch als zu einer formierten Gemeinschaft (»community«) bekannte man sich zum lockeren Verband des Stammes (»tribe«).

Eine Art kommunistischer Sinn für gegenseitige Hilfe, Gastfreundschaft, Besitzlosigkeit, Freundschaft und Unterstützung nach außen definierte diese »Stämme«, deren Offenheit und Formlosigkeit der Beat-Generation den ständigen Ortswechsel gestattete. Rastlosigkeit charakterisierte die Bewegung am deutlichsten: Der Beat war fast immer unterwegs (»on the road«) und glaubte, auf diese Weise dem Druck des Systems und allen seinen Bindungen am ehesten entgehen zu können. Die geographische Veränderung ermöglichte die geistige.

In Kerouacs Roman »The Dharma Bums«, eines der wichtigsten literarischen Dokumente der Bewegung, meint Japhy: »Ich habe eine Vision von einer großen Rucksackrevolution. Tausende oder sogar Millionen junger Amerikaner, die mit Rucksäcken rumwandern, auf Berge gehen, um zu beten, Kinder zum Lachen bringen und alte Männer froh machen, junge Mädchen glücklich machen und alte Mädchen noch glücklicher, alles Zen-Besessene, die rumlaufen und Gedichte schreiben, die ihnen zufällig und ohne besonderen Anlaß einfallen, und die durch Freundlichkeit und auch durch seltsame, unerwartete Handlungen ständig jedermann und jeder lebenden Kreatur die Vision ewiger Freizeit vermitteln.«

Auf Autonomie und Emanzipation zielte alles: Reisen, Wandern, Sprechen, Musizieren, Tanzen, Feiern, Lieben, Malen oder Schreiben. Michael McClure notierte: »Das äußerste Ziel ist die Freiheit des Individuums, ein Seraph, ein Führer, ein Held, ein Wolf oder ein Lamm zu werden, das Gleichmaß, die Logik und die Gesellschaft zu zerstören. Und an ihre Stelle zu setzen: Chaos, Wahrheit, Wandlungen«. Da solches die Wirklichkeit weithin verwehrte, kamen der Poesie, dem Jazz, Marihuana und langen

Nächten des enthusiastischen Erzählens in der Beat-Generation wesentliche Bedeutung zu.

Solches Leben konnte mit einem herkömmlichen Politikverständnis nicht mehr gefaßt werden. Auch progressive Kritiker der politischen Szene in den USA standen verwirrt vor den Beats. So warf ihnen zum Beispiel Jack Newfield »apolitisches Verhalten« vor, weil sie im Gegensatz zur Neuen Linken keine »moralische Vision von einer neuen Gesellschaft« besäßen. In Wirklichkeit setzt die Kritik der Beats viel tiefer an. Sie waren nach dem Zweiten Weltkrieg die ersten, die die eindimensionale Ausrichtung nach einer nur noch materialistischen Existenz in den USA durchbrachen und neue Werte wie Selbstverwirklichung, individuelle Befreiung, Kreativität und persönliche Erfüllung betonten. Insofern stellten die Beats eine viel grundsätzlichere Herausforderung des American way of life dar als die traditionelle Linke.[3]

Darüber hinaus setzten die Beats an die Stelle der traditionellen männlichen Werte von Macht, Erfolg, Konkurrenz, Status und Geld die alternativen Werte von Gewaltlosigkeit, Solidarität, Einfachheit, Konsumverzicht, Liebe zur Natur, Spiritualität, Wandlung, Freiheit, Kunst, Genuß und Liebe.

Damit war auch der Abschied von der eindimensional orientierten Männlichkeit angesagt. Allen Ginsberg wollte »Phantasie freilegen, Verschwiegenes öffnen« und in magische Tiefen dringen. Die Beats lebten, dachten und schrieben im Rhythmus von Jazzimprovisationen.[4] Chaos, Wandlung, Besessenheit, Selbstversenkung und gleichzeitig nach außen Offenheit und Toleranz charakterisierten die Beats. Solche Grundhaltung setzte sich in neue männliche Selbstbilder um, die mit ihrer Betonung der genannten Werte und der Forderung nach Hingabe, Lust, Ehrlichkeit und Eigentlichkeit geradezu diametral entgegengesetzt waren dem Männlichkeitsideal in den USA der fünfziger und sechziger Jahre.

Auch äußerlich veränderten die Beats traditionelles Mannsein. Sie ließen sich die Haare wachsen, trugen Schmuck und orientierten sich in ihrer Kleidung an den Indianern, was zu Recht als Feminisierung männlicher Erscheinungsweise interpretiert wurde.

Der direkte Umgang der Beats mit dem weiblichen Geschlecht

gestaltete sich hingegen weniger fortschrittlich. So beklagt Barbara Ehrenreich: »Die führenden Ideologen und Persönlichkeiten der Beat-Generation verhielten sich in der Tat oft unverantwortlich gegenüber Frauen.«[5] Zweifellos äußerten sich bei den Beats noch Muster des herkömmlichen Männerverhaltens, was – zum Beispiel bei Jack Kerouac – auch literarisch ausgelebt wird.
Umgekehrt versuchten die Beats aber ebenso ihre Forderungen nach Offenheit, Gerechtigkeit, Toleranz und Wandlung auch auf ihren Umgang mit Frauen zu übertragen. Daß das der Basis der Beat-Generation besser gelang als ihrer berühmten Avantgarde, mag wohl auch darin begründet sein, daß diese Avantgarde noch eine reine Männergesellschaft war.

2. DIE HIPPIES

»Turn on, tune in and drop out« war der Slogan der Hippie-Bewegung, die Mitte der sechziger Jahre in den USA entstand. Doch dies geflügelte Wort der Blumenkinder wurde zumeist falsch verstanden, nämlich als Appell, mit der bestehenden Gesellschaft radikal zu brechen. Ralph J. Gleason merkt dazu richtig an: »Das ist überhaupt nicht das, was mit den Hippies vor sich ging. Sie taten etwas ganz anderes, etwas viel Konstruktiveres, Bedeutsameres und unerhört Schöpferisches. Sie sind in der Tat die erste schöpferische soziale Bewegung, die die weiße Bevölkerung in den USA seit Jahrzehnten hervorgebracht hat. ... Sie bauen vielmehr eine neue Ordnung von Werten auf, eine neue Struktur, eine neue Gesellschaft, die, wenn man so will, horizontal zur alten, aber innerhalb dieser sich errichtet.«[6]
Die Hippies lehnten eine sterile Wohlstandsgesellschaft ab, die nur nach der Menge verdienter Dollars fragt, nach dem Erwerb von Statussymbolen trachtet und Arbeit, Leistung, Besitz, sozialen Aufstieg, Erfolg und Macht über alle menschlichen Werte stellt. Amerika war ihnen nach einem berühmten Wort von Allen Ginsberg zur »Hölle« geworden, die mit »Campbell-Suppenbüchsen und Pepsi-Cola-Flaschen, Johnsons Visage und McNamaras ton- und gefühlloser Roboterstimme« ausgefüllt ist. Sie

kritisierten das Platte, Nivellierte, Eintönige und Konformistische der ganzen Nation.
Die Fremdbestimmung der amerikanischen Bürger war das zentrale Thema der Hippie-Kritik.
In einer Welt, in der bloß noch Äußerlichkeiten wie Statussymbole, Geld und Smalltalk zu zählen schienen, versuchte der Hippie das Authentische des Menschen zu finden. Er ging auf die Reise in sein Inneres (»the inner voyage«), um sein Selbst, seine Eigenheit zu entdecken: »You must follow the river inside you to its source.«
Amerika und mit ihm die westliche Zivilisation hätten, so konstatierten die Hippies, nur die materielle Seite des Lebens entwickelt und Seele und Geist verloren. Alle Werte würden ihres Inhalts beraubt und erstarrten in bloßer Rhetorik. Die Menschen Amerikas degenerierten zu mimetischen Empfangsstationen einer entseelten Bürokratie. Darum merkten sie – den Hippies zufolge – nicht einmal, daß sie im eigenen Land zu Heuchlern, Falschspielern, Ehebrechern, Betrügern, Frömmlern, Bluffern und Duckmäusern verkümmerten und im Ausland zu Mördern und Räubern verrohten. »Wir in der Haight Street«, so resümierte ein Hippie, »weigern uns offen, weiterhin mißbraucht, manipuliert, gezwungen und als menschliche Wesen zerstört zu werden. Und wir haben es der ganzen Nation gesagt.«
Leben als absolut gesetzter Wert genügte den Hippies vollauf. Sie wollten keine differenzierte Weltanschauung und benötigten sie angeblich auch nicht: »Isn't life the perfect thing to pass the time away?« Sie riefen dazu auf, zu leben und sich zu lieben, und erwählten die Blume zu ihrem Symbol, weil Blumen »nur« sind und gegen niemanden etwas haben. So zogen sie auch die Bezeichnung »flower children« und »love generation« dem Namen »Hippie«, der ihnen von außen zugefallen war, deutlich vor. Die Blumenkinder bekannten sich allenthalben zu ihrem Symbol. Sie trugen Blumen im Haar und um den Hals; sie hatten sich Blumen hinter die Ohren gesteckt und auf ihre Kleider genäht.
Die Kleidung der Hippies war bunt und exotisch, Anleihen bei Indianern und fernen Naturvölkern waren nicht verpönt. Buddhistische Gebetsschnur und indianischer Talisman gehörten

ebenso zur Ausrüstung der Hippies wie Mokassins und Tartan. Das alles mochte dem Betrachter lächerlich und oberflächlich vorkommen; es sollte indessen ein Protest wider Monotonie und Sterilität des American way of life sein. Es war aber auch ein Protest gegen die gesellschaftlich diktierte Männlichkeit in den USA. Barbara Ehrenreich geht in ihrer Interpretation soweit, daß sie den Hippies als historisches Verdienst anrechnet, die Männlichkeit »als Ausdrucksform ganz über Bord« geworfen zu haben. »Das schockierendste Merkmal der Hippies war . . ., daß man auf Grund ihres langen Haares, der Ketten und ihrer improvisierten wallenden Kleidung Jungen und Mädchen nicht voneinander unterscheiden konnte.«[7]

Begeistert empfanden die Hippies, daß sie aus organisierter Entfremdung in eine freie Gemeinschaft gelangt waren, wo sich alle miteinander verbunden fühlten. Solche Gemeinsamkeit manifestierte sich auch in den Wohnungen und Kommunen der Haight und prägte die Beziehungen der Geschlechter. Das gängige Modell der Konsum- und Kulturindustrie von der verführerischen Frau und dem virilen Supermann, das die Intimität zwischen den Geschlechtern störte und alle Freundschaft zwischen Mann und Frau unmöglich machte, wurde von den Hippies zurückgewiesen. Sie lebten die Kameradschaft zwischen den Geschlechtern und befreiten gleichzeitig die Frau aus dem goldenen Käfig, in den Hollywood, der Broadway und die Frauenvereine sie verbannt hatten. Die Blumenkinder bekannten sich ausdrücklich zum Hedonismus und versuchten ein natürliches Verhältnis zur Sexualität zu verwirklichen, das Glück, Lust und Vergnügen nicht mehr in Abhängigkeit von Leistung, Konsum und Verdienst setzte.

Gemeinsam gründeten sie die Gesellschaft, die alles erlaubte (»permissive society«). Niemand mußte mehr wie in der konformistischen Gesellschaft Amerikas um Billigung und Beifall nachsuchen, bevor er tat, was er wollte. Das Motto der Bewegung war in den »Free Shops« und Diggerläden der Haight zu lesen: »Wenn jemand nach dem Chef fragt, antwortet ihm, daß er selbst der Chef sei.« Hippie sein bedeutete, seine eigene Persönlichkeit frei- und großzügig zu entwickeln und alleiniger Richter seiner Handlungen zu werden.

Die Blumenkinder kehrten die amerikanische Wertordnung um und setzten an deren Spitze die Liebe. Symbolisch tauften sie die Haight Street in San Francisco in Love Street um. Liebe war den Hippies zunächst ein Akt der Kommunikation: Der Nächste und andere sollte fern aller Etiketten wie Hautfarbe, Nationalität, Religion oder Erziehung erkannt und anerkannt werden. So verstanden, schloß Liebe Respekt und Verständnis ein.

3. DER UNDERGROUND

Viele Beats und noch mehr Hippies, Yippies und Diggers wie auch manche Anhänger der amerikanischen Bürgerrechts-, Friedens- und Studentenbewegung fanden sich 1968 in einer breiten Bewegung wieder, die sich »Underground« nannte. Ziel dieser Bewegung war die Konstruktion einer »counter-society«, einer demokratisch-sozialistischen Gegengesellschaft innerhalb des bestehenden kapitalistischen Systems. Die normsetzende Wirklichkeit der neuen Gegengesellschaft sollte sich langsam zur Herausforderung der bestehenden Gesellschaft entwickeln. Hunderttausende lernten damals zum erstenmal, ihr eigenes Leben selbst zu organisieren. Dabei erkannten die Beteiligten, wie sehr die Menschen der bürgerlichen Gesellschaft in ihrem eigenen Leben die repressive Struktur der Gesellschaft reproduzierten.

Die Underground-Anhänger entdeckten in sich selbst die kapitalistischen Normen, was für sie konkret die tägliche Auseinandersetzung mit verinnerlichten Zwängen, Aggressionen, Sprach- und Kommunikationsbarrieren und mit dem Widerspruch zwischen Öffentlichem und Privatem bedeutete. In dieser Auseinandersetzung ist, was diese Epoche der Underground-Bewegung angeht, ein wichtiges Moment zu sehen: Wege wurden gewiesen, wie der einzelne im Kollektiv und dort in einem bewußten Lernprozeß seine Identität erweitern kann.

Eine kollektive Lebensform, die viele und durchaus verschiedenartige Menschen vereinigte, setzte einen ständigen Prozeß der Erziehung und Kritik voraus, mit dessen Hilfe sich die Gemeinschaft vervollkommnete und stärkte. Zum täglichen Leben in den

Kommunen gehörte, daß jedes Mitglied sich und die anderen kritisierte, beobachtete und korrigierte. »Es braucht große Mengen von Bewußtsein«, konstatierte denn auch Julian Beck, »Fähigkeit, Bedürfnis, Wunsch und Liebe, um sich selbst in einen Zustand der Selbstbefreiung zu bringen, der es einem ermöglicht, mit einer anderen Person kreativ zusammenzuarbeiten.«

Die Kommunen ersetzten den Wettbewerb durch Zusammenarbeit, die Zentralisierung durch Dezentralisierung, die Anonymität durch Kontakt, die Massengesellschaft durch die Entwicklung der Individualität, den Konformismus durch die persönliche Entscheidungskraft, die Standardisierung durch die Originalität und die Autorität durch die eigene Verfügungsgewalt. Die sekundären Beziehungen der Großgesellschaft wurden mithin durch primäre ersetzt (»face-to-face-encounter«). Innerhalb dieser Gemeinschaft sollte sich der eindimensionale Mensch, der nur die konformen Verhaltensmuster seiner Epoche reproduziert, in ein mehrdimensionales Individuum verwandeln, dem sein Personwerden menschliche Vervollkommnung durch Experiment, Wandel, Kritik und soziale Praxis bedeutet.

»Die Revolution«, schrieb der Theoretiker der Kommune-Bewegung, Gary Snyder, »hat aufgehört, eine ideologische Angelegenheit zu sein. Statt dessen versuchen Menschen hier und jetzt Kommunismus in kleinen Gemeinschaften – der neuen gesellschaftlichen Ordnung – zu praktizieren. ... Wie erkennen sie einander? Nicht immer an den Bärten, langen Haaren, nicht daran, daß sie barfuß sind oder Perlenschnüre tragen. Das wahre Merkmal ist das gewisse Glänzen und die Zärtlichkeit im Blick, ihre Ruhe und Güte, ihre Begeisterung und Ungezwungenheit.«

Überall auf der Welt entstanden diese Gemeinschaftshäuser, Zentren und Kommunen der Bewegung, in denen junge Menschen zusammen arbeiteten und lebten. Ihr Ausbruch aus dem vorgeschriebenen und regulierten Dasein der Gesellschaft bedeutete, wie es die englischen Diggers in der ersten Nummer ihrer neuen Zeitschrift »Gandalf's Garden« nannten, »den Aufschrei der neuen Generation, die eine Alternative zu den zerstörerischen Kräften der heutigen Welt sucht«.

Hippies und Underground setzten den Angriff der Beats auf die männliche Hegemonie verstärkt fort. Deutlicher als die Beats bauten sie eine Gegenwelt auf, die in ihrem demokratischen, dezentralisierten und kreativen Konzept der männlichkeitsdominierten Gesellschaft neue Möglichkeiten von Verhalten aufzeigte. Dabei gelang es beiden Bewegungen auch, die Theorie eines anderen Umgangs der Geschlechter miteinander in bezug auf Gleichberechtigung, Offenheit und Verständnisbereitschaft in alltägliche Praxis umzusetzen.

4. ALTERNATIVPROJEKTE

Alternativprojekte gibt es seit Mitte der siebziger Jahre in der Bundesrepublik, der Schweiz und in Österreich in folgenden Bereichen: Kleinindustrie, Handwerk und Läden, Landwirtschaft, Verlage und Buchhandlungen, Medien, Musik, Bildung und Volksbildung, Gesundheit, Wohnen, Stadtteilarbeit, Treffs und Kneipen und politischen Initiativen.[8] Im Gegensatz zu den unüberschaubaren Großstrukturen in der patriarchalischen Welt versuchen Menschen in alternativen Projekten Lebens- und Arbeitszusammenhänge zu schaffen, die selbstverwaltet, transparent, nützlich, zufriedenstellend sind und auf Gleichberechtigung beruhen.

Die Alternativbewegung hat substantielle Voraussetzungen unserer Produktionsweise in Frage gestellt: wirtschaftliches Wachstum, Technologie, vermehrte Industrialisierung und auf der individuellen Ebene Arbeits- und Erfolgsstreben, Konsumverhalten und Leistungsdenken. Sie hat dabei nicht nur Kritik geübt, sondern neue Wege eingeschlagen: Den gesellschaftlich verordneten Modellen von stetigem ökonomischen Wachstum hat die Alternativbewegung eine Praxis der Selbstgenügsamkeit entgegengesetzt, die auf einem bescheideneren Niveau der Erfüllung materieller Bedürfnisse gründet, dafür aber strikter ausgerichtet ist auf die Befriedigung von Kommunikation, auf Zufriedenheit, Mitmenschlichkeit, Zärtlichkeit und Kreativität.

Der immer ausgefeilteren Technologie antwortet die Alternativbewegung mit der Einfachheit von Handwerksgeräten und Klein-

technik. Die eigene Herstellung adäquater Werkzeuge, die »Wiedererfindung« von Webstühlen und Geräten der Heimarbeit, der Einsatz von Kleintechnologien – das sind alles sinnvolle Versuche, den Menschen mit seinen Arbeitsmitteln und -gegenständen, mit dem, was er bearbeitet, und dem, wie er arbeitet, zu versöhnen.
Das Modell einer neuen Einfachheit, das die Alternativbewegung lebt, ist freilich noch weit davon entfernt, eine realistische Perspektive für alle Lohnabhängigen zu sein. Doch hat sie inzwischen ihre Beschränkung auf gewisse »Inseln« weitgehend überwunden, was sich nicht zuletzt darin zeigt, daß sie ihre Erfahrungen weitergibt und dabei auch daran denkt, wie diese in die Lebenswelt eines Arbeiters oder Angestellten integriert werden können.
Die Alternativbewegung propagiert in ihrer alltäglichen Lebenspraxis die zwei zentralen Gebote einer neuen Einfachheit und einer neuen Natürlichkeit. Beides wendet sich gegen eine technokratisch-männliche Gesellschaftsauffassung und zielt auf ein organisch-weibliches Verständnis der Welt. Robin Clarke hat die wichtigsten Unterschiede dieser so gegensätzlichen Auffassungen in einem Katalog schematisch zusammengefaßt, z. B.: ökologisch gefährlich gegen ökologisch angepaßt, Ein-Weg-Gebrauch von Material gegen Wiederverwertung, Massenproduktion gegen Handwerk, Kleinfamilie gegen Großfamilie, Naturentfremdung gegen Naturintegration, Zentralismus gegen Dezentralisierung, Quantität gegen Qualität.
Versucht man, in diesen vielfältigen Forderungen und Erfahrungen der Alternativbewegung Gemeinsames zu entdecken, so frappiert, daß sie praktisches Handeln, Machen, Experimentieren und Ausprobieren weit vor den Entwurf von Ideengebäuden und Theorien setzt. Über diese Praxis versucht sie, die Umwelt, die uns durch das kapitalistische System mit seinen Machtstrukturen und durch die Technik immer mehr entfremdet wurde, wieder in unsere eigene Verfügung zu bekommen. Emphatischer ausgedrückt könnte man auch sagen, daß aus Fremdheit (fremder Umwelt, fremder Natur, einander fremden Menschen, sich fremd gewordenen Geschlechtern) wieder Vertrautheit entstehen soll.
Beats, Hippies, Underground und die Alternativbewegung im engeren Sinne haben die Grundlagen für das Mann-Sein an der

Schwelle zum 21. Jahrhundert entscheidend verändert, indem sie zunächst einmal die ideologische Basis männlicher Hegemonie attackierten und dabei das Verhältnis der Männer zu Privateigentum, Technik und Umwelt entmystifizierten.
Noch bedeutsamer mag sein, daß es den genannten Bewegungen gelang, neue Lebenswelten zu schaffen, in denen mit der Abschaffung von Privatbesitz an Produktionsmitteln, Hierarchie und Herrschaft wesentliche Voraussetzungen für die Dominanz des Mannes verändert worden sind. Dies ermöglichte den Männern, in gegengesellschaftlichen Freiräumen ihre traditionellen Haltungen von Maskulinität zu revidieren und sukzessive neue Selbstbilder, geprägt von Offenheit, Toleranz, Kreativität und Emotionalität, zu entwickeln. Daraus entstand schließlich auch ein wesentlich gewandeltes Verhältnis zum anderen Geschlecht, so daß nunmehr die Frau in den neuen Lebens- und Arbeitswelten als gleichberechtigte Person akzeptiert wurde.

5. DER SPIRITUELLE MANN

Psychodelische Erfahrungen, die Auseinandersetzung mit der Tiefenpsychologie und mit Körpertherapien, der starke Einfluß des Zen-Buddhismus schon in der Beat-Generation und die spätere Bedeutung der Esoterik sowie eine neue Ganzheits-Philosophie verstärkten diesen vielfachen Wandlungsprozeß des Mannes in der amerikanischen Gegenkultur. Rasch wurde auch eine Etikette gefunden, die diesen Veränderungsprozeß zu fassen versuchte: der spirituelle Mann.
Der spirituelle Mann begreift sich nicht als Herrscher des Universums wie etwa der technokratische Mann. Im Gegenteil, er fühlt sich demütig eingebunden in die Ganzheit der Welt und lehnt die »Exzesse der industriellen Zivilisation« entschieden ab. Zielvorstellung für ihn ist die »Harmonie zwischen dem inneren Selbst und der äußeren Welt«. Wer in solchem Grundgefühl lebt, kann jeden Augenblick, in einem ganz allgemein religiösen Sinne, als göttliche Manifestation begrüßen, wie es etwa Alan W. Watts schon zu Zeiten der Beats beschrieb.[9]
Der spirituelle Mann vertraut durchaus seiner Vernunft, aber er

weiß auch, daß die Stimme seines Herzens mindestens ebenso bedeutsam für ihn ist. Er sucht die Einheit von Fühlen und Denken.

Das bedingt aber keineswegs den Rückzug in Innenwelten, wie es manche Sekten fordern. Der spirituelle Mann will Handelnder sein und nicht Zuschauer in einem autoritären System. Von Anfang an hat die Alternativbewegung das Selbsthilfemoment stark betont. Ob Beats oder Provos, Hippies oder Underground, Diggers oder Kabouters, sie alle versuchten mit Selbsthilfe und Eigenaktivität die Passivitäts- und Konsumstrukturen unseres gesellschaftlichen Systems in sich selbst und – in einem zweiten Schritt – in ihrer Umgebung zu brechen. Selbsthilfe, so verstanden, drückt Opposition gegenüber dem existierenden System aus und versagte diesem die geforderte Loyalität.

Der spirituelle Mann begegnet seinen Mitmenschen mit Toleranz und Verständnis.[10] Niemand will den anderen beherrschen. Vielmehr ist der dialogische Austausch von Menschen gefordert, die sich offen begegnen.[11] Alan W. Watts beschreibt in seinen Memoiren ausführlich, wie er auf solche Menschen trifft, »denen es nicht peinlich war, Gefühle zu zeigen, die sich nicht schämten, Wärme, Ausgelassenheit und eine erdhafte Lebensfreude an den Tag zu legen«[12].

Dem spirituellen Mann sind innere Werte wichtiger als äußerer Besitz. Was ihn interessiert und motiviert, ist die Ausdehnung seines inneren Reichtums. Julian Beck weist auf die anthropologische Bedeutung solcher Genügsamkeit hin: »Man häuft viel Zeugs um sich, an das man sich gewöhnt hat und das man für wichtig hält. Aber wenn man beginnt, sich von immer mehr persönlichem Gut zu trennen, immer weniger Besitz zu haben, wirkt das ungeheuer befreiend.« Beck rät, das Geld zu vergessen und Wege zu suchen, »mit weniger und immer weniger davon« auszukommen. Der Sinn der Arbeit könne dann wieder »in der Leidenschaft, dem Werk und der Aktion« gefunden werden. »Das Problem ist, daß wir ein Mittel suchen müssen, eine Situation zu schaffen, in der jeder nur so viel produziert, wie er zum Leben braucht. Dann wäre das Unnütze, das nur dem Geld zuliebe produziert wird, hinfällig, und jedermann könnte seine Aufmerksamkeit, seine Zeit und seine Kraft (die paar Jahre unseres einzigen Lebens!) dem anderen und der Welt schenken, statt sie vorwiegend an Abstraktionen zu verschwenden.« Geld wird als »schmutzig«, »häßlich« und »tot« definiert: »Es stellt eine Lüge dar. Befreit euch von seinem Einfluß.«[13]

Der spirituelle Mann ist der Freund und nicht mehr der Feind der Umwelt. In diesem Sinn schreibt Alan W. Watts: »Wir haben einen unheilbaren Ordnungstrieb und verwandeln diese irdische Welt zwanghaft in etwas Ebenes, Rechteckiges und Uniformes, in euklidische Muster ohne jegliche Phantasie und Überschwenglichkeit. Sollten wir nicht um Verzeihung bitten für Millionen von Quadratmeilen gestutzter Rasenflächen ohne Blumen?«[14] Der spirituelle Mann weiß, daß Tiere, Pflanzen und Menschen an derselben Welt teilhaben, miteinander unauflösbar in Beziehung stehen und aufeinander angewiesen sind. Alan W. Watts betrachtet Pflanzen, Vögel, Falter und Kaninchen als Leute; Timothy Leary spricht mit den Bäumen in seinem Garten. »Es ist höchste Zeit, daß wir zum Animismus zurück- und vorwärtsgehen und uns gute Manieren zulegen gegenüber *allen* Lebewesen, einschließlich der Pflanzen und sogar einschließlich der Seen und Berge.«[15]

Innerhalb der neuen Natürlichkeit nimmt die Auseinandersetzung mit dem eigenen Körper einen besonderen Stellenwert ein. Auch hier gingen entscheidende Impulse von den Hippies aus, die – seinerzeit noch häufig verlacht – die Bedeutung eines bewußten und ausgeglichenen Verhältnisses zum eigenen Körper betonten. Ebenso wie die »technokratische Medizin« werden auch die »technokratische Sexualität« und die »technokratische Geburt« abgelehnt, auch hier soll wieder alles sanft, d. h. menschlich, emotional, ohne technischen Aufwand geschehen.

Die natürliche Ernährung ist eine der Möglichkeiten, wieder ein gesünderes Verhältnis zum eigenen Körper zu gewinnen. Ein anderer Teil besteht in Übungen, mit denen man seinem Körper bewußt nahezukommen, ihn wieder zu fühlen sucht und »sich mit ihm vereinigt« wissen will: Atemgymnastik, Tanz und Eurhythmie, autogenes Training, Yoga, überlieferte und neuere Formen von Organerfahrung sind einige der praktizierten und von der

Alternativbewegung empfohlenen Möglichkeiten der Körpererfahrung. Der spirituelle Mann weiß sich mit solcher Lebenspraxis auf einem Weg, der zur Versöhnung mit den anderen Männern, den Frauen, den Kindern, der natürlichen Umwelt und dem Kosmos führt.[16]

XI
Orte der Brüderlichkeit

Beats, Hippies und Underground haben das System männlicher Hegemonie auf mehreren Ebenen attackiert und dabei auch verändert. Sie demontierten das Weltbild industrieller Rationalität; sie betonten weibliche Werte gegenüber männlichen; sie schufen Lebenswelten, in denen Frauen und Männer gleichberechtigt miteinander sein konnten, und sie griffen die Männlichkeitsbilder und -strukturen in sich selbst an. Die Entwicklung zum spirituellen Mann verstärkte diese Tendenz, vereinseitigte sie aber auch gleichzeitig in zum Teil gefährlichem Maße: Die Veränderung wurde nun mehr und mehr als Anstrengung nach innen verstanden. Meditation, Therapie und Religion sollten den Mann ändern, ihn weicher machen, ihn seine Lebensziele nicht mehr von außen bestimmen lassen. Das führte von der Gesellschaft und deren Macht- und Herrschaftsstrukturen weg und löste jene dialektische Einheit von innen und außen auf, in die jeder Mensch wesensgemäß eingebunden ist. Die Esoterik verabsolutierte diese Introversion dann gänzlich und führte zu dem paradoxen Ergebnis, daß in dieser Weise veränderte Menschen direkt oder indirekt der Stärkung des Kapitalismus nützlich werden. Sie schuf überdies ein seltsames Gurutum, das die Vormachtstellung der Männer quasi durch die Hintertür wieder einführte; Bhagwan, Fritjof Capra, Stan Grof oder Timothy Leary sind bekannte Beispiele für diesen fatalen Trend.

So führt eine Sackgasse von der Alternativbewegung zur Esoterik und ein Zukunftsweg zu den Männergruppen, die ebenfalls in Kalifornien entstanden, wo Beats, Hippies und Underground sich entwickelt hatten. Der geographische Zusammenhang ist auch ein historischer, insofern Männergruppen an die Tradition der Veränderung und Emanzipation anknüpften, die Beats und Hippies vorbereitet hatten. Von den siebziger Jahren bis heute verstärkte sich diese Bewegung der Männer in den USA und griff auch auf Europa über.

Die amerikanische »Bewegung« wird seit einigen Jahren auch von der Öffentlichkeit wahrgenommen. Die Massenmedien berichten über Aktionen und Kongresse der Männerbefreiung. An mehr als hundert Colleges und Universitäten gibt es Seminare über Maskulinität, Männerrollen und die Psychologie der Männer. »Men's Studies« ist ein neuer Zweig der akademischen Forschung in den USA.[1]

In der Bundesrepublik geht die Entwicklung langsamer. Männer, die sich verändern wollen, klagen hierzulande über viel zuwenig Aufmerksamkeit: »Die Medien haben sich bisher weitgehend der Stellungnahme entzogen bzw. die Bewegung ignoriert, nicht zuletzt deswegen, da Männergruppenmänner nicht an äußeren Merkmalen erkennbar sind und sich in Selbsterfahrungsgruppen zurückzogen. Außerdem wäre eine kritische Auseinandersetzung mit eigenen Umgangsformen notwendig, welches unbequem ist. ... Die Verhaltensänderung von Männergruppen wird bisher einzig in Teilen der linken Szene anerkannt.«[2]

1. ZUR GESCHICHTE DER MÄNNER IN BEWEGUNG

Die Befreiungsbewegung amerikanischer Männer ist aus zwei unterschiedlichen Gruppierungen entstanden. Die eine knüpfte unmittelbar an die Protest- und Emanzipationsbewegungen von den Beats bis zum Feminismus an. Die andere organisierte sich zur Bewältigung ganz konkreter Alltagsprobleme von Männern, die verlassen, getrennt oder geschieden worden waren, die als Alleinerzieher Kinder versorgen mußten usw. Vereinfacht formuliert begann die Geschichte der amerikanischen Männerbewegung auf der einen Seite als Emanzipationsgruppe und auf der anderen als Interessenverband. Diese beiden Flügel organisierten sich in den achtziger Jahren in der »National Organization for Changing Men« (NOCM) und der »Coalition of Free Men«.

Die »Coalition of Free Men«[3] führt in ihrer Entstehungsgeschichte bis in die sechziger Jahre zurück, als Männer wie Ruben Kidd und George Partis sich im kalifornischen Sacramento gegen Ungerechtigkeiten zur Wehr setzten, denen Männer in Scheidungsverfahren ausgesetzt waren. 1968 veröffentlichte Charles V. Metz sein vielbeachtetes Buch »Divorce and Custody For Men«, in dem er aus der Benachteiligung von Männern im Scheidungs- und Sorgerecht den abenteuerlichen Schluß zog, daß es eine »weiblich-dominierte Gesellschaft« gebe. Ein Mitstreiter von Metz, Richard Doyle, vereinigte Anfang der siebziger Jahre die verschiedenen männlichen Scheidungsreform-Gruppen zur »Coalition of American Divorce Reform Elements« (CADRE). 1973 gründete Doyle die »Men's Rights Association« (MRA). 1977 schuf Fred Hayward die »Men's Rights Incorporation«, und in Columbia/Maryland trat die erste Sektion der »Free Men« in Erscheinung, die sich insbesondere von Herb Goldbergs erstem Männerbuch »The Hazards of Being Male« inspiriert fühlte. 1980 trafen sich Vertreter vieler nichtfeministischer Männergruppen im Staat New York und beschlossen die Koordinierung ihrer Anstrengungen. Unmittelbare Ergebnisse davon waren die nationalen Kongresse 1981 in Houston und 1982 in Detroit. Am Vatertag im Juni 1982 machten diese Gruppen in Boston auf die Notwendigkeit der gesetzlichen Gleichberechtigung von Mann und Frau aufmerksam.

Die Zunahme solcher Aktivitäten begünstigte den Zusammenschluß lokaler »Free Men«-Gruppen zur »Coalition of Free Men«. Die »Free Men« verstehen sich vornehmlich als Organisation, die die Rechte der Männer verteidigt. Von der Frauenbewegung haben sie das Sexismus-Konzept übernommen, werfen nun aber ihrerseits den Feministinnen vor, die Männer zu diffamieren. In ihrer nicht sehr differenzierten »Philosophie« gehen sie davon aus, daß die beiden Geschlechter komplementär aufeinander bezogen sind. Ausdrücklich lehnen die »Free Men« eine männliche »Sündenbock-Rolle ab, die den Männern die alleinige Schuld an den Problemen der Frauen zuweist. Die »Coalition of Free Men« unterstützt die Auffassung von der Gleichberechtigung zwischen den Geschlechtern. Damit meinen wir nicht nur, was Gleichheit für Frauen bedeutet. Wir betonen, was Gleichheit für Männer zu beinhalten hat«. Entsprechend den »Free Men« besteht in der Öffentlichkeit Unklarheit darüber, wie sehr Männer von Gesetzen benachteiligt werden, wie sehr sie als getrennte oder geschiedene Männer von ihren Kindern ferngehalten sind, wie wenig die Bürger über die Probleme der Männer wissen und welche Barrieren die Gesellschaft noch immer aufrichtet, um Männerfreundschaft zu erschweren. »Free Men« versucht, gegenwärtige Fragestellungen aus der Optik der Männer zu betrachten und Gesetze, Verhaltensweisen und Institutionen zu prüfen, die Männer diskriminieren. »Free Men« sagt, daß jede weibliche Fragestellung einer männlichen gegenübersteht, weil das die historische Natur unserer komplementären Rollen so bedingt.

Die Geschichte der »National Organization for Changing Men« (NOCM) weist auf das Jahr 1970 zurück. Damals veröffentlichte die Zeitschrift »Liberation« – ein wichtiges Organ der amerikanischen Linken und der Friedensbewegung – einen Aufsatz des Psychologen Jack Sawyer mit dem programmatischen Titel »Männerbefreiung«. Auch Sawyer kam aus dem progressiven Lager der USA. Er war sowohl in der Bürgerrechtsbewegung als auch in der Protestbewegung gegen den Krieg in Vietnam aktiv. Sein Aufsatz begann paukenschlagartig mit dem Satz: »Männliche Befreiung ruft die Männer auf, sich selbst von jenen Geschlechterrollen-Stereotypen zu befreien, die ihr Vermögen, menschlich zu sein, eingrenzen.« Insbesondere den Kampf gegen das männliche Dominanz- und Erfolgsstreben propagierte Sawyer. Er zeigte auf, wie unsinnig und gefährlich dieses Streben ist, da es sowieso nur ganz wenigen Männern gelänge, in der bestehenden Gesellschaft dominant und erfolgreich zu sein. »Ein Weg zur Dominanz ist potentiell allerdings jedem Mann offen – die Herrschaft über eine Frau. So wie die Gesellschaft die Männer allgemein lehrt zu dominieren, lehrt sie die Frauen sich unterzuordnen, und so gelangen die Männer dazu, über die Frauen, zu herrschen. Mehr und mehr wehren sich indessen Frauen gegen die üblen Folgen männlicher Dominanz. Doch der Kampf der Frauen um ihre Freiheit muß kein Kampf gegen Männer als Unterdrücker sein. Die Wahl, ob Männer der Feind sind, müssen die Männer selbst treffen.« Für Sawyer war mit dem neuzeitlichen Freiheitsbegriff nicht zu vereinbaren, daß die Menschheit in ein herrschendes und ein beherrschtes Geschlecht eingeteilt wird. »Freiheit erfordert, daß es weder Herrschaft noch Unterwerfung gibt, sondern daß alle Individuen frei sind, ihr Leben als Gleichberechtigte zu bestimmen.« Dazu gehörte für Jack Sawyer im besonderen auch, daß die Männer nicht auf Geldverdienen, Erfolg und Karriere festgelegt werden, sondern ihr ganzes menschliches Potential von Gefühl, Ausdruck, Spiel und Freizügigkeit entfalten können.[4]

1970 entstand im kalifornischen Berkeley das »Berkeley Men's Center«. In einem Manifest formulierten die Gründer des Zentrums: »Wir als Männer wollen unsere volle Menschlichkeit wiederhaben. Wir wollen nicht mehr länger in Anstrengung und Wettbewerb stehen, um ein unmögliches, unterdrückendes, männliches Image zu erreichen – stark, schweigsam, cool, nett, gefühllos, erfolgreich, Beherrscher der Frauen, Führer der Männer, reich, brillant, athletisch und ›heavy‹. ... Wir möchten uns selbst gern haben. Wir möchten uns gutfühlen und unsere Sinnlichkeit, unsere Gefühle, unseren Intellekt und unseren Alltag zufrieden erleben.« Ein Jahr später wurde die erste Zeitschrift der Bewegung gegründet: »Brother: A Forum for Men against sexism«.

1970 veröffentlichte »Liberation« auch ein Schwulenmanifest, das im Vorwort als ein historisches Dokument einer der am stärksten unterdrückten Minderheiten der USA bezeichnet wurde.[5]

Spätestens Mitte der siebziger Jahre war die Emanzipation der Männer in den USA zu einem öffentlichen Thema geworden. Dazu hatten auch einige Autoren beigetragen. 1974 erschienen die beiden aufsehenerregenden Bücher »The Liberated Man« von Warren Farrell und »The Male Machine« von Marc F. Fasteau, und 1976 publizierte Herb Goldberg »The Hazards of Being Male«. Alle drei Bücher, gefolgt von einer ganzen Reihe ähnlicher Werke, zeigten einer größeren Öffentlichkeit zum erstenmal, welche sozialen, physischen und psychischen Schwierigkeiten Männer heute auf sich nehmen müssen, um dem Männlichkeitsideal der Gesellschaft gerecht zu werden. Farrell und Fasteau argumentierten dabei durchaus in Übereinstimmung mit der feministischen Kritik am »Patriarchat«, während Goldberg zwar die Frauenemanzipation als »Segen für die Männer« begrüßte, aber gleichzeitig alle einseitigen Schuldzuweisungen an die Adresse der Männer ablehnte.

Warren Farrell, der zu jener Zeit eine Arbeitsgruppe über Männer in der größten US-Frauenbewegung, der »National Organization for Women«, leitete, machte nach dem Erscheinen seines Buches Lesungen im ganzen Lande. Er forderte bei diesen Gelegenheiten seine Zuhörer auf, Männergruppen zu gründen. Insbesondere in den Colleges und Universitäten entstanden ab 1974 unzählige Treffpunkte für Männer. Überdies entwickelte sich langsam ein akademisches Interesse an den Männern und deren Problemen, was schließlich zu dem neuen Forschungsschwerpunkt der »Men's Studies« führte. 1974 drehten Will Roberts und Josh Hanig ihren wichtigen Film »Men's Lives«, der eine breitere Öffentlichkeit für die Probleme der Männer sensibilisierte.

Als Folge solcher »Bewußtseinsarbeit« entwickelten sich überall in den USA Männerprojekte unterschiedlichster Art: Am häufigsten fanden sich Männer zusammen, um ihre Probleme zu besprechen. Darüber hinaus wurden themenzentrierte Gruppen gegründet, in denen sich Männer mit Schwangerschaftsverhütung, Gewalt gegen Frauen und Kinder, Vergewaltigung, eigenen psychischen Schwierigkeiten, Berufs- und Karriereproblemen auseinandersetzten. Für Notlagen von Männern entstanden Therapiegruppen, Kollektive fürs Kinderhüten, Nachbarschaftshilfe, Telefonketten und Krisenzentren. In zahlreichen Freizeitgruppen begannen Männer, miteinander Musik zu machen, zu schreiben, zu malen, auf Wanderungen zu gehen usw. Mitte der siebziger Jahre wurden bereits die ersten nationalen Konferenzen zu Männerthemen abgehalten und die ersten nationalen Männerverbände gegründet wie z. B. »Men Allied for Liberation and Equality« (MALE) oder »The Man's Awareness Network« (MAN). 1982 erwuchs aus diesen Aktivitäten die »National Men's Organization«, die wenig später zur *»National Organization for Changing Men«* (NOCM) umgetauft wurde. NOCM versteht sich als »Organisation von Aktivitäten, die positive Veränderungen für die heutigen Männer tragen und unterstützen. NOCM tritt ein für eine männlichkeitsbejahende, profeministische und schwulensolidarische Perspektive«[6]. NOCM ist überzeugt, daß das traditionelle Verständnis von Männlichkeit dringend verändert werden muß und daß solche Veränderung nicht nur die Basis für ein glücklicheres Leben der Männer ist, sondern auch endlich ein sinnvolles Zusammenleben der Geschlechter ermöglichen wird. Damit will NOCM nicht historisch Gewachsenes verleugnen: »Traditionelle Männlichkeit beinhaltet viele positive Charakteristika, auf die wir stolz sind und aus denen wir Kraft beziehen; aber sie enthält auch Eigenschaften, die uns begrenzt und geschadet haben. Unsere Liebe zu Männern und unsere Freude, Männer zu sein, motiviert uns, gegen die Methoden zu protestieren, mit denen diese Gesellschaft Männer verletzt und entfremdet.« Der Kampf von NOCM für eine neue Männlichkeit schließt die Solidarität mit der Frauenbewegung ein. »Wir begrüßen und unterstützen die Einsichten und die positiven gesellschaftlichen Veränderungen, die der Feminismus für Frauen und Männer angeregt hat. Wir sind Gegner aller Ungerechtigkeiten gegenüber Frauen. ... Frauen und Männer können zusammenarbeiten und arbeiten auch tatsächlich als Verbündete zusammen, um jene Ungerechtigkeiten zu beseitigen, die so oft bewirkt haben, daß sie sich gegenseitig als Feinde betrachteten.« NOCM setzt sich auch für die Schwulen ein: »Eine der stärksten und tiefsten Ängste der amerikanischen Männer ist ihre Furcht vor Homosexualität. Diese Homophobie trägt direkt zu den vielen Ungerechtigkeiten bei, die schwule, lesbische und bisexuelle Personen erfahren.« Praktisch stellt NOCM ein Netzwerk von Mitteln und Hilfen zur Verfügung, das die Veränderungsbemühungen von Männern unterstützen soll. Dazu gehören Publikationen, Arbeitsgruppen, Vorträge, Kongresse, politische Initiativen u. a. Am wichtigsten sind sicher die vielen lokalen Arbeitsgruppen, deren Themen entsprechend aktueller Erfordernisse wechseln. Gegenwärtig gibt es innerhalb von NOCM die folgenden »task groups«:

- Vaterschaft; die Aufgaben und »Rollen« von Vätern (»Fathering«),
- Männerkultur; spezifische kulturelle Aktivitäten von Männern (»Men's Culture«),
- Männerforschung; das historische und soziologische Verständnis von Männern; Männertheorie (»Men's Studies«),
- Pornographie; die Bedeutung pornographischer Darstellungen in der männlichen Sexualität (»Pornography«),
- die Rechte der Schwulen (»Gay Rights«),
- psychische Probleme von Männern (»Men and Mental Health«),
- Männergewalt; Gewaltanwendung von Männern gegenüber Frauen und Kindern; die Bedeutung von Gewalt in der Erziehung und im sozialen Leben des Mannes (»Ending Men's Violence«),
- die Beziehungen zwischen Männern und Frauen; Geschlechterfragen (»Male-Female Relationships«),
- Homophobie; das Verhältnis der Männer zu- und untereinander; Männerängste; Ängste, für schwul gehalten zu werden (»Homophobia«).

Es läßt sich nicht behaupten, daß sich die beiden großen Männerorganisationen in den USA, die »Free Men« und die »NOCM«, befehden würden. Auf nationaler Ebene gibt es in jüngster Zeit mehr Berührungspunkte als früher. Regional und lokal ist die »Klientel« beider Gruppierungen meist zu unterschiedlich, als daß es überhaupt zu Konflikten kommen könnte. Insofern eine Auseinandersetzung zwischen beiden Organisationen stattfindet, werfen die »Free Men« der NOCM vor,[7] zu feministisch und zu schwulenfreundlich zu sein. Sie lehnen das Konzept vom »männlichen Unterdrücker« ab und weisen Männern wie Frauen ein gleiches Maß an Verantwortung für herrschende Geschlechterstereotypen und die Schwierigkeiten zwischen den Geschlechtern zu. Sexismus ist für die »Free Men« eine Diskriminierung, derer sich auch Frauen gegenüber Männern schuldig machen. Die »Free Men« sind nicht schwulenfeindlich, lehnen aber als heterosexuelle Männer eine ausdrückliche Unterstützung der Homosexuellen ab. Im Gegensatz zu NOCM verwerfen die »Free Men« eine grundsätzliche Gesellschaftskritik.

Die »National Organization for Changing Men« wirft den »Free Men« vor, männliche Interessen überzubetonen und weibliche zu wenig wahrzunehmen.[8] Die feste Überzeugung der »Free Men«, daß Männer und Frauen gleichermaßen unterdrückt sind und daß die Privilegien den Männern von einer gesellschaftlichen Ordnung zugewiesen sind, die Frauen entscheidend mittragen, wird von NOCM als unkritisch und antifeministisch zurückgewiesen. In der Behandlung der Probleme von Pornographie, Vergewaltigung und Männergewalt seien die »Free Men« nicht gewillt, die Tatsachen anzuerkennen, und zeigten sich oft sogar frauenfeindlich, indem sie etwa die Mitwirkung der Frauen bei Vergewaltigungen unterstellten. Robert Brannon bezichtigt die »Free Men«, ein wichtiger Teil »der konservativen Reaktion gegen die feministische und homosexuelle Emanzipation« zu sein.

Andere sind weniger puristisch. So bezeichnet Warren Farrel NOCM und »Free Men« als Teile derselben Tradition innerhalb der Männerbefreiung. Naomi J. Penner, Mitbegründerin der »National Organization for Women« gehört auch zu den Gründerinnen der »Free Men«, weil sie der Überzeugung ist: »Wenn Männer frei sind, werden es auch die Frauen sein; wenn Frauen frei sind, werden auch die Männer frei sein, wenn beide frei sind, werden die Kinder frei sein.«[9]

In der Bundesrepublik Deutschland entstand die Bewegung der Männergruppen gegen Mitte der siebziger Jahre aus der Studentenbewegung und vor allem in Auseinandersetzung mit dem Feminismus. Männer, die damals Männergruppen aufbauten oder ihnen angehörten, gaben für ihre Aktivitäten folgende Hauptgründe an: »Drei Momente sind es meines Erachtens, die die innere Logik männlicher Veränderung ausmachen und sie vorantreiben werden: Zum einen schwinden die objektiven Voraussetzungen für die Aufrechterhaltung von männlichen Machtpositionen, sosehr wir uns auch dagegen stemmen mögen. Zum anderen wird dieser Prozeß verstärkt und in spezifischer Weise überformt durch den zunehmenden Druck von seiten der Frauen und der

Frauenbewegung. Drittens (und hiermit läßt sich vielleicht am ehesten die Frage beantworten, warum wir uns denn verändern wollen) ist uns unsere innere Borniertheit, uns selbst und anderen Männern gegenüber, zu einem konkreten Leiden geworden, weil sie zunehmend quer liegt zu beglückenden Erfahrungsmomenten und zu Bedürfnissen, von denen man nicht mehr absehen kann und will.«[10]

Eine große Bedeutung für die bundesdeutsche Männergruppen-Bewegung kam Ende der siebziger Jahre *Volker Elis Pilgrim* und seinen beiden Büchern »Der Untergang des Mannes« und »Manifest für den freien Mann« zu. Diese beiden Bücher formulierten und bestätigten damals den Frust vieler Männer an den Funktionen, die sie zu erfüllen, und den Images, die sie zu übernehmen hatten. Ähnlich wie Warren Farrell in den USA reiste auch Pilgrim zu Lesungen in Volkshochschulen und zu Vorträgen und stimulierte dabei viele Männer, konkret für ihre Veränderung etwas zu tun. In der unmittelbaren Folgezeit entstanden viele neue Männergruppen, die ersten Männer-Zeitschriften wie z. B. »Mann-O-Mann«, »Mannsbild« und »Von Mann zu Mann«, Männerkalender, Selbsterfahrungsberichte von Gruppen und die ersten nationalen Gruppentreffen.

Mitte der achtziger Jahre schwappt die Veränderungswelle aus dem akademischen Milieu auf die breitere männliche Bevölkerung über, ohne freilich die Kraft der Frauenbewegung auch nur annähernd zu erreichen. Immerhin nehmen sich jetzt auch vermehrt Volkshochschulen, Massenmedien und Verlage des Männerthemas an. Zu einem Männerkongreß in Bremen kamen im März 1985 circa 1200 Männer aus allen Teilen der Bundesrepublik. In Groß- und Kleinstädten entstehen neue und offizielle Treffpunkte für Männer, Beratungsstätten, Zentren und sogenannte »Männerbüros«. Die bundesdeutschen Männer in Bewegung treten aus dem Schatten der privaten Männergruppen, beginnen, sich öffentlich zu zeigen, zu artikulieren und, in bescheidenem Maß, zu institutionalisieren.

1987 veröffentlicht die Frankfurter Männerzeitschrift »Von Mann zu Mann« ein »Vorläufiges Manifest«, in dem eine »politisch soziale Zielsetzung der Männerbewegung für Emanzipation« formuliert wird: »Bewußtmachung der bisher festgeschriebenen Rollen für Frauen und Männer. Aufklärung über die Vielzahl der Verhaltensmöglichkeiten von Männern und Frauen. Veränderung patriarchalischer Strukturen und Werte in Familie, Arbeit, Schule, staatlichen Organen, Parteien, Gewerkschaften, Kirche usw.« Forderungen nach Vaterschaftsurlaub und kürzerer Arbeitszeit des Mannes werden erhoben, damit dieser mehr an der Kindererziehung teilnehmen kann. Auch die deutschen Männer in Bewegung treten für den »Abbau der gleichgeschlechtlichen Berührungsängste« ein und ganz entschieden auch dafür, daß »die Hälfte der Verantwortung in allen gesellschaftlichen Bereichen (Parteien, Ämter, Haushalt, Wirtschaft usw.) durch Frauen wahrgenommen« wird.

Ein neues, auch öffentlich diskutiertes Thema der letzten Jahre ist die Männergewalt. In Hamburg haben sich Männer, die einst selbst gewalttätig gegenüber Frauen gewesen sind, zu einer Initiative »Männer gegen Männergewalt« zusammengeschlossen. In Gruppensitzungen arbeiten sie ihre Probleme auf. Inzwischen hat die Initiative ein Sorgentelefon eingerichtet, das Männern zur Verfügung steht, die »den Teufelskreis der Frauenmißhandlung durchbrechen wollen«. 1987 hat der Psychologe Michael C. Baurmann den »Aufruf« formuliert: »Männer wenden sich gegen Männergewalt.« »Jedes Jahr werden in der Bundesrepublik rund 20 000 Fälle angezeigt, bei denen ein Mann sexuelle Gewalt gegen eine Frau oder ein Mädchen ausgeübt oder dies versucht hat. Nach begründeten Schätzungen erleben aber drei-, bis zehnmal so viele Frauen und Mädchen sexuelle Gewalt, sexuelles Bedrängen oder werden sexuell bedroht.« Baurmann kritisiert, daß viele Männer Gewalt gegen Frauen noch immer verharmlosen oder darüber witzeln. Männer, so fordert er, sollten sich nun klar von jedweder Form von Gewalt gegen das weibliche Geschlecht distanzieren: »Ich als Mann erkläre, daß ich mich klar gegen die Ausübung jeder Form von sexueller Gewalt ausspreche und solchen Handlungen in meinem Umfeld aktiv entgegentreten werde. Ich wünsche mir, daß sich eine eindeutige Mehrheit der Männer – möglichst alle Männer – gegen die bisherige Männergewalt wendet.«[11]

2. MÄNNERGRUPPEN UND MÄNNERVERÄNDERUNG

Volker Elis Pilgrim definiert Männergruppen oder Männerbefreiungsgruppen als »neue Lebenseinheiten, die dem Mann die Krise seines Selbstverständnisses zu überwinden helfen«[12]. In diesen Gruppen bearbeiten die Männer ihre soziale Einsamkeit und ihr Konkurrenzverhältnis, das ihnen die Gesellschaft strukturell auferlegt. »Im erwachsenen Männerdasein kommt das Erlebnis einer Gruppe mit den spezifischen Gefühlen der Zugehörigkeit, des Zusammenhaltens und der Mitverantwortung nicht mehr vor. Der Mann wird in Beruf und Familie mit Alleinverantwortung strapaziert. Alles ruht auf *seinen* Schultern. In der Gruppe ist jeder Mann wie alle anderen für alle Geschehnisse gleich verantwortlich. ... Der Mann lernt, mit Männern zu leben, anstatt auf sie nur wie auf Reizauslöser zuzuzucken. Der Mann erfährt den anderen Mann vielschichtig, rückt ihn aus den Schablonen des Gegners und des latent Begehrten heraus. Er muß Gefühle für den Mann äußern, sonst funktioniert die Gruppe nicht.«

Sämtliche Erfahrungsberichte und wissenschaftlichen Auswertungen von Männergruppen verweisen auf das zentrale Erlebnis von gegenseitiger Hilfe, Solidarität, Wärme und Brüderlichkeit unter den Gruppenmitgliedern. Männer beschreiben, wie sie zum erstenmal in ihrem Erwachsenenleben anderen Männern nahekommen, ohne sich vor Konkurrenz, dem Eingeständnis von Schwäche oder anderen diffusen Männergefühlen fürchten zu müssen. In den Berichten wird deutlich, wie Gefühlsäußerungen, die eigentlich selbstverstandlich sein sollten, vielen Männern in der Gruppe überhaupt erst zu Schlüsselerlebnissen werden. So schildert ein Teilnehmer mit bewegenden Worten, was es für ihn bedeutet, zum erstenmal einem anderen Mann sagen zu können, daß er müde oder ängstlich sei.[13] Solche Bekenntnisse lassen mit der Zeit in den Gruppen ein Klima von Offenheit und Vertrauen entstehen, das dann auch die Basis für den Prozeß der »Selbstentblößung« bildet. Damit ist gemeint, daß die Männer ohne Scham über ihre Fehler, Schwächen, falschen Selbstbilder, Phantasien und Begrenzungen reden können. Diese schwierige Arbeit geschieht in einem Gruppenklima der Unterstützung und des Mitgefühls; der »beichtende« Mann weiß, daß er in jedem Moment die Gruppenmitglieder um Hilfe bitten kann. Nach der »Selbstentblößung« beginnt langsam der »Wiederaufbau« des einzelnen, der nun die falschen Anteile seines Selbst kennt und darangehen kann, auf Grund seiner wirklichen Bedürfnisse sich zu »restrukturieren«. Damit bieten sich für die Gruppenmitglieder auch Möglichkeiten, Lebenspläne zu ändern und neue Ziele zu formulieren. Mit Hilfe der Gruppe, so geht aus vielen Berichten hervor, ist es Männern gelungen, ihre Berufsperspektiven zu ändern, in Wohngemeinschaften mit anderen Männern zu ziehen, ihr Verhältnis zu Frau und Familie neu zu gestalten, ganz auszusteigen und einen »exotischen«, im tiefsten aber schon immer gewünschten Neubeginn zu wagen.

Diese Zusammenfassung verkürzt natürlich Entwicklungsprozesse, die drei und mehr Jahre dauern. *Wayne A. Ewing*[14] unterscheidet in der Dynamik von Männergruppen sieben Stufen oder Problemkreise: Die erste betrifft die Selbsterkenntnis, an sich und in sich etwas verändern zu müssen. »Offen zu sein für Bedürfnisse und Nöte, sie zuzugeben und um Hilfe zu bitten, ist eine einzigartige und schockierende Erfahrung für Männer.« Die zweite Stufe ist gekennzeichnet durch das Erlebnis von Vertrauen, Intimität und Unterstützung in der Gruppe. Männer haben im sozialen Umgang mit anderen Männern nur Oberflächlichkeit, Einsamkeit, Wettbewerb, Leistung, Dominanz und Kontrolle kennengelernt; ihre Erfahrungen mit Männern waren bisher schmerzhaft, traurig, enttäuschend und oft sogar traumatisch. Nun lernen sie, zumeist das erste Mal in ihrem Leben, sich anderen Männern zu öffnen, Verletzungen und Schwächen einzugestehen, und erleben dabei, daß die anderen ähnliche oder gleiche Erfahrungen machen mußten. Die dritte Stufe betrifft Problemlösungen. Auch hier müssen die Männer in der Gruppe umlernen. Sie haben gelernt, Schwierigkeiten logisch denkend anzugehen. Jetzt erkennen sie, daß sie zur Überwindung ihrer Probleme außer ihrem Kopf auch ihr Herz befragen müssen. In der vierten Stufe geht es um die Gefühle der Männer, die langsam lernen müssen, ihre Emotionen wieder zuzulassen, sie zu spüren, auf sie zu hören.

Die fünfte Stufe betrifft die »bösen Gefühle« von Ärger, Wut und Feindseligkeit. Männer mußten in ihrer Sozialisation lernen, ihre negativen Gefühle zu unterdrücken, smart zu sein, ein Pokerface aufzusetzen. »Doch die Feuer der Wut schwelen direkt unter der Oberfläche der äußeren Fassade von männlicher Kontrolle und Selbstgenügsamkeit. Die Folgen der Anstrengung, Gefühle beherrschen und verstecken zu müssen, bleiben nicht aus; die Energie, die dafür aufgebraucht wird, ist immens. Verspannte Körper und gespannte Stimmungen resultieren daraus.« In der Gruppe bedarf es keiner Kontrolle und keiner falschen Rücksichten, so daß die Männer lernen können, ihre negativen Gefühle auszudrücken und zu entdecken, was in diesen an Botschaften verborgen ist. Die sechste und die siebte Stufe sind problemzentriert und betreffen einerseits die Auseinandersetzung mit den Frauen im Leben der Männer und andererseits die Beziehungen zu Vätern und Söhnen.

Wie macht man eine Männergruppe? Wie kommt man überhaupt zu einer Gruppe mit Männern? Die Frankfurter Männerzeitschrift »Von Mann zu Mann« gibt dazu folgende Ratschläge:[15] Wenn der interessierte Mann keine Männergruppe kennt, soll er ein Inserat aufgeben. Daraus ergeben sich mit Sicherheit die erwünschten Kontakte. Die Männer verabreden dann einen Termin und treffen sich. Die einzelnen Bedürfnisse und Wünsche werden besprochen und möglicherweise koordiniert. Es kann durchaus sein, daß nicht alle Erwartungen erfüllt werden, daß auch der eine oder andere schon sofort ausscheidet. Diese ersten Treffen dienen dem Kennenlernen. »Zuerst ist das zwanglose Kennenlernen wichtig, auch, um die vor dem Treffen vorhandenen Spannungen und Ängste wieder abzubauen. Vielleicht ist es auch unerwartet, andere Männer unsicherer zu sehen als vermutet. Am ersten Abend werden auch die Erwartungen etwas gedämpft, statt dessen werden mit den neuen Leuten neue Ansichten und Probleme offenbar.«

Das Kennenlernen wird durch gemeinsame Erlebnisse am besten vertieft. Die Gruppe kann zum Beispiel zusammen essen gehen oder gemeinsam kochen, ins Kino gehen und über den Film reden. Ganz falsch wäre es, eilig und zwanghaft gleich tiefste Probleme bewältigen zu wollen. Mit der Kontinuität der Gruppe werden die Treffen nahezu automatisch themenzentrierter. Möglichkeiten dazu beschreibt »Von Mann zu Mann«: »Was fand ich heute oder die letzten Tage gut an mir, was habe ich Schönes erlebt? Ich habe ernste Probleme mit..., so, wie ich die Männer hier erlebe, möchte ich gerne, daß wir dieses und jenes vornehmen..., also Zielvorstellungen für die Gruppe.

Zwischendurch vielleicht wieder Gespräche ohne Ordnung. Vielleicht sind auch die ersten Mauern zwischen einigen Männern eingerissen und ganz neue Ansichten über die Möglichkeiten der Gruppe aufgekommen. Zwischen den Anhörungen oder Runden, die um Probleme oder momentane Gefühle gehen, wird die Frage nach den positiven und negativen Gefühlen gegenüber anderen Männern der Gruppe an Bedeutung gewinnen. Runden über Emanzipation werden wichtig, um den Zusammenhang mit der eigenen Situation herzustellen und mit der Gruppe im Rücken die Konfrontation mit der Veränderungen widerstrebenden Gesellschaft durchzustehen.«

Das alles verläuft nicht glatt und geht nicht ohne Schwierigkeiten voran. Die Erfahrungsberichte von Männergruppen dokumentieren Probleme mit der Fluktuation von Mitgliedern, Gefühlen von Eifersucht, Verklemmtheit und Frustration, dazu viele Ängste und Tendenzen, Widersprüche glätten zu wollen und Konflikte zu vermeiden.[16]

Trotzdem überwiegen bei allen, die jemals in einer Männergruppe waren, die positiven Erfahrungen. Männer resümieren, daß sie *als Männer* ein neues Selbstbewußtsein entwickeln konnten. Zwischen der Herausforderung durch den Feminismus und der Entfremdung durch das traditionelle Männlichkeitsbild der Gesellschaft eingeklemmt, haben wir uns alle in einer Zone der Verunsicherung bewegt, die uns hilflos, larmoyant, aggressiv, diffus und ratlos hat werden lassen. Viele von uns konnten sich in Männergruppen wieder auf sich selbst und auf ihre wirklichen Bedürfnisse besinnen, authentisch werden und aus der Defensive treten. Jeder von uns hat in der Gruppe sein alltägliches Verhalten, seine Eigenheiten und Eigenschaften überprüfen und dabei auch manches revidieren müssen. Aber auch diese Veränderungen haben uns sicherer gemacht, offener und toleranter gegenüber Frauen, Kindern, der Welt und der Natur.

3. INTERVIEW MIT WAYNE A. EWING

Dr. Wayne A. Ewing ist Theologe und Psychotherapeut in Denver. Nach seiner Promotion 1965 in Yale ließ er sich als Therapeut ausbilden. Seine Schwerpunkte sind Familien- und Ehetherapie. Von 1971 bis 1983 war er Professor am Loretto Heights College, arbeitete im »Research Center on Women« und publizierte dort eine vielbeachtete Untersuchung über sich verändernde Männer. In mehreren wissenschaftlichen Arbeiten setzte sich Ewing mit dem Problem von Gewalt in Familien und vor allem mit Männergewalt gegen Frauen auseinander. Als Psychotherapeut gehört er der Leitung des wegweisenden Projekts von AMEND an (»Abusive Men Exploring New Directions«). Eines der Hauptziele von Wayne A. Ewing ist es seit jeher, daß Männer individuell und gesellschaftlich in die Lage versetzt werden, sich und ihre Energien positiv auszudrücken. Von daher unterstützt er Männergruppen praktisch und theoretisch.

WH: Welches sind heute die wichtigsten Funktionen von Männergruppen in den USA?

Ewing: Gegenwärtig vollzieht sich in den USA eine interessante Entwicklung. Die Männergruppen, die sich bislang an Selbsterhaltung, Bewußtseinsarbeit und gegenseitiger männlicher Unterstützung ausschließlich orientierten, gehen über diese Aufgaben hinaus und wenden sich themenzentrierten Projekten zu oder bestimmten Populationen von Männern. So kann sich z. B. eine Gruppe zusammenfinden, um ein lokales Projekt (»community project«) zu unterstützen, das direkt mit einer spezifischen Männerproblematik verbunden ist. In Boulder, im Staat Colorado, etwa, formierte sich eine Männergruppe, um die Arbeit des »Boulder-Safehouse« zu unterstützen, in dem Frauen und Kinder untergebracht sind, die zu Hause von Ehemännern, Liebhabern und Vätern mißhandelt worden sind. Männergruppen, die aus eigener Kraft an ihrer Veränderung arbeiten, beziehen heute sehr häufig Männer mit ein, die Mißhandler oder Sexualtäter sind. Natürlich werden diese Gruppen von Sozialarbeitern und Therapeuten unterstützt. Was mir indessen wichtig erscheint ist, daß hier eine zweite Generation von Männergruppen herangewachsen ist, in denen Männer ganz konkret damit beschäftigt sind, andere Männer zu heilen.

WH: Welches sind die Gründe für die starke Zunahme von Männergruppen in den USA?

Ewing: Die Gründe variieren. Manche Männer finden sich aus extrinsischer Motivation in Gruppen zusammen: Sie haben eine Beziehung mit einer feministischen Frau, die von ihnen verlangt, sensibler zu werden, ein bestimmtes Männerverhalten zu ändern usw. Andere Männer sind intrinsisch motiviert: Sie sind es leid, weiterhin jenen Rollenerwartungen zu genügen, die sie an ihrer Arbeitsstätte, in der Familie oder in ihren Intimbeziehungen erfüllen sollen. Es besteht kein Zweifel, daß sich die traditionellen Geschlechterverhältnisse stark verändern und daß die Männer davon gegenwärtig am stärksten betroffen sind. Einige Männer führen diese Veränderungsbewegung an, andere folgen ihnen.

Ein Hauptgrund für diese Veränderungsbewegung liegt in der gesellschaftlichen Isolation der Männer. Männer sind in unserer Gesellschaft ziemlich einsam. In schwierigen Momenten müssen sie erkennen, daß sie wenig oder gar keine näheren Freunde haben, und wenn doch, dann sind es zumeist Frauen. Wir Männer kämpfen jetzt dafür, Freundschaft untereinander neu zu definieren, damit wir uns nicht länger um jene Möglichkeiten inneren Wachstums bringen, die im vertraulichen Umgang, in der Intimität mit anderen Männern angesiedelt sind. Unsere Kultur hat gleichgeschlechtliche Beziehungen und Freundschaften unter Männern mehr oder minder tabuisiert. Die Homophobie ist nach wie vor eine Schranke, die männliche Entwicklung hindert und erschwert.

WH: Bei dem Wettbewerbs- und Konkurrenzverhalten, das uns anerzogen wird, ist es schwierig, in Männergruppen den anderen Mann nicht als Gegner, sondern als Freund zu betrachten. Wie sehr können sich Männer in Männergruppen gegenseitig vertrauen?

Ewing: Vertrauen ist eine ganz primäre Sache in Männergruppen. Normalerweise gibt es in männerdominierten Milieus kein Vertrauen. Für viele von uns ist es ein ganz neues Abenteuer, einem anderen Mann zu vertrauen, wenn es um das geht, was unserem Herzen nahe ist und vor allem dann, wenn es mit starken Gefühlen verbunden ist. Aber die Männergruppen haben mit vielen Erfahrungen, Experimenten, Spielen, auch körperlicher Art, die Basis für Vertrauen geschaffen und auch dafür, dieses Vertrauen noch zu steigern.
WH: Welches sind die neuen Verhaltensmuster, die Männer in Männergruppen lernen und sich zugestehen können?
Ewing: Nun, sich gegenseitig zu vertrauen, vor allem. Aber auch anderes: nicht-wettbewerborientiertes Verhalten wie z. B. Empathie, also die Fähigkeit, sich in andere Männer einzufühlen, Zusammenarbeit, die auf Veränderung zielt, Gewaltlosigkeit, Bedürfnisbefriedigung, die andere Menschen nicht verletzt und ihnen nicht schadet, zuhören können, das Leben mit dem Herzen und mit dem Kopf erfahren, loslassen können und das Leben kreativ genießen.
WH: Könnten Sie die Anstrengungen beschreiben, die Männergruppen unternehmen, um traditionelle sexistische Haltungen zu überwinden?
Ewing: Die primäre Methode, mit der sexistisches Verhalten angegangen werden kann, ist nach meinen Erfahrungen die direkte Konfrontation in der Gruppe, die aber nicht feindselig sein darf, sondern in Akzeptanz und Mitgefühl eingebettet sein muß (»compassionate confrontation«). Mit anderen Worten: Konfrontation allein reicht nicht. Damit kann man einen verbalen Streit ausfechten, aber nicht Verhaltensänderung erreichen. Mitgefühl allein ist auch nicht genug. Wir sind inzwischen über den Punkt hinaus, an dem wir Männer »verstehen« wollen und müssen. Es ist an der Zeit, daß Männer zueinander finden, um sich gegenseitig von jenen Verletzungen zu heilen, die patriarchalisches Verhalten ihnen selbst zugefügt hat. Die Verbindung von Konfrontation und Mitgefühl erlaubt uns, »Brüder« zu sein und gleichberechtigt in unseren Anstrengungen uns zu verändern. Es gibt keine Hierarchie von »neuen Männern« gegen »alte Män-

ner«, obwohl einige Leute in unserem Land so reden. Die Wahrheit ist heute in einer neuen Ordnung von aufgeklärten Männern (»enlightened men«) zu finden, die die Strukturen und Ungerechtigkeiten des Sexismus dort aufgelöst haben, wo sie am realsten sind, nämlich in uns selbst.

WH: Gibt es schon neue, positive Verhaltensmodelle in den USA, an denen sich Männer in Bewegung in gewisser Weise orientieren können?

Ewing: Das ist eine sehr schwierige Frage. Es gibt neue Verhaltensweisen und neue Männerrollen in den Männergruppen, die sich um Veränderung und sozialen Wandel bemühen. Aber in der Gesamtgesellschaft sieht das alles etwas anders aus. Es ist zum Beispiel in unserer kapitalistischen Gesellschaft irritierend zu beobachten, welche Geschlechterbilder und -definitionen die Werbung anbietet. Der berüchtigte »Marlboro-Mann«, den es immer noch gibt, wird in anderen Zigarettenreklamen von eher androgynen Männern und Frauen konterkariert. Das Fernsehen liefert sehr unterschiedliche Botschaften: neben männlicher Gewalt die weibliche Opferrolle. Ich glaube, daß wir in den Männergruppen eine Art Avantgarde (»pioneering movement«) bilden und uns dort diese neuen Verhaltensmodelle selber erschaffen. Eine wichtige Veränderung, die bereits auf die Gesamtgesellschaft übergegriffen hat, ist dabei die Beteiligung von Männern an der Kindererziehung als aktive Väter. Es ist inzwischen gesellschaftlich akzeptiert, in der Öffentlichkeit als Vater seine Zuneigung, seine Zärtlichkeit und seine »weichen« Gefühle zu zeigen. Das war früher nicht der Fall.

4. NEUE MÄNNERWELTEN

In den USA besteht seit Mitte der siebziger Jahre ein Netzwerk von Männeraktivitäten, das sich ständig ausweitet. Auch in der Bundesrepublik und in der Schweiz werden Männer aktiv. Im Vergleich mit den USA befinden sich ihre »institutionellen« Bemühungen aber noch am Anfang. Am wenigsten tut sich in katholischen Ländern.

Im Zentrum der Männeraktivitäten stehen nach wie vor die Männergruppen als Orte der Selbsterfahrung, der Eigenbesinnung und der Veränderung, aber auch der Therapie und der »Neukonditionierung«. Wie alle Menschen, die Neues wagen, haben sich auch die Männer in Bewegung zunächst einmal in ihre Gruppen zurückziehen müssen, um sich über ihre Lage klarzuwerden und aus dieser Reflexion sinnvolle Ziele abzuleiten. Neuanfang ist, so widersprüchlich das klingen mag, immer erst einmal defensiv. Er verlangt den Rückzug, der allein jene Ruhe und jenen Schutz bietet, um Masken und gesellschaftlich Aufgezwungenes ablegen zu können und mit dem dabei freigelegten Kern authentischer Bedürfnisse und Wünsche den eigenen Wiederaufbau behutsam zu beginnen. Erst daraus kann dann irgendwann offensives Denken und Handeln entstehen. Wie Wayne A. Ewing bereits angedeutet hat, haben viele Männergruppen in den USA inzwischen die neue Qualität von Außenwirkung, Nachbarschaftshilfe und Projektarbeit erreicht. Auch in der Bundesrepublik gibt es dafür vermehrt Anzeichen.
Männer, die sich mittlerweile selbst wieder sicher genug sind, zeigen sich in den USA in Gruppen, die öffentlich die Gültigkeit maskuliner Geschlechtervorstellungen in Frage stellen und ebenso öffentlich gegen sexistische Männerdarstellungen in der Werbung, im Film und im Fernsehen protestieren. Diese Männer kritisieren den Männlichkeitswahn des militärischen Apparats und verweigern sich Armee und Kriegsdienst. Immer mehr Männergruppen konstituieren sich, um das große Geschäft mit pornographischen Darstellungen zu bekämpfen. Immer stärker wenden sich Männergruppen gegen Männergewalt: Männer organisieren Dienste, um Frauen in Großstädten und Außenquartieren sicher und unbelästigt nach Hause zu begleiten; Männer unterstützen Projekte für mißhandelte Frauen und Kinder und beziehen dabei entschlossen Stellung gegen jedwede Form von Männergewalt. Männer nehmen sich dabei mittlerweile aber auch ihrer prügelnden, schlagenden und vergewaltigenden Geschlechtsgenossen an und versuchen, sie von ihrem Gewaltzwang zu befreien.
Das alles geschieht ohne viel Aufhebens. Die sich verändernden Männer sind nicht zu Unrecht als *stille Bewegung* bezeichnet

worden. Auch das ist kein Zufall. Wir Männer wissen, daß wir lange genug Gespräche, Initiativen und Öffentlichkeit im allgemeinen dominiert haben; insofern sind Zurückhaltung, Bescheidenheit und Demut historische Forderungen für uns. Das Wesentliche im Veränderungsprozeß der Männer geschieht denn auch abseits des Scheinwerferlichts von Medien und Öffentlichkeit. Überhaupt sind die meisten Männer in Bewegung, ohne formell zu einer »Bewegung« zu gehören. Es sind all jene, die die männliche Hegemonie ablehnen, die sich aus dem Wettbewerbsdenken gegenüber anderen Männern befreit haben, die – zumindest partiell – Hausmänner sind, Töchter und Söhne erziehen, Kriegs- und Militärdienst verweigern, gleichberechtigte Beziehungen zu Männern und Frauen suchen, die in einer »unanständigen« Männergesellschaft anständig bleiben.

Nun soll allerdings auch nicht verschwiegen werden, daß der Anstoß zur Veränderung oft von außen gekommen ist. Manch ein Mann wurde dazu gezwungen – durch Arbeitslosigkeit zum Hausmann gemacht, von einem Herzinfarkt zum Umdenken ermahnt, von einer »frauenbefreiten« Lebensgefährtin in die Männergruppe gedrängt, durch Trennung oder Scheidung plötzlich auf sich selbst angewiesen. Doch letztlich ist hier das Resultat wichtiger als das Motiv, und häufig sind diese Männer, weil sie durch tiefere Schluchten und gefährlichere Engpässe mußten als andere, auch erlöster und entspannter.

Auf einer organisierten Ebene begannen die amerikanischen Männer in Bewegung bereits Anfang der siebziger Jahre bewußtseinsverändernd zu wirken (»consciousness raising«). Männergruppen in der Bundesrepublik folgten diesen Aktivitäten Ende der Siebziger. Beabsichtigt war, die Veränderungsbemühungen in den Männergruppen auf Männer außerhalb der Bewegung auszudehnen. Treffpunkte und Männerzentren wurden gegründet, die Öffentlichkeitsarbeit machen, Workshops abhalten und Veranstaltungen organisieren konnten. So öffnete sich der private, oft intime Rahmen der Männergruppen. Bald war es möglich, Begegnungs- und Tagungsstätten einzurichten. In San Francisco, New York, Philadelphia, Chicago, Boston, Denver und anderen Großstädten der USA entstanden »Center for Men«, »Men's Resource

Center«, »Men's Gathering«, »Men's Support Network«, »Men's Project« und wie immer sich die Treffpunkte für Männer nannten. Die Bewegung blieb indessen nicht auf die Metropolen beschränkt. Männerzentren lassen sich auch in Columbia (Missouri), Madison (Wisconsin), Belchertown (Massachusetts), Dryden (New York) oder in Oakland (Kalifornien) finden.
Diese Zentren bieten Vorträge und Diskussionen über Männerbilder, Männerveränderung, Sexualität, Körperlichkeit, das Verhältnis zu Frauen, Erziehung und Sozialisation, Älterwerden und Alter, Wohngemeinschaften, Männerkooperation, Projekte, Ernährung, Fitneß, Gesundheit und Krankheit, Anti-Streß-Programme, Männer-Freundschaft und vieles mehr an. Die Zentren vermitteln Kontakte, Adressen von Männergruppen und Hilfsorganisationen. Sie verfügen über Anschriften von Wohnungen, Arbeitsstellen, Ärzten, Rechtsanwälten und Therapeuten. Körper- und Gruppentherapien werden meist in den Zentren selbst durchgeführt. Die meisten Zentren geben kleinere Zeitungen oder zumindest Nachrichtenbulletins heraus.
In den Metropolen wie in der Provinz gibt es mannigfache Initiativen, die sich mit Männergewalt und Gewalt im allgemeinen in den Geschlechterbeziehungen befassen und öffentlich dagegen kämpfen. Im kalifornischen San Rafael haben Männer ein Hilfswerk für mißbrauchte Frauen gegründet, in Santa Cruz eine Gruppe, die Alternativen gegen Gewalt im allgemeinen sucht; in Chicago haben mißhandelnde Männer ein Selbsthilfeprogramm aufgebaut (»Abusers Changing Themselves«); in Ann Arbor/Michigan gibt es die »Men Against Rape Culture«, in Columbia/Missouri die Gruppe »Bravo« (»Brothers Resolved Against Violence and Oppression«), in Atlanta die »Men Stopping Violence«. Das sind nur einige Beispiele von vielen, wie es sie in den USA und in Kanada nahezu überall gibt. An vielen Orten unterstützen Männergruppen auch feministische Aktivitäten direkt (»Men's Feminist Support Group«).
Im Gegensatz zu Europa ist in den vergangenen Jahren in den USA auch die Gewalt von Frauen gegenüber Männern zum Thema geworden, auch wenn sie seltener und weniger brutal auftritt. Männerzentren nehmen sich vielfach dieser Problematik an, und

in den Bundesstaaten Washington, Oregon, Kalifornien, Minnesota, New Jersey und Georgia gibt es besondere Anlaufstellen für Männer, die mißhandelt wurden (»Sexual Assault Services for Men«), und spezielle Programme, um insbesondere die psychischen Folgen von Gewalt und sexuellem Mißbrauch behandeln zu können (»Treatment Program for Male Victims of Sexual Abuse«).

Einen wichtigen Stellenwert nehmen in den Männergruppen und Zentren seit geraumer Zeit die kulturellen Aktivitäten ein. In der »National Organization for Changing Men« gibt es eine eigene Arbeitsgruppe, die sich mit Männerkultur (»Men's Culture«) befaßt. Die Resultate werden in den Zentren, auf Festen und eigenen Festivals wie z. B. dem »Midwest Men's Festival« vorgestellt, ebenso bei den nationalen, regionalen oder lokalen Treffen der NOCM. Es gibt eigene Männer-Verlage, Männer-Musikgruppen, Männer-Theater, Sammel- und Ausleihstellen für Männerfilme u. a.

Einiges davon ist in der Bundesrepublik Deutschland ebenfalls vorhanden, wenn auch zumeist noch nicht so gut organisiert wie in den USA. Sicher sind die Grundüberzeugungen der amerikanischen und der deutschen Männerbewegung identisch: der Aufbau eines neuen, positiven Selbstverständnisses von Männlichkeit, der Kampf gegen den Männlichkeitswahn, wie er sich besonders drastisch in der Männergewalt äußert, und die Solidarität mit der Frauenbewegung bei ihrer Auseinandersetzung um Gleichberechtigung und Emanzipation. Am deutlichsten zeigt sich das in den *Männerbüros*, die in der Bundesrepublik seit Mitte der achtziger Jahre entstanden sind. Ihre Prinzipien formuliert Jörg Ehrenforth, einer der Mitbegründer des Bremer Männerbüros, folgendermaßen: »Doch es ist nicht Sinn und Zweck eines Männerbüros, quasi zur Unterabteilung des Feminismus zu werden, sich gar der Frauenbewegung anzubiedern. Vielmehr wollen wir unsere eigenen Köpfe und Bäuche (jawohl, auch die Gefühle!) gebrauchen, um zu schauen, welcher Mist sich da einerseits bei uns angesammelt hat und wo sich andererseits neue Erfahrungsbereiche für uns Männer auftun (die diesen Mist hoffentlich überflüssig machen!).«[17]

Das Bremer Männerbüro ist Beratungsstelle, führt Projekte durch und bietet Selbsthilfegruppen, Arbeitskreise und ähnliches mehr an. Das Männerbüro in Göttingen formuliert in seiner »Präambel«: »Wir leben in einer Gesellschaft, in der Männer alle machtvollen Positionen innehaben und Leistung und Konkurrenz das Verhalten der Männer untereinander bestimmen. Zwischenmenschlicher Kontakt, Kommunikationsfähigkeit, Gefühle zeigen sind in der traditionellen Rollenverteilung Sache der Frauen, Arbeit und Karriere die der Männer. Wir wehren uns gegen das Korsett dieses herkömmlichen Männerbildes und versuchen, durch Erweiterung der Rollenvorstellungen zu neuen Möglichkeiten des Mann-Seins zu gelangen. In diesem Sinne ist unsere Arbeit grundsätzlich männerfreundlich.«

Das Göttinger Männerbüro bietet wie alle anderen in der Bundesrepublik Information, Austausch und Beratung an. Daneben werden Kurse und Wochenendtagungen organisiert sowie Therapie-, Massage-, Atem- und Meditationskurse, Treffen mit Schwulen und mit dem Frauenhaus in Göttingen. Hauptthema ist die Auseinandersetzung mit der eigenen Männlichkeit. Dazu gehört zum Beispiel auch das, was die Veranstalter eine »Forschungsreise« an Stätten des Männervergnügens nennen: »Überwiegend Männer vergnügen sich bei Fußballspielen, Pornofilmen, Gewalt- und Kriegsfilmen und anderen Gelegenheiten. Wir wollen als eine Gruppe von Männern zu typischen Vergnügungsstätten der Männerwelt reisen und sehen, ob wir bisher Unerforschtes dort in uns entdecken. Fasziniert uns vielleicht doch im geheimen, was die einen von uns bisher brav ablehnten? Oder was ist an dem, was die anderen von uns bisher konsumierten, fragwürdig? Entdekkerfreude und Selbstkritik sind hier gefragt, wir planen unsere Touren gemeinsam und werten sie anschließend aus. Dabei soll zur Sprache kommen, wie sich Werte und Normen unserer männerbestimmten Gesellschaft in Sport und Unterhaltung widerspiegeln. Der Kurs kann bei Interesse auch als Einstieg in eine Männergruppe dienen.«

Die »Mannege« in Berlin bietet unter dem Motto »Information und Beratung für Männer« folgende Leistungen an:

– Informationen zum Thema Mann-Sein, über Aktivitäten, Gruppen, Termine etc.

– Informationen über und Vermittlung an andere Projekte, die in irgendeiner Weise an unserem Thema arbeiten,
– Vermittlung an Männergruppen,
– Einzelgespräche für Männer, die sich über ihre Situation als Mann einfach mal mit einem Mann aussprechen möchten,
– Einzelberatung für Männer, die mit ihrer Männlichkeit oder deren Folgen unzufrieden, frustriert oder in eine Krise geraten sind und nach Alternativen suchen. Das kann in einer Beziehung sein, im Kontakt zu Frauen oder zu Männern, in der Familie, am Arbeitsplatz, in der Sexualität, im Kontakt zum eigenen Körper und zur Gesundheit oder allgemein in dieser Gesellschaft,
– Vermittlung an andere Beratungs- und Therapieeinrichtungen je nach Anlaß und Bedürfnis,
– offene Veranstaltungen zur Information und zum Austausch sowie zur Diskussion männerspezifischer Themen,
– Beratung für Männergruppen, die nicht weiterkommen, und Tips und Anregungen zur Gruppengestaltung,
– ein Männer-Info-Brett,
– Beratung über Möglichkeiten der Empfängnisverhütung und den Umgang damit,
– Selbsterfahrungsgruppen für Männer.

Ihre Zielsetzung formuliert die »Mannege« so: »Uns verbindet der gemeinsame Wunsch, die beginnenden Veränderungen von Männern zu unterstützen und sich entfaltende Aktivitäten dieser Art in Berlin zu vernetzen. Darauf aufbauend wollen wir die heute lebensbedrohende ›Männlichkeit‹ im öffentlichen Bewußtsein mehr und mehr problematisieren und Alternativen suchen, lebbar machen und leben. Wesentlich erscheint uns dabei die Unterstützung der traditionell als weiblich geltenden Qualitäten in uns als Männern als auch in unserer Gesellschaft, auf unserem Planeten ›Mutter Erde‹. Wir fördern daher Männer bei der Zurückgewinnung ihrer Gefühle und ihres Körperbewußtseins, wir fördern Aktivitäten von Männern zur Umgestaltung von ›Männlichkeit‹ in Beziehungen und Gemeinschaften bis hin zu den gesellschaftlichen Strukturen, die Ungleichberechtigung von Männern, Frauen und Kindern sowie verschiedener sexueller Orientierungen aufrechterhalten.« Die Veranstaltungen der »Mannege« um-

fassen Vorträge z. B. über die amerikanische Männerszene, Aufklärungsabende z. B. über Verhütungsmöglichkeiten oder über Aids, Diskussionen z. B. über die positive Identität als Mann, Wochenenden z. B. mit Atemarbeit oder Tanzimprovisationen, Feste, ein Männerkabarett und vieles mehr.
So hat sich auch in der Bundesrepublik ein männliches Netzwerk von Männergruppen gebildet, die Information, Aufklärung, Unterstützung, Hilfe, Kulturarbeit, Solidarität leisten und bei all dem Männerveränderung vorantreiben.

Exkurs: Besuch im »Wilden Klee«

An der nördlichen Peripherie von San Diego, zwischen Stadt und einem der vielen Universitätsgelände und in Sicht- und Hörweite des Pazifiks, liegt ein Wohngebäude, das in seinem Stil eine merkwürdige Mischung aus amerikanischer Gründerzeit und pseudomexikanischem Einfluß darstellt. Doch innen ist das Haus noch um einiges ungewöhnlicher: Es beherbergt eine der ersten heterosexuellen Männer-Wohngemeinschaften der USA. Mittlerweile hat sie schon ihren vierten Geburtstag gefeiert, und ihr Beispiel hat in Amerika durchaus Schule gemacht. »Wilder Klee« (»Wild Clover«), das sind acht Männer im Alter von 24 bis 32 Jahren. Vier von ihnen arbeiten an jener Universität, an der Herbert Marcuse und Angela Davis einst lehrten; zwei sind Ärzte in einem Krankenhaus von San Diego; einer ist als Biologe angestellt, und der achte ist Techniker.
In dem geräumigen Haus hat jeder sein eigenes Zimmer. Die gepflegt-ungepflegt wirkende Villa verfügt außerdem über ein gemeinsames Eßzimmer, ein gemeinsames, salonartiges Wohnzimmer und im Keller über einen Bastel- und Spielraum. Überall ist sichtbar, daß die Männer hier gerne wohnen. Das Haus ist aufgeräumt, ohne penetrant ordentlich zu sein. Die Einrichtung ist hell und modern mit einigen mexikanischen Antiquitäten und Wandteppichen dazwischen. Im Wohn- und Eßzimmer stehen viele Pflanzen, in den meisten Zimmern Blumen. Ein großes Wandbrett in der Küche orientiert über Haushalts-, Küchen- und Einkaufspflichten. Die acht Männer machen alles selbst, gleichmäßig aufgeteilt. Es gibt weder Putz- noch Küchenhilfe. Die anfallende Arbeit wird wöchentlich auf einer Haussitzung besprochen

und untereinander vergeben. Auf individuelle Fähigkeiten oder Abneigungen nehmen die acht dabei durchaus Rücksicht. »Warum sollten wir Robin, der zum Kochen keine Lust hat, zum Kochen zwingen und dann selber gezwungen sein, den Fraß zu essen, den er uns mit saurem Gesicht auf den Tisch stellt?«

Während die erwähnte wöchentliche Haussitzung die organisatorischen und finanziellen Alltagsfragen klärt, dient eine andere dazu, die gruppendynamischen und individuellen Probleme der acht Männer zu besprechen. Einmal im Monat kommt ein Psychologe dazu – aus Gründen der Supervision. Ein Außenstehender mit der nötigen Objektivität und Kompetenz, so ist der Gedanke, kann leichter Probleme entwirren, in die sich die Männer der Wohngemeinschaft natürlich von Zeit zu Zeit verstricken. Unlösbares hat es in mehr als vier Jahren noch nicht gegeben. Dafür ist neben ihrer eigenen Vernünftigkeit der Supervisor eine Gewähr. Die wenigen Fluktuationen im Haus sind nicht durch interne Probleme entstanden, sondern weil Männer aus beruflichen Gründen an die Ostküste ziehen mußten.

Das Besondere am »Wilden Klee« ist das generelle Hausverbot für Frauen. Zwei Ausnahmen sind die großen Frühlings- und Herbstfeten, die die Männer jeweils veranstalten. »Die Entscheidung, das Haus nur für uns Männer zu haben, hat uns von den Frauen auch den Spitznamen ›Wildes Kloster‹ eingetragen«, erzählen die acht lächelnd. Das Hausverbot für Frauen sei weder ein Akt der Willkür, noch stehe dahinter eine Art Misogynie. Vielmehr habe man sich auf Grund spezifischer Erfahrungen dazu entschieden. Einige der Männer hatten schon zuvor in Wohngemeinschaften gelebt und aus dem Zusammenleben mit Frauen oder auch nur aus dem Besuch von Frauen unter den Männern immer wieder Szenen von Verstimmung, Eifersucht, Streit, ja Auszug erleben müssen. Daraus haben sie dezidiert die Konsequenz gezogen, in einem reinen Männerhaus wohnen zu wollen. »Du kannst das Feigheit nennen, vielleicht auch Klugheit darin sehen. Für uns ist das eine ganz pragmatische Entscheidung gewesen.«

Das bedeutet freilich nicht Keuschheit. Die Männer vom »Wilden Klee« haben Beziehungen zu Frauen außerhalb der Wohngemeinschaft. Sie verbringen Tage, Nächte, Wochenenden, Ferien mit

Frauen – bei den Frauen. Ausnahmen sind die beiden Haussitzungen am Montag und am Donnerstag, da ist Anwesenheit Pflicht. »Das mag schlimm klingen. Aber es ist unsere Erfahrung, daß eine solche Hausgemeinschaft nur mit festen Regeln existieren kann. Flexibilität und Freiheit sind sicher lebenswichtig, aber sie müssen in Ordnungen eingebettet sein.«

Der zweite Grund für das Hausverbot für Frauen ist prinzipieller Art und betrifft die Brüchigkeit der heutigen Geschlechterbeziehungen: »Auch das kannst du bewerten, wie du magst. Aber für uns ist es wichtig, hier eine Art männliche Trutzburg zu haben. Alle von uns sind schon durch schlimme Beziehungsprobleme und Trennungskrisen gegangen – allein gelassen, hilflos, von der nährenden Brust und wärmenden Seele der Frau verstoßen. Hier haben wir uns nun Schutz, Wärme und darüber hinaus männliche Solidarität selber aufgebaut: Wir müssen das nicht mehr an Frauen delegieren, und wir wollen es vor allem auch nicht mehr. Jeder von uns weiß, daß draußen passieren kann, was will, hier im ›Wilden Klee‹ ist er aufgehoben und sicher.«

Wir sitzen beim Abendessen, und über dem Pazifik versinkt langsam die Sonne.

5. INTERVIEW MIT DANIEL GLASS

Dr. Daniel Glass ist Soziologe, arbeitete im westfälischen Münster und beschäftigt sich jetzt in Basel mit Erwachsenenbildung und Männerarbeit. Er verfügt über Zusatzausbildungen in TZT (Themenzentriertes Theater) und Psychodrama. Glass ist verheiratet, hat drei Kinder und arbeitet halbtags als Hausmann. In der Schweiz initiierte er mehrere Workshops für Männertheater.

WH: Du machst Theatergruppen mit Männern. Warum tust du das, und welches sind deine Erfahrungen dabei?

Glass: Unter dem Titel »Männertheater« arbeiten Christian Lerch aus Luzern und ich mit Männern. Um es vorweg zu sagen: Wir haben kein Schauspiel eingeübt, kein Stück für ein Publikum. Wir haben vielmehr mit dem Instrument des »Themenzentrierten Theaters« (TZT) für uns selber Szenen improvisiert. Jeder Teilnehmer war in ständigem Wechsel Zuschauer, Schauspieler, Regisseur, Kommentator. Dieser Wechsel zwischen deiner Rolle im Spiel und deiner Rolle sonst im Leben versetzt dich in Spannung und schärft deine Wahrnehmung für dich selbst. Je mehr du deine alltägliche Rolle verläßt und in eine Spielrolle eintauchst, desto mehr kannst du über dich selbst entdecken. Diese Dialektik haben wir uns zunutze gemacht.

»Männertheater« ist also zunächst ein Hinweis auf eine Methode. Das ganze Theater, das wir Männer zu spielen haben und spielen, einmal loswerden, die konventionellen Rollen abwerfen, um herauszufinden, was es eigentlich bedeutet: Ich bin da. Ein Mann... Vornehm ausgedrückt heißt das: nach meinem authentischen Mann-Sein suchen. Meine Männlichkeit als Kraft spüren, meine Potenz genießen. Potenz ist die Kraft, Möglichkeiten in Wirklichkeit zu verwandeln. Und das ist utopisches Programm, sofern du es als Gegenstück wahrnimmst zu »Sachzwängen gehorchen«, Sachzwängen, die dir die Rollenträger-Männer einer im Paternalismus festgeklemmten Gesellschaft vorschreiben.

Auf der Suche nach dieser virilen Kraft, die stark ist, aber nicht gewalttätig, sind wir bald einmal auf den »Wilden« gekommen, auf den »Wilden« als inneres Vorstellungsbild für den Träger von im guten Sinne »unzivilisierter«, ungezähmter, unverborgener Kraft. Wir haben unserer Aktion das Zitat »Zahme Männer reden von Freiheit, Wilde fliegen« als Motto mitgegeben.

WH: Habt ihr den »Wilden« aufgespürt?

Glass: Nein, den »Wilden« haben wir nicht so leicht gefunden. »Themenzentriert« arbeiten heißt für uns, jeweils das als Thema zu erkennen und szenisch umzusetzen, was für die Gruppe zentral ist, was die Männer berührt, was sie betrifft, was sie bewegt – das ist nicht zwangsläufig das, was wir uns als Ziel gesetzt haben. Wir wollten die Männer nicht zu einem künstlichen »Wilden« hinstoßen – das wäre auf absurde Weise paradox –, wir wollten ihnen eine Orientierung mit auf den Weg geben, der sie irgendwann dorthin führt. Auf diesem Weg war zunächst einmal die Angst, wirklich loszugehen. Daß jeder mit einem ähnlichen Anliegen in die Gruppe kam, hieß noch lange nicht, daß gleich alle etwas miteinander zu tun hatten oder zu tun haben wollten.

Das scheint mir eine wichtige Erfahrung zu sein: Wenn sich Männer zusammentun mit dem gemeinsamen Ziel, das Mann-Sein in Frage zu stellen, um es besser zu finden, dann schafft das allein noch keine Gemeinsamkeit a priori. Allenfalls auf der verbalen Ebene. Aber beim Theater, wo Körper und Gefühl von Anfang an gleichberechtigt neben Denken und Sprechen sind, wo gehandelt statt geredet wird über das, was man tun könnte, da kann man sich in dieser Hinsicht nicht viel vormachen.
Das anfängliche »Was haben wir denn miteinander zu tun?« differenzierte sich mit der Zeit: Eifersucht in einigen Beziehungen kam auf, Angst vor zuviel Nähe und gleichzeitig auch sehr viel behutsame, pflegende Zärtlichkeit. Das pflegende, tröstende Element in dieser Zärtlichkeit war das stärkste, viel stärker als z. B. das erotische, das nur sehr indirekten Ausdruck fand. Zu trösten, zu pflegen waren verletzte, gekränkte Männer. Über eine längere Phase hatten wir beileibe keine kraftvollen »Wilden«, sondern Männer, die erst einmal jammern mußten über alten, lange mitgeschleppten Schmerz. Bei einigen mag es etwas wehleidig geklungen haben, bei andern ging's um einen großen, tragischen, brutalen Schmerz, der ein Leben bestimmt.
WH: Das ist eine Erfahrung, auf die ich immer wieder getroffen bin. Welchen Stellenwert hatte dieses Schmerzzeigen in eurer Arbeit?
Glass: Ich glaube, das Wahrnehmen und Bejammern dieses Schmerzes ist etwas ganz Wichtiges auf der Suche nach dem »wirklichen Mann« in dir drin. Natürlich ist es keine einmalige Sache, ein paarmal Theater spielen, den Schmerz spüren, und dann bist du ihn los. Es ist wie beim Schälen einer Zwiebel: Die äußersten Schalen fallen auf eine Berührung hin. Je weiter du nach innen kommst, um so fester sitzen die Schalen, und ganz innen weißt du nicht mehr, was ist Hülle, was ist Kern.
Ich erinnere mich an eine wunderschöne Szene: Ein Mann hat ein außerirdisches Wesen gespielt, das einem Menschen begegnet. Als Außerirdischer trug er einen imaginären Raumanzug, den er in seinem Spiel brockenweise sprengte und abwarf, um dann von innen her etwas von sich zu spüren. Wahrscheinlich weil in unserem »Männertheater« das Wahrnehmen und Beklagen eigener

Verletztheiten so wichtig war, hatten die Männer sehr viel Mühe mit der Aggressivität, nach beiden Seiten. Es fiel ihnen schwer, aggressiv zu sein, und es fiel ihnen genauso schwer, gegen sie gerichtete Aggression klar zurückzuweisen. Ich meine, damit ist ein Problemkreis angesprochen, der über unser »Männertheater« hinausgeht: das Wahrnehmen der eigenen Verletzungen, des eigenen Schmerzes, die Mühe mit dem Zurückweisen von Aggression und die Schwierigkeit mit der eigenen Aggressivität, zu der auch das Zufügen von Schmerz gehört. Wer von uns, auf der Suche nach dem »Wilden«, der ja auch Jäger ist, könnte auch nur ein Kaninchen umbringen? Das gelingt dir allenfalls unfreiwillig, am Steuer eines Autos, gepanzert mit ein paar hundert Kilo Stahl.

Einigen ist es auf ganz beeindruckende Weise gelungen, etwas von ihrer inneren Kraft zu spüren und auszudrücken. Bei einigen geschah das ganz direkt, in einem wilden Tanz zum Beispiel oder in einer Szene als Jäger, der das Wildschwein mit dem Speer erlegt, bei anderen mehr programmatisch. Ein Teilnehmer hat gegen Ende des »Männertheaters« festgestellt, er sei jetzt wieder gerne ein Mann, er empfinde das Mann-Sein nicht mehr wie vorher als etwas Störendes.

WH: Worin siehst du, wenn du von deiner Arbeit ausgehst, die wichtigsten Schwierigkeiten von Männern?

Glass: Für verschiedene Männer sehe ich die Schwierigkeiten unterschiedlich. Wahrscheinlich ist es noch die Mehrzahl der Männer, die die Werte und Ideale, wie sie in unserer Gesellschaft vorherrschen, unbefragt übernimmt und lebt, Werte, die ich nicht einzeln oder in einzelnen Aspekten nennen will. Ich gehe lieber von der Vorstellung des Fließgleichgewichts zwischen Yin und Yang aus und würde diese Werte und Ideale als Yang-dominiert bezeichnen. Mit Yin und Yang will ich nichts Neues erzählen, sondern für diese Überlegungen eine abkürzende Sprachregelung einführen. Ich meine also, sehr viele Männer sind tätige Opfer dieses Yang-Übergewichts und der Verdrängung des Yin in unserer Gesellschaft – das ist ihre Schwierigkeit. Da sie mit den herrschenden Werten und Idealen kognitiv weitgehend übereinstimmen, leiden sie subjektiv nicht unter diesem Ungleichgewicht. Sie leiden sozusagen sekundär darunter: als Täter und Opfer im

Straßenverkehr oder in der Erziehung, unter der sie gelitten haben und ihre Kinder leiden lassen, oder indem sie dreckige Luft atmen, »Sondermüll« (was für ein teuflisch verharmlosendes Wort!) um sich haben usw. Als Streß- und Bluthochdruckpatienten und, je nach gesellschaftlicher Stellung, auch als Streß- und Bluthochdruckproduzenten für andere. Als Konsumenten von Brutalovideos. Als Bewohner unbewohnbarer Stadtviertel. Als Arbeitslose.

Die Pathologie unserer Gesellschaft ist ja schon tausendmal beschrieben worden. Es ist ganz klar die Pathologie einer paternalistischen, einer Yang-dominierten Gesellschaft.

Ich bleibe beim Bild vom Fließgleichgewicht zwischen Yin und Yang und spreche von anderen Männern, einer Minderheit, von Männern, die das Yang-Übergewicht erkannt haben, die von der Kritik der Frauenbewegung beeindruckt sind, die diese Kritik begriffen haben – und als Konsequenz ihre Männlichkeit ablehnen. Mag sein, daß der Weg aus dem Paternalismus nur darüber führt. Mir scheinen diese Männer, die das Männliche ablehnen, ein Gegenstück zu jenem Teil der Frauenbewegung zu sein, der die Frauen befreien will, indem er ihnen einen möglichst großen Anteil an den paternalistischen Machtstrukturen gibt. Es verschenkt einer zuviel vom Wertvollen seiner Männlichkeit, wenn er sie ganz ablehnt.

WH: Was läßt sich wie ändern?

Glass: Ich glaube, auf der Suche nach einer lebbaren Männlichkeit müssen wir zunächst einfach leben, einfach das tun, was wir ohnehin tun, und dabei, das ist der Unterschied zu »einfach dahinleben« oder »weiterwurschteln wie bisher«, unsere Wahrnehmungsfähigkeit, unsere Sensitivität schulen für das, was wir mit jeder Handlung an inneren und äußeren Prozessen in Gang setzen. Was mache ich mit mir; was mache ich mit dir, wenn ich dies oder jenes tue?, ist die Frage, die uns begleiten kann. Sich von dieser Frage begleiten zu lassen und seine Wahrnehmungsfähigkeit so auszubilden, daß gültige Antworten entstehen, das ist schon ein großes Programm! Auch wenn es wieder einmal so simpel klingt. Die Antworten, die in so einem Prozeß entstehen, legen dann die Lösungen nahe. Ein privates (und doch auch im weiteren Sinn gültiges) Beispiel ist der Umgang mit den Kindern. Nicht jeder hat Kinder, und nicht jeder braucht Kinder zu haben, aber wenn du welche hast, dann kannst du sie dir helfen lassen, deine Rolle als Mann teilweise neu zu finden und neu zu erfüllen. Es sind wieder simple, unspektakuläre Einzelheiten, die ich deshalb kaum für einen gedruckten Text zu erwähnen wage und die doch so wichtig sind.

Im »Männertheater« hat einen dreißigjährigen Mann die Tatsache erschüttert, die er erst dort in dieser Form entdeckte und aussprach, daß sein Vater ihn nie angefaßt hat. Wenn ich mich selbst beobachte, wie oft und wie gern ich mich mit meinen beiden elfjährigen Söhnen und meiner achtjährigen Tochter balge, mit ihnen kämpfe, mit ihnen kuschle und schmuse oder wie sie einfach bei der Hand genommen werden wollen – dann denke ich, hat das sehr wohl mit der Frage zu tun, wie geht ein Mann mit seinem Körper um und mit seinen Gefühlen und was erleben die Kinder dabei? Wie wirkt das als Sozialisationsfaktor, der die Geschlechtsrollen der Kinder mitbestimmt, und was macht es mit mir selber? Oder noch etwas anderes: Wie ist mein männlicher Umgang mit Schmerz und Trauer? Darf ich weinen? Kann ich? Tu ich's? Wie äußere ich meinen Zorn, meinen männlichen, wenn ich wie der Mann Zeus Blitze schleudern will? Schleudere ich sie? Auf meine Kinder?

Mit diesen so banalen Beispielen will ich etwas ausdrücken zur Frage, wie die Schwierigkeiten der Männer am besten angegangen werden können: Indem wir unser banales Leben leben, uns spüren, unsere männlichen Seiten, unsere weiblichen. Indem wir jene Freiräume ausfindig machen, in denen wir etwas Neues versuchen können – kein großartiges Projekt, aber etwas, das uns uns selbst näherbringt. Diese Freiräume sind sehr unterschiedlich, für einen Maurer gewiß anders und schwieriger zu finden als für einen Lehrer.

XII
Mann ist Mann

Männer haben zu lange ein zu eindimensionales und zu unflexibles Leben geführt. Mit diesem Satz lassen sich letzten Endes Zehntausende von Seiten kritischer Männerliteratur ersetzen. Männer waren jahrhundertelang nur Kopf statt auch Herz, nur erfolgreich statt auch liebevoll, nur Leistung statt auch Muße, nur konkurrenzorientiert statt auch solidarisch, nur hart statt auch weich. Männer ließen sich primär von äußeren Normen und gesellschaftlichen Erwartungen steuern statt (auch) von inneren Eingebungen und eigenen Bedürfnissen. Männer spalteten in der Geschichte männlicher Hegemonie jene Eigenschaften ab, die ihrem immer härteren Kampf um die Beherrschung von Natur und Welt nicht förderlich schienen: Verletzlichkeit, Empfindsamkeit, Abhängigkeit, Hingabe, Fürsorge und Nachgiebigkeit. Da sie ohne diese Gefühle indessen auch nicht zu leben vermochten, delegierten sie diese »weichen« Qualitäten an die Frauen und belegten sie hinfort mit dem Attribut des Weiblichen. So gewann an geschlechtsspezifischer Einseitigkeit, was im tiefsten nicht weiblich, sondern einfach menschlich ist.

Die Abspaltung hatte Folgen. Natur und Welt verödeten unter der einseitigen Herrschaft der Männer, und der Mann verödete vor allem selbst. Dadurch, daß er seine emotionalen Kräfte an die Frau »abtrat« und diese sie monopolisierte, weil sie gar nicht anders konnte, *enteignete sich der Mann innerlich selbst.*

Will der Mann die Welt nicht untergehen lassen und sich selber retten, muß er zurückgewinnen, was er aufgegeben und verloren hat. Dazu gilt es zu lernen, mit seinem Innern in Verbindung zu kommen, mit sich selbst intim zu werden, indem »Mann« in sich hineinhört. Denn das Innere spricht über seine wirklichen Gefühle und seine echten Bedürfnisse. So kann der Mann die Stimme seines Selbst wiederentdecken und, ihr lauschend und vertrauend, falsche Wegweiser zu veräußerlichten Zielen meiden. Für diese Umkehr zur Authentizität gibt es viele Begriffe. Allgemeinhin nennt man sie die (Re-)Feminisierung des Mannes.

1. DIE FEMINISIERUNG DES MANNES

Wenn ein Mann sich um die Kräfte seiner inneren Weiblichkeit (»Anima») ergänzt, wird er ganz Mensch. Was bedeutet das im einzelnen? Dieser veränderte Mann kann die Imperative gesellschaftlich gesetzter Männlichkeit relativieren, indem er sie kritisch überprüft. Er vermag Werte von Unwerten zu unterscheiden, weil er gelernt hat, auf seine Gefühle zu hören. Er visiert Ziele an, die ihm nicht aufgezwungen werden, sondern mit denen er inhaltlich übereinstimmt. Dieser Mann versteht sich nicht mehr als Einzelkämpfer, der sich rücksichtslos gegen andere durchsetzt; vielmehr weiß er um seine grundsätzliche Eingebundenheit in größere Zusammenhänge von Natur und Gesellschaft. Das läßt ihn demütig werden. Von daher zeigt er Respekt und Sorge für die Umwelt; er fühlt sich verantwortlich für sich und die anderen und vermag tragende Beziehungen zu anderen Menschen aufzubauen. Indem der veränderte Mann um seine Anima weiß, muß er sie nicht mehr in Frauen suchen, immer unterwegs, um seine eigenen Bilder zu finden. Er kann sich vielmehr offen der Frau als Partnerin zuwenden, weil er nun seine eigene Weiblichkeit selber zu leben vermag und sie nicht mehr unbewußt projizieren muß.
Derlei Zusammenhänge hat die Jungsche Tiefenpsychologie eindringlich herausgearbeitet. Männer haben in der männlichkeitsorientierten Gesellschaft Angst, als nicht männlich genug angesehen oder gar ausgelacht zu werden. Diese Angst läßt sie krampf-

haft am Status des Familienoberhaupts, des Ernährers, des Bosses und des Herrschers festhalten, die viele von ihnen als durchaus anstrengend und aufreibend empfinden. In Wirklichkeit nimmt ihnen gerade diese Einseitigkeit die Chance zu einem authentischen Mann-Sein, denn sie zwingt die Männer in die emotionale Abhängigkeit von der Frau, die nun kompensieren muß, was sich der Mann selbst nicht mehr geben kann. »Wenn er nicht selber auch weiblich wird, bleibt er das Kind seiner Frau. Seine Frau muß dann weiblich für zwei sein. Fördert er nicht in sich selber weibliche Werte, wie die Fähigkeit, neue Signale und Impulse wahrzunehmen, anzuerkennen und aufzunehmen, Probleme nicht nur im Kopf zu denken, sondern auch im Herzen zu erwägen, Geduld und Ausdauer im Gefühl, innere Kraft in schwierigen Lagen, bleibt er in all diesen wichtigen Bereichen von seiner Frau abhängig: Er will von ihr angenommen, geliebt, gehätschelt werden, appelliert ständig an ihre Geduld und unumstößliche Treue. Statt sich selber aktiv in die Frau hineinzuversetzen, was Hingabe wäre, bettelt er passiv um Zuwendung. Er ist ein weibischer Mann, weil er auf seiner starren Männlichkeit beharrt.«[1]

Dieser Gefahr entgeht der Mann, indem er seine eigenen weiblichen Züge entdeckt, anerkennt und auslebt. Solche Männer müssen sich nicht mehr an Klischees von Männlichkeit orientieren, sondern können weich sein und schwach, lachen und weinen, sich anlehnen und hingeben, Trost suchen und um Hilfe bitten, sie können streicheln, zärtlich sein und ihre Freude daran haben. Sie sind offen für Neues, für Experimente und für Abenteuer.

Bei den Männern tut sich gegenwärtig viel. Am meisten freilich erst einmal dort, wo es für die kapitalistische Gesellschaft einträglich ist: in Mode und Sport. Da machen bereits viele ihren Profit: in der Mode- und Textilindustrie, im Sport- und Freizeitgeschäft. Der Mann ernährt sich heute auch bewußter – selbst Geschäftsleute essen zu Mittag nur noch einen großen gemischten Salat –, und schon ist auch hier eine neue Industrie zur Stelle. »Make your style you«, heißt die Aufforderung in den USA an die Männer, und die Versprechungen werden gleich mitgeliefert: mehr Freude an sich selbst, mehr Gesundheit und natürlich mehr Erfolg, vor allem beim anderen Geschlecht.

Und die Folgen? Die Frauenzeitschrift »Brigitte« informiert, daß »Männer im Schönheitsstreß« sind. Die neuen Männer sind von »dynamischer Leichtigkeit. Sie tragen kein Gramm Fett am Körper, dafür dichtgestreifte Hemden, Seidenkrawatten mit Polkapunkten und Bundfalten von Giorgio Armani um die Lenden. Braune Anzüge und blaue, bei denen der Hosenbund etwas eng sitzt, trägt allenfalls noch Heinz Erhardt im deutschen Nachkriegsfilm. Erfolg 1987 sieht anders aus: Er hat ein solargebräuntes Gesicht, einen knackigen Po und ein Krokodil auf dem Polohemd.« Die deutsche Ausgabe des französischen Männermagazins »Lui« verkündet: »Sich in feine Stoffe zu kleiden, sich mit exklusiven Accessoires auszustatten, sich stilsicher zu zeigen, ist eine männliche Lust geworden.«
Abgesehen davon, daß in diesem Zusammenhang der kapitalistische Markt neue Bedürfnisse bereitwillig aufnimmt und sie dann weiter kommerzialisiert, haben sich viele Männer Qualitäten zu eigen gemacht, die noch vor wenigen Jahren nur den Frauen zugeschrieben wurden. Der Mann beginnt, Wert auf sein Äußeres zu legen, auf seinen Körper, seine Linie und seine Gesundheit zu achten, sich zu pflegen, sich um Kleidung und Accessoires zu kümmern und vor allem daran auch Spaß zu haben. Das ist sicher ein nicht zu unterschätzender Schritt auf dem Wege zur »Feminisierung« des Mannes.
Wie ist es nun um jene Männer bestellt, die nicht bei Paco Rabanne und Armani stehengeblieben sind? Wie wohl fühlt sich der feminisierte Mann? Wie gut tut ihm die Entspannung vom Männlichkeitswahn, das Ausleben seiner Weiblichkeit? Wie fühlen die Männer, die von sich sagen können, daß sie weicher geworden sind? Der amerikanische Schriftsteller und Therapeut *Robert Bly* gibt eine Antwort: »Viele dieser Männer sind unglücklich. Es ist wenig Kraft in ihnen.«[3] Sie strahlen keine Energie mehr aus, und es scheint zumindest so, als hätten sie auch keine mehr. Diese Männer »sind lebenserhaltend, aber irgendwie nicht mehr lebensspendend. Jetzt haben wir den fein gestimmten Mann, der seinem Vater ökologisch bei weitem überlegen ist, der sich um die Harmonie des Universums sorgt, aber er verfügt über keine Energie mehr, die er anzubieten hätte.«

In den vergangenen dreißig Jahren hat sich ein Wandel im Bild von Männlichkeit ergeben, der epochal ist. Die fünfziger Jahre kannten noch den traditionellen Mann, der früh zur Arbeit ging, brav schuftete, der Ernährer seiner Frau und Kinder war, Disziplin bewunderte, aggressive Ballspiele liebte, seine Heimat kritiklos verehrte und niemals weinte. »Der weibliche Raum fehlte im Bild dieses Mannes.« In den sechziger Jahren veränderte sich Männlichkeit. Jugendbewegungen wie die Hippies, der Feminismus und die Katastrophe des Männlichkeitswahns im Vietnamkrieg richteten den Blick auf Neues. »Als die Männer anfingen, auf die Frauen zu schauen und die Sensibilität der Frauen wahrzunehmen, begannen einige Männer, auf ihre eigene weibliche Seite aufmerksam zu werden und sie hinfort auch zu beachten. Dieser Prozeß hält bis heute an, und ich würde sagen, daß die meisten jungen Männer der Gegenwart in verschiedener Art und Weise darin involviert sind.« Es entstand der weiche Mann (»soft male«). »Es ist wunderbar zu sehen, wie diese Männer ihr eigenes feminines Bewußtsein willkommen heißen und es pflegen. Das ist ganz wichtig, und doch spüre ich, daß darin auch etwas Falsches enthalten ist. Der Mann ist in den vergangenen zwanzig Jahren nachdenklicher, besorgter und rücksichtsvoller geworden. Aber diese Entwicklung hat ihn nicht frei gemacht. Er ist nun ein netter Junge, der nicht nur seiner Mutter gefällt, sondern zunächst auch der jungen Frau, mit der er zusammenlebt. Doch es fehlt ihm an Kraft und Ausstrahlung.«

Der weiche Mann hat undifferenziert von seinen maskulinen Seiten Abschied genommen und *sich zu ausschließlich feminisiert.* »Häufig hat er sich dann auch noch eine starke Frau gewählt, die geradezu vor Energie sprühte.« Das Ergebnis war Impotenz im weitesten Sinne. Der amerikanische Psychotherapeut James Hillman konstatiert den allgemeinen Energieverlust dieser »neuen« Männer. Die »Softies«, die in seine Praxis kommen, klagen über die Kraftlosigkeit ihrer Beine, ihrer Kehle (Stimme, Ausdruck, Rhetorik), ihrer Nase (Luftholen, Ausatmen) und ihres Penis. Ein Team von Psychiatern und Psychoanalytikern um Gerald I. Fogel bestätigt solche Impotenz und die totale Verunsicherung dieser Männer »in ihrer eigenen Maskulinität«[4].

Die einseitige Feminisierung der Männer im Erwachsenenalter erklärt ihre Impotenz sicherlich nur teilweise. In unserer Welt der »abwesenden Väter« legt die weibliche Erziehung dafür schon unbewußt die Grundlagen. Der Mangel an männlichen Identifikationsfiguren in der Kindheit erschwert die positive Besetzung von Männlichkeit. Versöhnung mit sich selbst, mit der eigenen Geschichte und seiner Geschlechtlichkeit ist für den Mann nur möglich in der Auseinandersetzung mit seiner Männlichkeit. »Ein Mann sein verlangt die Begegnung mit dem Maskulinen.«[5]

Exkurs: »Der Eisenhans«, ein Märchen der Gebrüder Grimm
»Es war einmal ein König, der hatte einen großen Wald bei seinem Schloß.« Von Zeit zu Zeit schickte dieser König seine Jäger hinaus, um Wild zu jagen. Doch die Jäger kamen niemals zurück. »Das dauerte viele Jahre, da meldete sich ein fremder Jäger bei dem König, suchte eine Versorgung und erbot sich, in den gefährlichen Wald zu gehen.« Auf der Pirsch sieht dieser Jäger plötzlich, wie sein Hund von einem nackten Arm, der sich aus einem Teich reckt, ins Wasser gezogen wird. Der Jäger läßt drei Männer den Teich trockenlegen. »Als sie auf den Grund sehen konnten, so lag da ein wilder Mann, der braun am Leib war wie rostiges Eisen und dem die Haare über das Gesicht bis zu den Knien herabhingen. Sie banden ihn mit Stricken und führten ihn fort in das Schloß. Da war große Verwunderung über den wilden Mann, der König aber ließ ihn in einen eisernen Käfig auf seinen Hof setzen und verbot bei Lebensstrafe, die Tür des Käfigs zu öffnen, und die Königin mußte den Schlüssel selbst in Verwahrung nehmen.«
Eines Tages fällt der goldene Ball, mit dem der achtjährige Königssohn spielt, in den Käfig. Der Junge bittet den wilden Mann um die Rückgabe des Balles, doch dieser verlangt als Gegenleistung seine Freiheit. Der Kleine weigert sich zunächst. Als seine Eltern jedoch einmal ausreiten, holt er den Käfigschlüssel unter dem Kopfkissen seiner Mutter hervor und befreit den wilden Mann. Als dieser davoneilt, wird dem Königssohn angst vor der Bestrafung. »Der wilde Mann kehrte um, hob ihn auf, setzte ihn auf seinen Nacken und ging mit schnellen Schritten in den Wald hinein.« Im Wald bereitet er dem Königssohn ein Lager aus Moos.

Am nächsten Tag stellt der wilde Mann dem Buben eine Aufgabe: »Siehst du, der Goldbrunnen ist hell und klar wie Kristall: du sollst dabeisitzen und acht haben, daß nichts hineinfällt, sonst ist er verunehrt.« Der Königssohn besteht diese Prüfung mehrmals nicht. So schickt ihn der wilde Mann hinaus in die Welt. »Aber weil du kein böses Herz hast und ich's gut mit dir meine, so will ich dir eins erlauben: wenn du in Not gerätst, so geh zu dem Wald und rufe ›Eisenhans‹, dann will ich kommen und dir helfen.«
Der Junge verläßt den Wald und verdingt sich bei einem König als Küchenjunge und später als Gärtnergesell. Als Krieg das Land überzieht, ist er zum kräftigen Jüngling herangewachsen und will helfen, den Königshof zu verteidigen. Da ihn indessen niemand ernst nimmt, fleht er den Eisenhans um Hilfe an. Der geht »in den Wald zurück, und es dauerte nicht lange, so kam ein Stallknecht ... und führte ein Roß herbei. ... Und hinterher folgte eine große Schar Kriegsvolk, ganz in Eisen gerüstet.« Als sich der Jüngling dem Schlachtfeld nähert, ist sein König schon fast verloren. »Da jagte der Jüngling mit seiner eisernen Schar heran, fuhr wie ein Wetter über die Feinde und schlug alles nieder, was sich ihm widersetzte.« Bevor er zum König zurückkehrt, liefert er Pferd und Krieger wieder beim Eisenhans ab. So weiß am Hofe niemand von seiner Heldentat. Der König inszeniert ein dreitägiges Fest. An jedem Tag soll die Königstochter dabei einen goldenen Apfel werfen und so den unbekannten Helden heranlocken.
Der Jüngling kommt erneut zum Eisenhans und bittet ihn um die Fähigkeit, die goldenen Äpfel zu fangen. Nach jedem erfolgreichen Fang reitet er davon, und die drei goldenen Äpfel schenkt er den Kindern des Gärtners. Als die Königstochter davon erfährt, erzählt sie alles ihrem Vater, und dieser lädt den Jüngling zu sich, um ihm zu danken. Der heimliche Königssohn ist nun gar nicht mehr bescheiden und fordert die Königstochter zur Frau. »Da lachte die Jungfrau und sprach, ›der macht keine Umstände, aber ich habe schon an seinen goldenen Haaren gesehen, daß er kein Gärtnerjunge ist‹, ging dann hin und küßte ihn.« Happy-End total. Zur Hochzeit sind auch seine Eltern geladen. »Und als sie an der Hochzeitstafel saßen, da schwieg auf einmal die Musik, die Türen gingen auf, und ein stolzer König trat herein mit großem

Gefolge. Er ging auf den Jüngling zu, umarmte ihn und sprach, ›ich bin der Eisenhans und war in einen wilden Mann verwünscht, aber du hast mich erlöst. Alle Schätze, die ich besitze, die sollen dein Eigentum sein‹.«

2. MÄNNLICHE INITIATION

Robert Bly begreift den Eisenhans als *symbolische* Initiationsfigur für Männer. »Das Märchen legt nahe, daß vor diesem wilden Mann eine gewisse Furcht besteht. Wenn ein Mann die anfänglichen Schwierigkeiten überwunden hat, seine weibliche Seite auszudrücken, findet er es schlicht wunderbar. Er ist nun in der Lage, Gedichte zu schreiben und hinauszufahren, um einfach nur am Meer zu sitzen. Er fühlt sich nicht mehr gezwungen, in der Sexualität ständig zu dominieren, er ist emphatisch geworden. Aber mit Eisenhans, dem Mann am Grund des Teiches, zu leben, ist eine ganz andere Sache. Diese Figur erregt viel mehr Angst als das innere Weibliche, obwohl schon das irritierend genug sein kann. Wenn es einem Mann gelingt, sich seiner eigenen Weiblichkeit bewußt zu werden, fühlt er warmherziger und sich selbst lebendiger. Aber wenn er sich dem nähert, was ich das verborgene Männliche nenne, ergibt sich eine völlig andere Situation. Der Kontakt zum Eisenhans erfordert die Bereitschaft, tief in die Psyche hinabzusteigen und das Dunkle dort, einschließlich des Sexuellen, zu akzeptieren.«

Der Königssohn geht diesen Weg. Sein goldener Ball, der in den Käfig des wilden Mannes fällt, läßt sich als Symbol für die paradiesische Kindheit des Knaben interpretieren. Sein Leben ist passiv eingebettet in die Obhut und Sorge seiner Eltern. Doch für einen Achtjährigen muß langsam ein selbständiges Leben beginnen. In diesem Sinne fordert der wilde Mann von ihm eine Entscheidung, es ist eine eigene Entscheidung, vielleicht die erste des Knaben. Und nicht nur das: Es ist eine Entscheidung gegen seine Eltern und gegen deren ausdrückliche Verbote. Doch nur darüber führt der Weg des Kindes zur Selbständigkeit.

»Der Ball ist so golden wie die Sonne und rund. Wie die Sonne gibt er eine strahlende Energie aus seinem Inneren ab. Der Junge ist wohlgemerkt acht. Wir alle, ob Jungen oder Mädchen, verlieren etwas um dieses Alter herum. Wir verlieren den goldenen Ball in der Grundschule, wenn nicht schon im Kindergarten. Wenn der goldene Ball einmal weg ist, verbringen wir unser Leben mit dem Versuch, ihn zurückzubekommen.« Denn der goldene Ball ist Symbol für unsere kindliche Ganzheit, für wohlige Naivität und Unbefangenheit. Doch wo ist der Ball hingerollt?

»In den sechziger Jahren wurde uns Männern gesagt, daß der goldene Ball in unserer Weiblichkeit ist, in der Rezeptivität, in der Kooperation, in der Nicht-Aggressivität. Einige entdeckten diese weibliche Seite, aber nicht den goldenen Ball. Das Märchen lehrt, daß ein Mann nicht erwarten kann, den goldenen Ball im Reich des Weiblichen zu finden, weil er da nicht hingerollt ist.«

Der goldene Ball liegt vielmehr im Käfig des wilden Mannes, der verfügt über ihn, und nur er kann ihn zurückgeben. »Dies ist für uns ein sehr schwieriges Konzept. Wir müssen in Betracht ziehen, daß die tief nährende und geistig strahlende Energie im Mann nicht in seiner Weiblichkeit, sondern in seiner Männlichkeit verankert ist, nicht in einem seichten Maskulinen, sondern ganz tief, im Instinktiven, unter Wasser.« Dahin zu kommen, bedeutet große Anstrengung. »Man kann nicht auf einen Riesen warten, der den Teich für einen austrinkt; all dieser magische Kram nützt nichts. Ein Wochenende in Esalen wird auch nicht helfen! LSD oder Kokain nützen ebenfalls nichts.« Vielmehr muß der Teich Eimer um Eimer ausgeschöpft werden. Der Weg in die nasse Tiefe, zum männlichen Selbst, ist mühevoll und aufreibend. Doch damit nicht genug. Der Wilde Mann gibt den Ball nicht einfach zurück, sondern verlangt als Gegenleistung seine Befreiung. Nach der Kraftprobe steht die Mutprobe an. Der Schlüssel zum Käfig liegt sinnigerweise unter dem Kopfkissen der Mutter. Indem der Königssohn den Schlüssel dort wegnimmt, holt er sich die Kraft zurück, die er ihr gegeben hat und »entfernt sich aus dem Kraftfeld ihres Bettes«. Er muß seine Energien davon abziehen, weiter seiner Mama zu gefallen und ihr zu Willen sein. Er muß nach seinen eigenen Wurzeln suchen, und der Weg dahin führt nur über den Ungehorsam.

In der Wohlbehütetheit des Königsschlosses sind diese Wurzeln nicht zu finden. Ihre Entdeckung verlangt eine neuerliche Anstrengung. Die Welt der Ordnung, Sicherheit und Bequemlichkeit muß aufgegeben werden zugunsten von Abenteuer, Entbehrung und Fremde. Der Knabe muß in die Welt hinaus, um diese und darüber sich selbst zu erfahren. Der Wilde Mann als symbolische Verkörperung des Männlichkeitsprinzips in der Geschichte der Menschheit leitet ihn dabei an. »Was wir hier in Wirklichkeit erleben, wenn der Junge auf den Schultern des Eisenhans weggeht, ist der Moment, wenn der Priester des Dionysos im alten Griechenland den Knaben als Studenten annimmt, wenn in Sibirien oder bei den Eskimos der Schamane kommt, manchmal gänzlich bedeckt mit den Pelzen wilder Tiere, und einen Jungen mitnimmt, um ihn zu unterrichten. In unserer Kultur geschieht ein solcher Moment nicht mehr. Die Knaben in unserer Kultur haben ein andauerndes Bedürfnis in die Welt des männlichen Prinzips eingeführt, initiiert zu werden, aber es gibt keine weisen Männer mehr, die solches könnten. Der Priester ist oft sogar zahmer und fader als der eigene Vater.«

Die Initiation des Knaben, seine Einführung in die Welt der Männer, ist verschwunden. Verschwunden sind die Weisen, die sie leisten könnten, die Heiligen und die Philosophen des Alltags. Die Großväter leben im Altersheim, allein, unter anderen alten Männern, spielen Karten und sehen fern. Die eigenen Väter sind zur Arbeit und meistens mit etwas beschäftigt, was sich entweder nicht mitteilen läßt oder nicht mitzuteilen lohnt. Früher führten Männer ihre Söhne in die Kontinuität der Geschichte ein, indem sie ihnen Mythen, Märchen und Sagen erzählten. Sie nahmen sie mit auf die Jagd, zeigten ihnen, wie man Fährten findet, wie man Fleisch tranchiert. Die Söhne lernten, wie man Wild jagt und Fische fängt, sie lernten Holz zu fällen, Pfeile zu schnitzen und neue Saaten zu legen. Später hörten sie immer noch die Geschichten ihrer Ahnen und sahen auch, wie ihre Väter als Bauern und Handwerker arbeiteten. Sie durften und sollten den älteren Männern ans Werk gehen, denn dieses Werk hatten sie irgendwann einmal selber weiterzuführen. Mit der kapitalistischen Arbeitsteilung und der Intensivierung der Produktion endete solche Initiation. Die Erziehung der Heranwachsenden übernahm nun nahezu ausschließlich die Mutter, und der Vater verblaßte immer mehr als konkrete Person.

Die psychotherapeutische Literatur ist heute voll von erschütternden Berichten, in denen erwachsene Söhne ihr Seelenleid über die abwesenden Väter zu formulieren versuchen. Lange Zeit ertragen die Söhne die Abwesenheit des Vaters, dann aber zeigen sich als Folge davon Probleme in der Bewältigung der dem Mann zugeschriebenen Aufgaben. Die Auseinandersetzung mit dem Vater steht an und die späte Versöhnung, häufig nun schon mit dem Toten. Perry Garfinkel hat in seiner Darstellung der Männerwelt belegt, wie wichtig dieses Thema heute für die Söhne von einst geworden ist. Doch die Orte solcher Auseinandersetzung haben sich ungesund verschoben. Es sind nicht mehr der Wald, das Feld, die Bauernstube, die Werkbank, sondern die Couch des Analytikers, die Matratze des Bioenergetikers, das Kissen des Gestalttherapeuten, die Sitzungen der Männergruppe, wo das Männergespräch stattfindet.

Das heißt also: Die männlichen Vorbilder von einst sind verschwunden und verbindliche Modelle für eine neue Männlichkeit noch nicht in Sicht. Mit Notwendigkeit begannen daher die verunsicherten Söhne, sich an den Müttern und immer stärker werdenden Frauen zu orientieren. Robert Bly schildert die Entwicklung: »Während der sechziger Jahre bezogen viele junge Männer ihre Kraft von Frauen, die ihrerseits ihre Stärke von der Frauenbewegung vermittelt bekamen. Es läßt sich sagen, daß in den sechziger Jahren viele junge Männer ihre Initiation von Frauen erhielten und akzeptierten. Aber in der Weisheit der alten Völker ist enthalten, daß nur Männer Männer initiieren können und nur Frauen Frauen. Frauen können den Embryo zum Knaben entwickeln, aber nur Männer sind in der Lage, den Jungen zum Mann werden zu lassen. Dieser letzte Schritt wird im Ritual als zweite Geburt bezeichnet.« Am Beispiel seines Freundes, des Therapeuten Keith Thompson, beschreibt Bly die Folgen männlicher Initiation durch Frauen. Die Eltern von Keith trennten sich, als der Junge zwölf Jahre alt war. Er wurde von seiner Mutter allein erzogen und hatte in Schule und Universität fast ausschließlich Frauen als nähere

Bezugspersonen. Eines Nachts träumte er, daß er im Wald in einem Rudel von Wölfinnen lebte. Als sie zu einem Fluß kamen, spiegelten sich die Gesichter der Wölfinnen im Wasser. Nur dort, wo Keith in den Strom schaute, war nichts.

»Träume sind subtil und kompliziert, und es ist leichtsinnig, zu eindimensionale Interpretationen zu wagen. Aber dieses Bild veranschaulicht eine Angst, die viele Männer, welche von weiblichen Werten stark beeinflußt worden sind, mir gegenüber äußerten. Sie haben nicht nur Angst, daß ihnen das männliche Antlitz fehlt, sondern daß sie überhaupt kein eigenes Gesicht haben.« Solche Männer sind in einer permanenten Identitätskrise: Ihre psychosexuelle Entwicklung ist gehemmt; sie sind verunsichert, im tiefsten richtungslos und ohne männliche Kraft. Sie alle müssen – so rät Robert Bly – den Weg zum Eisenhans wagen. »Der verunsicherte Mann muß für sich selbst entdecken, wer sein Vater ist und was Männlichkeit bedeutet.«

Konkreter wird Bly nicht, weder in seiner Analyse noch in seiner Perspektive. So bleiben Fragen offen. Was zum Beispiel ist exakt »männliche Energie«? In seinem Gespräch mit Keith Thompson vergleicht Bly »männliche Energie« mit dem, was die Griechen als »die Energie von Zeus« verstanden haben. Sie umfaßt Intelligenz, Gesundheit, eine Autorität, die in Mitgefühl eingebettet ist (»compassionate authority«), Klarheit, Entschlossenheit, Sicherheit, Identität und eine positiv besetzte Macht, die sich in den Dienst der Gemeinschaft stellt. Bei allen Präzisierungen männlicher Kraft greift Bly auf verschiedenartigste historische Darstellungen des Wilden Mannes zurück, wie er etwa als Enkidu im Gilgamesch-Epos erscheint, in den griechischen Göttern, im Epos von König Arthur. Dies sind indessen Symbole. »Es gibt keine wilden Männer. Das Ziel für den Mann von heute kann nicht sein, selbst ein wilder Mann zu werden, sondern mit dem Wilden Mann in Berührung zu kommen. Jack Kerouac beging meiner Ansicht nach den Fehler zu versuchen, selbst der wilde Mann zu sein. Das ist genauso töricht, wie wenn ein Grieche versuchen würde, Dionysos zu sein oder eine Griechin Artemis. Der Wilde Mann, Dionysos und Artemis sind Götter und Göttinnen. Aber ihre Energien sind lebendig, und menschliche Wesen können mit die-

gien in Verbindung treten. Ein Mann kann sehr gut als Jurist oder Lehrer oder Schriftsteller in der zeitgenössischen Welt leben und doch von diesen Energien sich berühren lassen.« Der Wilde Mann ist damit eine Symbolfigur für das zeitlose männliche Prinzip im Menschlichen.

Eine sich verstärkende Richtung in der Psychotherapie, Psychologie und Psychoanalyse unterstützt das Konzept von Robert Bly. Die Zunahme männlicher Identitätsstörungen, borderline-Fällen, Impotenz und Verunsicherungssymptomen hat – zumindest in den USA – eine immer breiter werdende Diskussion um die Krise des Mannes ausgelöst. Diese Debatte wird von der Frage beherrscht, was konkret gemeint sein könnte mit dem, was z. B. der Analytiker Gerald I. Fogel »die gesunden männlichen Bestrebungen«[6] nennt. Für Fogel steht fest: »Männer müssen sich darum bemühen, Männer zu sein, und obgleich ein Mann vieles sein kann, ist es von entscheidender Bedeutung, daß er ein Mann ist.« Und: »Ein Mann zu sein fordert auch die Begegnung mit dem Ursprünglichen.«

James Hillman hat sogar eine Therapie des Wilden Mannes formuliert. »Der erste Austausch in unserer Begegnung mit dem Wilden Mann ist, daß wir ihm unsere Sanftheit bringen. Wir müssen unsere Furcht und Schwäche, unsere Verlorenheit und unsere Pseudokraft zugeben können. Der haarige Mann ist schon lange im Käfig. Er ist wütend. Wir sind alle Söhne von Jakob, nicht von Esau, seinem haarigen Bruder. Die Zivilisation blickt auf Gilgamesch, den Helden, zurück und nicht auf Enkidu, seinen haarigen Gefährten, der stirbt. Der Wilde Mann ist der unterdrückte und deshalb der bedrohliche. Das Bedrohliche in der Therapie sind Ärger und Zorn. ... Spiegeln ist da nicht genug. Um das einzubeziehen, müssen wir unsere Stimmen erheben, brummen und knurren. Als Therapeut muß ich Esau und Enkidu zulassen ...« Das ist der Weg, der zur Versöhnung und schließlich zur Liebe führt. Der kalifornische Psychiater Terry Tyler bietet in Berkeley eine Gruppe an, die er »Male Energies: Finding the Moving Force Within« nennt. Auch er versucht, mit den Gruppenmitgliedern »die Tiefen von Männlichkeit zu entdecken und auszuloten«. »Der Mann, der diesen Weg gegangen ist und sich wirklich kennt, kann Frieden mit sich und seiner Vergangenheit schließen und fühlt sich fortan ganzheitlicher, lebendiger und reicher.« Perry Garfinkel ist mit sich und anderen Männern den Weg durch die verschüttete und unterdrückte Männlichkeit gegangen. Es war für ihn und die anderen das Suchen und Finden »des eigenen Heiligen Grals«. Das klingt pathetisch, aber wohl mit Recht, denn in diesem Wort kommen die Strapazen eines langen Weges zum Ausdruck.

Dieser Weg führt durch das Gestrüpp gegenwärtiger männlicher Diffusität. Mit der Erfindung und vor allem der Raffinierung der Technik hat der Mann seine Entmännlichung betrieben. Die kapitalistische Arbeitsteilung hat den Mann als Vater enteignet und die Söhne in den totalitären Machtkreis der Mütter gestellt. Die Optimierung der männlichen Produktionsmittel hat gesellschaftlichen Reichtum, soziale Versorgung, Sicherheit, ein soziales Netz und individuelle Absicherung hervorgebracht. So ist *unsere Gesellschaft auf eine perverse Art unmännlich und pseudo-mütterlich* geworden: Sie gewährt Schutz, Sicherheit, Obhut, Kontrolle und Überwachung und hat Initiative, Verantwortung, Unternehmungsgeist, Individualität, Wagemut, Kreativität, Dynamik und Entschlossenheit entwertet. Vater Staat ist längst Mutter Staat. Die gesunde Mitte ist verlorengegangen, und deshalb müssen Männer, die das spüren, sich auf den Weg machen, wie einst Parsifal und der Simplicissimus und später Wilhelm Meister, der Grüne Heinrich oder Demian. Wo die gesellschaftliche Initiation fehlt, muß sich der Mann selbst initiieren, wenn er sich im Leben nicht schmerzhaft verfehlen will. Was heißt das? Wolfgang Lederer und Alexandra Botwin fordern den Mann auf, sich seinen Ängsten und dunklen Seiten zu stellen, Entscheidungen zu fällen und Verpflichtungen einzugehen mit Mut und Wagnis. 1929 notierte Kurt Tucholsky angesichts der heraufziehenden braunen Gefahr: »Bleib' tapfer. Bleib' aufrecht. Bleib' du.« Männliche Wahrhaftigkeit ist angesagt, Authentizität.

3. UNTER BRÜDERN – DIE KONSOLIDIERUNG VON MÄNNERWELTEN

Männliche Selbstinitiation ist schwierig, weil die Vorbilder und Modelle fehlen. Die eine Zeitlang propagierten Wege zu Indianern, asiatischen Gurus, Zen und karibischer Vitalität haben sich als Sackgassen erwiesen, weil unsere Kultur nun einmal auf völlig anderen Grundlagen beruht. So ist eigene Anstrengung geboten. Ihr Ziel kann nur sein, sinnvolle Männerwelten innerhalb unserer Gesellschaft aufzubauen oder diese, wo sie schon bestehen, sorgsam zu konsolidieren. Dort läßt sich in *geschütztem* Raum gemeinsam wiederentdecken, was gesellschaftlich an Männlichkeit, Väterlichkeit, Männertradition und Männergeschichte verlorengegangen ist.

Vielfach reicht Selbsthilfe allein nicht mehr aus. Es bedarf der therapeutischen Unterstützung. Robert Bly bietet männliche Initiation in seinen Workshops an. James Hillman und Gerald I. Fogel führen Männer zu den Wurzeln ihrer Männlichkeit zurück. Sie betonen in ihrer Arbeit »die volle Bedeutung der Väter für die psychische Gesundheit der Söhne«. Keith Thompson spricht vom »verwundeten Bild der Väter«, das die Söhne in sich tragen und das dringlich geheilt werden muß. Terry Tyler und John Grey wollen in ihren therapeutischen Gruppen »die tiefere Natur der männlichen Energien wiederentdecken«. Steven Kessler bringt Männer »wieder in tieferen Kontakt mit ihrer eigenen männlichen Energie«. Rick Blum empfiehlt »Body Sex Workshops«, um die gehemmte sexuelle Energie des Mannes wieder zum Fließen und Strömen zu bringen. Das Angebot in den USA ist reichlich, und es ist nötig. In Europa ist es vorläufig noch auf die klassischen, männer-unspezifischen Therapien beschränkt.

Seit den siebziger Jahren wird Männern vermehrt die Bedeutung eines *eigenen männlichen Raumes* bewußt, in dem sie sich von den Erwartungen des weiblichen Geschlechts und den gesellschaftlich oktroyierten Bildern von Maskulinität befreien können. In Gruppen und Zentren lernen sie, sich wieder als Männer zu schätzen und auf die eigene männliche Kraft zu vertrauen, anstatt eine falsche Anerkennung über Frauen oder soziale Statussymbole wie Erfolg, Autos und Besitz zu beziehen.[7] Stuart Miller konstatiert: »Freundschaft zwischen Männern ist auf dem Vormarsch.« Auch die bisher vorliegenden Ergebnisse meiner empirischen Untersuchung bestätigen diese Aussage. Dabei handelt es sich nicht um den gelegentlichen Ausflug in die Eckkneipe oder den samstäglichen Gang ins Fußballstadion, sondern um Beziehungen, in denen Aussprache, ungeschminkte Problemstellungen, Solidarität und Hilfe überwiegen. »Freundschaft, das ist wie Heimat«, schreibt Kurt Tucholsky in seinem Roman »Schloß Gripsholm«. Recht hat er, sagen die Männer in Bewegung.

Die neuen Räume von Männlichkeit zeigen sich mehr und mehr von dem erfüllt, was Herb Goldberg einmal »playfulness« genannt hat, ein spielerischer Geist voll Lockerheit und Spaß, Freizügigkeit des Selbstausdrucks und Freude daran. Weit weg sind hier die ritualisierten Besäufnisse von Kegelvereinen und Fanclubs.

Männer verstehen wieder, auf ihre Gefühle und ihre Körper zu hören. Die vielen Berichte von Männern in Bewegung sprechen dieses Thema vor allem in sexuellen Zusammenhängen an. Offenbar müssen viele Männer mühsam lernen, keine Sexmaschinen zu sein, Zeiten zu spüren, in denen sie lieben möchten, und diese von Gelegenheiten und vor allem auch Frauen zu trennen, wo sie abstinent sein wollen.

Es läßt sich bereits empirisch belegen, daß viele junge Männer mittlerweile der Sexprotzerei und ihren fatalen Folgen erst gar nicht mehr unterliegen. Immer mehr Männer berichten auch von Perioden selbstgewünschter Abstinenz und von eigentlichen Zölibatserfahrungen. Die Motive dafür sind unterschiedlich: Unklarheiten und Unbehagen in einer Beziehung; die Notwendigkeit, wichtige Entscheidungen zu fällen; die Lust, allein zu sein; der Wille, sich auf sich selbst zu konzentrieren; der Wunsch, Beziehungen zu Männern zu intensivieren; Ruhe, um zu neuer Leidenschaft zu finden. Betont wird auch immer wieder, daß die zölibatäre Zeit den Druck gelöst hat, immer Sex haben und darum auch unbedingt mit einer Partnerin zusammenbleiben zu müssen.[8] Die Haltung gegenüber Frauen wird entkrampfter und der Mann als Person souveräner. Viele Männer gestehen, daß sie die Zölibatserfahrung von ihrer Frauen-Obsession, von der Sucht, daß eine Frau stets für sie verfügbar sein muß, geheilt habe. Dementsprechend könnten sie jetzt in einem ganz positiven Sinne *freier* auf Frauen zugehen.

Auf einer allgemeinen Ebene ist diese *neue Souveränität veränderter Männer* die Voraussetzung für ein qualitativ besseres Verständnis von Männlichkeit wie auch für ein anderes, demokratisches Verhältnis zwischen den Geschlechtern. Je unbefangener Männer ihre Männlichkeit spüren und anerkennen, desto konstruktiver können sie sich als Menschen äußern. Je offener sie mit authentischer Männlichkeit umgehen dürfen, desto weniger Männergewalt müssen sie ausüben. Dafür ist das Lernen, daß der andere und nächste Mann kein Feind und kein Gegner ist, die allerwichtigste Bedingung. Freundlichere Männerwelten schaffen die Möglichkeit, Aggression, Gewalt, Feindseligkeit und Konkurrenzwahn in der Gesamtgesellschaft sukzessive abzubauen. »Men Against Cool«, eine Männergruppe aus Chicago, liefert das Stichwort: »Das Wort ›Bruder‹ hat wieder eine neue Bedeutung gewonnen.« Nun kann das Ziel von Männern in Bewegung nicht sein, autarke Inseln neuer Männlichkeit zu errichten. Männerwelten sind substantielle Voraussetzungen für das Entstehen eines neuen männlichen Selbstverständnisses im Schutze maskuliner Unterstützungssysteme. Diese defensive Notwendigkeit auf Zeit wird also von offensiven Zielvorstellungen begleitet, die ebenso gesamtgesellschaftlich wie vor allem auf das andere Geschlecht bezogen sind. Alle Dokumente der Männer in Bewegung sind in diesem Sinne ein deutliches *Bekenntnis gegen Männergewalt,* gegen Sexismus, gegen männliche Hegemonie (Patriarchat), gegen die Konkurrenzgesellschaft und für unterdrückte Minderheiten wie zum Beispiel die Schwulen, für die Frauenbewegung und deren Ziele, für das kritische Lernen vom Feminismus und für Solidarität und Gewaltlosigkeit.[9]

Exkurs: Die männliche Reise

In San Francisco wird ein zehntägiger Kurs angeboten, der Männern eine männliche Reise verspricht: »Understanding the Male Journey.« Was ist die Zielvorstellung dieser Reise? Das ist genau definiert: »Eine befristete, aber kraftvolle Erfahrung in männlicher Initiation.« Der Gruppenleiter, ein Therapeut und M. A. der Universität von Berkeley, offeriert als Material, um Männer in ihre Welt der Männlichkeit einzuführen, Mythen, Märchen, Musik, insbesondere Trommeln und Singen, Bewegung und Tanz. Für eine der letzten Sitzungen steht ein »overnight campout« an – die Gruppe verbringt eine Nacht zusammen im Freien. Wenn die zehn Kurseinheiten vorbei sind, soll folgendes erreicht sein: »Dir ist geholfen worden, dauernde und unterstützende Freundschaften mit anderen Männern aufzubauen und dich in tieferen Kontakt mit deiner männlichen Energie zu bringen.«

»Action« schon in der ersten Sitzung: Wir trommeln und singen uns frei. Anschließend tanzen wir; es ist eine Art Schütteltanz, dem Kundalini nicht unähnlich. Dann: Vorstellen, Kennenlernen, Berühren, Erzählen. Der Gruppenleiter erklärt ebenso locker wie kompetent sein Konzept, die Nähe zu Robert Bly, wo er was übernommen, was er Neues eingeführt hat.

Die folgenden zwei Sitzungen: Gruppenarbeit zu Märchen; Phantasien entwickeln, wie Männer früher waren; heutige Defizite von Männern pantomimisch darstellen; eigene Mängel musikalisch ausdrücken. In der vierten Sitzung wird der Wilde Mann visualisiert; Zeichnungen, Farbbilder, Collagen entstehen – einzeln und kollektiv. Dann soll der Wilde Mann in uns und durch uns zum Tanzen gebracht werden. Ausgerechnet ich, der beim Tanzen vor vielen Leuten immer Hemmungen hat, muß den Wilden Mann symbolisch in Bewegung setzen. Eine Erinnerung hilft mir dabei: Schon als Dreijähriger hat mich meine Mutter in Basel zum Vogel Gryff mitgenommen. Dort ist der Wilde Mann eine wichtige Figur, und vor allem – er tanzt. Manchmal hat er sogar vor unserem Haus seine archaischen Bewegungen vollführt, denn unser Nachbar war Vorsteher einer Zunft.

In den folgenden Sitzungen sollen wir unsere Leidenschaft ausdrücken, musikalisch, mit und ohne Instrument, verbal, im Tanz, im Malen, mit Schreien, Schweigen und mit Gesten. »Alles rauslassen! Laßt es fließen!« Am schwierigsten sind die folgenden Sitzungen, in denen es darum geht, unsere Mitte zu finden. Wie können wir den Wilden Mann in uns interpretieren? Wie können

wir am Ende des 20. Jahrhunderts mit dem Wilden Mann in uns leben?
Der Höhepunkt ist das Overnight-Camp. Wir verlassen San Francisco über die »Golden Gate«, fahren auf die andere Seite der Bay, in die Berge hinauf und wieder etwas hinunter, schließlich in die Nähe der Redwoods. Eine sanfte, warme Nacht. Es gibt keine Probleme von forciertem Überlebenstraining, künstlich gesuchten Strapazen. Trotzdem ungewohnte Arbeit: Der Rastplatz muß gefunden und hergerichtet werden, die Schlafstellen, die Feuerstelle. Gemeinsames Abendessen, gegrilltes Fleisch und Kartoffeln. Danach: Donovan-Lieder auf der Gitarre. Der Gruppenleiter macht uns auf Geräusche aus dem Wald aufmerksam, erklärt Tierstimmen, Sternzeichen, Bäume, erzählt, wie er lange auf Big Island in Hawaii gelebt hat, in der Natur, wie seine Instinkte sich dort revitalisiert haben, wie er schon von weitem merkte, wenn sich ein Tier näherte. Einer berichtet von seinen traumatischen Erlebnissen in Vietnam. Viele Gespräche, fast eine durch-erzählte Nacht – mit den neuen »Brüdern«.

4. DIE NOTWENDIGKEIT GESELLSCHAFTLICHER VERÄNDERUNGEN

Einzeln, in Gruppen und in Organisationen arbeiten überall Männer an ihrer Veränderung. International besehen handelt es sich bereits um eine soziale Bewegung, gemessen an den herrschenden Machteliten und der schweigenden Mehrheit ist es indessen eine Minorität, nicht schwach, aber auch nicht stark genug, um das Rad der Geschichte schon umzudrehen. Doch die Zeit ist knapp. Männliche Hegemonie hat uns alle ökologisch, politisch, sozial und moralisch an den Rand eines möglichen Untergangs gestellt. Was tun? Die ausschließliche Forderung von feministischen Frauen und Männern nach »Abschaffung des Patriarchats« ist angesichts der gegebenen Bedrohung verständlich, doch in der Praxis so hilfreich wie der Ruf nach der Weltrevolution, um die bestehenden Ungerechtigkeiten des Kapitalismus abzuschaffen. Solche Forderungen verhindern den Blick auf mittelfristige Lösungen. Die Frage ist also: Was kann heute sinnvoll getan werden?

Beginnen wir dort, wo wir uns am nächsten sind. *Bewußtheit* ist angesagt. Im täglichen Verhalten und in der Sprache muß Sexismus, d. h. die Herabsetzung des anderen Geschlechts, vermieden werden. Aber auch der Umgang mit dem eigenen Geschlecht muß sich solidarisch verändern. Herb Goldberg weist in diesem Zusammenhang darauf hin, daß Männer andere Männer nicht mehr als Feiglinge, Schwächlinge oder als Versager titulieren sollten. Wir haben unsere alltäglichen Handlungen daraufhin zu überprüfen, wie sehr sie traditionelles Geschlechterverhalten befestigen oder eben nicht. Stereotypen, Rituale und Konventionen müssen so oft wie möglich durchbrochen werden. Der Verstoß gegen Eingefahrenes schafft Aufmerksamkeit und Aufklärung. Dazu gehört auch, was schon langsam sichtbar wird: heterosexuelle Männer, die freundlich miteinander sind, die einander helfen, die sich berühren, anfassen, umarmen. Die Männer müssen versuchen, im alltäglichen Umgang miteinander Anonymität, Berührungsangst, Feindseligkeit und Konkurrenz zu überwinden.

Diese Veränderung alltäglichen Männerverhaltens ist eminent wichtig, aber doch nur ein erster Schritt. Individuelles Verhalten wird von gesellschaftlichen Verhältnissen zwar nicht determiniert, aber geprägt und eingefordert. *Männliche Hegemonie ist ein Strukturproblem,* insofern sie in Staat, Wirtschaft, Arbeitsorganisation, Recht, Architektur und Kleinfamilie sich ausdrückt, um nur einige Beispiele zu nennen. Was in diesen Institutionen an Männermacht wirksam ist, muß aufgebrochen und verändert werden. Daß dabei Macht und Einfluß zwischen den Geschlechtern *neu verteilt* werden müssen, ist das Gebot der Stunde. Modelle wie etwa die Quotenregelung sind in der Diskussion. Häufig wird dabei allerdings übersehen, daß eine größere weibliche Repräsentation in gesellschaftlichen Schlüsselstellungen nicht tangiert, was im geschichtlich gewachsenen Fundament der jeweiligen Institutionen und Positionen verankert ist. So dominiert zum Beispiel in der Rechtsprechung und den ihr zugrundeliegenden Kodizes ein jahrhundertealtes männliches Denken. In diesem Zusammenhang hat die »Humanistische Union« schon 1975 darauf aufmerksam gemacht, was an männlicher Herrschaft in »der Eingeschüchtertheit durch die gesamte Inszenierung« der Justiz mitgeteilt wird: »pompöse Formen und Dimensionen der Fassaden- und Treppenhausarchitektur der ›Justizpaläste‹, der beängstigend nüchterne Charakter der Innenräume, die Sitz- und Kleiderordnungen bei Gericht.« »Neben dem Mangel an Einfühlungsvermögen, der ›Gefühllosigkeit‹, wird das bei Gericht inszenierte ›Spectaculum‹ als besonders autoritär empfunden: das Gehabe, die Sprache, die gesamte Formalisierung des Geschehens. Eine solche Ritualisierung findet immer dort statt, wo Machtpositionen abgesichert werden sollen. In dieser Gesellschaft sind das männliche Machtpositionen. Das ›Imponiergehabe‹ soll im Grunde Ängste verdecken, diese männliche Dominanz zu verlieren.«[10]

Das ist *nur ein* signifikantes Beispiel: Die beschriebene Machtinszenierung wiederholt sich, wenn Parlamente und Ausschüsse tagen, wenn Aufsichtsräte und Aktionärsversammlungen zusammentreten, ja sogar wenn Männervereine beim Schützenfest aufmarschieren oder elf Balltreter ins Fußballstadion einlaufen. Ein paar Frauen dazwischen, und selbst wenn es die Hälfte wäre, würde nichts an der *tradierten* Macht des Rituals ändern. Damit will ich nicht entmutigen, aber darauf hinweisen, daß quantitative Retuschen, ja selbst inhaltliche Reformen zuwenig sind: *Die Demokratisierung der Geschlechterverhältnisse verlangt die Qualität einer Kulturrevolution.* Dieser müssen längerfristig einige Institutionen gänzlich zum Opfer fallen, vor allem das Militär als perverse Inszenierung von Männlichkeit und immer neuer Unterwerfung ganzer Männergenerationen.

Das aber bedarf sorgsamer und langwieriger Aufklärungsarbeit. Mit Recht weisen z. B. Luise Eichenbaum und Susie Orbach auf den machtvollen Einfluß bestimmter Ideologien hin, durch die die traditionellen Geschlechterrollen schon den Kindern vermittelt werden. Unter diesem Gesichtspunkt notiert Michael Kaufmann, daß das Problem männlicher Veränderung nicht in der Furcht der Männer vor einer nicht-sexistischen Zukunft liegt, sondern in der ungebrochenen Gewalt von Traditionen, die Männlichkeit in ihrem Sinne definieren. Aber es gibt nur den einen Weg, aus dieser

Überlieferung auszubrechen. Dazu sind Regelverletzungen, Provokationen und das bewußte Durchbrechen von Konventionen nötig.

Grundsätzliches muß hierbei im Bereich der *Sozialisation und Erziehung* verändert werden. Jungen muß gestattet sein, ihre Verletzlichkeit, ihre Traurigkeit, ihre Ängste, aber auch ihre Leidenschaftlichkeit auszuleben; Jungen müssen lernen, kooperativ, kommunikativ und solidarisch zu sein; Jungen sollten Wege finden, ihre Aggressionen positiv zu besetzen. Homophobie und Misogynie darf es nicht mehr geben, damit Jungen freundschaftlich und vertrauensvoll mit Männern und Frauen groß werden können. Die bornierte Verteilung von Spielzeug muß ebenso abgeschafft werden wie das institutionalisierte Hindernisrennen für Männer, die Geburtshelfer, Krankenpfleger, Flugbegleiter, Kindergärtner, Raumpfleger, Sekretär oder Hausmann werden möchten.

Das Ziel ist eine Geschlechterflexibilität, wie sie Marc F. Fasteau entwirft: »Mädchen dürfen Baseball spielen und Jungen mit Puppen; Mädchen werden Jungen anrufen, um mit ihnen Verabredungen zu treffen, und Jungen werden nicht immer fürs Kino bezahlen; Mädchen werden lernen, Autos zu reparieren, und Jungen, Knöpfe an ihre Hemden anzunähen; Mädchen werden Mathematik und Naturwissenschaften mögen, und Jungen werden Ballett lernen und umgekehrt. Als Erwachsene werden die Frauen ihre Kinder zum Campen und Fischen mitnehmen, und die Männer kehren vorzeitig von der Arbeit zurück, weil ihre Kinder zum Arzt müssen; Frauen werden Reifenpannen beheben, und Männer wechseln Windeln; Frauen werden Architektinnen, Staatssekretärinnen, Arbeitsanwältinnen, Chirurginnen und Ingenieurinnen sein, und Männer werden als Sekretäre und Vorsteher von Stellen für Konsumentenprobleme arbeiten.«[11]

Dazu bedarf es der stützenden Vorbereitung in *Familie und Schule*. Empirische Untersuchungen weisen aus, daß positive Veränderungen in der Geschlechtererziehung innerhalb der Familien zu bemerken sind, während sich in den Schulen wenig Fortschritte zeigen. Hier ist zu verlangen, daß die Curricula von geschlechtsspezifischen Ungleichheiten befreit werden und die Auseinandersetzung um neue Geschlechterbilder und -modelle ermöglichen, daß in Schulbüchern Männlichkeitsballast und geschlechtsspezifische Stereotypen ausgeräumt werden, daß Geschlechterziehung zum obligatorischen Schulfach wird und daß die einzelnen Fächer, wie zum Beispiel der Sportunterricht, daraufhin geprüft werden, was sie direkt oder verborgen an Diskriminierungen, Konkurrenz- und Männlichkeitsritualen enthalten. Umgekehrt sollten, wie es das ansatzweise in Skandinavien und in Österreich gibt, Jungen in Frauen zugewiesenen Fähigkeiten unterrichtet werden, z. B. Kochen, Nähen usw.

Noch wichtiger ist aber, was im »heimlichen Lehrplan« des Schulalltags geschieht. Hier verlangen Forderungskataloge, daß den Jungen zugestanden wird, Gefühle zu zeigen, um Hilfe zu bitten, Fehler einzugestehen, und daß sie gelehrt werden, ihre Kameraden und Kameradinnen gleichermaßen zu schätzen, Konflikte gewaltfrei auszutragen und solidarisch zu sein.

In besonderer Weise verantwortlich für eine unkritische Fortschreibung von Geschlechterstereotypen sind *Werbung und Massenmedien,* die – insgesamt betrachtet – in ihrer Ideologie noch hinter der schon ansatzweise veränderten Wirklichkeit der Geschlechter zurückbleiben. Hier gilt im besonderen die Forderung, daß Männer und Frauen in Unterhaltungssendungen, Serien und Filmen aus überholten Klischees befreit und in ihren jeweiligen Entwicklungsmöglichkeiten gezeigt werden müssen. Sexistische Darstellungen sollten ebensolchen Sanktionen ausgesetzt sein wie politische oder rassistische Diffamierungen in den Medien. Es sollte Männersendungen geben, so wie es Frauensendungen gibt, und Männerseiten in Zeitungen und Zeitschriften. Gefordert ist auch – analog der Frauenforschung – eine Männerforschung, die in den Universitäten die Geschichte der Männlichkeit kritisch aufarbeitet.

Die wirksamste Grundlage für späteres Geschlechterverhalten ist noch immer das Vorbild der Eltern, an dem das Kind unbewußt und nachhaltig lernt. Gefordert ist die *symmetrische Familie,* in der die Kinder erleben, wie Haus- und Erwerbsarbeit, Erziehung und Versorgung demokratisch zwischen Mutter und Vater aufgeteilt sind. Traditionelle Rollenzuweisungen von Vätern, die mit dem Arbeitslohn nach Hause kommen, und Müttern, die das Haushaltsgeld verwalten, von Ehemännern, die sich bedienen lassen, und Ehefrauen, die bedienen müssen, von Müttern, die für die Küche, und von Vätern, die für den Bastelraum zuständig sind, von Frauen, die die Kinder versorgen, und Männern, die das Auto pflegen, werden in der Symmetrie der Paarbeziehung hinfällig. Damit wäre nicht nur ein flexibles Lernen von Kindern gewährleistet, sondern auch die Befreiung der Erwachsenen aus den eindimensionalen Aufgaben des materiellen Versorgers und der emotionalen Versorgerin der Familie. Dafür bedarf es allerdings der wirtschaftlichen, gesetzgeberischen und arbeitsorganisatorischen Regelungen. Modelle von Teilzeitberufen, gleitender Arbeitszeit, genereller Arbeitszeitverkürzung und Freistellung für Erziehungsaufgaben usw. sind seit längerem in der Diskussion und werden hier und da auch schon praktiziert.

Schließlich ist ein *neues Verständnis von Mutterschaft und Vaterschaft* erforderlich. Geneviève Delaisi de Parseval fordert, »dem Mutterleib eine angemessenere, d. h. weit geringere phantasmatische Bedeutung« zuzuerkennen und damit Raum zu schaffen »für ein verändertes Erleben des Vaters«. Carolyn Heilbrun verlangt, Schwangerschaft und Geburt als Leistung und Verpflichtung von *zwei* Personen betrachten zu lernen. Damit sei auch »die Initiation des Mannes zu Intimität und Fürsorglichkeit« begonnen. Dorothy Dinnerstein notiert: »Und es wird eine weitere Veränderung geben: Wenn einmal die Vaterschaft ebenso wie die Mutterschaft frühe physische Intimität bedeutet, wird die Zeugungskraft des Mannes in ihrer Art ebenso wunderbar erscheinen, ebenso von alltäglicher Magie erfüllt sein wie die der Frau.«

Bruno Bettelheim ist überzeugt, daß die freiere Anerkennung des männlichen Wunsches, Leben hervorzubringen, uns Männer von destruktiven Kompensationen abhalten wird. Lewis Yablonsky verspricht sich von einer positiven sozialen Bewertung der Vaterschaft eine humanisierende Wirkung auf die Gesamtgesellschaft.[12] Die gestärkte Verantwortung des Mannes für seine Vaterschaft impliziert selbstverständlich auch seine entschiedene Verantwortung für Schwangerschaft und Verhütung.

Dieser Forderungskatalog erhebt keinen Anspruch auf Vollständigkeit. Frauen mögen Schwerpunkte anders setzen. Hier wird aus der Sicht der Männer in Bewegung argumentiert, angetrieben von einer Utopie, wie sie Ian Harris formuliert: »Laßt uns einen neuen Traum schaffen, in dem Männer verantwortungsvolle menschliche Wesen sind, die ein besseres Leben für alle Wesen auf diesem Planeten fördern wollen. Befreiung ist ein langer und schwieriger Kampf, der sowohl die ökonomische Veränderung der Gesellschaft erfordert als auch den Wandel persönlicher Beziehungen. Erfolg ist nur dann gewährleistet, wenn Männer und Frauen zusammenfinden, um die Klassenstrukturen zu bekämpfen, die das gesellschaftliche Leben beherrschen, und um neue Beziehungen und Institutionen zu schaffen, die den Respekt einer verzweifelten, entfremdeten und einsamen Bevölkerung gebieten.«[13]

Für den Mann von heute gibt es nur eine Alternative: seine Veränderung als Garantie für eine tragfähige Zukunft oder seinen Untergang – kollektiv in der ökologischen oder atomaren Katastrophe, individuell in zunehmender Unzufriedenheit, Streß, Krankheit und frühzeitigem Tod. Insofern ist männliche Veränderung gleichbedeutend mit Leben.

Anmerkungen und Literaturverzeichnis

Anmerkungen

I
Die Krise des Mannes

1 Elisabeth Badinter: Ich bin Du. München 1986

2 Warren Farrell: The Liberated Man. New York 1975. Es sei hier angemerkt, daß ich mich in diesem Buch vor allem auf amerikanische Literatur beziehe. Das ist damit begründet, daß es in den USA – im Gegensatz zum deutschsprachigen Raum – bereits eine etablierte und interessante Männerforschung gibt und Ansätze zu einer Männerbewegung.

3 Badinter, Ich bin Du, S. 10

3 Herb Goldberg: The New Male-Female Relationship. New York 1984, S. 106

5 Vgl. dazu Goldberg, Relationship, S. 131 ff.; Luise Eichenbaum/Susie Orbach: What Do Women Want. New York 1984; Barbara Ehrenreich/Elizabeth Hess/Gloria Jacobs: Re-Making Love. Garden City, New York 1986; Eric Skjei/Richard Rabkin: The Male Ordeal. New York 1981

6 Ann Oakley: Sex, Gender And Society. New York 1972, S. 158

7 Vgl. als Überblick: Hester Eisenstein: Contemporary Feminist Thought. London, Sidney 1984; Oakley, Sex; Margit Eichler: The Double Standard. New York 1980

8 Joseph H. Pleck: The Myth of Masculinity. Cambridge/Mass., London 1984; Farrell, The Liberated Man; eine Ausnahme stellt Bob Connell dar; vgl. Bob Connell: Zur Theorie der Geschlechterverhältnisse. In: Das Argument 157, 1986

9 Harry Brod (ed.): The Making of Masculinities. Boston 1987, S. 1

10 Herb Goldberg: The New Male. New York 1980

11 Barbara J. Katz: A Quiet March For Liberation Begins. In: Joseph H. Pleck/Jack Sawyer (eds.): Man And Masculinity. Englewood Cliffs 1974
12 Betty Friedan: The Second Stage. New York 1981
13 Bernie Zilbergeld: Männliche Sexualität. Tübingen 1983, S. 263
14 Badinter, Ich bin Du, S. 168; Andrew Tolson: The Limits of Masculinity. London 1977, S. 83
15 Thomas Moore: The Lost Father. In: Franklin Abbott (ed.): New Men, New Minds. Freedom 1987
16 Alexander Mitscherlich: Auf dem Weg zur vaterlosen Gesellschaft. München 1963, S. 243
17 Vgl. Ehrenreich/Hess/Jacobs, Re-making Love
18 Perry Garfinkel: In A Man's World. New York 1986
19 Badinter, Ich bin Du, S. 11
20 Goldberg, Relationship, S. 134. Ich muß hier anmerken, daß es in der Bundesrepublik Deutschland Männer gibt, die aus wenig ersichtlichen Gründen Herb Goldberg als »reaktionär«, ja gar »frauenfeindlich« bezeichnen. Sie schrecken dabei nicht vor bewußt einseitigen Darstellungen, verkürzten Zitaten und böswilligen Unterstellungen zurück. Mir erscheint eine solche Interpretation Goldbergs ebenso unrichtig wie intellektuell unredlich.
21 Dorothy Dinnerstein: Das Arrangement der Geschlechter. Stuttgart 1979, S. 17
22 Skjei/Rabkin; The Male Ordeal, S. 236
23 Vgl. Herlinde Maindok: Frauenalltag in Männerberufen. Frankfurt/M. 1987; Eisenstein, Feminist Thought
24 Vgl. Farrell, The Liberated Man; Annelise Mangue: L'Identité masculine. Paris, Marseille 1987; Helge Pross: Die Männer. Reinbek 1984
25 Vgl. Eisenstein, Feminist Thought; Maindok, Frauenalltag
26 Sigrid Metz-Göckel/Ursula Müller: Ändern sich die Männer wirklich? In: S. R. Dunde (Hrsg.): Geschlechterneid-Geschlechterfreundschaft. Frankfurt/M. 1983
27 Vgl. dazu Maindok, Frauenalltag, S. 172; Pross, Die Männer
28 Ashley Montagu: The Natural Superiority of Women. New York 1974, S. 163
29 Vgl. Kapitel 2 des vorliegenden Buches
30 Eisenstein, Feminist Thought
31 Vgl. dazu z. B. John Rowan: The Horned God. London, New York 1987; Simone de Beauvoir: Das andere Geschlecht. Reinbek 1960; Susan Brownmiller: Weiblichkeit. Frankfurt/M. 1987
32 de Beauvoir, Das andere Geschlecht, S. 100
33 Vgl. dazu ausf. Eisenstein, Feminist Thought; Brian Easlea: Väter der Vernichtung. Reinbek 1986
34 Susan Brownmiller, Weiblichkeit, S. 11

35 Vgl. dazu Michael Kaufman: The Construction Of Masculinity And The Triad Of Men's Violence. In: M. Kaufman (ed.): Beyond Patriarchy. Toronto, New York 1987, S. 15; Margit Brückner: Die Liebe der Frauen. Über Weiblichkeit und Mißhandlung. Frankfurt/M. 1983; Susan Brownmiller: Gegen unseren Willen – Vergewaltigung und Männerherrschaft. Frankfurt/M. 1980

36 Vgl. Michael C. Baurmann: Die offene und die heimliche Gewalt von Männern gegen Frauen. In: S. R. Dunde (Hrsg.): Wenn ich nicht lieben darf, dürfen's andere auch nicht. Reinbek 1987, S. 138

37 Farrell, The Liberated Man, S. 5

II
Männer als Täter und Opfer

1 Montagu, Superiority, S. 108

2 Goldberg, The New Male, S. 171

3 Vgl. Jean Miller: Psychoanalysis and Woman. Harmondsworth 1973; Badinter, Ich bin Du, S. 202; de Beauvoir, Das andere Geschlecht

4 Badinter, Ich bin Du, S. 170

5 Vgl. dazu ausf. Eisenstein, Feminist Thought; Carolyn G. Heilbrun: Reinventing Womanhood. New York 1979

6 Zit. nach Skjei/Rabkin, The Male Ordeal, S. 48

7 Maren L. Carden: The New Feminist Movement. New York 1974, S. 2

8 Münchner Frauenzentrum (Hrsg.): Frauenjahrbuch 1976. München 1976, S. 75 f.

9 In der »Zeit« vom 7. 8. 1987 ergänzt Susanne Mayer diesen Boykottaufruf von »Emma« mit dem bezeichnenden Satz: »Kauft nicht bei Juden.« Sie schreibt u. a.: »Es ist das Verdienst der Frauenzeitschrift »Emma«, den Mann endlich in einem Lichte zu präsentieren, der ihn des Mitleids würdig macht.«

10 Hilke Schlaeger (Hrsg.): Die Herren der Dinge. München 1987

11 Jill Tweedie: Die sogenannte Liebe. Reinbek 1982

12 Zit. nach Ariane Barth: Das Monster und die Giftspritze. In: Der Spiegel 5, 1988

13 Vgl. Eisenstein, Feminist Thought; Carden, Feminist Movement; Nancy Chodorow: Das Erbe der Mütter. München 1985; Ulrike Prokop: Weiblicher Lebenszusammenhang. Frankfurt/M. 1976

14 Vgl. dazu ausf. Eisenstein, Feminist Thought; Prokop, Weiblicher Lebenszusammenhang, S. 60 f.

15 Florence King, He – An Irreverent Look At The American Male. New York 1978, S. 67; Friedan, The Second Stage; Carden, Feminist Movement, S. 166 f.; Juliet Mitchell: Woman's Estate. New York 1973

16 Skjei/Rabkin, The Male Ordeal, S. 14

17 Vgl. dazu ausf. Tolson, Limits; Joseph H. Pleck: Men's Power With

Women, Other Men And Society. In: Elisabeth H. Pleck/Joseph H. Pleck (eds.): The American Male. Englewood Cliffs 1980; Tim Carrigan/Bob Connell/John Lee: Hard And Heavy: Toward A New Sociology Of Masculinity. In: Kaufman, Beyond Patriarchy; Jonathan Katz: Gay American History – Lesbians And Gay Men In The USA. New York 1976; Matthias Frings: Liebesdinge. Reinbek 1984; Volker Elis Pilgrim: Der Untergang des Mannes. Reinbek 1986

18 Zit. nach Skjei/Rabkin, The Male Ordeal, S. 43 ff.; vgl. E. H. Pleck/J. H. Pleck, The American Male, S. 38

19 Vgl. Ehrenreich/Hess/Jacobs, Re-Making Love, S. 77; Skjei/Rabkin, The Male Ordeal, S. 13 ff. u. S. 26; vgl. Goldberg, The New Male; Goldberg, Relationship

20 Zit. nach Skjei/Rabkin, The Male Ordeal, S. 42 ff.; vgl. Georges Falconnet/Nadine Lefaucheur: La fabrication des mâles. Paris 1975, S. 9

21 Vgl. Zilbergeld, Männliche Sexualität, S. 262; Skjei/Rabkin, The Male Ordeal, S. 13; Goldberg, The New Male

22 Vgl. George Gilder: Sexual Suicide. New York 1973; Farrell, The Liberated Man

23 Skjei/Rabkin, The Male Ordeal, S. 42; Farrell, The Liberated Man, S. 8; Frings, Liebesdinge, S. 146

24 Vgl. Farrell, The Liberated Man, S. 3; Goldberg, The New Male; Richard Haddad: Concepts and Overview of the Men's Liberation Movement. In: Francis Baumli (ed.): Men Freeing Men. Jersey City 1985

25 Vgl. Frings, Liebesdinge, S. 145; Heinz Bonorden (Hrsg.): Was ist los mit den Männern? München 1985; Goldberg, The New Male; King, He

26 Zit. nach Frings, Liebesdinge, S. 145

27 King, He, S. 67; Goldberg, The New Male, S. 74; Montagu, Superiority

28 John Stoltenberg: Other Men. In: Changing Men 11, 1983/84; Helmut Barz: Männersache. Stuttgart, Zürich 1984, S. 44; Goldberg, The New Male; Harry Brod: Feminism for Men: Beyond Liberalism. In: Brother – The Newsletter of the National Organization for Changing Men. No 3, 1985. Volker Elis Pilgrim: Manifest für den freien Mann. Reinbek 1986, S. 153

29 Katz, A Quiet March; Tom Williamson: A History Of The Men's Movement. In: Baumli, Men Freeing Men; Deborah S. David/Robert Brannon (eds.): The Forty-Nine Percent Majority. The Male Sex Role. Reading/Mass. 1976; Farrell, The Liberated Man, S. 167 ff.

30 Peter Middleton: Die begrenzte Relevanz des Geschlechterunterschieds. In: Das Argument 157, 1986

31 J. H. Pleck, The Myth of Masculinity, S. 9

32 Prokop, Weiblicher Lebenszusammenhang, S. 39

33 Herbert Marcuse: Der eindimensionale Mensch. Neuwied u. Berlin 1967, S. 159

34 Vgl. Walter Hollstein: Other Factors and Influences in the Socialization

of Children and Young People. In: Council of Europe (ed.): Prevention of Juvenile Delinquency. Strasbourg 1981

35 Middleton, Relevanz

36 Michelle Zimbalist Rosaldo, in: Michelle Zimbalist Rosaldo/Louise Lamphere (eds.): Woman, Culture and Society. Stanford 1974; Badinter, Ich bin Du, S. 43; Prokop, Weiblicher Lebenszusammenhang, S. 38 f.; Ilse Dröge-Modelmog, in: Ilse Dröge-Modelmog/Gottfried Mergner (Hrsg.): Orte der Gewalt. Opladen 1987, S. 7

37 Tor Nørretranders (Hrsg.): Über den Orgasmus des Mannes. Reinbek 1986, S. 27

38 Vgl. dazu ausf. J. H. Pleck, Men's Power; Goldberg, The New Male

39 Gloria Steinem: The Myth of Maculine Mystique. In: J. H. Pleck/Sawyer, Man And Masculinity; Arno Gruen: Der Verrat am Selbst. München 1986, S. 121; Peter Schneider: Die Sache mit der »Männlichkeit«. In: Kursbuch 35, 1974; Barbara Ehrenreich: Die Herzen der Männer. Reinbek 1984, S. 30 ff.

40 Lore Puntigam: Der Mythos vom Patri-archat. In: Dröge-Modelmog/Mergner, Orte, S. 75; J. H. Pleck/Sawyer, Man And Masculinity; Esther R. Greenglass: Geschlechterrolle als Schicksal. Stuttgart 1986

41 Zilbergeld, Männliche Sexualität, S. 263; vgl. Tolson, Limits; Arthur B. Shostak: Blue Collar Work. In: David/Brannon, Majority; Ian Harris: Media Myths and the Reality of Men's Work. In: Changing Men 16, 1986

42 Eichenbaum/Orbach, What Do Women Want, S. 51

43 Goldberg, Relationship; Skjei/Rabkin, The Male Ordeal; Marc F. Fasteau: The Male Machine. New York 1978; Cooper Thompson: A New Vision Of Masculinity. In: Changing Men 14, 1985

44 Ulrich Beck: Risikogesellschaft. Frankfurt/M. 1986, S. 173

45 Jörg Ehrenforth/Herwarth Ernst (Hrsg.): Gegenstimmen – Männerlesebuch. Reinbek 1987; Bonorden, Was ist los

46 Jack Sawyer: On Male Liberation. In: J. H. Pleck/Sawyer, Man And Masculinity; Kenneth Clatterbaugh: Are Men Oppressed? In: Changing Men 16, 1986

47 Goldberg, The New Male, S. 1

48 Pilgrim, Manifest, S. 218

49 Skjei/Rabkin, The Male Ordeal, S. 125; Mirra Komarovski: Dilemmas of Masculinity. New York 1986

50 Vgl. z. B. den Bericht von Raimund Hoghe von einer Männertagung in der Evangelischen Akademie Tutzing, in: Die Zeit 49, 1987

51 Metz-Göckel/Müller, Ändern sich die Männer wirklich?, S. 169

52 Myrna Silver, in: Myrna Silver/Jerry Silver: Weekend Fathers. New York 1981, S. 3

53 Farrell, The Liberated Man; Goldberg, Relationship

54 Wayne A. Ewing: Changing Men. Denver 1978, S. 7

56 Zit. nach Carden, Feminist Movement, S. 169
57 Greenglass, Geschlechterrolle, S. 16
58 Die Idee des Androgynen, die in den USA schon seit längerem ad acta gelegt worden ist, ist in Europa wieder aktuell. Vgl. Badinter, Ich bin Du. Dieses Buch ist sehr wichtig; allerdings zerfällt es meiner Ansicht nach in zwei sehr unterschiedliche Teile. So originell und fundiert die historische Untersuchung von Prof. Badinter ist, so wenig zu Ende gedacht und überzeugend erscheinen mir ihre Ausführungen über das Androgyne. Zur feministischen Kritik des Androgynen vgl. Eisenstein, Feminist Thought sowie Kap. IV des vorliegenden Buches.
59 Prokop, Weiblicher Lebenszusammenhang, S. 198
60 Brückner, Die Liebe der Frauen, S. 64
61 Kaufman, Beyond Patriarchy, S. XVI
62 David/Brannon, Majority

III
Der veröffentlichte Mann

1 Vgl. John Nicholson: Men And Women. Oxford, New York 1985, S. 20; Greenglass, Geschlechterrolle; J. T. Klapper: The Effects of Mass Communication. Glencoe/Ill. 1961; Leo Löwenthal: Literatur und Gesellschaft. Neuwied u. Berlin 1964
2 Helen Franks: Goodbye Tarzan. Düsseldorf, Wien 1985, S. 18
3 z. B. Farrell, The Liberated Man, S. 143
4 Franks, Goodbye Tarzan, S. 43; Greenglass, Geschlechterrolle; I. Langer-El Sayed: Frau und Illustrierte im Kapitalismus. Köln 1971
5 Zilbergeld, Männliche Sexualität, S. 18
6 Garfinkel, In A Man's World, S. 110
7 Robert Keith Smith: The Image Of The Male In Today's Films. In: Baumli, Men Freeing Men; vgl. Enno Patalas: Sozialgeschichte der Stars. Hamburg 1963
8 Vgl. Nicholson, Men And Women; Greenglass, Geschlechterrolle; G. Maletzke: Psychologie der Massenkommunikation. Hamburg 1963
9 Greenglass, Geschlechterrolle, S. 67; vgl. Fasteau, The Male Machine, 38 ff.; Nicholson, Men And Women, S. 21 ff.
10 Geneviève Delaisi de Parseval: Was wird aus den Vätern? Weinheim, Basel 1985; Zilbergeld, Männliche Sexualität; Garfinkel, In A Man's World
11 Vgl. Liselotte Brodbeck: Roman als Ware. Basel 1974; Walter Hollstein: Der deutsche Illustriertenroman der Gegenwart. München, Bern 1973; M. Jabs-Kriegsmann: Zerrspiegel. Der deutsche Illustriertenroman. Stuttgart 1981
12 Greenglass, Geschlechterrolle, S. 79
13 Zilbergeld, Männliche Sexualität, S. 20; vgl. Edward Donnerstein/Daniel

Linz: Mass-Media Sexual Violence and Male Viewers: Current Theory and Research. In: Michael S. Kimmel (ed.): Changing Men. Newbury Park 1987

IV
Was ist ein Mann?

1 Joe L. Dubbert: A Man's Place – Masculinity in Transition. Englewood Cliffs 1979, S. 2
2 Vgl. Emmanuel Reynaud: La Sainte Virilité. Paris 1981, S. 17; Dubbert, A Man's Place, S. 5
3 Dubbert, A Man's Place, S. 6
4 E. H. Pleck/J. H. Pleck, The American Male, S. 1
5 Franks, Goodbye Tarzan, S. 13
6 Nørretranders, Orgasmus, S. 27
7 Garfinkel, In A Man's World, S. 2
8 Reynaud, Virilité, S. 50
9 Gad Horowitz/Michael Kaufman: Male Sexuality. In: Kaufman, Beyond Patriarchy, S. 81
10 Dubbert, A Man's Place, S. 20
11 Delaisi de Parseval, Was wird aus den Vätern? S. 11
12 Johannes Glötzner (Hrsg.): Der Vater. Frankfurt/M. 1983
13 Kaufman, The Construction Of Masculinity, S. 3
14 Vgl. Greenglass, Geschlechterrolle; Sidney M. Jourard: Some Lethal Aspects Of The Male Role. In: J. H. Pleck/Sawyer, Man And Masculinity
15 Barz, Männersache; Jourard, Some Lethal Aspects; vgl. dazu ausf. Kap. VI des vorliegenden Buches
16 Steven Goldberg: The Inevitability of Patriarchy. New York 1973
17 Vgl. Perry Treadwell, in: Brod, The Making Of Masculinities, S. 259 ff.; Gerald I. Fogel et al. (eds.): The Psychology of Man – New Psychoanalytic Perspectives. New York 1986
18 Barbara Sichtermann schreibt: »Was die Frauenbewegung nötig hat, ist nicht der durch edle Affekte legitimierte Verzicht auf Biologie, sondern ein Begriff vom Geschlechterunterschied, der die Legierung von Geschichte und Natur verstehen lehrt; sie muß aufhören zu unterstellen, die Geschichte habe als Prägerin von Wünschen und Realitäten innerhalb einer Biographie die Natur ohne Rest verdrängt ... Es ist schon ein Witz, daß just in einer Zeit, in der mit der ökologischen Krise das Denken in Termini von Natur ein wenn auch problematisches Muß selbst für den arrogantesten Geisteswissenschaftler wird, sich die Frauenbewegung mit jungferlicher Prüderie gegen das biologische Argument verwahrt wie gegen den Gottseibeiuns.« In: B. S.: Wer ist wie? Berlin 1987, S. 10 f.
19 Vgl. dazu ausf. Eichler, The Double Standard; Eleonor Maccoby/Carol Jacklin: The Psychology of Sex Difference. Stanford 1974

20 Vgl. Kaufman, Beyond Patriarchy; Carol Hagemann-White: Sozialisation: Weiblich-männlich? Opladen 1984
21 Farrell, The Liberated Man, S. 15
22 Vgl. dazu Fogel, The Psychology of Men, S. 14; Tolson, Limits
23 Barbara Schaeffer-Hegel/Brigitte Wartmann (Hrsg.): Mythos Frau. Berlin 1984, S. 99; vgl. Eisenstein, Feminist Thought
24 Vgl. dazu ausf. Goldberg, Relationship; Greenglass, Geschlechterrolle; Eisenstein, Feminist Thought; Nicholson, Men And Women
25 Karin Hausen: Die Polarisierung der »Geschlechtscharaktere«. In: Werner Conze (Hrsg.): Sozialgeschichte der Familie in der Neuzeit Europas. Stuttgart 1976, S. 378
26 Badinter, Ich bin Du, S. 13; vgl. Eisenstein, Feminist Thought
27 Dabei soll nicht gegen die grundsätzliche Wichtigkeit dieser Unterscheidung polemisiert werden. Helmut Barz weist mit Recht darauf hin, daß »die realen Gegebenheiten ›weiblich‹ und ›männlich‹ eine symbolische, das heißt über das vordergründig Sichtbare hinausweisende allgemeine Bedeutung haben«. In: Barz, Männersache, S. 34
28 Vgl. dazu Barz, Männersache, S. 120; Fogel, The Psychology of Men, S. 50; Nicholson, Men And Women, S. 23
29 Erich Neumann: Zur Psychologie des Weiblichen. Frankfurt/M. 1983; Badinter, Ich bin Du; Rosaldo/Lamphere, Woman. Um nicht mißverstanden zu werden, sei mit einem Zitat von Helmut Barz (Männersache, S. 34) auf das folgende hingewiesen: »Es wäre naiv, einen Zufall darin zu sehen, daß diese Begriffe zugleich die beiden Geschlechter bezeichnen; aber ebenso naiv scheint es mir, aus dieser Tatsache eine ›sexistische‹ Tendenz aller Kultur abzuleiten. Wenn auf der ganzen Erde immer wieder zwei getrennte Prinzipien wahrgenommen und diese als ›männlich‹ und ›weiblich‹ erlebt wurden, dann stand dahinter nicht die böse Absicht finsterer Männer, die Frauen zu unterdrücken. Kein Zweifel, daß sie es taten: aber die Unterscheidung von männlichem und weiblichem Prinzip diente nicht dem Zweck der Unterdrückung der Frauen, sondern war allenfalls deren Voraussetzung.«
30 Vgl. Neumann, Zur Psychologie des Weiblichen; Barz, Männersache; Moore, The Lost Father; Middleton, Relevanz; Tolson, Limits; Lewis Yablonsky: Fathers And Sons. New York 1984
31 Barz, Männersache, S. 47; Francesco Alberoni: Erotik. München 1987, S. 202
32 Barz, Männersache, S. 144
33 Zit. nach Skjei/Rabkin, The Male Ordeal, S. 239
34 Zit. nach Reynaud, Virilité, S. 140
35 Vgl. dazu ausf. J. H. Pleck, The Myth of Masculinity
36 Fasteau, The Male Machine; I. F. Stone: Machismo in Washington. In: J. H. Pleck/Sawyer, Man And Masculinity; Dubbert, A Man's Place; Steinem, Masculine Mystique

37 Zit. nach Fasteau, The Male Machine, S. 160

V
Männer-Ansichten

1 Cheryl Benard/Edith Schlaffer: Der Mann auf der Straße. Hamburg 1980, S. 10 f.
2 Georg Simmel: Das Relative und das Absolute im Geschlechter-Problem. In: G. S.: Schriften zur Philosophie und Soziologie der Geschlechter. Hrsg. v. H. J. Dahme/K. Köhnke. Frankfurt/M. 1985, S. 200
3 Georg Simmel: Bruchstücke aus einer Psychologie der Frauen. In: Dahme/Köhnke, Schriften, S. 177
4 Georg Simmel: Weibliche Kultur. In: Dahme/Köhnke, Schriften, S. 162
5 Georg Simmel: Philosophie des Geldes. Berlin 1977, S. 484
6 Simmel, Das Relative, S. 201
7 Ebd., S. 203
8 Simmel, Weibliche Kultur, S. 162
9 Simmel, Das Relative, S. 218
10 Ebd., S. 202
11 Simmel, Weibliche Kultur, S. 160
12 Joachim Bodamer: Der Mensch ohne Ich. Freiburg i. Br. 1958, S. 17
13 Joachim Bodamer: Gesundheit und technische Welt. Stuttgart 1955, S. 85
14 Joachim Bodamer: Der Mann von heute – Seine Gestalt und Psychologie. Stuttgart 1956, S. 38
15 Ebd., S. 177
16 Bodamer, Gesundheit, S. 91
17 Joachim Bodamer: Der umworbene Mensch. In: J. B.: Arzt und Patient. Freiburg i. Br. 1962, S. 36
18 Bodamer, Der Mann von heute, S. 46
19 Ebd.
20 Ebd., S. 47
21 Joachim Bodamer: Sind wir überhaupt noch Menschen? Freiburg i. Br. 1966, S. 47
22 Bodamer, Der Mann von heute, S. 18
23 Bodamer, Gesundheit, S. 83
24 Bodamer, Der Mann von heute, S. 131
25 Ebd., S. 130
26 Ebd., S. 228
27 Bodamer, Gesundheit, S. 87 f.
28 Bodamer, Sind wir überhaupt noch Menschen?, S. 50
29 Bodamer, Der Mann von heute, S. 191
30 Pilgrim, Manifest, S. 19
31 Ebd., S. 13
32 Pilgrim, Untergang, S. 15

33 Pilgrim, Manifest, S. 89
34 Ebd., S. 28
35 Pilgrim, Untergang, S. 13
36 Ebd., S. 23
37 Pilgrim, Manifest, S. 156
38 Pilgrim, Untergang, S. 38 ff.
39 Pilgrim, Manifest, S. 19
40 Ebd., S. 154
41 Beck, Risikogesellschaft, S. 186
42 Christine Delphy: Close to Home: A Materialist Analysis of Women's Oppression. Amherst 1984, S. 139
43 Sherry Ortner: Is Female To Male As Nature To Culture? In: Rosaldo/Lamphere, Woman, S. 70
44 Richard Lee/Richard Daly: Man's Domination And Woman's Oppression. In: Kaufman, Beyond Patriarchy, S. 41
45 Tolson, Limits, S. 140
46 Adrienne Rich: Of Woman Born. New York 1976, S. 57
47 Sigmund Freud: Der Mann Moses und die monotheistische Religion. In: S. F.: Gesammelte Werke. Bd. XVI. London 1950, S. 186 ff.
48 Kate Millett: Sexual Politics. New York 1971
49 Mary Daly, zit. nach Connell, Geschlechterverhältnisse
50 Elisabeth Janeway: Man's World, Woman's Place. New York 1971
51 Delphy, Close to Home, S. 140 ff.
52 Badinter, Ich bin Du, S. 41
53 Vgl. zu dieser Auseinandersetzung ausf. Eisenstein, Feminist Thought
54 Vgl. z. B. Bonorden, Was ist los; Marielouise Janssen-Jureit: Sexismus. Frankfurt/M. 1985
55 Vgl. Dubbert, A Man's Place; William Reynolds: The American Father. New York, London 1978
56 Vgl. Tolson, Limits
57 Bodamer, Der Mann von heute, S. 179
58 Mitscherlich, Vaterlose Gesellschaft, S. 220
59 de Beauvoir, Das andere Geschlecht, S. 23
60 Badinter, Ich bin Du, S. 62
61 Vgl. Hausen, Polarisierung
62 Vgl. Pierre Samuel: Amazones, Guerrières et Gaillardes. Grenoble 1975; Sir Galahad: Mütter und Amazonen. Berlin 1962
63 Eisenstein, Feminist Thought
64 Prokop, Weiblicher Lebenszusammenhang, S. 39
65 Jessica Benjamin: Authority And The Family Revisited: Or, A World Without Fathers? In: New German Critique 35, 1978
66 Simmel, Das Relative, S. 202
67 Bodamer, Der Mann von heute, S. 15
68 Vgl. Dröge-Modelmog/Mergner, Orte; Skjei/Rabkin, The Male Ordeal

69 Janeway, Man's World, S. 56
70 Puntigam, Patri-archat, S. 75
71 Badinter, Ich bin Du
72 Vgl. Dubbert, A Man's Place; Tolson, Limits; Kaufman, Beyond Patriarchy
73 Connell, Geschlechterverhältnisse
74 Goldberg, Inevitability; Shulamith Firestone: The Dialectic of Sex. New York 1970
75 Colette Chiland: La condition féminine. In: Le Monde, 13. 11. 1983; vgl. Fester u. a.: Weib und Macht. Frankfurt/M. 1986
76 Galahad, Mütter und Amazonen, S. 13
77 Vgl. Montagu, Superiority
78 de Beauvoir, Das andere Geschlecht, S. 28
79 Badinter, Ich bin Du, S. 45 ff.; vgl. Brownmiller, Weiblichkeit, S. 230
80 Galahad, Mütter und Amazonen, S. 11; vgl. Rich, Of Women Born
81 Phyllis Chesler: About Men. New York 1978; vgl. Badinter, Ich bin Du, S. 46
82 Roberto Zapperi: Der schwangere Mann. München 1984; Brownmiller, Weiblichkeit, S. 230
83 Vgl. Dinnerstein, Das Arrangement der Geschlechter; Badinter, Ich bin Du; Fester, Weib und Macht
84 Chodorow, Das Erbe; Fogel, The Psychology of Men, S. 19 f.
85 Bodamer, Der Mann von heute, S. 44
86 Janet Hunt: Sex Stratification And Male Biography: From Deprivation To Ascendance. In: Sociological Quaterly 21, 1980
87 Chodorow, Das Erbe
88 Doris F. Jonas: Der überschätzte Mann. München 1981, S. 69; Zapperi, Der schwangere Mann
89 Ortner, Female To Male, S. 77
90 Badinter, Ich bin Du, S. 217
91 Jonas, Der überschätzte Mann, S. 85
92 Bodamer, Gesundheit, S. 87
93 Marielouise Janssen-Jureit: Die Grundlagen des Patriarchats. In: Schaeffer-Hegel/Wartmann, Mythos Frau; vgl. zur Bedeutung männlicher Initiation: Wolfgang Lederer/Alexandra Botwin: Where Have All The Heroes Gone? Another View of Changing Masculine Roles. In: Kenneth Solomon/Norman B. Levy (eds.): Men In Transition. New York, London 1982; Robert Bly: The Pillow And The Key. St. Paul/Minnesota 1987
94 Badinter, Ich bin Du, S. 22
95 Nicholson, Men And Women, S. 117
96 Dinnerstein, Das Arrangement der Geschlechter, S. 37
97 Alice Rossi: A Biosocial Perspective on Parenting. In: Daedalus 106, 1977
98 Fester, Weib und Macht, S. 168
99 de Beauvoir, Das andere Geschlecht, S. 23

100 Ebd., S. 25
101 Brownmiller, Weiblichkeit
102 Carolyn Merchant: Der Tod der Natur. München 1987
103 Simmel, Weibliche Kultur, S. 61; vgl. Roger Garaudy: Der letzte Ausweg. Olten, Freiburg i. Br. 1984
104 Badinter, Ich bin Du, S. 74
105 de Beauvoir, Das andere Geschlecht, S. 31
106 Ernest Bornemann: Das Patriarchat. Frankfurt/M. 1976, S. 115; vgl. Lee/Daly, Man's Domination; Frank R. Vivelo: Handbuch der Kulturanthropologie. Stuttgart 1981, S. 91 ff.; Wilhelm Reich: Der Einbruch der sexuellen Zwangsmoral. Köln 1972; Sozialistische Studiengruppen: Der soziale Ursprung des Patriarchats. Hamburg 1984; Fester, Weib und Macht
107 Ortner, Female To Male
108 Barz, Männersache, S. 122
109 Vgl. Lee/Daly, Man's Domination; Chodorow, Das Erbe, S. 240; Fester, Weib und Macht
110 Max Horkheimer/Theodor W. Adorno: Dialektik der Aufklärung. Amsterdam 1944, S. 70 f.; vgl. Badinter, Ich bin Du
111 Vgl. Merchant, Der Tod der Natur
112 Otto Rank: Das Trauma der Geburt. Leipzig, Zürich 1924, S. 90 f.; vgl. Michel Foucault: Sexualität und Wahrheit. Frankfurt/M. 1983
113 Brownmiller, Weiblichkeit, S. 230; vgl. de Beauvoir, Das andere Geschlecht
114 Garaudy, Der letzte Ausweg, S. 14
115 Vgl. de Beauvoir, Das andere Geschlecht; Edward Shorter: Der weibliche Körper als Schicksal. München 1984; Brownmiller, Weiblichkeit; Puntigam, Patri-archat
116 Nicholson, Men And Women, S. 135
117 Eisenstein, Feminist Thought
118 Chodorow, Das Erbe, S. 19
119 z. B. W. Riehl: Mann und Weib. In: W. R.: Die Familie. Stuttgart, Augsburg 1855; vgl. Shorter, Der weibliche Körper; Hausen, Polarisierung
120 Horkheimer/Adorno, Dialektik der Aufklärung, S. 43
121 Tolson, Limits, S. 58
122 Herbert Marcuse: Triebstruktur und Gesellschaft. Frankfurt/M. 1967, S. 219
123 J. H. Pleck, The Myth of Masculinity, S. 131
124 Lederer/Botwin, Where Have All The Heroes Gone?, S. 241
125 Vgl. ausf. Dubbert, A Man's Place; Bodamer, Der Mann von heute
126 Theodore Roszak: Gegenkultur. Düsseldorf, Wien 1971, S. 25
127 Farrell, The Liberated Man, S. 66; vgl. ausf. Henry Jacoby: Die Bürokratisierung der Welt. Neuwied u. Berlin 1969
128 William H. Whyte: The Organization Man. New York 1956; vgl. Ro-

bert Presthus: Individuum und Organisation. Typologie der Anpassung. Frankfurt/M. 1962

129 Dubbert, A Man's Place, S. 246

130 Pilgrim, Manifest, S. 118

131 Vgl. Dubbert, A Man's Place, S. 383

132 Marcuse, Der eindimensionale Mensch

133 Carden, Feminist Movement, S. 167

134 Prokop, Weiblicher Lebenszusammenhang, S. 198

135 Schaeffer-Hegel/Wartmann, Mythos Frau, S. 10

136 Horkheimer/Adorno, Dialektik der Aufklärung, S. 107

137 Vgl. ausf. Kap. XII des vorliegenden Buches

VI
Das schwächere Geschlecht

1 Zit. nach Annegret Stopczyk: Was Philosophen über Frauen denken. München 1980

2 Fellini, zit. nach Die Tageszeitung (Berlin), 10. 10. 1986; Aragon, zit. nach Die Tageszeitung, 2. 7. 1987

3 Rowan, The Horned God, S. 39

4 Montagu, Superiority; Barz, Männersache; vgl. Maccoby/Jacklin, Sex Difference; Eisenstein, Feminist Thought; Ingrid Bengis: Combat In The Erogenous Zone. London 1973; Donna Warnock: Patriarchy Is A Killer. In: Pam McAllister (ed.): Reweaving The Web Of Life Feminism and Nonviolence. Philadelphia 1987

5 Vgl. dazu ausf. Montagu, Superiority, S. 62 ff.

6 Hagemann-White, Sozialisation, S. 96; Montagu, Superiority, S. 146

7 Montagu, Superiority; Nicholson, Men And Women

8 Hagemann-White, Sozialisation, S. 93; Colette Chiland: La condition féminine. In: Le Monde, 13. 11. 1983; Mary Jane Sherfey: Die Potenz der Frau. Köln 1974

9 Goldberg, The New Male, S. 15

10 J. H. Pleck, The Myth of Masculinity, S. 150; vgl. Ehrenreich, Die Herzen der Männer; Goldberg, The New Male

11 Horst-Eberhard Richter: Lernziel Solidarität. Reinbek 1974, S. 39 ff.

12 Nicholson, Men And Women, S. 70

13 Herb Goldberg: The Hazards of Being Male. New York 1976; Jourard, Some Lethal Aspects; Garfinkel, In A Man's World

14 Vgl. dazu und im folgenden: Montagu, Superiority; Jourard, Some Lethal Aspects; Nicholson, Men And Women; Goldberg, The Hazards of Being Male; Goldberg, The New Male; Greenglass, Geschlechterrolle

15 New York Times, 23. 8. 1986; Greenglass, Geschlechterrolle, S. 210 f.

16 Jourard, Some Lethal Aspects

VII
Der Weg der Männer

1 Hagemann-White, Sozialisation, S. 72; vgl. J. H. Pleck, The Myth of Masculinity
2 James M. O'Neil: Gender-Role Conflict and Strain in Men's Lives. In: Solomon/Levy, Men In Transition, S. 8
3 Patricia Sexton: The Feminized Male: Classrooms, White Collars, and the Decline of Manliness. New York 1970
4 J. H. Pleck, The Myth of Masculinity, S. 96
5 Simmel, Das Relative, S. 204
6 O'Neil, Gender-Role Conflict, S. 32
7 Ruth E. Hartley: Sex-Role Pressures and the Socialization of the Male Child. In: J. H. Pleck/Sawyer, Man and Masculinity
8 Badinter, Ich bin Du, S. 225
9 Maccoby/Jacklin, Sex Difference
10 Greenglass, Geschlechterrolle, S. 57
11 Carol Tavris/Carole Wade (eds.): The Longest War – Sex Difference in Perspective. (Neubearb.) San Diego 1984, S. 221
12 Reynolds, The American Father, S. 135
13 Greenglass, Geschlechterrolle, S. 57
14 Hagemann-White, Sozialisation, S. 58
15 Zilbergeld, Männliche Sexualität, S. 91
16 Farrell, The Liberated Man, S. 69
17 Zit. nach Dubbert, A Man's Place, S. 145
18 Hartley, Sex-Role Pressures, S. 10
19 Garfinkel, In A Man's World, S. 142
20 Schneider, »Männlichkeit«; vgl. David/Brannon, Majority
21 Zilbergeld, Männliche Sexualität, S. 19; Fasteau, The Male Machine, S. 23
22 Lederer/Botwin, Where Have All The Heroes Gone?, S. 245
23 Komarovsky, The Unemployed Man
24 Elliot Liebow: Tally's Corner. New York 1967
25 Goldberg, Relationship, S. 18; Goldberg, The New Male, S. 50
26 Chodorow, Das Erbe, S. 227
27 Baumli, Men Freeing Men; Tolson, Limits, S. 39
28 Neumann, Zur Psychologie des Weiblichen, S. 11
29 Badinter, Ich bin Du
30 Vgl. Fogel, The Psychology of Men
31 Dinnerstein, Das Arrangement der Geschlechter, S. 53
32 Hagemann-White, Sozialisation, S. 96
33 Vgl. Carol Gilligan: Die andere Stimme. München 1984, S. 17; vgl. ausf. Kap. IX des vorliegenden Buches
34 Vgl. Eisenstein, Feminist Thought

35 Hagemann-White, Sozialisation, S. 91
36 Vgl. Solomon/Levy, Men In Transition
37 Vgl. J. H. Pleck, The Myth of Masculinity
38 Eichenbaum/Orbach, What Do Women Want, S. 53
39 Neumann, Zur Psychologie des Weiblichen, S. 13
40 Chodorow, Das Erbe, S. 226
41 Montagu, Superiority
42 Hagemann-White, Sozialisation, S. 91
43 James M. O'Neil: Patterns of Gender Role Conflict and Strain: Sexism and Fear of Feminitiy in Men's Lives. In: The Personnel and Guidance Journal. December 1981; vgl. Christiane Olivier: Iokastes Kinder. Düsseldorf 1987
44 Chodorow, Das Erbe, S. 235
45 Heilbrun, Reinventing Womanhood, S. 104
46 Walter B. Miller: Die Kultur der Unterschicht als ein Entstehungsmilieu für Bandendelinquenz. In: F. Sack/R. König (Hrsg.): Kriminalsoziologie. Frankfurt/M. 1968
47 J. H. Pleck, Men's Power, S. 419
48 Chodorow, Das Erbe, S. 234
49 Vgl. Lederer/Botwin, Where Have All The Heroes Gone?; Reynolds, The American Father
50 Yablonsky: Fathers And Sons, S. 13
51 Fogel, The Psychologic of Men, S. 11; Lederer/Botwin, Where Have All The Heroes Gone?, S. 242
52 Bly, The Pillow
53 Hagemann-White, Sozialisation, S. 92
54 Mitscherlich, Vaterlose Gesellschaft, S. 242
55 Garfinkel, In A Man's World, S. 18
56 Hartley, Sex-Role Pressures
57 Vgl. Garfinkel, In A Man's World; Tolson, Limits
58 Chodorow, Das Erbe, S. 244 ff.
59 Keith Thompson: What Men Really Want. An Interview with Robert Bly. In: Abbott, New Men; siehe Kap. XII des vorliegenden Buches
60 Vgl. Horkheimer/Adorno, Dialektik der Aufklärung; O'Neil
61 Garfinkel, In A Man's World, S. 60
62 Vgl. Kaufman, The Construction of Masculinity
63 Dubbert, A Man's Place, S. 266
64 Janet Lever: Sex Differences in the Games Children Play. In: Social Problems 23, 1976
65 Vgl. Garfinkel, In A Man's World; Farrell, The Liberated Man
66 Farrell, The Liberated Man, S. 43
67 Thompson, A New Vision; Falconnet/Lefaucheur, La fabrication, S. 176; John H. Gagnon: Physical Strength, Once of Significance. In: J. H. Pleck/ Sawyer, Man And Masculinity

68 Dubbert, A Man's Place, S. 187
69 Vgl. Klaus Theweleit: Männerphantasien. Reinbek 1987
70 Farrell, The Liberated Man, S. 43
71 Samuel A. Stouffer: Masculinity And The Role Of The Combat Soldier. In: David/Brennon, Majority
72 Thompson, A New Vision
73 J. H. Pleck, The Myth of Masculinity, S. 148
74 Zit. nach Basler Zeitung, 3. 3. 1988
75 Garfinkel, In A Man's World, S. 142
76 Ebd., S. 32
77 Ebd., S. 109 u. 130; vgl. ausf. Stuart Miller: Men And Friendship. London 1983
78 Daniel Levinson et al: The Seasons of a Man's Life. New York 1978
79 Frings, Liebesdinge, S. 94
80 Zilbergeld, Männliche Sexualität, S. 93
81 Garfinkel, In A Man's World, S. 165
82 David/Brannon, Majority; Miller, Men And Friendship, S. 3
83 Frings, Liebesdinge, S. 57
84 Bodamer, Der Mann von heute, S. 95
85 Chodorow, Das Erbe; Eisenstein, Feminist Thought; vgl. Kap. IX des vorliegenden Buches
86 C. Safilios-Rothschild: Love, Sex, Sex Roles. Englewood Cliffs 1977; vgl. Fasteau, The Male Machine, S. 61
87 Sex and Justice (New York) 7, 1987
88 Susan Griffin: Pornography and Silence. New York 1981
89 Vgl. Zilbergeld, Männliche Sexualität; Goldberg
90 Nørretranders, Orgasmus, S. 13
91 Zilbergeld, Männliche Sexualität, S. 6; vgl. Frings, Liebesdinge, S. 97
92 O'Neil, Gender-Role Conflict; Goldberg, The New Male, S. 116
93 Bengis, Combat
94 Vgl. Solomon/Levy, Men In Transition
95 Marina Gambaroff: Utopie der Treue. Reinbek 1984, S. 70
96 Georges Bataille: Der heilige Eros. Berlin 1982
97 Vgl. Eva Jaeggi/Walter Hollstein: Wenn Ehen älter werden – Liebe, Krise, Neubeginn. München 1985, S. 98 ff.
98 Tolson, Limits, S. 100 f.
99 Vgl. ausf. Jaeggi/Hollstein, Ehen
100 Ingmar Bergman: Szenen einer Ehe. München 1980, S. 91
101 O'Neil, Gender-Role Conflict, S. 31
102 Wilfried Wieck: Männer lassen lieben. Stuttgart 1987, S. 15 u. 78 f.
103 Kap. XI u. XII des vorliegenden Buches

VIII
Männer-Gegenwart

1 Psychology Today 8, 1977
2 E. H. Pleck/J. H. Pleck, The American Male, S. 40
3 Skjei/Rabkin, The Male Ordeal, S. 181
4 Garfinkel, In A Man's World
5 Yablonsky, Fathers And Sons, S. 22
6 Franks, Goodbye Tarzan, S. 157
7 Skjei/Rabkin, The Male Ordeal, S. 105; vgl. Kimmel, Changing Men
8 W. J. Goode: Why Men Resist. In: B. Thorne/M. Yalom (eds.): Rethinking the Family. New York 1982
9 Robert E. Gould: Measuring Masculinity By The Size Of A Paycheck. In: J. H. Pleck/Sawyer, Man And Masculinity; Mirra Komarovsky: Cultural Contradictions and Sex Roles: The Masculine Case. In: American Journal of Sociology 78, 1973
10 Mangue, L'Identité masculine
11 Badinter, Ich bin Du, S. 204 f.
12 Pross, Die Männer
13 Andreas Giger: Mann und Ehefrau. Bern, Stuttgart 1981
14 Sigrid Metz-Göckel/Ursula Müller: Der Mann. Weinheim, Basel 1986
15 Metz-Göckel, Ändern sich die Männer wirklich?

IX Die gefährliche Frau

1 Heilbrun, Reinventing Womanhood, S. 189
2 Da ich ein Männerbuch geschrieben habe, gehe ich hier ausdrücklich nur auf die Ängste des Mannes vor der Frau ein. Damit soll selbstverständlich die Angst der Frau vor dem Mann nicht geleugnet werden. – Zu diesem Thema gibt es vorzügliche Literatur von feministischer Seite.
3 Dubbert, A Man's Place, S. 251
4 Badinter, Ich bin Du, S. 131
5 Sigmund Freud: Das Tabu der Virginität. In: S. F.: Werke. Bd. XII. London 1947, S. 168
6 Franks, Goodbye Tarzan, S. 33
7 Sherfey, Die Potenz der Frau
8 Bernd Nitzschke: Männerängste, Männerwünsche. München 1984, S. 213
9 R. Morgan, zit. nach Goldberg, Relationship, S. 109 f.; vgl. Eichenbaum/Orbach, What Do Women Want, S. 53 ff.
10 Vgl. dazu: Dinnerstein, Das Arrangement der Geschlechter; Goldberg, Relationship; Alberoni, Erotik; Jack Nichols: Die Emanzipation des Mannes. Düsseldorf, Köln 1976, S. 182 ff.; Ehrenreich, Die Herzen der Männer, S. 56 ff.

11 Vgl. Gerhardt Amendt: Gewalt gegen Knaben – Mütter als Täterinnen. In: Ehrenforth/Ernst, Gegenstimmen; Dinnerstein, Das Arrangement der Geschlechter, S. 239

12 Goldberg, Relationship, S. 187

13 Vgl. dazu und im folgenden: Dinnerstein, Das Arrangement der Geschlechter, S. 234 ff.; Tolson, Limits, S. 25 ff.; Abbott, New Men

14 Goldberg, Relationship, S. 19; vgl. Tolson, Limits; J. H. Pleck, Men's Power, S. 419; Eichenbaum/Orbach, What Do Women Want, S. 65

15 Volker E. Pilgrim: Muttersöhne. Düsseldorf 1986, S. 8

16 Vgl. dazu ausf. Griffin, Pornography; Stoltenberg, Other Men; Horowitz/Kaufman, Male Sexuality, S. 98

17 Kursbuch 35, 1974

18 Zit. nach Baumli, Men Freeing Men, S. 214

19 Vgl. dazu ausf. Farrell, The Liberated Man

20 Zit. nach Skjei/Rabkin, The Male Ordeal, S. 93

21 Benard/Schlaffer, Der Mann auf der Straße

22 Amendt, Gewalt gegen Knaben, S. 252; vgl. Horowitz/Kaufman, Male Sexuality, S. 81

23 Auch einige feministische Autorinnen haben sich dieses Phänomens angenommen: Ehrenreich/Hess/Jacobs, Re-Making Love; Ulrike Heider (Hrsg.): Sadomasochisten, Keusche und Romantiker. Reinbek 1986

24 Toni Meissner: Dämon mit Pensionsberechtigung. In: Madame (München), Dezember 1987; Ina Seiter: Der Softie hat sich schlaffgekuschelt. In: Cosmopolitan (München) 11, 1987

25 Heilbrun, Reinventing Womanhood, S. 107

26 Nancy Friday: My Secret Gardens. New York 1974; Ehrenreich/Hess/Jacobs, Re-Making Love, S. 103 ff. u. 125 ff.; vgl. Franks, Goodbye Tarzan, S. 36; Goldberg, The New Male, S. 185

27 Vgl. dazu und im folgenden: Philip Korman: Hazards in the Workplace. In: Changing Men 16, 1986; Andrea S. Hayman: Legal Challenges To Discrimination Against Men. In: David/Brannon, Majority; Bonorden, Was ist los; M. Silver/J. Silver, Weekend Fathers; Detlef Klein: Nestflüchter und Teilzeitväter. In: konkret Sexualität 1984; Hans Rambeck: Erfahrungen eines alleinstehenden Vaters. In: Vorgänge 19, 1976; Haddad, Concepts; Suzanne K. Steinmetz: Battered Husbands. In: Baumli, Men Freeing Men; Suzanne K. Steinmetz: The Cycle of Violence. New York 1977; M. A. Straus/R. J. Gelles/S. K. Steinmetz: Behind Closed Doors: Violence in American Families. New York 1980

28 Myrna Silver, in: M. Silver/J. Silver, Weekend Fathers, S. 8

29 David/Brannon, Majority

30 Richard M. Keller: Der völlig verunsicherte Mann. In: Die Weltwoche (Zürich) 5, 1988: Chiara Simonelli: Gli uomini italiani. Università di Roma. Manuskript 1988; Solomon »Sam« Julty: A Case of »Sexual Dysfunction«. In: J. H. Pleck/Sawyer, Man And Masculinity

31 Olivier, Iokastes Kinder, S. 154; vgl. Dubbert, A Man's Place, S. 251; Goldberg, The New Male, S. 170 ff.; Eichenbaum/Orbach, What Do Women Want
32 Goldberg, The New Male, S. 171
33 Vgl. dazu Fasteau, The Male Machine, S. 85; Goldberg, Relationship, S. 107
34 Vgl. z. B. Prokop, Weiblicher Lebenszusammenhang, S. 51 ff.
35 Dazu ausf. Franks, Goodbye Tarzan, S. 150 ff.
36 King, He, S. 66
37 Brückner, Die Liebe der Frauen, S. 69. Barz merkt dazu an: »Die jahrtausendealte Enttäuschung der Frau durch den nur patriarchalen Mann hat sie dazu gezwungen, auch nur patriarchale Animus-Teile auf ihn zu projizieren und schließlich sogar selbst ein rein patriarchales Idealbild des Mannes zu entwickeln.« In: Barz, Männersache, S. 143
38 Vgl. Psychology Today 8, 1977; Gould, Measuring Masculinity; Goldberg, Relationship, S. 110 f.
39 Goldberg, Relationship, S. 109; vgl. King, He; Farrell, The Liberated Man
40 Connell Cowan/Melvyn Kinder: Der falsche Prinz. Düsseldorf, Wien 1986, S. 17; vgl. Goldberg, The New Male; Eichenbaum/Orbach, What Do Women Want; Brückner, Die Liebe der Frauen

X
Der andere Mann

1 Ich beziehe mich im folgenden wesentlich auf Material, das meinen Büchern über die Alternativbewegung entstammt: Der Untergrund (1969), Die Gegengesellschaft (1981) und Alternativprojekte (1980; mit B. Penth). Alle drei Bücher sind mittlerweile im Buchhandel vergriffen.
2 Dazu Ehrenreich, Die Herzen der Männer
3 Jack Newfield: A Prophetic Minority. New York 1966, S. 33
4 Vgl. Roszak, Gegenkultur, S. 188 ff.
5 Ehrenreich, Die Herzen der Männer, S. 63
6 Ralph I. Gleason: The Power of Non-Polities or the Death of the Square Left. In: Evergreen Review, September 1967
7 Ehrenreich, Die Herzen der Männer, S. 120
8 Walter Hollstein/Boris Penth: Alternativprojekte – Beispiele gegen die Resignation. Reinbek 1986
9 Alan W. Watts: Zeit zu leben, Erinnerungen eines »unheiligen Barbaren«. München 1984, S. 173
10 Burton H. Wolfe: The Hippies. New York 1968
11 Milton H. Viorst: Fire in the Streets. New York 1979, S. 61
12 Watts, Zeit zu leben, S. 277
13 Other Scenes, Mai 1968

14 Watts, Zeit zu leben, S. 21
15 Ebd., S. 28
16 Vgl. ausführlich Rowan, The Horned God

XI
Orte der Brüderlichkeit

1 Vgl. Newsweek, 28. 4. 1986
2 Von Mann zu Mann (Frankfurt/M.) 15, 1987
3 Vgl. dazu Williamson, Men's Movement; Naomi J. Penner: What's A Woman Like Me Doing In A Men's Movement Like This. In: Baumli, Men Freeing Men; Faltblatt der Coalition of Free Men, Manhasset, New York
4 Jack Sawyer: On Male Liberation. In: Liberation (New York) 15, 1970; J. H. Pleck, Men's Power; Ewing, Changing Men; Brod, The Making of Masculinities; Ehrenreich, Die Herzen der Männer, S. 131 ff.; M. Shiffman: The Men's Movement: An Exploratory Empirical Investigation: In Kimmel, Changing Men
5 Carl Wittman: A Gay Manifesto. In: Liberation 14, 1970
6 Faltblatt der National Organization for Changing Men (NOCM), Watseka/Illinois
7 Williamson, Men's Movement
8 Robert Brannon: Are the »Free men« a Faction of Our Movement? In: M., Winter 1981/82. Mir scheint, daß einige Grüppchen in der Bundesrepublik einen Stellvertreterkrieg austragen, der in den USA selbst in dieser Form nicht stattfindet. Als Beispiel dazu der Kampfbeitrag gegen die »Maskulisten« von Georg Brozska und Gerhard Haffner, in: S. R. Dunde (Hrsg.): Wenn ich nicht lieben darf, dürfen's andere auch nicht – Vom Umgang der Männer mit sich und anderen. Reinbek 1987
9 Penner, A Woman Like Me
10 Hollstein/Penth, Alternativprojekte, S. 371
11 Baurmann, Die offene und die heimliche Gewalt. Wer diesen Aufruf unterstützen will, kann seine Unterschrift schicken an: Arbeitsgemeinschaft Humane Sexualität, Fachgruppe Männer und Gewalt, Großbeerenstr. 13 a, 1000 Berlin 61
12 Pilgrim, Manifest, S. 149 ff.
13 Michael Weiss: Unlearning. In: J. H. Pleck/Sawyer, Man And Masculinity; vgl. dazu weiter: Louis McLeod/K. Pemberton: Men together in Group Therapy. In: Abbott, New Men; Goldberg, Relationship, S. 161; Farrell, The Liberated Man, S. 205 ff.; Tolson, Limits, S. 137 ff.; Mike Bradley et al.: Unbecoming Men. New York 1971
14 Ewing, Changing Men, S. 8 ff.
15 Von Mann zu Mann 15, 1987
16 Weiss, Unlearning; vgl. weiter: Hollstein/Penth, Alternativprojekte; Wal-

ter W. Gerner: Schwierigkeiten, in einer Männergruppe zu sein und zu bleiben. In: Vorgänge 19, 1976; Farrell, The Liberated Man; Bradley, Unbecoming Men

17 Jörg Ehrenforth: Weiter, immer weiter: das Männerbüro Bremen. In: Ehrenforth/Ernst, Gegenstimmen, S. 56

XII
Mann ist Mann

1 Peter Schellenbaum; Das Nein in der Liebe. Stuttgart 1984, S. 114 f.; vgl. Goldberg, The New Male, S. 110 ff.

2 Brigitte (Hamburg) 20, 1987; Lui (München) 1, 1988

3 Die folgende Auseinandersetzung mit Robert Bly beruht auf einem persönlichen Briefwechsel sowie auf Robert Bly: A Little Book On The Human Shadow. St. Paul 1986; Bly, The Pillow; Thompson, What Men Really Want

4 James Hillman: The Wildman in the Cage. In: Abbott, New Men; Fogel, The Psychology of Men

5 Fogel, The Psychology of Men, S. 12; vgl. Lederer/Botwin, Where Have All The Heroes Gone?

6 Fogel, The Psychology of Men, S. 12 ff.; vgl. auch Hillman, The Wildman; Garfinkel, In A Man's World, S. 182; Rick Blum: Liberating Male Sexuality. In: Baumli, Men Freeing Men

7 J. H. Pleck, Men's Power, S. 423; vgl. Garfinkel, In A Man's World; Miller, Men and Friendship; Goldberg, Relationship, S. 184 ff.; Herb Goldberg: The Luner Male. New York 1988

8 Zilbergeld, Männliche Sexualität, S. 128; Richard Haddad: Men are Learning to Listen to their Bodies. In: Baumli, Men Freeing Men; Goldberg, The New Male

9 Vgl. Sawyer, On Male Liberation; die Dokumente der Bristol-Conference 1980, in: John Rowan, The Horned God; Brod, Feminism for Men

10 Protokolle aus Arbeitskreisen der Tagung der Humanistischen Union: »Emanzipation der Männer – Emanzipierte Frauen brauchen emanzipierte Männer«, am 1. und 2. November 1975 in München, in: Vorgänge (München) 19, 1976

11 Fasteau, The Male Machine, S. 198

12 Delaisi de Parseval, Was wird aus den Vätern? S. 281; Heilbrun, Reinventing Womanhood, S. 195; Dinnerstein, Das Arrangement der Geschlechter, S. 193; Bruno Bettelheim: Die symbolischen Wunden. Frankfurt/M. 1982; Yablonsky, Fathers and Sons; Lewis Rich-Shea: The Co-Parenting Father. In: Changing Men 12, 1984

13 Harris, Media Myths; vgl. Ewing, Changing Men

Literaturverzeichnis

Diese Bibliographie weist nur die Literatur aus, auf die mehrfach zurückgegriffen wurde. Ein- oder zweimalig benützte Werke sind in den Anmerkungen genau verzeichnet.

Abbott, Franklin (ed.): New Man, New Minds – Breaking Male Tradition. Freedom/Cal. 1987

Alberoni, Francesco: Erotik. München 1986

Amendt, Gerhardt: Gewalt gegen Knaben – Mütter als Täterinnen. In: Ehrenforth/Ernst, Gegenstimmen

Badinter, Elisabeth: Ich bin Du – die neue Beziehung zwischen Mann und Frau. München 1986

Barz, Helmut: Männersache. Kritischer Beifall für den Feminismus. Stuttgart, Zürich 1984

Baumli, Francis (ed.): Men Freeing Men – Exploding The Myth Of The Traditional Male. Jersey City 1985

Baurmann, Michael C.: Die offene und die heimliche Gewalt von Männern gegen Frauen – zugleich ein Aufruf gegen Männergewalt. In: Siegfried R. Dunde (Hrsg.): Wenn ich nicht lieben darf, dürfen's andere auch nicht – Vom Umgang der Männer mit sich und anderen. Reinbek 1987

Beauvoir, Simone de: Das andere Geschlecht. Reinbek 1960

Beck, Ulrich: Risikogesellschaft – Auf dem Weg in eine andere Moderne. Frankfurt/M. 1986

Bernard, Cheryl/Edit Schlaffer: Der Mann auf der Straße. Reinbek 1980

Bengis, Ingrid: Combat In The Erogenous Zone. London 1973

Berkeley Men's Center Manifesto. In: J. H. Pleck/Sawyer, Man And Masculinity

Bly, Robert: The Pillow And The Key. St. Paul/Minnesota 1987

Bodamer, Joachim: Gesundheit und technische Welt. Stuttgart 1955
ders.: Der Mann von heute – Seine Gestalt und Psychologie. Stuttgart 1956
ders.: Der Mensch ohne Ich. Freiburg i. Br. 1958
ders.: Der umworbene Mensch. In: J. B.: Arzt und Patient. Freiburg i. Br. 1962
ders.: Sind wir überhaupt noch Menschen? Freiburg i. Br. 1966
Bonorden, Heinz (Hrsg.): Was ist los mit den Männern? München 1985
Bradley, Mike et al.: Unbecoming Men. New York 1971
Brod, Harry (ed.): The Making Of Masculinities – The New Men's Studies. Boston 1987
Brownmiller, Susan: Gegen unseren Willen – Vergewaltigung und Männerherrschaft. Frankfurt/M. 1980
dies.: Weiblichkeit. Frankfurt/M. 1987
Brückner, Margit: Die Liebe der Frauen. Über Weiblichkeit und Mißhandlung. Frankfurt/M. 1983

Carden, Maren L.: The New Feminist Movement. New York 1974
Carrigan, Tim/Bob Connell/John Lee: Hard And Heavy: Toward A New Sociology Of Masculinity. In: Kaufman, Beyond Patriarchy
Chodorow, Nancy: Das Erbe der Mütter. München 1985
Clatterbaugh, Kenneth: Are Men Oppressed? In: Changing Men (Madison/Wi.) 16, 1986
Connell, Bob: Zur Theorie der Geschlechterverhältnisse. In: Das Argument (Berlin-West) 157, 1986

David, Deborah S./Robert Brannon (eds.): The Forty-Nine Percent Majority. The Male Sex Role. Reading/Mass. 1976
Delaisi de Parseval, Geneviève: Was wird aus den Vätern? Künstliche Befruchtung und das Erlebnis der Vaterschaft. Weinheim, Basel 1985
Dinnerstein, Dorothy: Das Arrangement der Geschlechter, Stuttgart 1979
Dröge-Modelmog, Ilse/Gottfried Mergner (Hrsg.): Orte der Gewalt – Herrschaft und Macht im Geschlechterverhältnis. Opladen 1987
Dubbert, Joe L.: A Man's Place – Masculinity in Transition. Englewood Cliffs 1979

Easlea, Brian: Väter der Vernichtung – Männlichkeit, Naturwissenschaftler und der nukleare Rüstungswettlauf. Reinbek 1986
ders.: Patriarchy, Scientists, and Nuclear Warriors. In: Kaufman, Beyond Patriarchy
Ehrenforth, Jörg/Herwarth Ernst (Hrsg.), Gegenstimmen – Männerlesebuch. Reinbek 1987
Ehrenreich, Barbara: Die Herzen der Männer. Reinbek 1984
dies./Elizabeth Hess/Gloria Jacobs: Re-Making Love. The Feminization of Sex. Garden City, New York 1986

Eichenbaum, Luise/Susie Orbach: What Do Women Want. Exploding the Myth of Dependency. New York 1984 (dtsch.: Was wollen die Frauen? Reinbek 1986)
Eichler, Margit: The Double Standard: A Feminist Critique of Feminist Social Science. New York 1980
Eisenstein, Hester: Contemporary Feminist Thought. London, Sidney 1984
Ewing, Wayne E.: Changing Men: Mission Impossible. Denver 1978

Falconnet, Georges/Nadine Lefaucheur: La Fabrication des mâles. Paris 1975
Farrell, Warren: The Liberated Man. New York 1975
Fasteau, Marc F.: The Male Machine. New York 1978
Fester, Richard u. a.: Weib und Macht. Frankfurt/M. 1986
Fogel, Gerald I. et al. (eds.): The Psychology of Men – New Psychoanalytic Perspectives. New York 1986
Franks, Helen: Goodbye Tarzan. Der endgültige Abschied vom Macho-Mann. Düsseldorf, Wien 1985
Friedan, Betty: The Second Stage. New York 1981 (dtsch.: Der zweite Schritt. Reinbek 1982)
Frings, Matthias: Liebesdinge – Bemerkungen zur Sexualität des Mannes. Reinbek 1984

Gagnon, John H.: Physical Strength, Once of Significance. In: J. H. Pleck/ Sawyer, Man And Masculinity
Galahad, Sir: Mütter und Amazonen. Berlin 1962
Garaudy, Roger: Der letzte Ausweg. Feminisierung der Gesellschaft. Olten, Freiburg i. Br. 1984
Garfinkel, Perry: In A Man's World. Father, Son, Brother, Friend, and Other Roles Men Play. New York 1986
Giger, Andreas: Mann und Ehefrau. Das Verhältnis des deutschen Mannes zu Ehe, Frau und Sexualität im Spiegel von Befragungsdaten. Bern, Stuttgart 1981
Gilligan, Carol: Die andere Stimme. Lebenskonflikte und Moral der Frau. München 1984
Glötzner, Johannes (Hrsg.): Der Vater. Über die Beziehung von Söhnen zu den Vätern. Frankfurt/M. 1983
Goldberg, Herb: Der verunsicherte Mann. Düsseldorf, Köln 1977 (Taschenbuch-Ausgabe Reinbek 1986)
ders.: The New Male. From Macho To Sensitive, But Still All Male. New York 1980 (dtsch.: Man(n) bleibt Mann. Reinbek 1986)
ders.: The New Male-Female Relationship. New York 1984 (dtsch.: Veränderungen. Reinbek 1986)
ders.: The Inner Male. New York 1987
Goldberg, Steven: The Inevitability Of Patriarchy. New York 1973

Gould, Robert E.: Measuring Masculinity By The Size of a Paycheck. In: J. H. Pleck/Sawyer, Man And Masculinity
Greenglass, Esther R.: Geschlechterrolle als Schicksal. Stuttgart 1986
Griffin, Susan: Pornography and Silence. Culture's Revenge against Nature. New York 1981
Gruen, Arno: Der Verrat am Selbst. Die Angst vor Autonomie bei Mann und Frau. München 1986

Haddad, Richard: Concepts and Overview of the Men's Liberation Movement. In: Baumli, Men Freeing Men
Hagemann-White, Carol: Sozialisation: Weiblich-männlich? Opladen 1984
Harris, Ian: Media Myth and the Reality of Men's Work. In: Changing Men (Madison/Wi.) 16, 1986
Hartley, Ruth E.: Sex-Role Pressures and the Socialization of the Male Child. In: J. H. Pleck/Sawyer, Man And Masculinity
Hausen, Karin: Die Polarisierung der »Geschlechtscharaktere«. In: Werner Conze (Hrsg.): Sozialgeschichte der Familie in der Neuzeit Europas. Stuttgart 1976
Hayman, Andrea S.: Legal Challenges To Discrimination Against Men. In: David/Brannon, Majority
Heider, Ulrike (Hrsg.): Sadomasochisten, Keusche und Romantiker. Reinbek 1986
Heilbrun, Carolyn G.: Reinventing Womanhood. New York 1979
Hillman, James: The Wildman in the Cage. In: Abbott, New Men
Hite, Shere: Woman and Love. A Cultural Revolution in Progress. New York 1987 (dtsch.: Frauen und Liebe. München 1988)
Hollstein, Walter: Der Untergrund – Zur Soziologie jugendlicher Protestbewegungen. Neuwied u. Berlin 1969
ders.:/Boris Penth: Alternativprojekte. Beispiele gegen die Resignation. Reinbek 1980
ders.: Die Gegengesellschaft. Alternative Lebensformen. Reinbek 1981
Horkheimer, Max/Theodor W. Adorno: Dialektik der Aufklärung – Philosophische Fragmente. Amsterdam 1944
Horowitz, Gad/Michael Kaufman: Male Sexuality: Toward A Theory Of Liberation. In: Kaufman, Beyond Patriarchy

Irigaray, Luce: Éthique de la Différence sexuelle. Paris 1984

Jacoby, Mario: Sehnsucht nach dem Paradies. Fellbach 1980
Jaeggi, Eva/Walter Hollstein: Wenn Ehen älter werden. Liebe, Krise, Neubeginn. München 1985 (Taschenbuch 1989)
Janeway, Elizabeth: Man's World, Woman's Place. New York 1971
Janssen-Jureit, Marielouise: Sexismus. Frankfurt/M. 1985
Jonas, Doris F.: Der überschätzte Mann. München 1981

Jourard, Sidney M.: Some Lethal Aspects Of The Male Role. In: J.H. Pleck/Sawyer, Man And Masculinity
Julty, Solomon: A Case of »Sexual Dysfunction«. In: J.H. Pleck/Sawyer, Man And Masculinity

Katz, Barbara J.: A Quiet March For Liberation Begins. In: J.H. Pleck/Sawyer, Man And Masculinity
Kaufman, Michael (ed.): Beyond Patriarchy. Essays By Men On Pleasure, Power, And Change. Toronto, New York 1987
ders.: The Construction Of Masculinity And The Triad Of Men's Violence. In: Beyond Patriarchy
Kessler, Suzanne J./Wendy McKenna: Gender: An Ethnomethodological Approach. New York 1978
Kimmel, Michael S. (ed.): Changing Men. Newbury Park/Cal. 1987
King, Florence: He – An Irreverent Look At The American Male. New York 1978
Komarovsky, Mirra: The Unemployed Man And His Family. New York 1940
Korman, Philip: Hazards In The Workplace. In: Changing Men (Madison/Wi.) 16, 1986

Lederer, Wolfgang/Alexandra Botwin: Where Have All The Heroes Gone? Another View of Changing Masculine Roles. In: Solomon/Levy, Men In Transition
Lee, Richard/Richard Daly: Man's Domination And Woman's Oppression: The Question Of Origins. In: Kaufman, Beyond Patriarchy
Lloyd, Genevieve: The Man Of Reason – »Male« and »Female« In Western Philosophy. London 1984 (dtsch.: Das Patriarchat der Vernunft. Bielefeld 1986)

Maccoby, Eleanor/Carol Jacklin: The Psychology of Sex Difference. Stanford 1974
Maindok, Herlinde: Frauenalltag in Männerberufen. Frankfurt/M. 1987
Mangue, Annelise: L'Identité masculine. Paris, Marseille 1987
Marcuse, Herbert: Triebstruktur und Gesellschaft. Ein philosophischer Beitrag zu Sigmund Freud. Frankfurt/M. 1967
ders.: Der eindimensionale Mensch. Studien zur Ideologie der fortgeschrittenen Industriegesellschaft. Neuwied u. Berlin 1967
Marx, Karl: Ökonomisch-philosophische Manuskripte aus dem Jahre 1844. u.: K.M./Friedrich Engels: Werke. Ergänzungsband, 1. Teil, Berlin/DDR 1973
Merchant, Carolyn: Der Tod der Natur – Ökologie, Frauen und neuzeitliche Naturwissenschaft. München 1987
Metz-Göckel, Sigrid/Ursula Müller: Der Mann. Weinheim, Basel 1986

dies.: Ändern sich die Männer wirklich? In: Siegfried R. Dunde (Hrsg.): Geschlechterneid – Geschlechterfreundschaft. Frankfurt/M. 1987
Middleton, Peter: Die begrenzte Relevanz des Geschlechterunterschieds. In: Das Argument (Berlin-West) 157, 1986
Miller, Jean Baker: Psychoanalysis and Women. Harmondsworth 1973
Miller, S. M.: The Making Of A Confused, Middle-Aged Husband. In: J. H. Pleck/Sawyer, Man And Masculinity
Miller, Stuart: Men And Friendship. London 1983 (dtsch.: Männerfreundschaft. München 1986)
Millett, Kate: Sexual Politics. New York 1971 (dtsch.: Sexus und Herrschaft. Köln 1983)
Mitchell, Juliet: Woman's Estate. New York 1973
Mitscherlich, Alexander: Auf dem Weg zur vaterlosen Gesellschaft. Ideen zur Sozialpsychologie. München 1963
Montagu, Ashley: The Natural Superiority of Women. New York 1974
Moore, Thomas: The Lost Father. In: Abbott, New Men
Münchner Frauenzentrum (Hrsg.): Frauenjahrbuch 1976. München 1976

Neumann, Erich: Zur Psychologie des Weiblichen. Frankfurt/M. 1983
Nichols, Jack: Die Emanzipation des Mannes. Düsseldorf, Köln 1976
Nicholson, John: Men And Women. How Different Are They? Oxford, New York 1983
Nitzschke, Bernd: Männerängste, Männerwünsche. München 1984
Nørretranders, Tor (Hrsg.), Über den Orgasmus des Mannes. Reinbek 1986

Oakley, Ann: Sex, Gender, And Society. Melbourne 1972
Olivier, Christiane: Iokastes Kinder. Die Psyche der Frau im Schatten der Mutter. Düsseldorf 1987
O'Neil, James M.: Gender-Role Conflict and Strain in Men's Lives. In: Solomon/Levy, Men In Transition
Ortner, Sherry: Is Female To Male As Nature Is To Culture? In: Rosaldo/Lamphere, Woman

Penner, Naomi J.: What's A Woman Like Me Doing In A Men's Movement Like This? In: Baumli, Men Freeing Men
Pilgrim, Volker Elis: Manifest für den freien Mann I u. II. Reinbek 1986
ders.: Der Untergang des Mannes. Reinbek 1986
ders.: Muttersöhne. Düsseldorf 1986
Pleck, Elizabeth H./Joseph H. Pleck (eds.): The American Male. Englewood Cliffs 1980
Pleck, Joseph H.: Men's Power With Women, Other Men, And Society: A Men's Movement Analysis. In: E. H. Pleck/J. H. Pleck, The American Male
ders./Jack Sawyer (eds.): Man And Masculinity. Englewood Cliffs 1974
ders.: The Myth of Masculinity. Cambridge/Mass., London 1984

Prokop, Ulrike: Weiblicher Lebenszusammenhang. Von der Beschränktheit der Strategien und der Unangemessenheit der Wünsche. Frankfurt/M. 1976
Pross, Helge: Die Männer. Eine repräsentative Untersuchung über die Selbstbilder von Männern und ihre Bilder von der Frau. Reinbek 1984
Puntigam, Lore: Der Mythos vom Patri-archat. In: Dröge-Modelmog/Mergner, Orte

Reich, Wilhelm: Der Einbruch der sexuellen Zwangsmoral. Köln 1972
Reynaud, Emmanuel: La Sainte Virilité. Paris 1981
Reynolds, William: The American Father. New York, London 1978
Rich, Adrienne: Of Woman Born: Motherhood As Experience And Institution. New York 1976 (dtsch.: Von Frauen geboren. München 1979)
Richter, Horst-Eberhard: Lernziel Solidarität. Reinbek 1974
Rosaldo, Michelle Z./Louise Lamphere (eds.): Woman, Culture, And Society. Stanford 1974
Ross, John Munder: Beyond The Phallic Illusion: Notes on Man's Heterosexuality. In: David/Brannon, Majority
Roszak, Theodore: Gegenkultur – Gedanken über die technokratische Gesellschaft und die Opposition der Jugend. Düsseldorf, Wien 1971
Rowan, John: The Horned God. Feminism And Men As Wounding And Healing. London, New York 1987

Samuel, Pierre: Amazones, Guerrières et Gaillardes. Grenoble 1975
Sanderson, Jim: Divorced Fathers Feel Pain. In: Baumli, Men Freeing Men
Sawyer, Jack: On Male Liberation. In: J. H. Pleck/Sawyer, Man And Masculinity
Schaeffer-Hegel, Barbara/Brigitte Wartmann (Hrsg.): Mythos Frau – Projektionen und Inszenierungen im Patriarchat. Berlin 1984
Schlaeger, Hilke (Hrsg.): Die Herren der Dinge – Vom neuen alten Männlichkeitswahn. München 1987
Schneider, Peter: Die Sache mit der »Männlichkeit« – Gibt es eine Emanzipation der Männer? In: Kursbuch (Berlin) 35, 1974
Sherfey, Mary Jane: Die Potenz der Frau. Wesen und Evolution der weiblichen Sexualität. Köln 1974
Shorter, Edward: Der weibliche Körper als Schicksal. Zur Sozialgeschichte der Frau. München 1984
Shostak, Arthur B.: Blue-Collar Work. In: David/Brannon, Majority
Sichtermann, Barbara: Wer ist wie? Über den Unterschied der Geschlechter. Berlin 1987
Silver, Myrna/Jerry Silber: Weekend Fathers. New York 1981
Silverstein, Michael: The History Of A Short, Unsuccessful Academic Career. In: J. H. Pleck/Sawyer, Man And Masculinity
Simmel, Georg: Philosophie des Geldes. Berlin 1977
ders.: Schriften zur Philosophie und Soziologie der Geschlechter. Hrsg. v. H. J. Dahme/K. Köhnke. Frankfurt/M. 1985

ders.: Zur Psychologie der Frauen. In: Dahme/Köhnke, Schriften
ders.: Weibliche Kultur. In Dahme/Köhnke, Schriften
ders.: Bruchstücke aus einer Psychologie der Frau. In: Dahme/Köhnke, Schriften
ders.: Das Relative und das Absolute im Geschlechter-Problem. In: Dahme/Köhnke, Schriften
Skjei, Eric/Richard Rabkin: The Male Ordeal – Role Crisis in a Changing World. New York 1981
Smith, Robert Keith: The Image Of The Male In Today's Films. In: Baumli, Men Freeing Men
Solomon, Kenneth/Norman B. Levy (eds.): Men In Transition. Theory And Therapy. New York, London 1982
Sozialistische Studiengruppen (SOST): Der soziale Ursprung des Patriarchats. Frauen, Familie und Gesellschaftsformation. Hamburg 1984
Steinem, Gloria: The Myth Of Masculine Mystique. In: J. H. Pleck/Sawyer, Man And Masculinity
Steinmetz, Suzanne K.: Battered Husbands: A Historical And Cross-Cultural Study. In: Baumli, Men Freeing Men
Stoltenberg, John: Other Men. In: Changing Men 11, 1983/1984
Stone, I. F.: Machismo in Washington. In: J. H. Pleck/Sawyer, Men And Masculinity
Stouffer, Samuel A.: Masculinity And The Role Of The Combat Soldier. In: David/Brannon, Majority

Tavris, Carol/Carole Wade (eds.): The Longest War – Sex Differences in Perspective. San Diego, New York 1984
Theweleit, Klaus: Männerphantasien. 2 Bände. Reinbek 1987
Thompson, Cooper: A New Vision Of Masculinity. In: Changing Men (Madison/Wi.) 14, 1985
Thompson, Keith: What Men Really Want. An Interview with Robert Bly. In: Abbott, New Men
Tolson, Andrew: The Limits Of Masculinity. London 1977

Viorst, Judith: Necessary Losses. New York 1986 (dtsch.: Mut zur Trennung. Hamburg 1988)
Vivelo, Frank R.: Handbuch der Kulturanthropologie. Stuttgart 1981

Warnock, Donna: Patriarchy Is A Killer. In: Pam McAllister (ed.): Reweaving The Web Of Life: Feminism And Nonviolence. Philadelphia 1987
Warters, Jim: Retired. In: Abbott, New Men
Watts, Alan: Zeit zu leben – Erinnerungen eines »heiligen Barbaren«. München 1984
Williamson, Tom: A History Of The Men's Movement. In: Baumli, Men Freeing Men

Wittrock, Christine: Die »neue Keuschheit«. In: Heider, Sadomasochisten
Wolf, Leonard (ed.): Voices From The Love Generation. Boston, Toronto 1968

Yablonsky, Lewis: Fathers And Sons. New York 1984

Zapperi, Roberto: Der schwangere Mann. München 1984
Zilbergeld, Bernie: Männliche Sexualität. Tübingen 1983

Anhang

Vorbemerkung

Dieser Anhang soll dazu dienen, bestimmte praktische und theoretische Aspekte des dargestellten Themas vertiefen zu können. Der Fragebogen bezieht sich konkret auf Kapitel VIII des vorliegenden Buches. Er soll hier indessen nicht nur das Grundmodell unserer empirischen Untersuchung veranschaulichen, sondern vor allem dem Leser ermöglichen, sich die Fragen auch selber vorzulegen. Schließlich wird Literatur angegeben, damit der Leser das Thema für sich vertiefen kann.

Fragebogen

DIE ZUKUNFT DER MÄNNER

Dieser Fragebogen liegt einer Untersuchung über die gegenwärtige Situation und den aktuellen Bewußtseinszustand der Männer in der Bundesrepublik Deutschland, Österreich und der Schweiz zugrunde. Denken Sie bei den Antworten bitte nicht darüber nach, was objektiv richtig oder zeitgemäß sein könnte, sondern beantworten Sie jede Frage ausschließlich nach ihrer persönlichen Lebenspraxis und nach Ihrem Gefühl. Jedweder Mißbrauch Ihrer Antworten ist ausgeschlossen; jeder Fragebogen ist anonym und wird nach der Auswertung sofort vernichtet. Jede Frage ist mit einer Anweisung versehen, wie sie beantwortet werden soll (zum Beispiel: ankreuzen; unterstreichen etc.).

Füllen Sie den Fragebogen bitte sorgfältig aus. Sollten Sie manche Frage ausführlicher kommentieren wollen, so heften Sie einfach 1 Blatt mit einem Verweis auf die Nummer der Frage an den Bogen. Nehmen Sie sich bitte Zeit, konzentrieren Sie sich ganz auf die Fragen und öffnen Sie sich. Jetzt...

1	Wie alt sind Sie?	☐
2	Was sind Sie von Beruf? (erlernt/ausgeübt)	☐
3	Religionszugehörigkeit? *(Unterstreichen Sie das Zutreffende)*	evangelisch / katholisch / andere / keine
4	Welche Schulbildung haben Sie? *(Unterstreichen Sie das Zutreffende)*	kein Schulabschluß / Hauptschule oder Sekundarschule / Hauptschule oder Mittelschule / Abitur oder Matura / Hochschule; Fachrichtung ☐ andere Berufsausbildung ☐
5	Familienstand? *(Unterstreichen Sie das Zutreffende)*	ledig und allein lebend / getrennt oder geschieden und allein lebend / Zusammenleben mit Frau ohne Trauschein / Zusammenleben mit Mann / verheiratet / wiederverheiratet
6	Haben Sie Kinder?	☐ ja ☐ nein wie viele? ☐☐
7	Wieviel verdienen Sie monatlich? *(Unterstreichen Sie das Zutreffende)*	weniger als 1000 DM/SFR (7000 Schilling) / zwischen 1000 u. 1500 DM/SFR (7000–10 500 S) / zwischen 1500 u. 2000 DM/SFR (10 600–14 000 S) / zwischen 2000 u. 2500 DM/SFR (14 000–17 500 S) / zwischen 2500 u. 3000 DM/SFR (17 500–21 000 S) / zwischen 3000 u. 4000 DM/SFR (21 000–28 000 S) / zwischen 4000 u. 5000 DM/SFR (28 000–35 000 S) / mehr als 5000 DM/SFR (35 000 S) / mehr als 10 000 DM/SFR (70 000 S).
8	Wohnort? *(Unterstreichen Sie das Zutreffende)*	Großstadt (mehr als 150 000 Einwohner) Mittelstadt (50 000–150 000 Einwohner) Kleinstadt (10 000– 50 000 Einwohner) Dorf / anderes
9	Wie ist Ihre soziale Selbsteinschätzung? *(Unterstreichen Sie das Zutreffende)*	reich / wohlhabend / gut versorgt / einfach / arm / notleidend
10	Wie schätzen Sie sich politisch ein? *(Unterstreichen Sie das Zutreffende)*	rechtsradikal / rechts / konservativ / bürgerliche Mitte / liberal / linksliberal / alternativ-grün / links / linksradikal / unpolitisch

11	Welche drei Sendungen gefallen Ihnen im Fernsehen am besten? *(Nennen Sie die Sendungen)*	a) ☐ b) ☐ c) ☐
12	Schreiben Sie bitte auf, welche Tageszeitungen und Zeitschriften regelmäßig von Ihnen gelesen werden:	Tageszeitungen: ☐ ☐ Zeitschriften: ☐ ☐
13	Geben Sie den Beruf Ihres Vaters an:	erlernt: ☐ ausgeübt: ☐
14	Geben Sie den Beruf Ihrer Mutter an:	erlernt: ☐ ausgeübt: ☐ vor der Heirat: ☐ nach der Heirat: ☐ In der späteren Ehe / nach Auszug der Kinder: ☐
15	Waren Sie Einzelkind? Wie viele Geschwister hatten Sie?	☐ ja ☐ nein Brüder ☐ Schwestern ☐
16	Wie würden Sie Ihre Kindheit einschätzen? *(Unterstreichen Sie das Zutreffende)*	paradiesisch / glücklich / angenehm / zufriedenstellend / unangenehm / unglücklich / schrecklich / andere Einschätzung
17	Wie oft wurde Ihnen als Kind von Ihren Eltern geholfen, z. B. bei Schulaufgaben oder Alltagsverrichtungen? *(Führen Sie das bitte kurz aus)*	______ ______ ______
18	Vervollständigen Sie bitte die folgenden Sätze: „Wenn ich an meinen Vater denke, fühle ich „Wenn ich an meine Mutter denke, fühle ich	 ______" ______"
19	Beschreiben Sie bitte kurz eine wichtige Erinnerung an Ihren Vater: und an Ihre Mutter:	______ ______ ______ ______ ______
20	Wieviel Zeit verbrachten Sie als Kind täglich mit Ihrem Vater **allein?** *(Unterstreichen Sie das Zutreffende)*	5 Min. / 15 Min. / 30 Min. / 1 Std. / 2 Std. / mehr als 2 Std. / 0 Min.
21	Beschreiben Sie bitte kurz, **was** Ihr Vater und Sie zusammen taten / machten?	______ ______ ______ ______ ______

22	Küßte Ihr Vater Sie als Kind? *(Kreuzen Sie das Zutreffende an)*	☐ ja	☐ nein
23	Küßten Sie Ihren Vater als Kind?	☐ ja	☐ nein
24	Hatten Sie in Ihrer Pubertät Gespräche von Mann zu Mann mit Ihrem Vater?	☐ ja	☐ nein
	Welches waren die Gesprächsthemen?	______	
25	Von wem wurden Sie sexuell aufgeklärt? *(Unterstreichen Sie das Zutreffende)*	Vater / Mutter / beide / andere Pesonen / von niemandem	
26	Haben Sie Ihren Vater jemals weinen gesehen?	☐ ja	☐ nein
	Bei welcher Gelegenheit?	______	
27	In welchen Eigenschaften, Ansichten und Fähigkeiten gleichen Sie Ihrem Vater? *(Bitte kurz benennen / aufzählen)*	______	
28	In welchen Eigenschaften, Ansichten und Fähigkeiten unterscheiden Sie sich von Ihrem Vater? *(Bitte ebenfalls kurz benennen)*	______	
29	Hat Ihnen Ihr Vater eine Botschaft / Lebensphilosophie / Sinnstiftung auf den Lebensweg gegeben?	☐ ja	☐ nein
	Welche?	______	

(Die Fragen 30 – 35 sind nur dann zu beantworten, insofern Sie Geschwister hatten; siehe Frage 15.)

30	Was machten Sie mit Ihrem Bruder gemeinsam? *(Unterstreichen Sie das Zutreffende)*	Schulaufgaben / der Mutter im Haushalt helfen / dem Vater bei Reparaturen helfen / Mädchen nachstellen / Abenteuer / Sport / gar nichts
31	Was machten Sie mit Ihrer Schwester zusammen? *(Unterstreichen Sie das Zutreffende)*	Schulaufgaben / der Mutter im Haushalt helfen / dem Vater bei Reparaturen helfen / Spaziergänge / Nähen / Stricken / Abenteuer / Sport / gar nichts

32 Führten Sie mit Bruder oder Schwester „intime" Gespräche über ______
(Bitte das Zutreffende ankreuzen)

die Eltern	ja ☐	nein ☐	mit Bruder ☐	mit Schwester ☐	mit beiden ☐
Freundinnen	ja ☐	nein ☐	mit Bruder ☐	mit Schwester ☐	mit beiden ☐
Freunde	ja ☐	nein ☐	mit Bruder ☐	mit Schwester ☐	mit beiden ☐
Sexualität	ja ☐	nein ☐	mit Bruder ☐	mit Schwester ☐	mit beiden ☐
Schulprobleme	ja ☐	nein ☐	mit Bruder ☐	mit Schwester ☐	mit beiden ☐

33 Hatten Sie körperliche Kontakte mit Ihren Geschwistern?
(Kreuzen Sie das Zutreffende an)

Doktorspiele	ja ☐	nein ☐	mit Bruder ☐	mit Schwester ☐	mit beiden ☐
Zärtlichkeiten	ja ☐	nein ☐	mit Bruder ☐	mit Schwester ☐	mit beiden ☐
Kämpfe	ja ☐	nein ☐	mit Bruder ☐	mit Schwester ☐	mit beiden ☐

34 Welches Verhalten überwog in Ihrer Geschwisterbeziehung?
(Kreuzen Sie bitte das Zutreffende an)

Streit	ja ☐	nein ☐	mit Bruder ☐	mit Schwester ☐	mit beiden ☐
Wettbewerb	ja ☐	nein ☐	mit Bruder ☐	mit Schwester ☐	mit beiden ☐
Eifersucht	ja ☐	nein ☐	mit Bruder ☐	mit Schwester ☐	mit beiden ☐
Vertrauen	ja ☐	nein ☐	mit Bruder ☐	mit Schwester ☐	mit beiden ☐
Solidarität	ja ☐	nein ☐	mit Bruder ☐	mit Schwester ☐	mit beiden ☐
Wärme	ja ☐	nein ☐	mit Bruder ☐	mit Schwester ☐	mit beiden ☐

35 Beschreiben Sie kurz das Verhältnis, das Sie heute zu Ihren Geschwistern haben; unterscheiden Sie dabei zwischen Bruder und Schwester.

____

36 Hat Ihnen Ihre Mutter eine Botschaft / Lebensphilosophie / Sinnstiftung auf den Lebensweg gegeben? ☐ ja ☐ nein

Welche? ____________________

37 In welchen Eigenschaften, Ansichten und Fähigkeiten unterscheiden Sie sich von Ihrer Mutter?
(Bitte kurz benennen)

____

38 In welchen Eigenschaften, Ansichten und Fähigkeiten gleichen Sie Ihrer Mutter?
(Bitte kurz benennen / aufzählen)

____

39 Haben Sie Ihre Mutter jemals weinen gesehen? ☐ ja ☐ nein

Bei welcher Gelegenheit? ____________________

40 Haben Sie in Ihrer Pubertät Gespräche mit Ihrer Mutter geführt? ☐ ja ☐ nein

Welches waren die Gesprächsthemen? ____________________

41 Küßte Ihre Mutter Sie als Kind? ☐ ja ☐ nein

42	Küßten Sie Ihre Mutter als Kind?	☐ ja ☐ nein
43	Wieviel Zeit verbrachten Sie als Kind täglich mit Ihrer Mutter **allein?** *(Unterstreichen Sie das Zutreffende)*	5 Min. / 15 Min. / 30 Min. / 1 Std. / 2 Std. / mehr als 2 Std. / 0 Min.
44	Beschreiben Sie bitte kurz, **was** Ihre Mutter und Sie zusammen taten / machten?	____________________

45 Welche der folgenden Eigenschaften verbinden Sie mit Ihrem Vater und welche mit Ihrer Mutter? *(Schreiben Sie hinter die Eigenschaften entweder ein* **V für Vater** *oder ein* **M für Mutter** *oder* **V/M für beide***)*

Ordnungsliebe ____	Fleiß ____	Sparsamkeit ____	Zärtlichkeit ____
Häuslichkeit ____	Pünktlichkeit ____	Zuverlässigkeit ____	Vertrauen ____
Sauberkeit ____	Geduld ____	Sicherheit ____	Vorsicht ____
Gehorsam fordernd ____	Interessantheit ____	Optimismus ____	Pessimismus ____
Unsachlichkeit ____	Kleinlichkeit ____	Phantasie ____	Klarheit ____
Kritiklosigkeit ____	Sachlichkeit ____	Passivität ____	Selbstsicherheit ____
Unabhängigkeit ____	Unklarheit ____	Aktivität ____	Gefühlsarmut ____
Ruhigkeit / Ruhe ____	Vielseitigkeit ____	Beweglichkeit ____	Willensstärke ____
Poesie ____	Geiz ____	Geselligkeit ____	Introvertiertheit ____
Langweiligkeit ____	Großzügigkeit ____	Gefühlsreichtum ____	Lebhaftigkeit ____
Sturheit ____	Willensschwäche ____	Nüchternheit ____	Freigebigkeit ____
Extravertiertheit ____	Liebe ____	Erotik ____	Spontaneität ____
Realismus ____			

46 Welcher der folgend genannten Filmschauspieler gefällt Ihnen am besten? *(Unterstreichen Sie das Zutreffende)*

Cary Grant	Gerard Depardieu	Paul Hogan	Alain Delon
Dustin Hoffmann	Woody Allen	Sylvester Stallone	Robert De Niro
Lino Ventura	Götz George	Eddie Murphy	Bruno Ganz
Gary Cooper	Warren Beatty	Heinz Rühmann	Humphrey Bogart
Yves Montand	Robert Redford	Helmut Griem	Jean-Paul Belmondo
Heiner Lauterbach	Jack Nicholson	Donald Sutherland	

47 Welchem Filmschauspieler möchten Sie äußerlich und persönlichkeitsmäßig gleichen? ____________________

48 Welche der im folgenden genannten Filmschauspielerinnen gefällt Ihnen am besten? *(Unterstreichen Sie das Zutreffende)*

Ornella Muti	Meryl Streep	Mia Farrow	Jayne Mansfield
Barbara Stanwyck	Sonia Braga	Marilyn Monroe	Barbara Hershey
Angela Molina	Catherine Deneuve	Romy Schneider	Kathleen Turner
Brigitte Bardot	Liv Ullmann	Sabine Sinjen	Ingrid Bergman
Debra Winger	Shirley McLaine	Gina Lollobrigida	Diane Keaton

49 Welche der folgenden Eigenschaften würden Sie als besonders weiblich bezeichnen und welche als besonders männlich? *(Schreiben Sie hinter die Eigenschaften ein* **w für weiblich** *oder ein* **m für männlich***)*

Schönheit ____	Erotik ____	Kraft ____	Stärke ____
Passivität ____	Angst ____	Abhängigkeit ____	Gefühle zeigen ____
Selbstsicherheit ____	Mut ____	Abenteuertum ____	Autonomie ____
Logik ____	Optimismus ____	Flexibilität ____	Ruhe ____
Willensschwäche ____	Geselligkeit ____	Realismus ____	

50 Scheinen Ihnen die folgenden Berufe eher für Frauen oder eher für Männer geeignet?
(Setzen Sie bitte die Werte der folgenden Skala hinter jede Berufsbezeichnung:)

M 3 – sehr stark für Männer; M 2 – einigermaßen für Männer; M 1 – wenig für Männer
W 3 – sehr stark für Frauen; W 2 – einigermaßen für Frauen; W 1 – wenig für Frauen

Lastwagenfahrer(in) ______	Zugführer(in) ______	Verkäufer(in) ______	Sekretär(in) ______
Putzhilfe ______	Pilot(in) ______	Bankdirektor(in) ______	Schauspieler(in) ______
Psychologe(in) ______	Astronaut ______	Polizist(in) ______	Politiker(in) ______
Kindergärtner(in) ______	Krankenpfleger(in) ______	Verteidigungsminister(in) ______	

51 Welche Erwartungen haben Sie an Ihre Freundin/Frau?
(Unterstreichen Sie die drei für Sie wichtigsten Eigenschaften)

Intelligenz / Erwerbstätigkeit / Schönheit / Reichtum / Selbständigkeit / Gefühlswärme / Verständnis / Klarheit / seelische Unterstützung / Attraktivität / Häuslichkeit / Opferbereitschaft / Solidarität / Abhängigkeit / Stärke / Erotische Ausstrahlung

52 Was stimmt / stimmt nicht in folgenden Aussagen?
(Setzen Sie unter die Aussage folgende Werte: 2 = stimmt sehr, 1 = stimmt, 0 = stimmt nicht)

Männer sind intelligenter als Frauen ______
Frauen sind schöner als Männer ______
Männer können besser Auto fahren als Frauen ______
Männer denken logischer als Frauen ______
Frauen sind gefühlwärmer als Männer ______
Frauen kennen ihren Körper besser als Männer den ihren ______
Frauen sind geiler als Männer ______
Männer sind schlechtere Krankenpfleger als Frauen ______
Frauen sind friedlicher als Männer ______
Frauen sind eifersüchtiger als Männer ______
Frauen gehören ins Haus, Männer ins Erwerbsleben ______

53 Welches sind die drei wichtigsten Gesprächsthemen im Alltag zwischen Ihnen und Ihrer Freundin / Frau?
(Unterstreichen Sie bitte die* drei *wichtigsten)

Haushalt / Haushaltsgeld / Gefühle / Garten / Haustiere / Finanzen / Kleidung / Einrichtung / Kinder / Mahlzeiten / Politik / Arbeit / Ferien / Freunde / Freizeit / Eifersucht / Karriere / Zukunft / Vergangenheit / Schwiegereltern / Fernsehen / Gesundheit / Krankheit / Kunst / Literatur / Musik / Sexualität

54 Billigen Sie Ihrer Freundin / Frau die Freiheit zu,

mit ihren Freundinnen allein auszugehen	☐ ja	☐ nein
mit Freunden (männlich) allein auszugehen	☐ ja	☐ nein
mit **einem** Freund (männlich) allein auszugehen	☐ ja	☐ nein
allein in eine Kneipe zu gehen	☐ ja	☐ nein
allein tanzen zu gehen	☐ ja	☐ nein
allein ein Wochenende zu verbringen	☐ ja	☐ nein
allein in die Ferien zu fahren	☐ ja	☐ nein

55 Wie verfahren Sie gegenüber Ihrer Freundin / Frau mit Ihrem Lohn / Gehalt?
(Kreuzen Sie das Zutreffende an)

ich gebe mein Geld ab und behalte ein Taschengeld	☐ ja	☐ nein
ich gebe mein ganzes Geld ab und kriege von meiner Frau ein Taschengeld	☐ ja	☐ nein
ich gebe meiner Frau Haushaltsgeld und ein Taschengeld	☐ ja	☐ nein
ich gebe meiner Frau Haushaltsgeld	☐ ja	☐ nein
jeder hat seine eigene Kasse; die Haushaltskasse ist gemeinsam	☐ ja	☐ nein

56 Geben Sie kurz an, welche Tätigkeiten Sie im Haushalt übernehmen und wieviel Zeit Sie jeweils dafür aufwenden? ______

57 Einer Ihrer Freunde hat mit seiner Freundin / Frau sexuelle Probleme. Was raten Sie ihm?
(Unterstreichen Sie das Zutreffende)

eine andere Frau suchen
ins Bordell gehen
sich bei Freunden aussprechen
mit seiner Frau darüber reden
sexuelle Probleme gibt es nicht
onanieren
zu einem Psychologen gehen
seine Frau zu einem Psychologen schicken

58 In welchen Lebensbereichen sind Frauen nach Ihrer persönlichen Erfahrung stärker als Männer?
(Unterstreichen Sie alle Möglichkeiten, die Ihrer Ansicht nach zutreffen)

körperlich gesünder / seelisch gesünder / fröhlicher / längere Lebenserwartung / toleranter / sexuell erlebnisfähiger / stärkerer Orgasmus / attraktiver / intelligenter / lebenslustiger / weniger nachtragend / weniger eifersüchtig / großzügiger / weniger selbstmordgefährdet / lebenserfahrener / alltagspraktischer / lockerer

59 Wollten / möchten Sie lieber eine Tochter oder einen Sohn?

Tochter ☐ ja ☐ nein Sohn ☐ ja ☐ nein egal ☐ ja ☐ nein

(Die Fragen 60 – 64 sind nur zu beantworten, wenn sie mindestens 1 Kind haben; siehe Frage 6)

60 Wie oft helfen Sie Ihrem Kind bei Schularbeiten? ***(Unterstreichen Sie das Zutreffende)***
jeden Tag / fast jeden Tag / häufig / gelegentlich / fast nie / nie / keine Hilfe nötig

61 Beschreiben Sie bitte kurz, was Sie mit Ihrem Kind in Ihrer Freizeit machen? ________________

62 Welche der folgenden Eigenschaften vermitteln Sie eher Ihrem Sohn und welche eher Ihrer Tochter?
(S = Sohn; T = Tochter; S/T = beide)

Zielstrebigkeit _____ Herzenswärme _____ Aktivität _____
Beharrlichkeit _____ Teamfähigkeit _____ Selbstkritik _____
Frustrationstoleranz _____ Selbstsicherheit _____ Mut _____
Karrieredenken _____ Durchsetzungsvermögen _____ handwerkliche Geschicklichkeit _____
Schönheitssinn _____ Kunst/Literatur _____ Sportlichkeit _____
Gefühle zeigen _____ Wettbewerbsfähigkeit _____

63 Besprechen Sie mit Ihrem Kind die folgenden Problembereiche?

Probleme mit den Eltern	☐ ja	☐ nein	Schulprobleme	☐ ja	☐ nein
sexuelle Probleme	☐ ja	☐ nein	Leistungsprobleme	☐ ja	☐ nein
Ängste	☐ ja	☐ nein	Probleme mit Freund	☐ ja	☐ nein

64 Beschreiben Sie kurz, welche Erfahrungen aus der Männerwelt Sie Ihrem Sohn zu vermitteln versuchen: ________________

65 Sehen Sie Möglichkeiten, Ihre Interessen durchzusetzen?
(Kreuzen Sie das Zutreffende bitte an)

in der Familie	☐ ja	☐ nein	im Beruf	☐ ja	☐ nein
in der Politik	☐ ja	☐ nein	in der Gesellschaft	☐ ja	☐ nein
bei Umweltproblemen	☐ ja	☐ nein	in der Frage um Krieg und Frieden	☐ ja	☐ nein

66 Würden Sie einen der folgenden Berufe lieber ausüben als Ihren jetzigen? ***(Unterstreichen Sie das Zutreffende)***
Bischof / Minister / Schleusenwärter / Gärtner / Rennfahrer / Autoverkäufer / Schiffskapitän / Sänger / Zuhälter / Offizier / Arzt / Rechtsanwalt / Hochschullehrer / Kindergärtner / Verkehrspolizist / Bäcker / Informatiker / Steward / Hausmann / Werbefachmann / Bankier / Rentner / Zugführer bei der Bundesbahn / Kellner / Filmregisseur / Hotelbesitzer / Bergsteiger / Tennislehrer

67 Möchten Sie weiterhin Ihrer Erwerbstätigkeit so nachgehen, wie Sie das derzeit tun? ☐ ja ☐ nein

Möchten Sie gerne zur Hälfte erwerbstätig und zur anderen Hälfte im Haushalt beschäftigt sein? ☐ ja ☐ nein

Möchten Sie gerne ganz Hausmann sein? ☐ ja ☐ nein

68 Welche der folgenden Lebensziele haben Sie erreicht und welche erwünschen Sie sich noch?
(Notieren Sie für das Erreichte ein R und für das Erwünschte ein W hinter dem jeweiligen Begriff)

Sicherheit______	Liebe______	Wohlstand______	Freiheit______
Heim______	Familie______	Macht______	Abenteuer______
Gerechtigkeit______	Freundschaft______	Idealismus______	soziales Engagement______
Ruhe______	Karriere______	Besitz______	

69 Könnten Sie sich allein versorgen? ☐ ja ☐ nein

Können Sie ... ***(Unterstreichen Sie das Zutreffende)***
putzen / kochen / braten / Kuchen backen / nähen / stopfen / bügeln / Wäsche waschen

70 Nehmen Sie sich gegenüber Ihrer Freundin / Frau die Freiheit,

mit Ihren Freunden allein auszugehen ☐ ja ☐ nein

mit Freundinnen allein auszugehen ☐ ja ☐ nein

mit **einer** Freundin allein auszugehen ☐ ja ☐ nein

allein in eine Kneipe zu gehen ☐ ja ☐ nein

allein tanzen zu gehen ☐ ja ☐ nein

allein ein Wochenende zu verbringen ☐ ja ☐ nein

allein in die Ferien zu fahren ☐ ja ☐ nein

71 Haben Sie in den vergangenen 10 Jahren

immer mit einer Frau gelebt ☐ ja ☐ nein

auch mal länger allein gelebt ☐ ja ☐ nein

mindestens 3 Monate keusch gelebt ☐ ja ☐ nein

72 Was sollte ein Mann Ihrer Ansicht nach unbedingt können?
(Unterstreichen Sie alles, was Sie für zutreffend halten)
möglichst große Schmerzen ertragen / alle Lebenslagen meistern / möglichst viel Alkohol vertragen / mit dem Auto wie ein Rennfahrer rasen / nach einer Krankheit schnellstens wieder an die Arbeit gehen / alles wissen / den Frauen in technischen Fähigkeiten überlegen sein / ein guter Sportler sein / über seine Probleme reden / Schwächen zeigen / immer auf Draht sein.

73 Durch die Leistungen der Frauenbewegung sind die Frauen generell stärker und selbstbewußter geworden. Ist das Folgende Ihrer Ansicht nach deshalb noch angebracht?
(Unterstreichen Sie das für Sie Zutreffende)
einer Frau beim Koffertragen helfen / in der überfüllten Straßenbahn einer Frau Platz anbieten / auf Frauen mehr Rücksicht nehmen als auf Männer / einer Frau in ein Geschäft den Vortritt lassen / einer Frau eher als einem Mann bei handwerklichen Tätigkeiten helfen / einer Frau ein Buch aus einem hohen Regal holen / einer Auto fahrenden Frau das Vorrecht auf einen Parkplatz gewähren / einer Frau im Kino den besseren Platz anbieten / einer erwerbstätigen Frau die Restaurantrechnung bezahlen?

74 Wie finden Sie die Frauenemanzipation im allgemeinen?
(Unterstreichen Sie das Zutreffende)
gut / schlecht / gerecht / ungerecht / gefährlich / sollte gestoppt werden / sollte bekämpft werden / sollte rückgängig gemacht werden / sollte unterstützt werden

75 Frauen verlangen in Politik und Gesellschaft die Hälfte aller zur Verfügung stehenden Ämter (Quotenregelung).
Finden Sie das gut / schlecht / gerecht / ungerecht?

76 Welche Veränderungen haben die Männer in den letzten Jahren vollzogen?
(Unterstreichen Sie alles, was Sie für zutreffend halten)
sind gefühlvoller geworden / können besser zuhören / gehen mehr auf Frauen ein / haben neue Eigenschaften erworben / sind friedlicher geworden / können auch mal passiv sein / sind toleranter / sind kooperativer / sind weniger autoritär / betrachten Frauen als Person und nicht als (bloße) Sexualobjekte / haben weibliche Eigenschaften entwickelt / können besser auf Macht verzichten

77 Beschreiben Sie kurz, in welchen Bereichen Sie sich selbst verändert haben
(falls Sie sich verändert haben)

78 Auf welchen der folgenden Faktoren sind die Veränderungen bei den Männern hauptsächlich zurückzuführen?
(Unterstreichen Sie das Zutreffende)
die Umweltzerstörung / das Scheitern des männlichen Technik- und Leistungsdenkens / die Kriegsgefahr / die Frauenbewegung / das eigene Leiden an der Männlichkeit

(Die folgenden Fragen beziehen sich auf Freundschaften **mit Männern)**

79 Beschreiben Sie kurz Ihren ersten Freund in der Kindheit, was Sie an ihm interessierte und was sie hauptsächlich zusammen taten/machten?

80 Wenn Sie auf Ihre Männerfreundschaften zurückblicken, würden Sie sie als solidarisch / liebevoll / wettbewerbsorientiert bezeichnen?
(Unterstreichen Sie das Zutreffende)

81 Beschreiben Sie kurz, was Ihnen an Männerfreundschaften gefällt und was Ihnen Freundschaften mit Frauen nicht geben können?

82 Was vermissen Sie an Ihren Freunden, was Ihnen Frauen geben können?

83 In welchen Gruppen waren / sind Sie, zu denen nur Männer Zugang haben?
(Z. B. Pfadfinder, Rotary-Club, Fußballverein)

84 Über welche Themen sprechen Sie vor allem mit Ihren Freunden?

Welche Themen vermeiden Sie, wenn Sie mit Ihren Freunden zusammen sind?

85	Wie oft sehen Sie Ihren besten Freund pro Woche	______
86	Treffen / kontaktieren Sie auch Freunde, die Ihre Frau / Freundin nicht mag?	☐ ja ☐ nein
87	Was machen / tun Sie gegenwärtig mit Ihrem besten Freund? Beschreiben Sie das bitte!	______
88	Haben Sie sexuelle Erfahrungen mit Männern? *(Unterstreichen Sie das Zutreffende)* bisexuell; homosexuell; geschlechtsneutral	☐ ja ☐ nein
89	Wann haben sie das letzte Mal im Beisein eines Mannes / Freundes geweint?	Jahr: ______ nie: ______
90	Hätten Sie gerne engere Kontakte mit Männern?	☐ ja ☐ nein
91	Würden Sie gerne in einer Gruppe mitarbeiten, in der Männer sich regelmäßig treffen und ihre Probleme als Männer besprechen?	☐ ja ☐ nein
92	Haben / hätten Sie Schwierigkeiten, vor Ihren Freunden folgende Problembereiche anzusprechen? *(Unterstreichen Sie das Zutreffende)* sexuelle Probleme / Arbeitsprobleme / Arbeitsentlassung / Arbeitslosigkeit / Erektionsschwierigkeiten / sexuelle Unlust / sexuelle Lustlosigkeit Ihrer Frau / Geldprobleme / Karrierefragen / berufliches Scheitern / politische Probleme / Alkoholprobleme / psychische Schwierigkeiten / Schulden	
93	In welchen Bereichen betätigen Sie sich gerne für sich? *(Unterstreichen Sie das Zutreffende)* Sport / Basteln / Lesen / Kino / Tanzen / Musik / Krafttraining / andere	______
94	Beschreiben Sie kurz, was Sie am liebsten tun und am meisten genießen!	______
95	Welche Einkäufe machen Ihnen Spaß? *(Unterstreichen Sie das Zutreffende)* Hemden / Werkzeuge / Auto / Bücher / Anzüge / Regenmantel / Schuhe / Lebensmittel / Geschenke	
96	Benutzen Sie Rasierwasser / Eau de Cologne / Parfüms / Körperlotions / Badezusatz / Gesichtslotion? *(Unterstreichen Sie das Zutreffende)*	
97	Lesen Sie Männerzeitschriften Welche?	☐ ja ☐ nein ______

98	Sind Sie stolz darauf, ein Mann zu sein? *(Unterstreichen Sie das Zutreffende)* ☐ ja ☐ nein möchte lieber Frau sein; lieber geschlechtsneutral; androgyn
99	Wie war Ihre Reaktion, als Sie zum 1. Mal von der Männerbefreiung hörten? *(Unterstreichen Sie das Zutreffende)* davon könnte ich etwas lernen / völlig überflüssig / betrifft andere Männer, aber nicht mich
100	Wenn Sie zwei Geschenk-Abonnements bekämen, welche zwei Zeitschriften würden Sie unter den folgenden angegebenen auswählen? *(Unterstreichen Sie zwei Zeitschriften)* Spiegel / Playboy / Zeit / Lui / Esquire / Sonntagsblatt / St. Pauli Nachrichten / ein Video-Magazin / eine Wirtschaftszeitung / eine Sportzeitschrift

Ergänzungen:

Literaturempfehlungen

Als Einführungen empfehle ich vor allem die Bücher von Goldberg, Der verunsicherte Mann (1977; Taschenbuch 1986), Man(n) bleibt Mann (1986) und Veränderungen (1986). Für sich konstituierende Diskussionszirkel sind die Bücher von Pilgrim, Der Untergang des Mannes (1986) und Manifest für den freien Mann (1986) geeignet.

Die folgende »Fortgeschrittenen-Lektüre« setzt meiner Meinung nach voraus, daß die Leser ihre Männerrolle bereits reflektiert haben: Barz, Männersache (1984) Nitzschke, Männerängste, Männerwünsche (1984) und Theweleit, Männerphantasien (1987). Wer Englisch kann, sei auf folgende wichtige amerikanische Literatur aufmerksam gemacht: Dubbert, A Man's Place (1979), Farrell, The Liberated Man (1975), Fasteau, The Male Machine (1978), Garfinkel, In A Man's World (1986), Skjei und Rabkin, The Male Ordeal (1981).

Sehr zu empfehlen sind die amerikanischen Reader von Brod, The Making of Masculinities (1987), Pleck und Sawyer, Man and Masculinity (1974) und Kaufman, Beyond Patriarchy (1987).

Sehr viel über die eigene männliche Situation läßt sich aus feministischer Literatur erfahren: Badinter, Ich bin Du (1986), de Beauvoir, Das andere Geschlecht (1960; Neuauflage als Taschenbuch), Brückner, Die Liebe der Frauen (1983; 1988 als Taschenbuch), Eichenbaum und Orbach, Was wollen die Frauen? (1986), Greenglass, Geschlechterrolle als Schicksal (1986), Lloyd, Das Patriarchat der Vernunft (1986), Merchant, Der Tod der Natur (1987) und Sichtermann, Wer ist wie? (1987).

Über den Bereich der männlichen Sexualität scheint mir insbesondere das Buch von Zilbergeld, Männliche Sexualität (1983) empfehlenswert. Interessant sind auch die Titel von Frings, Liebesdinge (1984) und von Nørretranders, Über den Orgasmus des Mannes (1986).

Über männliche Veränderung gibt es im deutschsprachigen Raum noch nichts, was erwähnenswert wäre. Folgende Titel, in denen es um die Verbesserung der Geschlechterbeziehungen geht, sind zu empfehlen: Badinter, Ich bin Du (1986), Dinnerstein, Das Arrangement der Geschlechter (1979), Eichenbaum und Orbach, Was wollen die Frauen? (1986), Goldberg, Veränderungen (1986) und Barz, Männer (1984).

Mein Dank gilt allen, die mich mit Hinweisen und Material bei der Arbeit am vorliegenden Buch unterstützt haben.
Für Informationen bin ich im besonderen dankbar: John Gorman, Ph. D., Robert Bly, Harry Brod, Ph. D., Perry Garfinkel und Robin Morgan. Für technischen Beistand bedanke ich mich beim Lektorat und Sekretariat des Hoffmann und Campe Verlags, bei Peter Hösli, Richard Kym und Werner Klose.
Folgende Bibliotheken haben mir geholfen: das John F. Kennedy-Institut, das United States Cultural Center, die Staatsbibliothek und die Ev. Fachhochschule (EFB) in Berlin, das C. G. Jung-Institut in Küsnacht/ZH und die University of Southern California in Los Angeles.
Großer Dank gebührt meinen Interviewpartnern, insbesondere Herb Goldberg, Ph. D.
Kritisch gegengelesen haben der Dipl.-Soziologe Ulrich Metzmacher und die Soziologin Fabienne Fabrat, M. A. Ulrich Metzmacher bin ich auch für viele Gespräche zum Thema dankbar.

W. H.